本书出版获得辽宁大学理论经济学一级学科资助

亚细亚生产方式下的东方社会

The Oriental Society under the Asiatic Mode of Production

于金富 著

中国社会科学出版社

图书在版编目（CIP）数据

亚细亚生产方式下的东方社会/于金富著.—北京：中国社会科学出版社，2016.12
ISBN 978-7-5161-9129-3

Ⅰ.①亚… Ⅱ.①于… Ⅲ.①亚细亚生产方式—关系—社会史—研究—中国—古代 Ⅳ.①K220.7 ②F021

中国版本图书馆 CIP 数据核字（2016）第 252557 号

出 版 人	赵剑英
责任编辑	安 芳
责任校对	王佳玉
责任印制	李寡寡
出 版	中国社会科学出版社
社 址	北京鼓楼西大街甲 158 号
邮 编	100720
网 址	http://www.csspw.cn
发 行 部	010-84083685
门 市 部	010-84029450
经 销	新华书店及其他书店
印刷装订	三河市君旺印务有限公司
版 次	2016 年 12 月第 1 版
印 次	2016 年 12 月第 1 次印刷
开 本	710×1000 1/16
印 张	26
插 页	2
字 数	426 千字
定 价	95.00 元

凡购买中国社会科学出版社图书，如有质量问题请与本社营销中心联系调换
电话：010-84083683
版权所有　侵权必究

目 录

绪 言 ·· 1

第一篇 社会形态与生产方式理论

第一章 唯物史观的基本硬核与崭新形态 ························ 13

一 唯物史观的基本硬核——历史唯物主义的基本原理 ······ 14

二 唯物史观的最初形态——基于欧洲社会历史的西方史观 ······ 17

三 唯物史观的最新形态——基于亚洲社会历史的东方史观 ······ 22

第二章 马克思社会形态理论的科学继承与创新发展 ············ 31

一 三大社会形态：马克思关于社会形态划分的基本原理 ········ 31

二 五种社会形态理论：马克思关于社会形态
发展进程的具体结论 ·· 36

三 东方社会形态理论：创新发展马克思社会
形态理论的基本方向 ·· 40

第三章 马克思生产方式的经典理论与现代创新 ·················· 45

一 生产方式：基本范畴与二重属性 ······························ 45

二 重要意义：生产方式的支配地位与决定作用 ·················· 50

三 重要任务：马克思生产方式理论的科学继承
与发展创新 ·· 53

四 重大课题：亚细亚生产方式研究 ······························ 55

第二篇　东方国家制度与亚细亚生产方式

第四章　特殊的国家职能与东方国家制度 ……………………… 61
 一　东方国家的物质生产方式与国家职能 ………………… 61
 二　东方国家职能与专制制度 ……………………………… 63
 三　东方专制制度的产生与发展 …………………………… 67
 四　东方国家制度的基本性质与主要特征 ………………… 73

第五章　东方国家制度与土地国有制 ………………………… 101
 一　确立判断东方古代土地所有制性质的科学标准 …… 101
 二　东方国家古代土地所有制是私有制吗？ …………… 109
 三　中国古代土地所有制向来是国家所有制 …………… 124

第六章　土地国有制下的依附性小农经济 …………………… 136
 一　东方国家小农经济特殊的社会性质 ………………… 136
 二　中国小农经济特殊的具体形式 ……………………… 142
 三　中国小农经济特殊的发展规律 ……………………… 146

第七章　亚细亚生产方式的二重性质与历史地位 …………… 150
 一　亚细亚生产方式的二重性质 ………………………… 150
 二　亚细亚生产方式的基本特征 ………………………… 154
 三　亚细亚生产方式的历史地位 ………………………… 158

第八章　亚细亚生产方式的典型国家 ………………………… 164
 一　印度：亚细亚生产方式的典型国家 ………………… 164
 二　中国：亚细亚生产方式的社会形态及其历史发展 … 166
 三　俄国：亚细亚生产方式的一般特征与俄国特色 …… 251

第三篇　东方社会的基本性质与运动规律性

第九章　东方社会形态的特殊性质 …………………………… 257
 一　东方社会与西方社会有着重大差别 ………………… 258

二　东方古代社会本质上是与西方相同的社会
　　形态——奴隶制社会 ·················· 261
三　东方奴隶社会具有不同于西方奴隶社会的固有特征 ··· 269
四　东方奴隶制社会的本质特征在于它是国家奴隶制 ····· 278
五　东方国家奴隶制具有完整的内容结构与制度体系 ····· 285
六　国家奴隶制社会是东方自古以来唯一的社会形态 ····· 294
七　东方国家奴隶社会采取了多种不同的历史形式 ······· 298
八　本书研究所依据的是马克思主义的立场、观点与方法 ··· 300
九　结论 ····································· 302

第十章　东方社会的发展趋势 ························ 306

一　"世界历史"与东方社会发展的必然趋势与一般规律 ··· 306
二　"跨越卡夫丁峡谷"：东方社会发展道路的
　　可能性及其特殊性 ························· 311
三　俄国农村公社的历史命运与东方社会的发展道路 ····· 315
四　马克思是否要探索"东方道路" ················· 320
五　"苏联模式"与"国家社会主义"的试验 ··········· 324
六　"委内瑞拉模式"与"国家资本主义"的命运 ······· 329

第四篇　亚细亚生产方式与中国基本国情

第十一章　马克思主义者关于中国社会的论述 ············ 335

一　马克思、恩格斯的中国观 ····················· 335
二　列宁、普列汉诺夫关于中国社会的论述 ··········· 341

第十二章　亚细亚生产方式与中国基本国情 ············· 346

一　社会主义初级阶段形成的历史前提 ··············· 346
二　社会主义初级阶段形成的根本原因 ··············· 352
三　中国近代社会发展与"李约瑟之谜" ············· 358
四　"张培刚之问"与中国近现代落后的根源 ········· 363

第十三章 从历史进程看中国社会的发展趋势 …………… 368

  一 "五千年之文明" ……………………………………… 369
  二 "三千年之变局" ……………………………………… 375
  三 "四千年之梦醒" ……………………………………… 383

主要参考文献 ………………………………………………… 402

后 记 ………………………………………………………… 407

绪　言

马克思主义认为，生产方式是社会存在与社会发展的决定因素，生产方式具有民族特殊性与历史继承性。然而，长期以来人们一直脱离东方及中国社会历史的客观实际、照搬基于西方社会历史的"五种生产方式"理论来解释东方及中国社会生产方式的性质、特征及其历史发展。在建设中国特色社会主义的新的历史条件下，我们应当以马克思主义基本原理为指导，以东方社会历史的客观事实为依据，对东方及中国社会生产方式及其历史发展问题进行具体的、历史的分析，从而提出科学的观点。党的十八大以来，习近平同志大力倡导要学好用好马克思主义政治经济学，明确指出中国特色社会主义政治经济学是"中国版"的马克思主义政治经济学，是适应中国国情、解决中国问题的中国化的马克思主义政治经济学。习近平在领导党和国家的实践中逐步形成了以尊重民族特殊性与重视历史继承性为核心的治国理政的科学思维方式。这一科学思维方式不仅对党和国家的领导工作具有重要的指导作用，而且对我们进行东方社会与生产方式研究也具有十分重要的指导意义。

一　研究东方及中国社会生产方式民族特色与发展历史的重要性

习近平指出，马克思主义政治经济学是马克思主义的重要组成部分，也是坚持和发展马克思主义的必修课。党的十一届三中全会以来，我们党把马克思主义政治经济学基本原理同改革开放新的实践结合起来，不断丰富和发展，形成了当代中国马克思主义政治经济学的许多重要理论成果。这些理论成果，适应当代中国国情和时代特点，是马克思主义政治经济学在当代中国的新发展，是中国经济发展实践的重要理论指南。

习近平这一重要论述不仅强调了学习与运用马克思主义政治经济学的重要意义，而且明确指出马克思主义政治经济学应当中国化、时代化，中国化的马克思主义政治经济学应当适应中国国情、解决中国问题，促进中国发展。这就要求我们在进行马克思主义政治经济学研究的时候应当从中国特殊国情出发，把握中国经济特殊的社会性质，研究中国经济社会特殊的历史进程，揭示中国经济社会特殊的运动规律。这一方法就是毛泽东同志曾经积极倡导的以分析矛盾特殊性为基础的具体问题具体分析的科学方法。在领导中国革命和建设的伟大实践中，毛泽东同志以辩证唯物主义的科学世界观和方法论为指导，高度重视研究中国社会的特殊性质与发展历史。毛泽东同志指出，任何事物和任何运动形式内部都包含着本身的特殊的矛盾，从而构成了一事物区别于他事物的特殊的本质，这是世界上诸种事物所以千差万别的内在原因或根据。只有分析、研究矛盾的特殊性，才能正确认识和把握事物及其本质。毛泽东在《中国革命和中国共产党》一文中明确指出："认清中国社会的性质，就是说，认清中国的国情，乃是认清一切革命问题的基本的根据。"认清中国基本国情不仅是中国革命的根本问题，也是中国政治经济学的根本问题。作为根本的国情，中国社会性质即社会形式问题既是制定中国革命路线、方针、政策的基本依据，也是确立中国政治经济学基本理论的基本依据。不仅如此，毛泽东同志还强调历史发展的持续性，强调尊重自己民族的历史，强调继承本民族优秀的历史遗产。毛泽东在《中国共产党在民族战争中的地位》一文中指出，"我们这个民族有数千年的历史，有它的特点，有它的许多珍贵品。对于这些，我们还是小学生"。在毛泽东看来，现实是历史的延续，人类是带着历史的烙印走入现实社会的，又将带着现实的烙印走向未来。今天的中国既是历史的中国的一个发展，又是明天的中国的一个起点。因此，在对历史、现实和未来的把握上，毛泽东强调"不能割断历史"，必须继承历史的遗产。

习近平治国理政的科学思维方式是以毛泽东所倡导的科学思维方法为基础的，二者是同根同源、一脉相承的。习近平在治国理政的实践中，一再强调尊重人类文明的多样性、高度重视研究每个国家实际国情与发展道路的特殊性。习近平在纪念孔子诞辰2565周年国际学术研讨会上的讲话中明确指出，物之不齐，物之情也。和而不同是一切事物发生发展的规律。世界万物万事总是千差万别、异彩纷呈的，如果万物万事都一样，事物的发展、世界的进步也就停止了。每一个国家和民族的文明都扎根于本国本民族的土壤之中，都有自己的本色、长处、优点。我们应该维护各国各民族文明多样性，加强相互交流、相互学习、相互借鉴，而不应该相互隔膜、相互排斥、相互取代，这样世界文明之园才能万紫千红、生机盎然。丰富多彩的人类文明都有自己存在的价值。要理性处理本国文明与其他文明的差异，认识到每一个国家和民族的文明都是独特的，坚持求同存异、取长补短。历史反复证明，任何想用强制手段来解决文明差异的做法都不会成功，反而会给世界文明带来灾难。当代中国是历史中国的延续和发展，当代中国思想文化也是中国传统思想文化的传承和升华，要认识今天的中国、今天的中国人，就要深入了解中国的文化血脉，准确把握滋养中国人的文化土壤。2014年4月1日习近平在比利时布鲁日欧洲学院发表演讲时指出，世界是多向度发展的，世界历史更不是单线式前进的。中国不能全盘照搬别国的政治制度和发展模式，否则的话不仅会水土不服而且会带来灾难性后果。独特的文化传统，独特的历史命运，独特的国情，注定了中国必然形成自己特殊的社会制度和适合自身特点的发展道路。

习近平不仅强调人类文明的多样和每个国家实际国情与发展道路的特殊性，而且高度重视每个国家社会制度与发展道路的历史性和继承性。因此，习近平同志高度重视历史、学习历史、研究历史，坚持马克思主义历史观，引经据典，善于从历史中汲取人生智慧和治国理政智慧。习近平在中共中共中央政治局第十八次集体学习时指出，怎样对待本国历史？怎样对待本国传统文化？这是任何国家在实现现代化过程中都必须解决好的问题。我们党在领导革命、建设、改革的进程中，一贯重视学习和总结历史，一贯重视借鉴和运用历史经验。习近平在比利时布鲁日欧洲学院发表演讲时指出，观察和认识中国，历史和现实都要看，物质和精神也都要看。中华民族5000多年文明史，中国人民近代以来170多年斗争史，中国共产党90多年奋斗史，中华人民共和国60多年发展史，改革开放30多年探索史，这些历史一脉相承，不可割裂。脱离了中国的历史，脱离了中国的文化，是难以正确认识中国的。宣传阐释中国特色，要讲清楚每个国家和民族的历史传统、文化积淀、基本国情不同，其发展道路必然有着自己的特色。中国特色社会主义植根于中华文化沃土，有着深厚的历史渊源。习近平在中央党校2011年秋季学期开学典礼上的讲话指出，历史、现实、未来是相通的。历史是过去的现实，现实是未来的历史。历史虽然是过去发生的事情，但总会以这样那样的方式出现在当今人们的生活之中。一个国家的社会制度及其治理体系是与这个国家的历史传承和文化传统密切相关的。数千年来，中华民族走着一条不同于其他国家和民族的文明发展道路。在现阶段，我们开辟中国特色社会主义道路不是偶然的，而是我国历史传统和文化传统决定的。2013年3月17日，习近平在第十二届全国人民代表大会第一次会议闭幕会上发表讲话明确指出，面对浩浩荡荡的时代潮流，面对人民群众过上更好生活的殷切期待，我们不能有丝毫自满，不能有丝毫懈怠，必须再接再厉、一往无前，继续把中国特色社会主义事业推向前进，继续为实现中华民族伟大复兴的中国梦而努力奋斗。实现中国梦必须走中国道路。这就是中国特色社会主义道路。这条道路来之不易，它是在改革开放30多年的伟大实践中走出来的，是在中华人民共和国成立60多年的持续探索中走出来的，是在对近代以来170多年中华民族发展历程的深刻总结中走出来的，是在对中华民族5000多年悠久文明的传承中走出来的，具有深厚的历史渊源和广泛的现实基础。中华民族是具有非凡创造力的民族，我们创造了伟大的中华文明，我们也能够继续拓展和走好适合中国国情的发展道路。全国各族人民一定要增强对中国特色社会主义的理论自信、道路自信、制度自信，坚定不移沿着正确的中国道路奋勇前进。习近平在致第二十二届国际历史科学大会的贺信中指出，历史是从昨天走到今天再走向明天，历史的联系是不可能割断的，人们总是在继承前人的基础上向前发展的。历史是最好的老师，世界的今天是从世界的昨天发展而来的。今天世界遇到的很多事情可以在历史上找到影子，历史上发生的很多事情也可以作为今天的镜鉴。重视历史、研究历史、借鉴历史，可以给人类带来很多了解昨天、把握今天、开创明天的智慧。

总的来说，党的十八大以来习近平不仅大力倡导学好用好马克思主义政治经济学，而且在领导党和国家的实践中逐步形成了以尊重民族特殊性与重视历史继承性为核心的治国理政的科学思维方式，为我们学习、研究与发展马克思主义政治经济学提供了科学的思维方法。习近平根据其治国理政的科学思维方式不仅提出了尊重人类文明多样性、承认各种文明特殊性的观点，而且进一步提出了确立民族自信、弘扬中华民族优秀传统与坚持走中国特色社会主义道路的重要论断；不仅提出了要把新中国成立以来两个30年联结起来进行科学历史评价的重要观点，而且进一步作出了要把中国共产党领导革命、建设与改革开放的60年历史同近代以来中国人民争取民族独立与社会进步的170多年的历史以及中华文明5000年历史联系起来进行科学认识的重要论断。习近平治国理政的科学思维方式及其重要论断对党和国家的领导工作发挥了重要的指导作用，有力地推动了我国改革开放与现代化建设各项工作的开展，把中国特色社会主义事业不断地推向前进。习近平这一科学思维方式不仅是党和国家领导工作的指南，而且对我们进行政治经济学研究也具有十分重要的指导意义。只有运用习近平治国理政的科学思维方式去研究东方及中国社会生产方式的民族特色与历史发展，才能阐明东方及中国社会生产方式的基本性质与主要特征，揭示东方及中国社会生产方式发展的客观规律，才能真正把握中国实际国情与发展趋势，从而才能推动中国社会生产方式的变革、构建现代社会生产方式，实现中华民族的伟大复兴。

二 东方及中国特殊的社会生产方式——亚细亚生产方式

要建立东方政治经济学与中国政治经济学，就必须明确政治经济学的研究对象。研究对象的确认，是确定与认识中国政治经济学科学属性的首要因素。毛泽东指出："科学研究的区分，就是根据科学对象所具有的特殊的矛盾性。因此，对于某一现象的领域所特有的某一种矛盾的研究，就构成某一门科学的对象。因为具有特殊的矛盾和特殊的本质，才构成了不同的科学研究的对象。"[①] 根据马克思、恩格斯的论述，政治经济学的研究对象是一定的生产方式以及同它相适应的生产关系，政治经济学是研究生产方式及其生产关系的科学。不仅如此，政治经济学不是抽象地研究生产方式一般，而是要具体地研究不同国家、地区的生产方式。恩格斯指出："人们在生产和交换时所处的条件，各个国家各不相同，而在每一个国家里，各个世代又各不相同。因此，政治经济学不可能对一切国家和一切历史时代都是一样的。""谁要想把火地岛的政治经

---

① 《毛泽东选集》第1卷，人民出版社1961年版，第297页。

济学和现代英国的政治经济学置于同一规律之下，那末，除了最陈腐的老生常谈以外，他显然不能揭示出任何东西。"根据马克思主义政治经济学的科学方法论和马克思东方社会、亚细亚生产方式理论，运用习近平同志治国理政的科学思维，我们可以清楚地看到：由于每个国家和民族的历史传统、文化积淀和基本国情不同，其生产方式及其发展道路必然有着自己的特色。一个地区和国家实行什么样的生产方式，是由这个地区和国家的历史环境、文化传统、经济社会发展水平决定的，是由这个地区和国家的人民决定的。东方及中国今天的社会生产方式，是在东方和中国历史环境、文化传统、经济社会发展的基础上长期发展、渐进性改进、内生性演化的结果。每一个地区和国家的生产方式都扎根于本地区、本民族的土壤之中，都有自己的本色、长处与特点。从历史上看，在从原始社会向阶级社会过渡的历史时期，中国等东方国家同西方国家一样都是实行以土地个人占有与公社所有为基础、以兼有公有制与私有制二重因素为特征的亚细亚生产方式，这是亚细亚生产方式的原生形态，是当时世界普遍存在的生产方式，是人类文明的共同起点。但是，在进入阶级社会以后，由于不同于西方的历史环境，中国等东方国家走上了不同于西方的历史发展道路，形成了不同于西方的生产方式与社会制度。因此，中国在原始社会解体后并没有形成同西方一样的社会生产方式，而是形成了自己特殊的社会主义生产方式。从总体上说，东方及中国古代社会的生产方式并不是像西方社会那样的奴隶制生产方式与封建制生产方式，而是一种完全不同于西方社会生产方式的特殊的生产方式。具体来说，东方及中国社会生产方式的特殊性主要表现为特殊的分工体系、特殊的国家制度、特殊的土地制度、特殊的劳动方式与特殊的剩余索取形式。从其分工体系来看，一方面是国家负责组织提供兴修水利灌溉工程等农业基本生产条件，另一方面是分散的小农以个体劳动直接从事农业生产活动。从国家制度来看，实行高度集权的国家制度与社会管理制度。从土地所有制来看，一方面实行集体占有或个人占有，另一方面国家始终作为"最高的地主"而拥有土地所有权。从劳动方式来看，一直实行小农个体劳动与分散经营方式。从剩余索取形式来看，国家一直实行"租税合一"的剩余索取形式。

根据马克思、恩格斯的有关论述，东方及中国古代社会生产方式之所以不同于西方社会生产方式主要是由于特殊的历史环境；一是东方及中国在进入阶级社会时期所处特殊的地理环境；二是东方及中国在进入阶级社会时期所处的特殊社会环境。马克思指出，不同的公社在各自的自然环境中找到不同的生产资料和生活资料。因此，它们的生产方式、生活方式和产品，也就各不相同。马克思基于印度、中国等亚洲国家特殊的地理条件阐明了亚洲国家职能与国家制度的特征，在此基础上阐明了亚洲特殊的农业生产方式。马克思、恩格斯指出，亚洲社会（包括古埃及、古巴比伦、古印度、古中国等）的自然地理条件不同于西欧社会。在那里，"气候和土地条件，特别是从撒哈拉经过阿拉伯、波斯、印度和鞑靼区直至最高的亚洲高原的一片广大的沙漠地带，使利用渠道和水利工程的人工灌溉设施成了东方农业的基础。无论在埃及和印度，或是在美索不达米亚和波斯以及其他地区，都是利用河水的泛滥来肥田，利用河流的涨水来充注灌溉水渠。"特殊的地理条件形成了亚洲社会特殊的社会分工与物质生产方式。从地理环境方面来看，特殊的自然地理条件的特殊性决定大规模的农业人工灌溉成为农业生产基本的必要条件；从社会环境方面来看，在东方，由于文明程度太低，幅员太大，不能产生自愿的联合，所以就迫切需要中央集权的政府干预。所以亚洲的一切政府都不能不执行一种经济职能，即举办公共工程的职能。有效地管理水利工程，需要有一个高度集权的国家机构。亚洲独特的地理条件与社会条件决定了治水与灌溉这个国家最为重要的公共工程既需要有强有力的中央集权的领导，又需要从中央到地方的一整套行政机构来具体组织、协调、监督与管理。这一特征深远地影响到亚洲与东方国家的生产方式及其发展路径。正如马克思所指出的那样："我们在一些亚洲帝国经常可以看到，农业在一个政府统治下衰败下去，而在另一个政府统治下又复兴起来。在那里收成取决于政府的好坏，正像在欧洲随时令的好坏而变化一样。"可见，亚洲社会以国家为主导的社会分工这一物质生产方式必然要求国家执行更多更强大的经济职能，因而需要一个高度集权的国家机构和强有力的最高领导者。因此，亚洲特有的社会分工必然要求实行集权型的国家制度、实行土地国有制，从而必然形成亚细亚生产方式。很显然，中国古代的生产方式是由特殊历史环境所形成、具有特殊社会性质的生产方式，它是一种较为典型的亚细亚生产方式。这种亚细亚生产方式的突出特征就是在个人占有的基础上实行集体所有、在集体与个人占有的基础上实行国家所有，在国家强有力的经济职能下进行局部劳动与自主经营,不存在土地私有制是其最主要特征。从中国社会历史事实来看,自原始社会解体以来尽管中国一直存在着集体占有权与个人占有权,但始终不存在集体所有权与个人所有权,国家一直拥有对土地的最高所有权、绝对支配权与收益索取权。自古以来中国既不存在以土地私有制为基础、以完全占有奴隶为特征的奴隶主阶级,以及以"国中之国"、剥削农奴为特征的封建主阶级,也不存在完全失去人身自由的奴隶阶级与存在人身依附关系、为封建主提供徭役劳动的农奴阶级。可见,东方及中国古代社会生产方式是一种不同于西方奴隶制生产方式与封建制生产方式的特殊的生产方式,那种用基于西方社会生产方式特征的"五种生产方式"理论来解释东方及中国古代社会生产方式的做法,是一种不科学、不符合实际的教条主义倾向。作为东方政治经济学,中国政治经济学不仅应当以生产方式为研究对象,而且应当跳出基于西方社会历史的"五种生产方式"理论的窠臼,立足于中国实际国情,着力研究长期、普遍存在于中国及东方的亚细亚生产方式,阐明亚细亚生产方式的基本性质、主要特征与运动规律。

三 东方及中国社会生产方式的历史发展——具有特殊的运动规律

马克思主义认为,政治经济学不仅是一门研究不同国家、地区生产方式的具体的科学,而且是研究各种生产方式历史发展过程的历史的科学。恩格斯指出:"政治经济学本质上是一门历史的科学,它所涉及的是历史性的即经常变化的材料。"根据马克思主义政治经济学的科学方法论和习近平治国理政的科学思维,历史、现实、未来是相通的,历史上发生的事情总会以某种方式出现在当今社会生活之中,东方及中国社会生产方式也是如此。历史事实证明,东方及中国社会生产方式不仅是具有民族特色的特殊的生产方式,而且也具有历史继承性和历史连续性。数千年来,东方及中国社会生产方式走着一条不同于西方国家和民族的生产方式发展道路。西方社会生产方式的历史发展道路是一条新陈代谢、推陈出新的"革命"道路,先是封建制生产方式取代奴隶制生产方式,后是资本主义生产方式战胜封建制生产方式。东方及中国社会生产方式的历史发展道路是一条自我完善与自我发展的"维新"道路。中国历史上一直存在着"周虽旧邦，其命维新"和"苟日新，日日新，又日新"的传统，中国社会生产方式也是在不断改革维新中自我发展、长期延续的。在漫长的中国历史上，尽管发生了上百次农民起义、经历了许多重大的改朝换代、进行了多次变法改革，但以东方专制制度为核心、以土地国有制为基础、以国家承担水利灌溉工程和小农个体经营为基本特征的亚细亚生产方式一直没有根本改变。随着技术条件与社会条件的变化，中国社会生产方式也与时俱进，不断改革、完善与发展，亚细亚生产方式的具体实现形式不断变化。具体说来，在夏商周时期的上古社会，中国社会生产方式不是像古希腊和古罗马那样以土地私有制为基础、以商品经济为主要特征的奴隶制生产方式，而是以土地公社占有与国家所有为基础、以自然经济与农业经济为基本特征的亚细亚生产方式，这是亚细亚生产方式的次生形态。在秦汉以来的中古社会，中国社会生产方式不是像欧洲中世纪那样以领主所有制为基础、以农奴经济为特征的封建制生产方式，而是以地主占有与国家所有为基础、以依附性小农经济为基本特征的生产方式，这是亚细亚生产方式的延续与变异，是亚细亚生产方式的继生形态。中国古代社会亚细亚生产方式改革维新与始终存在的历史事实说明中国古代社会生产方式的运动只有发展程度与实现形式的变化，而没有发生根本性与颠覆性的变化。因此，那种认为中国战国时期以商鞅变法为主的社会改革运动消灭了旧的生产方式与社会制度、建立了新的生产方式与社会制度的观点是缺乏根据、站不住脚的。

亚细亚生产方式不仅作为中国及东方国家所特有的生产方式在东方及中国古代社会长期存在，而且作为东方及中国社会生产方式的"基因""潜质"仍然存在于中国近代社会与现代社会。无论是太平天国所实行的"天朝田亩制度"，还是孙中山倡导的土地国有、耕者均占的"耕者有其田"政策，都属于土地国有、授田分耕的亚细亚生产方式的历史范畴。在我国现阶段，作为具有5000年中华文明的社会主义国家，中国仍然要坚持以公有制为主体、以国有制为主导的社会主义道路，而不会改弦更张、全盘西化，不会全面实行以私有制为基础的资本主义生产方式。换言之，我们开辟中国特色社会主义道路、确立中国特色社会主义制度绝不是偶然的，它不仅是科学社会主义理论指导的结果，而且是由我国生产方式与社会制度的历史传承及其文化传统所决定的，是马克思主义中国化的必然结果。深刻认识与准确把握中国及东方社会生产方式的特殊性与历史性，不仅使我们能够更好地理解中国当代的改革是社会主义制度的自我完善与自我发展，自觉地坚持社会主义方向，而且使我们能够科学地对待中国古代社会生产方式与社会制度的文明成果，以史为镜，古为今用，兴利除弊，真正走好中国特色社会主义道路，确立适合中国国情、推动中国发展的中国特色社会主义生产方式的目标模式，从而夺取中国特色社会主义事业的全面胜利，在社会主义的基础上实现民族复兴的伟大中国梦。

第一篇

社会形态与生产方式理论

第一章　唯物史观的基本硬核与崭新形态

长期以来，在我国学术界存在着关于唯物史观的一个固定化观点：人类社会的发展表现为生产力与生产关系、经济基础与上层建筑的矛盾运动所引起的"五种生产方式"依次演进的一般过程。这种观点的要害在于它形成了貌似唯物史观基本原理的两个论断：其一，生产力决定生产关系、经济基础决定上层建筑是唯物史观的一般原理；其二，原始社会、奴隶社会、封建社会、资本主义社会与共产主义社会这五种社会形态依次演进是人类社会发展的一般规律。这种观点不仅广为流行，而且长期占据统治地位，甚至被奉为唯物史观的圭臬。实际上，这种观点只是马克思、恩格斯基于欧洲社会实际所提出的具体结论，并不是具有普适性的唯物史观的基本原理，也不符合亚洲及世界其他地区社会结构及其历史发展的客观实际。作为唯物史观的最初形态，欧洲史观既包含着唯物史观的基本原理，也包含着关于欧洲社会特殊结构与发展特殊规律等具体结论。前者具有普适性，放之四海而皆准；后者具有特殊性，不能随意照抄照搬。我们绝不能把二者混淆起来，更不能陷入欧洲中心主义的窠臼，以欧洲社会结构理论来解释亚洲及世界其他地区的社会结构，以欧洲社会发展规律解释亚洲及世界其他地区的社会发展规律。在新的历史时代，我们要坚持与发展唯物史观，就必须科学区分唯物史观的基本硬核与具体形态，坚持唯物史观的一般原理，构造唯物史观的崭新形态。

一　唯物史观的基本硬核——历史唯物主义的基本原理

从本质上来说，作为科学的历史观，唯物史观是与唯心主义相对立的唯物主义的历史理念，是在唯物主义指导下观察和总结人类社会历史所形成的总的观点。唯物史观的基本使命是研究人类社会历史的真实本质与发展规律，它的突出特点在于一般性、客观性、全面性、普适性与非意识形态性。唯物史观的科学定性，决定了它以探索人类社会历史的真实面目及历史要素之间的本质联系为主旨，是从未知到已知的探索方式。唯物史观的对象多是人类历史演进中未经研究或研究得很不充分或研究的结论基本错误的事物——这就要求唯物史观不能沿袭前人的模式，而要有创新思维，其研究成果一般都带有前所未见或拨乱反正的性质。唯物史观的科学定位决定了它主要是观照过去，面向历史，格外重视人类历史的发生、演进的源头、机制、道路、条件、动力、方式等。[①] 这就是说，唯物史观既要从总体上科学揭示人类社会的本质与一般规律，又要具体地研究世界不同地区社会结构形成的特殊机制与社会历史发展的特殊规律。因此，唯物史观包括两方面内容：一是关于人类社会及其发展一般规律的基本原理；二是关于世界不同地区社会形态及其历史发展特殊规律的具体结论。前者构成唯物史观的基本硬核，后者构成唯物史观的具体形态。从总体上说，唯物史观的核心命题是"社会存在决定社会意识"。唯物史观认为，人类社会形态及其历史发展不是由人们的主观意志或理性所决定的，而是由客观条件与客观规律所决定的。具体说来，唯物史观的基本硬核包括以下几个方面的基本原理。

（一）物质资料的生产是社会存在的基础——物质生产基础论

唯物史观认为，物质资料的生产是社会存在与发展的基础，无论任何社会形态都是建立在物质生产的基础之上的。"历史中的决定性因素，归根结蒂是直接生活的生产和再生产。"[②] 这是因为：物质生产是人类生

[①] 参见张奎良《关于唯物史观与历史唯物主义的概念辨析》，《哲学研究》2011年第2期。
[②] 《马克思恩格斯选集》第4卷，人民出版社1995年版，第2页。

存的必要条件，人类生存所需要的物质生活资料只有通过物质资料的生产才能获得。物质生产活动是人类从事其他各种社会活动的前提条件。恩格斯指出："正像达尔文发现有机界的发展规律一样，马克思发现了人类历史的发展规律，即历来为繁芜丛杂的意识形态所掩盖着的一个简单事实：人们首先必须吃、喝、住、穿，然后才能从事政治、科学、艺术、宗教等等；所以，直接的物质的生活资料的生产，从而一个民族或一个时代的一定的经济发展阶段，便构成为基础，人们的国家设施、法的观点、艺术以至宗教观念，就是从这个基础上发展起来的，因而，也必须由这个基础来解释。"① 唯物史观从人类生存与发展最基本的条件、一切历史的第一个前提——物质资料的生产活动入手，找到了破解社会历史秘密的钥匙。"社会结构和国家总是从一定的个人的生活过程中产生的。"② 这样，就使人类历史被安置在它的真正基础——物质资料的生产——之上了。

（二）人的本质是物质生活关系的总和——社会生产主体论

以前的哲学家大都把人当作一个抽象的、非历史性的存在物来考察，马克思、恩格斯则以物质生产实践为基础的社会关系来说明人的本质。唯物史观认为，社会的主体是人，历史的前提是从事物质生活资料生产的个人，现实的个人是处于一定社会发展阶段上从事物质生产实践的人，物质生产对人、人的生活方式和交往具有决定作用；人的本质是社会关系的总和。"人的本质不是单个人所固有的抽象物，在其现实性上，它是一切社会关系的总和。"③ 人的存在是同物质生产发展的一定历史阶段相一致的：人是怎样的，"这同他们的生产是一致的——既和他们生产什么一致，又和他们怎样生产一致"④。由此可见，现实的个人的发展与物质生产的发展是同步的，现实的个人的发展与生产的历史发展具有一致性。从事生产活动的个人在社会历史中的主体地位表现为：现实的个人不仅是物质产品与精神产品的创造者，而且是社会关系与社会结构的创建者。社会发展是由人参与的、社会性的客观物质过程，社会的发展是通过现

---

① 《马克思恩格斯选集》第3卷，人民出版社1995年版，第776页。
② 《马克思恩格斯选集》第1卷，人民出版社1995年版，第71页。
③ 同上书，第60页。
④ 同上书，第68页。

实的个人的实践活动而实现的。

（三）物质生产方式是社会发展的决定力量——物质生产方式决定论

社会存在的主要内容是一定的地理环境、人口因素与生产方式。地理环境即人类生存和发展所处的各种自然条件的总和，包括气候、土壤、地形地貌、矿藏和动植物分布等。地理环境是人类赖以生存的场所，为人类提供生活资料和社会生产资料所需要的资源，它不仅使不同地区和国家的经济发展在生产门类与布局上具有不同的特色，而且还制约着一个国家的生产方式、社会制度。物质资料的生产方式是社会存在和发展的决定力量和根本因素。物质生产方式即以生产工具为代表的技术条件、以分工为核心的社会条件与以生产要素配置方式为核心的生产形式是物质生活条件中最重要的内容，是社会结构的决定因素与历史发展的决定力量。其一，物质生产方式决定社会制度。人类社会发展的历史表明，生产方式是全部人类社会历史的物质基础和决定力量，它制约着整个社会生活、政治生活和精神生活的全过程。一个社会的基本制度，阶级结构以及政治、法律、道德观点，归根结底决定于物质生产方式。马克思科学地揭示了社会政治结构与社会结构同生产方式的关系，认为"以一定的方式进行生产活动的一定的个人，发生一定的社会关系和政治关系。经验的观察在任何情况下都应当根据经验来揭示社会结构和政治结构同生产的联系，而不应当带有任何神秘和思辨的色彩"。[①] 其二，物质生产方式是社会发展的决定力量，物质生产方式的变化决定整个社会历史的变化。马克思指出："手推磨产生的是封建主的社会，蒸汽磨产生的是工业资本家的社会。"[②] 其三，物质生产方式与其社会形式之间的矛盾是社会发展的根本动力。物质生产方式与其社会形式之间的矛盾既是新旧社会形态转换的根本原因，也是同一社会形态发展变革的根本动因，人类社会的历史发展根源于物质生产方式与其社会形式的矛盾运动。

（四）生产方式是区分社会形态的根本标志——生产方式标准论

唯物史观的一般原理认为，无论任何社会形态都是以物质生产为前提的，无论任何社会制度都是以物质生产方式为基础的，社会历史及其发展的决定因素都是物质生产方式。以一定物质生产方式为基础的劳动

[①] 《马克思恩格斯选集》第1卷，人民出版社1995年版，第71页。
[②] 同上书，第142页。

者与生产资料特殊的结合方式是生产的社会形式的主要内容，是划分不同社会形态的根本标准。马克思指出，社会结构总是由劳动者与生产资料结合的特殊方式所决定的。"不论生产的社会形式如何，劳动者和生产资料始终是生产的因素。但是，二者在彼此分离的情况下只在可能性上是生产因素。凡要进行生产，就必须使它们结合起来。实行这种结合的特殊方式和方法，使社会结构区分为各个不同的经济时期。"① "在马克思看来，社会形态的性质，并不单单地决定于劳动者与生产资料本身的性质，更为重要的还决定于劳动者与生产资料二者结合的具体方式，这是马克思所创立的历史唯物主义的一个极为重要的内容。"②

根据马克思确立的科学标准，即在一定劳动方式基础上劳动者与生产资料结合的特殊方式，人类社会形态划分为三大类型：劳动者与生产资料直接结合的社会形态、劳动者与生产资料间接结合的社会形态、劳动者与生产资料重新直接结合的社会形态。人类社会形态及其发展的一般规律是：首先是劳动者与生产资料直接结合的原始公有制社会，然后是在劳动者与生产资料相分离的基础上以剥削者（私人或国家）为中介而间接结合的私有制或国有制社会，最后是劳动者与生产资料重新直接结合的未来新型公有制社会。由于原始劳动者所有制社会是没有阶级、没有剥削的社会，后来在剥削者所有制的基础上产生了阶级，而未来新型劳动者所有制必然导致阶级的消灭。因此，人类社会的一般进程与一般规律是：原始劳动者所有制社会→各种非劳动者所有制社会→新型劳动者所有制社会（原始无阶级社会→各种阶级社会→新型无阶级社会）。

二　唯物史观的最初形态——基于欧洲社会历史的西方史观

从总体上来说，在创立唯物史观的过程中，马克思、恩格斯不仅阐发了唯物史观关于社会结构与社会发展一般规律的基本原理、形成了唯

---

① 马克思：《资本论》第 2 卷，人民出版社 2004 年版，第 44 页。
② 佘树声：《〈资本主义生产以前的各种形式〉在广义政治经济学中的重要意义》，《中国社会科学》1984 年第 4 期。

物史观的基本硬核，而且提出了关于欧洲社会的制度结构与历史进程的具体结论、构建了唯物史观的最初形态——"西方史观"。具体说来，作为唯物史观的最初形态，"西方史观"包括两方面内容：一是关于欧洲及西方社会结构形成机制的具体结论；二是关于欧洲及西方历史进程与社会发展特殊规律的具体结论。

（一）西方社会结构及其形成机制理论

"西方史观"阐明了欧洲社会结构的形成机制与主要特征，形成了欧洲社会结构理论。欧洲社会结构理论的基本观点是：物质生产方式直接决定生产资料所有制，即物质生产方式首先决定生产资料所有制及其生产关系，生产资料所有制及其生产关系决定国家职能与国家制度。具体说来，欧洲社会结构理论的主要内容包括两个方面：

1. "分工—所有制"：生产力决定生产关系理论

在《德意志意识形态》中，马克思、恩格斯依据欧洲（主要是西欧）社会经济发展的历史阐明了分工与生产力、所有制的关系。马克思、恩格斯指出，分工是生产力状况的突出标志，"一个民族的生产力发展的水平，最明显地表现于该民族分工的发展程度。任何新的生产力，只要它不是迄今已知的生产力单纯的量的扩大（例如，开垦土地），都会引起分工的进一步发展"。"分工发展的各个不同阶段，同时也就是所有制的各种不同形式。"① 具体说来，马克思、恩格斯在分析欧洲社会生产条件和社会分工发展的基础上阐明了欧洲社会的四种不同所有制形式。古代西欧社会在极不发达的生产条件和社会分工的基础上，形成了共同劳动、共同占有的部落所有制。然而，由于西欧社会存在着多种多样的、丰富的自然地理条件，这就导致人们在最初能够从事多种多样的生产活动，包括从事畜牧业和农业生产活动等，社会随之出现了第一次大分工。第一次社会大分工使个体家庭逐渐产生并成为劳动的组织形式，个体家庭私有动产也开始逐渐产生。伴随着铁的发现和铁器的应用，农业、手工业劳动生产力有了更大的发展，社会便出现了第二次大分工，促进了商品生产和商品交换的发展、私人财产差别的扩大、氏族和土地共同耕作的废除，导致了土地个体家庭私有制，并在小土地私有制分化的基础上产生了奴隶主所有制。在中世纪，欧洲社会分工的发展极为缓慢。这一

---

① 《马克思恩格斯选集》第1卷，人民出版社2004年版，第68页。

阶段的所有制是以农业生产为基础的，在农村所建立的是地产和束缚于地产上的农奴劳动形式。之所以如此，与当时的军事征服和战争息息相关，在军事制度的影响下直接建立起了封建所有制关系。在封建社会后期出现了城市中商业和手工业的分离，一部分人脱离了手工业生产，专门从事商业活动，特殊的商人阶级逐渐形成。商人阶级的形成及其获取利润的需要促进了各城市间通商的扩大，不同城市间的分工出现了。城市间分工的产生促使地域局限性的消失，为资本主义所有制的产生与发展创造了条件。从总体上来看，欧洲社会经济发展过程的内在联系是：在分工发展的基础上，形成了不同的所有制形式；在分工与所有制发展的基础上，形成了社会生产关系的各种不同的历史形态。由此可见，分工决定所有制、物质生产方式直接决定生产关系的理论是马克思、恩格斯基于欧洲社会现实所提出的唯物史观的具体结论，它不是也不可能是唯物史观的一般原理。

2. "市民社会—政治国家"：经济基础决定上层建筑理论

马克思不仅以欧洲社会现实为依据论述了分工与所有制、物质生产方式与社会生产关系之间的关系，而且根据欧洲社会现实分析了市民社会与国家和法之间的关系，提出了"市民社会决定国家制度"的观点。马克思在《黑格尔法哲学批判》中提出，在欧洲不是国家决定市民社会而是市民社会决定国家，这是经济基础和上层建筑理论的胚芽。在马克思、恩格斯合写的《德意志意识形态》中形成了经济基础和上层建筑的概念："市民社会这一名称始终标志着直接从生产和交往中发展起来的社会组织，这种社会组织在一切时代都构成国家的基础以及其他观念的上层建筑的基础。"[1] 这一观点标志着以基于欧洲社会历史的唯物史观的创立。马克思指出："法的关系正像国家的形式一样，既不能从它们本身来理解，也不能从所谓人类精神的一般发展来理解，相反，它们根源于物质的生活关系。这种物质的生活关系的总和，黑格尔按照18世纪的英国人和法国人的先例，概括为'市民社会'，而对市民社会的解剖应该到政治经济学中去寻求。"[2] 马克思认为，国家和法不是理性的外化，而是由市民社会所创造出来的，国家与法的真正根源在于市民社会。在此基础

---

[1] 《马克思恩格斯选集》第1卷，人民出版社2004年版，第130—131页。
[2] 《马克思恩格斯选集》第2卷，人民出版社2004年版，第32页。

上，马克思开始了对欧洲市民社会的研究。马克思指出，作为不以个人意志为转移的物质生活关系的总和，市民社会包括两方面内容：一是人们相互制约的生产方式，即以生产资料所有制为中心的社会生产方式；二是人们相互制约的交往关系，即在生产中所形成的人与人之间既相互区别又相互依赖的社会关系——生产关系。马克思指出，人们在相互制约的社会生产方式中，不仅创造了供自己生存与发展的物质生活资料、形成了自己的社会生产关系，而且也创造了国家和法等政治上层建筑。马克思的"市民社会"概念虽然源自黑格尔对国家与市民社会的区分，但却得出了与黑格尔相反的结论：不是政治国家决定市民社会，而是市民社会决定政治国家。如果没有家庭的"天然基础"和市民社会的"人为基础"，政治国家就不可能存在。因此，要获得欧洲社会历史发展过程的钥匙，"不应当到黑格尔被描述成的'大厦顶层'的国家中去寻找，而应该是到黑格尔所那样轻视的'市民社会'中去寻找。"[①] 在私有财产与市民社会这一经济基础上，欧洲社会形成了以古希腊贵族民主制度与近代资产阶级民主制度为代表的国家制度。

总的来说，西方史观关于西方社会结构的基本观点是：物质生产方式直接决定所有制与生产关系、市民社会决定国家制度。"西方史观"所阐明的西方社会结构的形成机制是：

物质生产方式→所有制→社会结构→国家制度

（分工） （私有制）（市民社会）（民主或分权制）

（二）西方社会历史进程与发展规律理论

马克思的欧洲史观不仅阐述了欧洲社会的制度结构，而且还以"五种生产方式"理论阐述了西方社会的历史进程。马克思指出："大体说来，亚细亚的、古代的、封建的和现代资产阶级的生产方式可以看作是经济的社会形态演进的几个时代。"[②] 根据马克思、恩格斯的分析，原始社会末期兼有私有因素与公有因素的农村公社是人类文明起源的一般形式，这种二重性的农村公社在不同历史条件下必然产生的不同发展形势，其结果必然会形成不同的社会形态。马克思分析了导致原始农业公社解体的不同形式的原因。他指出："不管怎样，公社或部落成员对部落土地

---

① 《马克思恩格斯全集》第16卷，人民出版社1964年版，第409页。
② 《马克思恩格斯选集》第2卷，人民出版社1995年版，第33页。

的关系的这种种不同的形式,部分地取决于部落的天然性质,部分地取决于部落在怎样的经济条件下实际上以所有者的资格对待土地,就是说,用劳动来获取土地的果实;而这一点本身又取决于气候,土壤的物理性质,受物理条件决定的土壤开发方式,同敌对部落或四邻部落的关系,以及引起迁移、引起历史事件等等的变动。"① 正是这些条件的不同,导致了亚细亚生产方式、古代生产方式和日耳曼生产方式在国家制度与所有制上的不同。西方古典古代的和日耳曼的农村公社公有因素最终被私有因素所战胜,原始社会制度为奴隶制和农奴制败坏,前者发展为奴隶社会,后者先是发展为封建社会,进而在封建制瓦解的基础上进入资本主义社会。因此,欧洲以及西方社会的演进路径是革命的路径,是新的生产方式不断战胜与取代旧的生产方式的历史过程。马克思特别强调,"五种生产方式"递进理论只是以欧洲为中心的西方社会历史理论,而不是适用于人类社会历史的一般原理。对此,有学者明确地指出:"作为社会发展进程的普遍规律,起码要满足两个基本的要求:它必须是世界各国、各地区历史发展进程的共同规律,它必须揭示整个人类社会历史发展的必然趋势。五种社会形态的划分无法满足这两种基本要求,因为它不是普适性规律。"②

唯物史观关于人类社会历史发展一般规律的理论,既不是对某种固定的历史演进图式的归纳,也不是对某种具体的历史发展模式的描述,而是对各种历史因素之间的因果必然联系的揭示,是对人类历史发展进程的高度抽象。因此,在唯物史观的体系中,一般规律是抽象的而不是具体的范畴,它只能用逻辑思维来把握而不能作为具体过程来描述。马克思坚决反对把欧洲社会历史理论作为"一般发展道路的历史哲学理论"的做法,他曾经愤怒地指出:"这样做,会给我过多的荣誉,同时也会给我过多的侮辱。"③"欧洲史观"所体现的是欧洲社会历史发展的大体进程,其主要内容是:

原始社会→奴隶社会→封建社会→资本主义社会→共产主义社会

---

① 《马克思恩格斯全集》第46卷,人民出版社1979年版,第484页。
② 吴英:《唯物史观与历史研究:近三十年探讨的回顾和展望》,《历史研究》2008年第6期。
③ 《马克思恩格斯选集》第3卷,人民出版社1995年版,第342页。

三 唯物史观的最新形态——基于
亚洲社会历史的东方史观

马克思不仅确立了唯物史观的一般原理、构建了唯物史观的最初形式，而且论述了以亚洲为中心的东方社会的固有特征与特殊的发展规律，奠定构建唯物史观的最新形态的理论基础。在此基础上，我们可以完成发展创新唯物史观的任务，构建唯物史观崭新形态——东方史观。与"西方史观"一样，"东方史观"的核心命题也是"物质生产方式决定国家制度"。作为唯物史观的具体形态，东方史观所包含的基本原理与欧洲史观是相同的；作为唯物史观的特殊形态，东方史观关于东方社会结构的形成机制与社会历史的发展规律的具体结论则是与西方史观完全不同的。

（一）亚洲社会结构及其形成机制理论

作为唯物史观的最新形态，"东方史观"阐明了东方社会结构的主要特征与形成机制，形成了东方社会结构理论。同欧洲社会结构理论不同，东方社会结构理论的基本观点是：物质生产方式间接决定生产资料所有制，即物质生产方式首先决定国家职能与国家制度，国家职能与国家制度决定生产资料所有制及其生产关系。具体说来，东方社会结构理论的主要内容包括两个方面。

1. 地理环境、生产条件与国家职能：物质生产方式决定国家职能与国家制度

在西方社会中，是分工决定所有制、所有制决定国家制度。在东方社会中，分工、所有制与国家制度三者之间的关系却与此不同。马克思、恩格斯基于亚洲特殊地理条件阐明了亚洲特殊的农业生产方式，在此基础上阐明了亚洲国家职能与国家制度的特征。"不同的公社在各自的自然环境中找到不同的生产资料和生活资料。因此，它们的生产方式、生活方式和产品，也就各不相同。"[①] 首先，马克思、恩格斯指出，亚洲社会（包括古埃及、古巴比伦、古印度、古中国等）的自然地理条件不同于西

---

① 《马克思恩格斯全集》第44卷，人民出版社2001年版，第407页。

欧社会。在那里，由于气候和土壤的性质，人工灌溉是农业的第一个条件。"气候和土地条件，特别是从撒哈拉经过阿拉伯、波斯、印度和鞑靼区直至最高的亚洲高原的一片广大的沙漠地带，使利用渠道和水利工程的人工灌溉设施成了东方农业的基础。无论在埃及和印度，或是在美索不达米亚和波斯以及其他地区，都利用河水的泛滥来肥田，利用河流的涨水来充注灌溉水渠。"① 特殊的地理条件形成了亚洲社会特殊的社会分工与物质生产方式。一方面，特殊的自然地理条件的特殊性决定大规模的农业人工灌溉成为农业生产基本的必要条件；另一方面，"在东方，由于文明程度太低，幅员太大，不能产生自愿的联合，因而需要中央集权的政府干预。所以亚洲的一切政府都不能不执行一种经济职能，即举办公共工程的职能"②。根据马克思、恩格斯的论述，在以亚洲为代表的东方国家大规模的农业人工灌溉成为农业生产的基本条件以及亚洲社会的文明程度，就使国家对大规模水利设施的建设与集中管理非常必要。因此，要有效地管理水利工程，就需要有一个高度集权的国家机构。亚洲独特的地理条件决定了水利工程是这个国家最为重要的公共工程，治水与灌溉既需要有强有力的中央集权的领导，又需要从中央到地方的一整套官僚机构来具体组织、协调、监督与管理。这样，修建大规模的水利灌溉工程就"表现为更高的统一体，即高居于各小公社之上的专制政府的事业"③。这一特征深远地影响到亚洲与东方社会的发展路径与发展规律。正如马克思所指出的那样："我们在一些亚洲帝国经常可以看到，农业在一个政府统治下衰败下去，而在另一个政府统治下又复兴起来。在那里收成取决于政府的好坏，正像在欧洲随时令的好坏而变化一样。"④可见，亚洲社会以国家为主导的社会分工这一物质生产方式必然要求国家执行更多更强大的经济职能，因而需要一个高度集权的官僚机构和强有力的专制君主。中国历史上第一个专制君主大禹，就是凭借其治水、务农而获得至高无上的国家权力进而占有土地、剥削人民的，即所谓："禹平水土，定九州，四方各以土地所生贡献，足以充宫室，供人生之

---

① 《马克思恩格斯选集》第1卷，人民出版社1995年版，第762页。
② 同上。
③ 《马克思恩格斯全集》第46卷，人民出版社1979年版，第474页。
④ 《马克思恩格斯选集》第1卷，人民出版社1995年版，第763页。

欲。"因此，亚洲特有的社会分工必然产生君主专制与官僚集权型的国家制度。在这样的国家制度下，必然形成国家强而社会弱，官强而民弱这一基本格局。在西方社会中，"分工发展的各个不同阶段，同时也就是所有制的各种不同形式"。① 在分工发展的各个不同的历史阶段上，产生了原始的部落所有制，古典古代的奴隶主所有制、封建所有制与资本主义所有制等各种不同的所有制形式。在东方社会中，则是分工的特殊形式，同时也就是所有制的特殊形式。由于东方社会一直实行以国家为主导的分工体系，从而就决定了东方社会一直实行国家专制制度，最终决定了东方社会一直实行土地的国家所有制。国家在分工体系中的决定作用，决定了国家在政治制度中的支配地位，最终决定了国家在土地所有制中的主体地位，决定了国家在生产关系中的支配地位，决定了国家在阶级结构与社会结构中的支配地位。国家作为主要生产者而成为主权者、所有者与剥削者，国家作为生产的领导者而成为社会的统治者。

2. 国家制度与土地国有制及其生产关系：上层建筑决定经济制度

西方意义的国家学说，很难适用中国历史和现状。在欧洲及西方社会，是所有制及其生产关系决定国家制度。亚洲及东方社会则恰好相反，是国家制度决定土地国有制及其生产关系。这是因为，在君主专制的国家制度下，亚洲及东方国家普遍信奉"君权神授"，国王为"天子"，所有民众皆为君主"子民"，一切财产皆为君主所有。在这种专制型的国家制度下，国王或皇帝就成为国家最高或唯一的土地所有者，"普天之下，莫非王土"，从而形成土地国有制或王有制。"在大多数亚细亚的基本形式中，凌驾于所有这一切小的共同体之上的总合的统一体表现为更高的所有者或唯一的所有者。实际的公社却只不过表现为世袭的占有者。"② "同直接生产者直接对立的，如果不是私有土地的所有者，而是像在亚洲那样，是既作为土地所有者同时又作为主权者的国家，那么，地租和赋税就会合为一体了……在这里，国家就是最高的地主。在这里，主权就是全国范围内集中的土地所有权。但因此在这种情况下也就没有私有土地的所有权，虽然存在着对土地的私人的和共同的占有权和用益权。"③

---

① 《马克思恩格斯选集》第1卷，人民出版社1995年版，第68页。
② 《马克思恩格斯全集》第46卷，人民出版社1979年版，第473—474页。
③ 马克思：《资本论》第3卷，人民出版社2004年版，第894页。

马克思认为，如果将民主制的希腊和专制的亚洲国家进行比较，在希腊，政治国家本身是市民生活和意志的真正的唯一内容；在亚洲，政治国家是个人的独断专行。因此，在西方是经济基础决定上层建筑，在中国及东方则是以国家制度为核心的上层建筑决定经济基础。对此我国一位青年学者指出："马克思看待和审视东方社会时，是与西欧当时的资本主义作了有意无意的对比的，他看到东方社会中'国家'职能的强大无比和无所不包，也就是说，他看到了'国家'在东方社会和历史中的巨大作用。在古代中国，'国家'的力量很强大，'国家'的作用更明显，它甚至左右了中国古代史的方向和进程。"① 我国著名学者顾准先生明确指出："我们有些奢谈什么中国也可以从内部自然生长出资本主义来的人们，忘掉了资本主义并不纯粹是一种经济现象，它也是一种法权体系。法权体系是上层建筑。并不只有经济基础决定上层建筑，上层建筑也能使什么样的经济结构生长出来或生长不出来。资本主义是从希腊罗马文明产生出来，印度、中国、波斯、阿拉伯、东正教文明都没有产生出资本主义，这并不是偶然的。"② 中国从大陆式部族公社，发展成东方型专制务农领土王国，没有西方奴隶社会中的自由民。而且，中国从来没有产生商业本位的政治实体。

长期以来，人们一直认为中国古代社会也是以私有制为基础，以奴隶主与奴隶阶级、封建主（地主）阶级与农奴（农民）阶级等民间两大对立阶级为主体的社会结构。实际上则不然，在中国及广大东方国家只有以国有制为基础的国家剥削者，根本不存在什么以私有制为基础的民间剥削阶级。这是因为，"所有土地，或者说无论如何大部分土地，属于国家，而实际上国家的官僚们是受益者而且构成了真正的剥削阶级。"③ 针对我国学术界一些人脱离中国实际国情而照搬马克思关于西方社会经济基础决定上层建筑的具体结论的错误做法，我国著名思想家顾准先生明确指出："中国的专制政权本身就是社会斗争的一方，不是哪个阶级手

---

① 赵志浩：《亚细亚模式批判——试论传统中国的国家职能》，河南人民出版社 2014 年版，第 6—7 页。
② 顾准：《资本的原始积累和资本主义的发展》，载《顾准文集》，中国市场出版社 2007 年版，第 211—212 页。
③ ［意］翁贝托·梅洛蒂：《马克思与第三世界》，商务印书馆 1981 年版，第 120 页。

里的工具。"① 我国历史学家张金光先生指出:"研究中国历史上的社会经济形态问题,传统的方法总是企图在一个社会平面中寻求基础关系——社会坐标中轴线。这个社会体系是从民间寻求社会生产关系中的剥削关系及被剥削阶级。其路径必然是拿着显微镜去找奴隶或农奴。这种关系找到之后,就让它来决定其上层建筑、国家形态,国家就代表那个主导阶级,于是就认定为某种社会。在这个社会坐标体系中,国家只不过是一种上层建筑,它只是为基础服务,于是国家跟社会,官跟民之间成了一种间接关系,一种次要的关系,国家的面目必须通过民间阶级关系才能折射出来。这并不符合中国的历史实际。传统的方法略去了国家权力这个在中国社会历史中一个最重要的、决定性的维度。在中国历史上,国家权力实为纲中之纲,它决定一切,支配一切。不是民间社会决定国家,而是国家权力塑造社会,国家权力、意志、体制支配、决定社会面貌,应以国家与社会间的关系,简言之曰官民对立关系来观察、认知、表达、叙述中国古代社会历史。如此才能说明中国古代社会历史的本质属性。必须确立如下观点:官民二元对立是中国古代社会阶级结构的基本格局。官民之间,不仅是统治与被统治的关系,而且是一种经济关系,是剥削与被剥削的关系,也就是说,它是以国家权力、政治统治、土地国有权为基础建立起来的社会生产关系。这种生产关系是国家体制式社会生产关系或叫权力型社会生产关系,亦叫国家体制式社会形态。这种生产关系比之民间社会的任何经济关系都具有无与伦比的稳定性、凝固性、恶劣性、暴力性。"②

这样,在东方国家没有形成土地私有制,以国王或皇帝为首的贵族或官僚集团是土地的真正所有者。马克思指出,东方一切现象的基础是不存在土地私有制。这甚至是了解东方天国的一把真正的钥匙。因此,劳动者与生产资料相分离的社会形态不仅包括各种私有制社会,而且也包括以专制制度为核心的国有制社会。中国古代一般实行国家授田制度。土地为皇帝所"授",为农民所"受"。农民所接受的土地,并不是农民的私产。农民对土地只有使用权和占有权而没有私有权。井田制就是这

---

① 顾准:《僭主政治与民主》,载《顾准文集》,中国市场出版社2007年版,第161页。
② 张金光:《关于中国古代(周至清)社会形态问题的新思维》,《文史哲》2010年第5期。

种授田制度典型的体现。正如我国著名学者吴大琨先生所说:"在亚细亚式的国家里,主要生产者一直是农民,在古典的希腊、罗马生产方式里,主要生产者是奴隶,而在日耳曼的生产方式里主要生产者是农奴,这三者在身份上是很不相同的。"[1] 国家制度决定土地私有制及其生产关系、上层建筑决定经济基础是亚洲及东方社会所特有的现象。在东方土地国有制下劳动的农民,是相当于奴隶的农民,其地位类似于古代罗马时期曾经存在过的"隶奴"。[2] 对于这种"隶奴"式的农民,我们可以称之为"隶民",即隶属或依附于国家的农民;对于这种以"隶奴"为主要直接生产者与主要剥削对象的社会形态,我们可以称之为"隶民社会",这是同欧洲"市民社会"完全不同的特殊的、东方的社会形态。由此可见,"东方史观"所表现的东方社会结构的形成机制是:

物质生产方式→国家制度→所有制→社会结构
（分工） （君主专制） （国有制）（隶民社会）

(二) 东方社会性质与发展规律理论

长期以来,人们一直认为世界各地区、各民族的社会历史都是按照统一的"五种生产方式"的序列演进发展的。在这种单线论的思维方式的支配下,人们把马克思关于欧洲（主要是西欧）社会历史的研究结论直接地推广到世界各地,把"五种生产方式"递进说成是一切民族都"注定要走的"共同道路,进而认为亚洲及东方社会也是按照"五种生产方式"理论演进的历史过程。关于人类社会历史的发展,马克思主义的创始人并未提出如"五种生产方式"说那样明确的阶段论理论模式,并且,马克思还确曾提出过包括中国在内的东方社会历史的特殊性问题。中国学术界也曾就此问题进行过热烈的探讨,取得了一些成绩,然而却始终未能作出符合中国历史实际和特点的新的理论概括。而一些实际研究的最后落脚点,仍然在于证明中国古代是奴隶制社会,或是封建制社会。中国古史分期问题的讨论最为典型,尽管热闹非凡,但却只是在既

---

[1] 吴大琨:《关于亚细亚生产方式研究的几个问题》,《学术研究》1980年第1期。
[2] 隶奴制作为奴隶社会与封建社会之间的过渡性社会形态,它一方面具有封建社会农奴制的特征,比如隶奴在法律上享有自由人的待遇,可以自由经营自己的土地,准许有自己的家室;在生产和生活中有一定的主动性。但是,另一方面,隶奴又保持着奴隶社会的基本经济特征,如仍然被固着在奴隶主的土地上,不准离开,只许随土地的出卖而转移。就是说,他们同奴隶比是半自由人,同农民比是半不自由人。他们处于半奴隶、半农民的地位。（阎世成:《过渡性社会形态及其经济特征》,《山西师范大学学报》1986年第4期）

定的框框中捉迷藏而已，走不出"五种生产方式"说之窠臼。之所以如此，一个理论上的重要原因，就是"五种生产方式"说既定模式的笼罩所致。为其所蔽，一叶障目，不见泰山，因而总不能做出符合中国历史实践逻辑的理论概括。"在以国家权力为轴心运转的中国历史境域中，所构成之中国社会形态为国家体制式社会形态，并可依国家权力本身之发展线索将这一国家体制式社会形态划分为递进而相续的若干阶段。"①

实际上，亚洲不仅由于特殊的历史环境而产生了特殊的社会形态，而且由于特殊的演进路径而形成了特殊的历史发展规律。在古代的亚洲及东方世界，由于特殊的地理条件、自然环境、文明程度以及强大的国家职能，亚细亚农村公社不仅没有解体，反而依附于国家这个"最高的共同体"，在土地共同占有的基础上实行了国家所有制，进而形成了亚洲特有的生产方式——亚细亚生产方式，最终形成了亚洲特殊的社会形态——以专制国家制度与土地国有制为基本特征的亚细亚社会。由此可见，以印度与中国为代表的亚洲古代社会同西欧古代社会有着很大并且非常明显的差别。奴隶制的基本特征是以家庭私有制为基础的蓄奴制，封建制的基本特征是以分封制为基础的农奴制，而印度和中国等亚洲及东方国家则不具有奴隶制与封建制的基本特征。从历史事实来看，亚洲及东方国家在原始社会解体后并没有进入奴隶社会与封建社会，而是进入了以国有制为基础、以君主专制制度为核心的亚细亚社会。② 因此，亚洲以及东方社会具有完全不同于欧洲社会的特殊的演进路径。亚洲社会演进的路径不是革命的路径，而是维新的路径：不是旧的生产方式灭亡、新的生产方式产生的历程过程，而是旧的生产方式长期存在、不断改良的历史过程。亚洲特殊的社会形态及其特殊的演进路径，决定了亚洲及东方国家不是按照欧洲社会"五种生产方式"依次演进的顺序发展的，而是在亚细亚生产方式历史演变的基础上形成了特殊的历史发展规律。马克思晚年在关于古代社会的研究中多次批评那种把印度的采邑制、公职承包制与荫庇制说成是封建主义、用西欧的封建主义来硬套印度等东

---

① 张金光：《中国古代社会形态研究的方法论问题》，《史学月刊》2011 年第 3 期。
② 在马克思看来，"亚细亚生产方式"既不是原始公社的生产方式，也不同于西方古代的奴隶制的生产方式或西方中世纪的封建制的生产方式。它是东方前资本主义时代一种具有本身特点的阶级社会的经济形态。（参见胡钟达《试论亚细亚生产方式兼评五种生产方式说》，《内蒙古大学学报》1982 年第 2 期）

第一章 唯物史观的基本硬核与崭新形态

方国家的僵化错误。因此，我们决不能把马克思关于欧洲社会历史发展进程的特殊理论任意拔高，不能把基于欧洲社会历史的"五种生产方式"理论作为人类社会历史的一般理论而套用到亚洲及东方社会。① 亚洲社会的发展具有不同于欧洲社会的特殊的历史进程，这就是：

原始社会→亚细亚社会→资本主义（或特殊社会主义）社会→共产主义社会

综合上述分析，可以得出如下基本结论：

（1）唯物史观是"一元多线"的历史观。唯物史观的内容包括两个方面：一是关于人类社会结构与发展一般规律的基本原理；二是关于世界不同地区社会特殊结构与发展特殊规律的具体结论。前者具有一般性、普适性，由此表现出唯物史观是一元论的历史观；后者具有特殊性、多样性，由此表现出唯物史观是一元多线的历史观。因此，我们绝不能把二者混淆起来，更不套用世界某一地区的社会结构与发展规律去解释其他地区的社会结构与发展规律，否则就会犯"单线论"的错误。相反，我们必须把唯物史观的基本硬核与其具体形态明确区分开来，既科学阐明人类社会结构的一般特征、揭示人类社会发展的一般规律，又具体分析世界不同地区社会结构形成的特殊机制、具体研究社会历史发展的特殊规律。

（2）马克思、恩格斯所创立的唯物史观是唯物史观的最初形态——西方史观。欧洲史观既包含唯物史观的基本硬核及一般原理，还阐明了欧洲的社会结构与发展规律。其中，欧洲史观所阐明的欧洲社会结构及其形成机制是：首先是物质生产方式决定土地所有制，然后是土地所有制决定国家制度，最后是土地所有制与国家制度决定社会形态。欧洲史观所阐明的欧洲社会发展的历史进程，大体呈现出"五种生产方式"递进的方式。这些观点只是唯物史观关于欧洲社会及其历史发展规律的具

---

① 社会发展五阶段论首先来自列宁。他在一篇题为《论国家》的讲演中明确指出："所有一切国家中所有一切人类社会数千年来发展的经过，都向我们表明出这种发展的一般规律、法则和次序：社会从原始形态的奴隶制度过渡到农奴制度，然后又过渡到资本主义制度。"斯大林把社会发展五阶段论定型化，他提出："历史上有五种基本类型的生产关系：原始公社制的、奴隶占有制的、封建制的、资本主义的、社会主义的。"如果把认同五阶段论的学者称为马克思主义史学派，不如称为斯大林主义史学派更恰当些。"五段式"实际上是一种超历史的刻板公式，是拿先验的公式去剪裁历史（参见靳树鹏《中国有没有奴隶社会和封建社会》，《同舟共进》2004年第4期）。

体结论，而不是具有普适性的一般原理，我们绝不能把欧洲社会结构的特殊机理上升为人类社会的共同机理、把欧洲社会发展规律拔高为人类社会发展的一般规律，照搬欧洲史观的具体结论来解释亚洲社会形态及其发展规律，而应当根据亚洲社会的客观实际科学地分析其社会结构与发展规律。

（3）我们应当实现唯物史观的创新发展，构建唯物史观的崭新形态——东方史观。我们应当看到并确认：亚洲及东方社会具有完全不同于欧洲及西方社会的社会结构与发展规律。亚洲及东方社会结构的形成机制是：首先是物质生产方式决定国家职能与国家制度，然后是国家制度决定土地所有制及其生产关系，最后是国家制度与土地所有制及其生产关系决定社会形态。同时，由于其特殊的历史环境与特殊的演进路径，亚洲及东方社会具有不同于欧洲社会的历史进程与发展规律：它先是从原始社会进入亚细亚社会，然后从亚细亚社会进入资本主义社会（如印度）或特殊的社会主义社会（如中国）。因此，"五种生产方式"理论不是人类社会历史发展的一般规律，不符合亚洲及东方国家社会历史发展的客观实际。我们应当以马克思的亚细亚生产方式理论为科学指南，以亚洲及东方国家的历史发展的客观实际为依据，科学阐明亚洲与东方社会发展特殊的历史进程与特殊的运动规律。

第二章 马克思社会形态理论的科学继承与创新发展

社会形态理论既是唯物史观的基本内容，也是马克思主义政治经济学及历史学的科学理论基础。马克思在其长期的科学研究中，形成了内容丰富、精彩纷呈的社会形态理论。马克思的社会形态理论既包括根据唯物史观而建立的关于社会形态划分标准与基本内容的基本原理，也包含一些从世界某些地区与国家具体条件与社会发展阶段出发得出的关于社会形态发展进程的具体结论。因此，我们一方面应当继承马克思关于社会形态的基本原理并以此为指导进行相关的科学研究，另一方面应当根据世界不同地区与不同国家的具体条件与发展过程，勇于突破某些具体结论，提出新观点与新见解，推动马克思社会形态理论的创新与发展。

一 三大社会形态：马克思关于社会形态划分的基本原理

社会形态是历史唯物主义用以标志社会历史的具体存在形式的范畴，即揭示社会生活整体性特征、研究社会发展阶段与社会结构的科学范畴。社会形态是一定的经济基础和上层建筑的统一体，其内容包括社会经济形态、政治形态与意识形态等，它是社会经济结构、政治结构与文化结构诸方面结合构成的社会模式。长期以来，人们划分社会形态通常有两种方法：一是以生产关系的性质为标准划分社会形态，即经济社会形态；二是以生产力和技术发展水平以及与之相适应的产业结构为标准划分，即技术社会形态。分别来看，这两种划分方法是可取的，它们可以从不同侧面来揭示与反映每一社会形态的特征。但从总体上看，这两种划分方法就不够了，它们不能全面、系统地反映社会形态的性质与特征。首先,"生产力标准"无法说明每一社会形态的特殊性质,对社会经济形态性质直接起决定作用的是生产关系,特别是所有制的变化而不是生产力的变化。"撇开生产关系,单纯地从生产形式、技术变革、经济重要部门的更替进行考察,无法揭示社会经济形态本质的变化。"① 马克思在批判历史学派的代表人物布鲁诺·希尔德布兰德根据交换形式的变化把社会分为自然经济、货币经济、信用经济三个历史时期的错误时明确指出:"不是把生产方式的性质看作和生产方式相适应的交易方式的基础,而是反过来,这是和资产阶级眼界相符合的,在资产阶级眼界内,满脑袋都是生意经。"② 有些学者根据马克思在《〈政治经济学批判〉序言》中的论述而把社会经济结构归结为"生产关系的总和",因此把生产关系作为划分社会形态的根本标准。从理论上说,这并不完全符合马克思关于社会经济结构的基本原理,马克思自己已经把社会经济结构的定义从"生产关系的总和"修正为"一定的生产方式以及与它相适应的生产关系"。这就是说,"经济基础决非单指生产关系,而是指生产方式及生产关系"③。

鉴于"生产力标准"与"生产关系标准"的缺陷,笔者认为,应当以生产方式作为划分社会形态与社会发展阶段的根本标准。就此而言,笔者提出与以往标准不同的一种崭新的标准——"生产方式标准"。"生产方式标准"可以克服"生产力标准"与"生产关系标准"的缺陷,从而能够科学地划分社会形态与社会发展阶段。具体来说,我们首先应当从社会生产出发,以生产方式为根本标准来划分社会发展阶段与社会形态,并以生产方式为基础研究生产关系,以社会经济结构为基础来研究上层建筑。所谓生产方式,主要是指一定的劳动方式以及在此基础上劳动者与生产资料结合的特殊方式。作为劳动者与生产资料结合的特殊方式,生产方式既以一定的生产力为基础又形成一定的生产关系。所谓"生产方式标准",就是坚持在一定的劳动方式的基础上以劳动者与生产资料结合的特殊方式作为划分社会发展阶段与社会形态的"标尺"。"在马克思看来,社会形态的性质,并不单单地决定于劳动者与生产资料本

---

① 程恩富、周环:《关于划分社会经济形态和社会发展阶段的基本标志》,《复旦学报》1988 年第 1 期。
② 马克思:《资本论》第 2 卷,人民出版社 2004 年版,第 133—134 页。
③ 袁绪程:《关于"经济基础"概念的再认识》,《国内哲学动态》1982 年第 11 期。

第二章　马克思社会形态理论的科学继承与创新发展　　33

身的性质，更为重要的还决定于劳动者与生产资料二者结合的具体方式，这是马克思所创立的历史唯物主义的一个极为重要的内容。"①

马克思关于社会形态的基本原理是建立在生产方式与社会经济结构理论的科学基础之上的。马克思关于社会形态的基本原理首先揭示了社会形态或社会结构同生产的关系，认为社会结构同生产有着密切的、内在的联系，社会结构总是从一定的生产过程中产生的。"以一定的方式进行生产活动的一定的个人，发生一定的社会关系和政治关系。经验的观察在任何情况下都应当根据经验来揭示社会结构和政治结构同生产的联系，而不应当带有任何神秘和思辨的色彩。社会结构和国家总是从一定的个人的生活过程中产生的。"②

其次，马克思关于社会形态的基本原理揭示了社会形态或社会结构同生产方式的内在联系，认为生产方式是社会形态或社会结构的现实基础，社会结构总是由一定的生产方式即劳动者与生产资料结合的特殊方式所决定的。"每一历史时代主要的经济生产方式与交换方式以及必然由此产生的社会结构，是该时代政治的和精神的历史所赖以确立的基础。"③"不论生产的社会形式如何，劳动者和生产资料始终是生产的因素。但是，二者在彼此分离的情况下只在可能性上是生产因素。凡要进行生产，就必须使它们结合起来。实行这种结合的特殊方式和方法，使社会结构区分为各个不同的经济时期。"④

最后，马克思关于社会形态的基本原理揭示了社会形态或社会结构内部诸要素之间的内在联系：在生产中，人们首先必然采取一定的生产方式；一定的生产方式产生与之相适应的生产关系，二者共同构成社会经济结构；在一定的社会经济结构的基础上，必然产生一定的上层建筑。所谓社会形态，就是以一定的生产方式为基础的整个社会结构。"一定的生产方式以及与它相适应的生产关系，简言之，社会的经济结构，是有法律的和政治的上层建筑竖立其上并有一定的社会意识形式与之相适应

---

① 奈树声：《〈资本主义生产以前的各种形式〉在广义政治经济学中的重要意义》，《中国社会科学》1984 年第 4 期。
② 《马克思恩格斯选集》第 1 卷，人民出版社 1995 年版，第 71 页。
③ 同上书，第 257 页。
④ 《资本论》第 2 卷，人民出版社 1975 年版，第 44 页。

的现实基础。"①

从总体上来说，马克思关于社会形态划分标准理论的基本内容是：以一定的社会生产为出发点，以一定的生产方式为根本标准，以一定的社会结构即社会经济结构与政治结构为主要内容。

我国老一辈学者根据唯物史观与马克思主义政治经济学的科学方法论，充分肯定了生产方式是划分社会形态的根本标准。早在20世纪30年代，我国著名学者嵇文甫先生就已经指出，在中国社会史的研究中，"从前划分社会发展阶段的标准很不一致，有的根据交换关系，有的根据政治形态，随手拈来，并没有确定见解。到现在，不论真正的理解程度如何，总都知道拿出生产方法作为划分社会史阶段的利刃了。"② 嵇文甫先生所说的"生产方法"，就是马克思所说的生产方式。我国著名历史学家侯外庐先生指出："我对生产方式及其在人类历史的地位，基本看法可以归结为：（一）它是决定历史上特定社会形态的根本因素，不同社会形态的区别，是由它的性质决定的。（二）它必须在一定社会形态中占有统治的地位。（三）它的内容可表述为，特殊的（历史上一定的）生产资料和特殊的（历史上一定的）劳动者（力）二者的特殊结合方式。""不管人们是否同意我对生产方式的理解，但我自信，以上所述内容，对于我们区别不同的社会形态，掌握不同社会形态的质的规定性来说，是站得住脚的，是符合马克思主义精神的。我以后对中国古代社会史的研究，正是以此为方法论作指导的。"③

概括起来说，马克思社会形态划分标准理论就是"生产—生产方式—社会结构"范式，其中，生产方式是划分社会形态的根本标准这一命题就是这一科学范式的基本硬核。在社会形态体系中，社会经济结构是基础体系，生产方式是决定因素。社会经济结构以及政治结构，都是建立在特定生产方式之基础上的。无论任何时候，我们都应当根据一定生产方式及其由它所决定的生产关系中找出社会结构的最深的秘密、揭示其最隐秘的基础。

根据马克思确立的生产方式标准，即在一定生产条件与生产形式基

---

① 《资本论》第1卷，人民出版社2004年版，第100页。
② 参见马乘风《中国古代经济史》，商务印书馆1935年版，序言。
③ 侯外庐：《我对中国社会史的研究》，《历史研究》1984年第3期。

第二章 马克思社会形态理论的科学继承与创新发展

础上劳动者与生产资料结合的特殊方式,人类社会形态划分为三大类型:首先是劳动者与生产资料直接结合的社会形态,即原始劳动者所有制社会;然后是劳动者与生产资料间接结合的社会形态,即各种剥削者所有制社会;最后是劳动者与生产资料重新直接结合的社会形态,即未来新型劳动者所有制社会。马克思关于社会形态的基本原理是:"劳动者与生产资料直接结合的原始社会——劳动者与生产资料间接结合的社会形态——劳动者与生产资料重新直接结合的共产主义社会"的"三大社会形态"理论。由于原始劳动者所有制社会是没有阶级、没有剥削的社会,后来在剥削者所有制的基础上产生了阶级,而未来新型劳动者所有制必然导致阶级的消灭,因而三大社会形态理论也可以表述为:"原始的无阶级社会—文明的阶级社会—新型的无阶级社会"理论。从其生产形式方面来看,中国古代社会属于第一大社会形态——自然经济以及以此为基础的人的依赖关系。这是中国古代社会与西方社会的相同点。但从其所有制形式方面来看,中国古代社会在所有制方面不是奴隶主所有制或领主所有制,而是以国家所有制;中国古代社会在阶级结构方面不是奴隶主阶级与奴隶阶级、领主阶级与农奴阶级的关系,而是以国王为首的国家贵族阶级、以皇帝为首的国家官僚阶级与农民阶级的对抗关系。这是中国古代社会形态与西方社会的不同点。[①]

第一大社会形态,即劳动者与生产资料直接结合的社会形态,就是实行集体公有制的原始社会,开始是部落公有制即氏族公社所有制,后来则是农村公社所有制。第二大社会形态,即劳动者与生产资料间接结合的社会形态,在西方经历了古典古代奴隶主所有制、中世纪封建主所有制与近代资本主义所有制三种社会形态。在中国、印度等亚洲国家,国家一直是土地的主要所有者,以国王或皇帝为首的贵族与官僚集团是土地的真正所有者,国家是最高的地主。"在大多数亚细亚的基本形式中,凌驾于所有这一切小的共同体之上的总合的统一体表现为更高的所有者或唯一的所有者。实际的公社却只不过表现为世袭的占有者。"[②] 这就是亚细亚所有制不同于西方私有制的显著特征,这一特征说明不仅私

[①] 参见于金富《马克思社会形态理论的科学继承与发展创新》,《社会科学战线》2014年第3期。

[②] 《马克思恩格斯全集》第46卷,人民出版社1998年版,第473—474页。

有制使劳动者与生产资料相分离而受奴役与剥削,而且国有制也可能使劳动者与生产资料相分离而受奴役与剥削。因此,劳动者与生产资料相分离的社会形态不仅包括私有制社会,而且也包括贵族化与官僚化的国有制社会。第三大社会形态,是劳动者与生产资料重新直接结合的社会主义与共产主义社会,即"重建个人所有制":在生产高度社会化、劳动协作、共同占有与联合劳动的基础上,建立劳动者联合的个人所有制。这种个人所有制的本质特征在于:它是以劳动者为主体、以社会联合为形式、以劳动者个人所有权为内容的新型个人所有制。根据马克思的设想,重建个人所有制的一般形式与典型形式是"社会所有制",实现社会所有制的具体途径与过渡形式是实行生产资料的国有化。在经济落后国家,重建个人所有制不应当照搬社会所有制形式,也不应当全面实行国有化,而应当采取特殊的实现形式。恩格斯指出,在像法国与德国这样的国家,在农业中就不应当剥夺作为所有者的个体农民,而应当引导农民联合起来发展农民合作社,实行合作社所有制。长期以来,在社会主义公有制的理论与实践上存在着一个误区,即只看重社会主义公有制的具体形式而忽视其本质特征,似乎只要实行了国有化、集体化就建立了社会主义公有制。实践证明:只有真正体现社会主义所有制的本质特征、实现"重建个人所有制"的要求,才能真正建立与发展社会主义公有制。

二 五种社会形态理论:马克思关于社会形态发展进程的具体结论

马克思在《政治经济学批判》(序言)中提出:"大体说来,亚细亚的、古代的、封建的和现代资产阶级的生产方式可以看作是社会经济形态演进的几个时代。"[①] 后来人们根据这一论述提出了"原始社会、奴隶社会、封建社会、资本主义社会与共产主义社会"的"五种社会形态"理论,并将其归结为马克思关于人类社会形态发展的一般原理。这一段论述不是关于人类社会形态发展的一般规律的基本原理,而只是马克思关于西方一些国家社会发展顺序的大致描述。所谓"大体说来",就空间

---

① 《马克思恩格斯选集》第2卷,人民出版社1995年版,第33页。

第二章 马克思社会形态理论的科学继承与创新发展

来说有一定的地域范围,并非放之四海而皆准;就其时间来说,各种社会形态的存在可以是并列、交错而非线性递进的。换言之,五种社会形态理论不是全世界普遍适用的公式,而是只反映西方社会形态的大体情况,只是西方社会历史发展的大致顺序。这是因为,人类社会历史的发展与物质的、自然的条件有着密切的联系,各个国家在各自不同的自然条件与历史条件的影响下,其社会经济发展行程必然表现出明显的地区差异与民族差异。马克思所讲的五种社会形态中的某一社会形态,只表明它们是某些民族曾经经历过的一些重要的时代,也是其他民族可能经过的时代,但绝不是一切民族都必然要经历的时代。因此,马克思的五种社会形态理论只是马克思依据某些国家(主要是西方国家)的具体情况而提出的关于社会形态与社会发展阶段划分的具体结论,而不是马克思关于人类社会发展一般规律的基本原理。实际上,马克思本人并无意将五种社会形态的结论作为世界发展的唯一图式,而只将其看作基于西方社会已有历史所作出的大概分析。马克思生前对于把一种类似于"五种社会形态说"的历史分期模式强加到自己名下表示了明确的反对:"他(米海洛夫斯基——引者注)一定要把我关于西欧资本主义起源的历史概述彻底变成一般发展道路的历史哲学理论,一切民族,不管他们所处的历史环境如何,都注定要走这条道路,……但是我要请他原谅。他这样做,会给我过多的荣誉,同时也会给我过多的侮辱。"[①] 人们注意到,马克思曾在不同场合多次提出过社会形态依次更迭的具体观点。虽然这些观点的时代背景、语境、历史指向和列举的社会形态名目和更迭顺序都是各不相同的,但有一个共同点,就是他所列举的那些社会形态及其更迭顺序都只是作为"大体上"讲的历史例证,而绝不是关于人类社会"一般发展道路"的机械公式。"埃及、巴比伦等所谓'东方',没有希腊罗马的奴隶制,这一点马克思是知道的。所以《政治经济学批判序言》在古典的即奴隶制的(马克思用'古典的'一词指历史的古典时代,即希腊盛期和共和罗马时代,包括奴隶制和奴隶制还未发展起来的'公民城邦'时代)、封建的、资本主义的之外一定要加上一个亚细亚的。把马克思的奴隶制扩大到'东方',取消'亚细亚的'这个范畴,恩格斯做了一小部分工作,到斯大林就斩钉截铁地不准谈'亚细亚的',于是对马

---

① 《马克思恩格斯选集》第 3 卷,人民出版社 1995 年版,第 341—342 页。

思，亦即对历史的'强奸'完成了。"① 马克思虽然认为人类社会形态有一个从低级向高级发展的普遍规律，但绝不是要认定其中每个形态都是各个民族"普遍必经"的阶段，更不是认定它们是人类社会普遍的更迭顺序。② 马克思不仅强调各个民族的社会形态从低级向高级发展的规律与趋势是共同的，而且更加强调各个民族具体的发展路径与模式是千差万别的。我国著名经济学家王亚南先生早就对五种社会形态递嬗的程式提出了质疑与批判。他认为：研究社会形态及其发展必须对社会发展的特殊规律进行科学研究。政治经济学的任务应当在于考察社会经济具体矛盾的内在联系及其特殊运动形式，并对它作出科学规定和论证。在 20 世纪 30 年代，王亚南最早反对和批判当时流行的社会五形态发展前后递嬗的公式主义。他认为："中国社会史上的许多特殊表现，毕竟不能硬套现成公式所能解释的。""任何特定社会经济现象都不能不因为它特有的自然条件和历史条件的拘束，而难于百分之百去迁就何等划一的标准化的格式或理论。"③

从其实质上来看，"五种社会形态"理论是机械地照抄马克思个别结论的教条化观点，是人为地把东方社会发展纳入西方社会历史进程的"西方中心主义"的错误观点。从逻辑上看，"五种生产方式"公式是以古典进化论为其理论背景的单线演化模式。从历史上看，"五种生产方式"公式是"西方中心主义"观点，广大东方国家由于自身特殊的历史条件与文化传统，它们不仅从未走过西方式的资本主义道路，而且也从未经历过希腊、罗马那种奴隶制社会以及中世纪欧洲那种封建制社会。有学者指出："斯大林把五种形态说成是世界各地到处适用的，是由生产力水平决定的必经阶段。其实不然，马克思论及几种社会形态仅仅是对历史现象进行归纳、列举，这些社会形式都具有地域性，而不是全世界的统一模式。""马克思在《政治经济学批判序言》中讲的那段话，是在社会发展三种形态的理论框架下说的，是对三形态下边的一些具体社会

---

① 顾准：《关于海上文明》，载《从理想主义到经验主义》，光明日报出版社 2013 年第 1 版，第 55 页。
② 参见庞卓恒《马克思社会形态理论的四次论说及历史哲学意义》，《中国社会科学》2011 年第 1 期。
③ 甘民重：《王亚南对社会五形态递嬗程式的批判及其对亚细亚生产方式历史考察的意义》，《中国经济问题》1991 年第 6 期。

第二章 马克思社会形态理论的科学继承与创新发展

组织形式的通俗概括,并不是像斯大林讲的那样,完全离开三种形态,另外划分出五种形态。"① 马克思指出,从原始公有制向古代所有制过渡中有几种不同的道路,从原始公社所有制解体的不同形式中产生出了各种不同的古代所有制形式。在古希腊、罗马,原始公社所有制解体以后产生了奴隶制,斯拉夫公社、罗马尼亚公社发展为领主的财产支配权;在亚细亚公社继续存在的地区,则出现了君主专制制度,产生了国家所有制。马克思一再强调,各种不同的所有制形式及社会形态,是由自然、经济、历史、文化以及征服战争等复杂原因所造成的。亚细亚的、古代的、中世纪的所有制虽然在时间上有先后之分,但在空间上是同时并存的,而且它们之间也不存在逻辑上必然的演进关系。原始社会瓦解之后,人类社会既可能发展为奴隶社会、封建社会,也可能发展为与之不同的其他社会形态。这充分说明五种生产方式理论既不是机械的公式,也不是普适性的科学原理,不能把五种生产方式理论机械化、普世化,将其奉为圭臬与放之四海而皆准的真理。我国著名学者顾准先生深入分析了中国古代社会与西方社会的重大差别:古希腊、罗马所实行的是以私有制为基础、以商业城邦为实体的城邦民主制度。中国古代所实行的是以国有制为基础、以专制君主及其官僚机构为实体的帝国专制制度。"罗马共和国是城邦共和国,罗马时代意大利的各城市都有城邦式的组织,这是众所周知的事。中世纪中期,威尼斯、热那亚、皮萨、佛罗伦萨,这些商业共和国,或商业——手工业城邦,十足地承袭了罗马时代的遗风,这也是众所周知的事实。……城邦国家,商业城邦,这都是希腊、罗马的传统,其渊源远远超过中世纪,这是西方传统的一个显著特点。我们中国人却往往忽略这个特点,并且只把这种渊源推到欧洲的中世纪,还接着来了一个非历史的类推:既然欧洲中世纪产生城市,产生市民阶级即资产阶级,这种马克思主义的普遍规律对于中国就应该是无条件适合的。因此,中国的中世纪也有资本主义的萌芽,倘若不是意外的历史事变打断客观历史发展过程,中国社会自己也能生长出资本主义来云云。这种非历史的观点,必须批判。"② "把这个历史纳入奴隶—封建—资本主

---

① 刘佑成:《马克思的社会发展三形态理论》,《哲学研究》1988年第12期。
② 顾准:《资本的原始积累和资本主义的发展》,载《顾准文集》,中国市场出版社2007年版,第207页。

义的框框实在是削足适履。"① 我国另一位著名学者何新先生也明确指出了那种照搬"五种社会形态"理论的教条主义错误。马克思的社会发展观点与那种形而上学的五阶段历史公式是有原则性区别的。马克思把人类社会原始时期到封建制度这一段历史看作一个形态极其错综复杂的丰富发展过程,但五阶段公式却机械地用一个"原始共产主义—奴隶制度—封建制度—资本主义—共产主义"的抽象公式来概括这一过程。与客观的实际历史过程相比,这个公式不仅过于简单化,而且也有重大的理论错误。②

三 东方社会形态理论:创新发展马克思社会形态理论的基本方向

如上所述,一方面,马克思的社会形态理论以生产方式理论为基础阐明了划分社会形态的根本标准,以劳动者与生产资料的结合方式为基础区分了三大社会形态。对于马克思这些关于社会形态划分的基本原理,我们是始终必须坚持并予以科学继承的。另一方面,马克思以西方社会历史为基础勾勒出了西方社会发展的基本过程与大致图式,形成了"五种生产方式"理论。对于马克思这一关于社会形态发展进程的具体结论,我们绝不能照抄照搬,而应当根据世界不同地区的不同条件分析其特殊的社会形式及其运动规律,实现马克思社会形态理论的创新发展。

具体说来,坚持与创新马克思社会形态理论应当从以下几个方面入手。

(一) 确立划分社会形态的根本标准,把握各种社会形态的本质特征

既然马克思已经明确提出应当以生产方式作为社会形态的根本标准,我们就应当坚持这一基本原理,以生产方式理论为基础确立划分社会形态的根本标准。对此,我国著名学者嵇文甫早就明确指出:"从前划分社会发展阶段的标准很不一致,有的根据交换关系,有的根据政治形态,随手拈来,并没有确定见解。到现在,不论真正的理解程度如何,总都

---

① 顾准:《奴隶社会和封建社会一般》,载《顾准笔记》,中国青年出版社 2002 年版,第 84 页。
② 参见何新《论马克思的历史观点与社会发展的五阶段公式》,《编创之友》1982 年第 2 期。

知道拿出生产方法作为划分社会史阶段的利刃了。"① 我们要判断确定某个社会属于何种历史形态，应当以该特定社会占主导地位的生产方式为唯一依据。"确定某个社会属于哪种经济形态，应以该特定社会的基本生产方式为唯一依据。一个稍为复杂的社会，其中必然不止包含一种生产方式；不论同一社会中有多少种生产方式，其间必有一种是基本生产方式。特定基本生产方式的存在，作为该特定社会的本质特征，是该社会各种社会现象、各种社会意识形态的总根子。"② 所谓生产方式，主要是劳动者与生产资料结合的特殊方式与方法。以生产方式作为划分社会形态的根本标准，就是坚持以劳动者与生产资料结合的特殊方式为标准区分不同的社会形态。

由此可见，马克思三大社会形态理论的内容是极其丰富的，它不仅包括"自然经济—商品经济—产品经济"与"人的依赖关系—以物的依赖关系为基础的人的独立性—人的自由全面发展"这两个系列的内容，而且还包括"原始劳动者所有制社会—各种剥削者所有制社会—新型劳动者所有制社会"与"原始无阶级社会—阶级社会—新型无阶级社会"这两个系列的内容。从总体上看，三大社会形态，是以三大所有制形式为核心、以三大生产形式为载体、以人的发展程度为尺度、以社会关系性质为标志的三大社会形态。这样，便形成了一种以劳动者与生产资料的特殊结合方式为主线、以复合式"三大社会形态"为内容的社会形态体系。如图 2-1 所示。

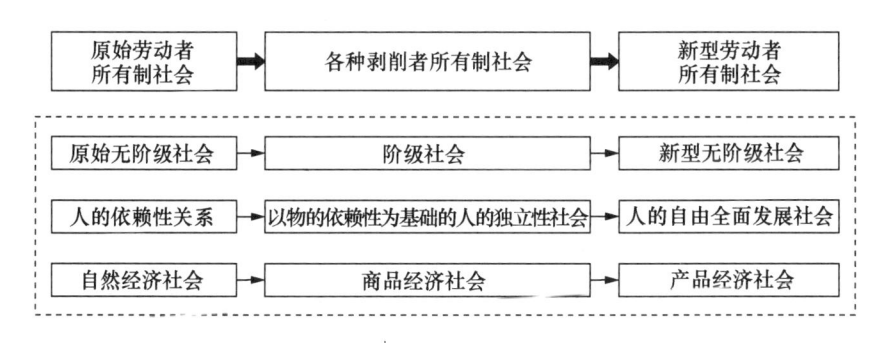

图 2-1 马克思三大社会形态理论

---

① 参见马乘风《中国古代经济史》，商务印书馆 1935 年版，序言。
② 余福智：《〈盘庚篇〉人际关系分析——对中国古代社会经济形态的初步思考》，《佛山大学学报》1993 年第 3 期。

（二）揭示东方社会特殊的发展规律，丰富与完善唯物主义历史观

马克思从广义与狭义两个方面分析亚细亚生产方式。从广义上说，作为原始公社公有制的遗存，亚细亚生产方式不仅存在于亚洲，而且曾经存在于欧洲，是人类社会早期阶段普遍存在的生产方式。"农村公社既然是原生的社会形态的最后阶段，所以它同时也是向次生的形态过渡的阶段，即以公有制为基础的社会向以私有制为基础的社会的过渡。不言而喻，次生的形态包括建立在奴隶制上和农奴制上的一系列社会。"① 在马克思看来，亚细亚、古代和日耳曼这三种生产方式起初都属于原生的社会形态的最后阶段，都是从"原生的社会形态"向"次生的社会形态"过渡的形式。在西方，作为从"原生的社会形态"向"次生的社会形态"转变的过渡阶段，亚细亚生产方式构成社会经济形态演进的第一个阶段；古代生产方式在历史上派生出了奴隶制，构成社会经济形态演进的第二个阶段；日耳曼生产方式在历史上通过征服直接发展出封建制，构成社会经济形态演进的第三个阶段。封建社会生产方式经过资产阶级革命转变为资本主义社会，构成社会经济形态演进的第四个阶段。所以，马克思认为，"大体说来，亚细亚的、古代的、封建的和现代资产阶级的生产方式可以看作是经济的社会形态演进的几个时代"②。与此相反，在东方国家，亚细亚生产方式变化很小，在历史上没有形成以土地私有制为基础的社会形态，而是转变为以土地国有制为基础的亚细亚社会。马克思从狭义上把亚细亚生产方式归结为"东方特有的形式"，是东方社会特殊的社会形式。因此，五种生产方式理论是马克思关于西方社会历史发展进程的具体结论，而不是适用于东方即世界所有地区历史发展进程的一般原理。

今天，我们应当突破马克思的具体结论，摒弃附加在马克思名下的错误观点，打破"五种生产方式"的教条理论，实现马克思社会形态理论的发展与创新。应当看到，"五种生产方式"理论只是西欧社会历史演进的特殊模式，并不是人类社会历史发展的普遍规律。据一些世界史与中国史学者的研究，无论在亚洲还是在非洲与拉丁美洲地区都没有"五种生产方式"理论所讲的那种发展模式。作为人类社会的起点与初始阶

---

① 《马克思恩格斯全集》第19卷，人民出版社1959年版，第450页。
② 《马克思恩格斯选集》第2卷，人民出版社1995年版，第33页。

第二章　马克思社会形态理论的科学继承与创新发展

段，原始公有制社会在世界各地普遍存在，原始社会末期以印度农村公社为代表、公有制与私有制兼而有之的亚细亚所有制形式是人类一切文明社会产生的共同起点。然而，当人类社会进入古代社会之后东西方走上了不同的发展道路。在西方，在公社所有制瓦解的基础上进入了以土地私有制为基础的奴隶制社会与封建社会。而在亚洲及东方，则在公社占有制的基础上产生了以国王为代表的土地国有制，由此从原始社会进入了以国有制为基础、以"普遍奴隶制"为内容的亚细亚社会。"从亚细亚生产方式开始，欧洲社会与东方社会的演化出现了不同的路向。对于欧洲社会来说，经过亚细亚生产方式的过渡后，相继出现的是'古代的'（相当于奴隶所有制）、封建的和现代资本主义生产方式。因此，第一社会形态在欧洲的表现形式是：氏族公社、亚细亚生产方式、奴隶社会（或古代社会）、封建社会。对于东方社会，如印度、俄国、中国等国家来说，亚细亚生产方式一直延续下来，与欧洲现代资本主义生产方式相颉颃。因此，第一社会形态在东方的表现形式是：氏族社会、亚细亚生产方式。"① 对于中国、印度等东方国家来说，其古代社会并不是西方"古典古代"那样的奴隶社会，而是"亚细亚古代"的奴隶社会；其前近代社会也不是欧洲中世纪那样的封建社会，而是亚细亚专制社会。讨论中国社会的近代转型，前提是确认前近代中国的社会形态。近大半个世纪以来的流行说将中国前近代认定为"封建社会"，此说既不符合"封建"的古义（"封土建国"），也不符合"封建"（feudalism）的西义（封土封臣、人身依附），并且与马克思恩格斯的封建观相悖。中国前近代社会形态的表述应为"宗法专制社会"。中国社会的近代转型所立足的历史前提为此，而不同于西欧、日本的"封建社会"。② 因此，东方国家的生产方式不是奴隶制生产方式与封建制生产方式，而是亚细亚生产方式。"持各式各样主张的'单线发展论者'企图贬低或否认亚细亚社会的特殊性质，有些人有时企图把它同古代社会或封建社会混为一谈。因此，仔细观察这几种社会之间的区别是有价值的，马克思自己就曾不厌其烦地强调这些区别。在这些区别中，首要的一条是基本的生产关系，因此就

---

① 俞吾金：《社会形态理论与中国发展道路》，《上海师范大学学报》（哲学社会科学版）2011年第2期。

② 参见冯天瑜《略议中国前近代社会形态》，《江海学刊》2011年第3期。

是指每个社会中主要的阶级对立的情况：'在奴隶关系、农奴关系、贡赋关系下，只有奴隶主、封建主、接受贡物的国家，才是产品的所有者'"。①

根据马克思、恩格斯的有关论述，作为自原始社会解体以来在亚洲乃至东方国家广泛存在并长期延续的一种特定的生产方式，亚细亚生产方式的主要特征是：①实行土地国有制，不存在真正的土地私有权；②直接生产者主要是以家庭为单位进行个体劳动的农民，农业和手工业密切结合；③直接生产者把剩余劳动和剩余生产物以贡赋与税收的形式贡献给作为土地所有者的国家统治者，实行租税合一；④在政治上实行君主专制制度，政府组织水利灌溉等公共工程并控制主要手工业与商业。很显然，以这种生产方式为基础的社会形态不是什么"奴隶社会"与"封建社会"，而是典型的亚细亚社会。因此，奴隶社会与封建社会不是人类社会发展的必经阶段，不是在全世界必然存在的普遍的社会形态。这样，就要求我们在马克思有关亚细亚生产方式的科学论述的基础上，明确提出并确立"亚细亚社会"这一科学命题，系统地构建关于亚细亚生产方式与东方社会形态的科学理论，科学地阐明东方社会形态的特殊性质与历史进程，科学地揭示东方社会发展的特殊规律，从而丰富与完善唯物主义历史观，发展与创新马克思社会形态理论。

---

① ［意］翁贝托·梅洛蒂：《马克思与第三世界》，商务印书馆1981年版，第73页。

第三章 马克思生产方式的经典理论与现代创新

生产方式是马克思主义政治经济学的核心范畴，生产方式理论是马克思主义政治经济学的基本内容，马克思主义政治经济学是以生产方式范畴为核心的科学范式。然而，在传统体制下马克思主义政治经济学研究出现了严重曲折与倒退，其主要表现有三：一是无视或曲解生产方式范畴，把生产方式排除在政治经济学研究对象之外。二是不顾本国实际国情机械地照搬马克思关于社会主义生产方式某些具体结论，未能创造性地探索社会主义生产方式新的实现形式。三是无视亚洲与东方社会历史的客观实际，把以欧洲与西方社会历史为基础的五种生产方式理论当作人类社会普遍的发展规律，忽视与回避对以亚洲为代表的东方社会特殊的生产方式的科学研究。在当代中国，我们应当科学继承马克思生产方式理论的经典范式，明确生产方式研究的方向，推动马克思主义经济学生产方式理论新的运用与新的发展，科学指导当代中国经济转轨与经济发展的伟大实践。

一　生产方式：基本范畴与二重属性

在《资本论》等经济学著作中，马克思不仅系统分析了资本主义生产方式，而且对前资本主义生产方式与未来社会主义生产方式做了一些科学阐述；不仅具体分析了各个社会生产方式，而且对生产方式一般进行了科学阐述，从而建立了生产方式理论的经典范式。从总体上说，马克思生产方式理论的经典范式包括三方面主要内容：一是关于生产方式一般的基本原理；二是对资本主义生产方式的典型分析；三是对人类社会生产方式的初步探索。

马克思主义经济学生产方式一般的原理包括生产方式的科学范畴与主要含义、重要地位与决定作用以及生产方式的内在矛盾、运动规律等内容。根据马克思、恩格斯的科学论述，从其抽象含义来讲，生产方式是物质生活资料的谋取方式，社会生产机体本身的特殊方式，生产要素的结合形式与作用方式。从其具体含义来讲，生产方式就是生产的条件与形式。其中，生产的条件包括生产的技术条件与社会条件，生产的形式包括社会的生产形式与生产的社会形式。马克思指出："他的劳动的生产条件，也就是他的生产方式。""必须变革劳动过程的技术条件与社会条件，从而变革生产方式本身，以提高劳动生产力。"[1] 生产的技术条件是指劳动者的劳动熟练程度和生产技能的发展程度，生产资料的规模和效能，生产工艺水平或生产方法等状况。生产的技术条件，是生产方式的技术基础，因而是决定生产方式及其生产关系特征的基本因素。生产的社会条件的内容包括：生产过程的协作与分工的发展程度，生产组织的类型及其结构。生产形式，就是一定历史阶段产品的生产、交换以及通过交换来体现和实现生产者之间的社会联系的经济形式，它表现为劳动交换形式与资源配置方式。马克思指出，商品生产这种生产方式就是一种重要的生产形式。"对于这个历史上一定的社会生产方式即商品生产的生产关系来说，这些范畴是有社会效力的、因而是客观的思维形式。因此，一旦我们逃到其他的生产形式中去，商品世界的全部神秘性，在商品生产的基础上笼罩着劳动产品的一切魔法妖术，就立刻消失了。"[2] 生产的社会形式，即生产的社会性质，是指财富的特殊社会形式与劳动的特定社会形式，它们反映生产的社会属性，其核心内容是劳动者与生产资料结合的特殊方式。马克思指出："不论生产的社会的形式如何，劳动者和生产资料始终是生产的因素。但是，二者在彼此分离的情况下只在可能性上是生产因素。凡要进行生产，它们就必须结合起来。实行这种结合的特殊方式和方法，使社会结构区分为各个不同的经济时期。"[3]

作为一个科学范畴，生产方式与生产力、生产关系这两个概念既有密切的联系又有严格的区别。所谓生产力，就是人们生产物质资料的能

---

[1] 《资本论》第1卷，人民出版社2004年版，第366页。
[2] 同上书，第93页。
[3] 《资本论》第2卷，人民出版社2004年版，第44页。

第三章 马克思生产方式的经典理论与现代创新

力,它表现为人们用于生产的物的要素与人的要素。所谓生产方式,就是生产力要素的结合形式及作用方式:其一是生产力要素的社会结合方式,即劳动者与生产资料是以何种社会形式相结合的;其二是生产力要素的技术结合方式,即具有一定技能的劳动者是以何种劳动组织形式与何种技术类型生产资料相结合的。这两种含义的生产方式是生产力要素相结合的技术基础与社会形式的关系。所谓生产关系,就是人们在生产过程中形成的社会关系,它包括人们在生产过程中所处的地位及其相互关系和人们在产品分配中的社会关系。生产方式是生产关系的现实基础与客观载体,生产关系是生产方式的产物或结果。因此,生产方式绝不是什么生产力与生产关系的统一,它既是区别于生产力与生产关系并与它们相并列的一个独立范畴,又是同生产力与生产关系有着密切联系并把二者有机地联系起来的中介范畴。我们应当厘清生产方式与生产力、生产关系三者之间关系,把生产方式同生产力、生产关系既明确区别开来又紧密联系起来,把生产方式作为一个独立范畴与中介范畴而确立起来。马克思分析了生产方式的内在矛盾与运动规律。生产方式包括物质生产方式(生产条件与生产形式)与社会生产方式(生产的社会形式)两个方面内容。这表明,生产方式具有二重属性:其物质生产方式体现生产方式的自然属性,其社会生产方式体现生产方式的社会属性。在生产方式体系中,物质生产方式与社会生产方式二者之间既有区别又密切联系、相互作用。物质生产方式是社会生产方式产生与存在的前提,社会生产方式是物质生产方式的必然结果;物质生产方式是社会生产的物质内容,是社会生产方式的"内核",社会生产方式是物质生产方式的表现形式,即其"外壳"。物质生产方式决定社会生产方式,有什么样的生产条件与生产形式就有什么样的生产资料所有制形式;物质生产方式的变革必然引起社会生产方式的变革,新的生产条件与生产形式必然要求有新的生产资料所有制形式与之相适应。马家驹先生阐述了生产方式这两个方面内容之间的相互关系与内在联系:"一定的劳动方式和生产的一定社会形式之间确实又存在着一种历史必然的统一关系,并且归根到底还是作为劳动方式的生产方式决定着作为生产的社会形式的生产方式。"[1]

---

[1] 马家驹、蔺子荣:《生产方式和政治经济学的研究对象》,《中国社会科学》1981年第6期。

从总体上说，作为物质生产方式与社会生产方式的有机统一体，生产方式就是由一定物质生产方式所决定并随着物质生产方式变革而变革的社会生产方式。"不论生产要素的组合采取了什么样的社会形式，它始终以一定的技术组合方式为其存在的物质形式，并受着后者的制约。因此，马克思说的社会生产方式通常是指生产的技术形式与生产的社会形式相统一的生产方式。"① 物质生产方式与社会生产方式共同构成生产方式体系，二者之间内在联系、相互作用构成了生产方式的内在矛盾，构成了社会经济形态的基本矛盾，并成为生产方式变革、社会革命和历史发展的动力之源。研究生产方式的二重属性、区分社会生产的物质内容和社会形式并分析二者之间的内在联系与矛盾运动，是认识一种生产方式与社会形态的特殊性质与发展规律的根本方法。因此，要研究一定的生产方式，就必须对生产方式的二重属性及其相互关系进行分析，必须对生产方式的内在结构与矛盾运动进行系统的、深入的和历史的科学研究。

马克思的生产方式理论还科学地阐明了生产方式的重要地位。在马克思、恩格斯看来，生产方式是社会存在的基础，是社会发展的决定力量，生产方式在社会结构中居于支配性的地位，对社会发展起着决定性的作用。生产方式从根本上决定着社会形态的性质，从总体上决定着社会发展的状况，生产方式的变革决定着社会的制度变迁与政治变革。马克思指出："物质生活的生产方式，制约着整个社会生活、政治生活和精神生活的过程。"② 马克思、恩格斯指出："每一历史时代主要的经济生产方式和交换方式以及必然由此产生的社会结构，是该时代政治的和精神的历史所赖以确立的基础，并且只有从这一基础出发，这一历史才能得到说明。"③ 恩格斯指出："一切社会变迁和政治变革的终极原因，不应当到人们的头脑中，到人们对永恒的真理和正义的日益增进的认识中去寻找，而应当到生产方式和交换方式的变更中去寻找。"④

马克思的生产方式理论不仅规定了马克思主义经济学的研究对象，而且建立了马克思主义经济学的基本范畴与概念体系；不仅从总体上体现

---

① 袁绪程：《从〈资本论〉研究对象的提法看生产方式的含义》，《中国社会科学》1985年第5期。
② 《马克思恩格斯选集》第2卷，人民出版社1995年版，第32页。
③ 《马克思恩格斯选集》第1卷，人民出版社1995年版，第257页。
④ 《马克思恩格斯选集》第3卷，人民出版社1995年版，第617—618页。

了它的历史唯物主义世界观，而且具体地体现了马克思主义经济学的科学方法论。因此，马克思主义经济学范式就是以生产方式理论为核心的科学范式。今天，我们要实现马克思主义经济学的发展与创新，就必须批判与否定传统社会主义经济学的"生产关系范式"和西方主流经济学的"资源配置范式"，也要扬弃"生产关系＋资源配置"这一折中范式，继承马克思主义经济学的科学传统，坚持在"生产方式范式"的科学框架内推进马克思主义经济学的科学研究与理论创新。这就要求我们应当在继承马克思主义经济学生产方式理论的基础上，适应时代特征与我国国情的新的客观要求，阐明现代资本主义生产方式与现代社会主义生产方式的本质特征与具体形态，构建以生产方式理论为核心的现代马克思主义经济学范式。[①]

马克思不仅高度重视对生产方式一般的研究，而且立足于以英国为代表的欧洲近代生产方式——资本主义生产方式的实际状况，在批判继承英国古典政治经济学科学成分的基础上，对资本主义生产方式进行了全面、系统而深入的科学研究，创立了关于资本主义生产方式的狭义政治经济学。在《资本论》第一至三卷中，马克思运用从抽象到具体的方法对资本主义生产方式及其生产关系的主要特征与运动规律进行了全面、系统与深入的研究，系统地分析了资本主义生产方式的本质特征与现象形态，科学地分析了资本主义生产方式产生、发展与走向灭亡的历史过程与发展趋势。从总体上看，《资本论》包括了当时所有的关于资本主义生产方式发生和发展的经济科学的东西，成为马克思主义狭义政治经济学的经典巨著。不仅如此，恩格斯还进一步提出建立广义政治经济学的构想。恩格斯指出："政治经济学作为一门研究人类各种社会进行生产和交换并相应地进行产品分配的条件和形式的科学，——这样广义的政治经济学尚有待于创造。"[②] "要使这种对资产阶级经济学的批判做到全面，只知道资本主义的生产、交换和分配的形式是不够的。对于发生在这些形式之前的或者在比较不发达的国家内和这些形式同时并存的那些形式，同样必须加以研究和比较，至少是概括地加以研究和比较。"[③] 在同其他

[①] 参见于金富《生产方式理论：马克思主义经济学的科学范式》，《当代经济研究》2008年第4期。

[②] 《马克思恩格斯选集》第3卷，人民出版社1995年版，第492页。

[③] 同上书，第493页。

生产方式进行比较研究的时候,马克思、恩格斯一方面把近代资本主义生产方式与欧洲古代的奴隶制生产方式、中世纪的封建生产方式和未来共产主义生产方式进行了纵向的对比研究,提出了关于前资本主义生产方式与共产主义生产方式的一些片段性、预测性的观点。在此基础上,马克思以生产方式的内在矛盾为依据、以西方社会历史发展为基础,对西方社会生产方式的历史发展进行了初步概括。马克思在《政治经济学批判》序言中提出:"大体说来,亚细亚的、古代的、封建的和现代资产阶级的生产方式可以看作是经济的社会形态演进的几个时代。"① 另一方面,马克思、恩格斯还把以欧洲为代表的西方资本主义生产方式同以亚洲为代表的东方社会生产方式进行了横向的比较研究,提出了关于亚洲的或东方的生产方式基本特征的一些片段性、经典性的观点,从而为构建广义政治经济学奠定了坚实的理论基础。在不同历史时期,马克思赋予亚细亚生产方式概念以不同的内涵,已经不是一个地理学意义上的概念,而更多地表示一个经济学术语,因为根据马克思的系列探讨,这种生产方式不仅仅存在于亚洲,在世界各地都曾有过如此之类的生产方式。完全可以认为,亚细亚生产方式是嵌合于马克思经济学说中的一个概念,研究马克思的经济学理论,不应该忽视对亚细亚生产方式理论的研究。②

二 重要意义:生产方式的支配地位与决定作用

生产方式既是划分社会形态的根本标志,也是社会形态发展的决定力量。我们应当以生产方式作为划分社会形态的根本标准。"生产方式是决定历史上特定社会形态的根本因素,不同社会形态的区别,是由它的性质决定的。"③ 生产方式在社会发展中的决定作用主要表现在三个方面:(1) 作为生产力要素的结合形式与作用方式,生产方式对生产力具有重

---

① 《马克思恩格斯选集》第 2 卷,人民出版社 1995 年版,第 33 页。
② 参见赵志浩《马克思关于亚细亚生产方式的论述》,《重庆工商大学学报》2010 年第 1 期。
③ 侯外庐:《我对中国社会史的研究》,《历史研究》1984 年第 3 期。

要的乃至决定的作用。生产的技术与社会条件、生产者之间的经济联系形式和劳动者与生产资料的结合方式决定着生产力要素发挥作用的程度即全要素生产率的高低,决定着生产力各要素质量的改进与革命。(2) 劳动者与生产资料的特殊结合方式决定人们生产过程中的社会关系与分配关系。马克思在分析资本主义生产关系时指出:"在生产过程中,资本发展成为对劳动,即对发挥作用的劳动力或工人本身的指挥权。人格化的资本即资本家,监督工人有规则地并以应有的强度工作。"① 马克思在分析生产方式与分配关系之间的关系时十分明确地指出:"所谓的分配关系,是同生产过程的历史规定的特殊社会形式,以及人们在他们的人类生活的再生产过程中互相所处的关系相适应的,并且是由这些形式和关系产生的。"② (3) 生产方式不仅决定生产关系,而且是对国家制度与社会结构起决定作用的根本因素。马克思指出:"一定的生产方式以及与它相适应的生产关系,简言之,'社会的经济结构,是有法律的和政治的上层建筑竖立其上并有一定的社会意识形式与之相适应的现实基础'。"③ "任何时候,我们总是要在生产条件的所有者同直接生产者的直接关系——这种关系的任何当时的形式总是自然地同劳动方式和劳动社会生产力的一定的发展阶段相适应——当中,为整个社会结构,从而也为主权关系和依附关系的政治形式,总之,为任何当时的独特的国家形式,发现隐蔽的秘密,发现隐藏着的基础。"④ 在马克思看来,国家制度、法律制度以及整个社会结构的性质,都是由一定的生产方式及其生产关系所决定的。

传统社会主义政治经济学认为,政治经济学的作用在于揭露与批判落后的和不合理的生产关系的弊端,或者论证与歌颂先进的、合理的生产关系的优越性。实际上,根据马克思主义的基本原理,政治经济学的使命既不是抨击某种落后生产关系,也不是歌颂某种先进生产关系,它的基本任务是对一定的社会经济结构进行剖析,以揭示其内在矛盾与运动规律。就其科学性质来说,政治经济学是对一定社会经济形态的"生

---

① 马克思:《资本论》第1卷,人民出版社2004年版,第359页。
② 马克思:《资本论》第3卷,人民出版社2004年版,第999—1000页。
③ 同上书,第894页。
④ 马克思:《资本论》第1卷,人民出版社2004年版,第100页。

理学结构"进行解剖的经济科学,而不是宣传某种政治观点的政治学,也不是弘扬某种伦理道义的社会学。政治经济学就其本质来说是革命的和批判的经济学,而不是什么"建设的政治经济学"。① 马克思指出:"政治经济学所研究的是财富的特殊社会形式,或者不如说是财富生产的特殊社会形式。"政治经济学的主要使命,不是对经济现象与经济运行进行分析与预测、为政府制定具体经济政策提供建议,也不是对某种生产关系进行论证、为统治阶级利益进行辩护,而是要阐明生产方式的基本性质、内在矛盾与发展规律,为生产方式变革提供科学的理论指导。根据马克思、恩格斯的有关科学论述,政治经济学是为生产方式与社会变革服务的科学。具体说来,政治经济学的研究任务是:(1)通过生产方式的研究阐明生产关系和上层建筑的性质,为整个社会结构找出最深的秘密和隐蔽的基础。(2)通过生产方式的研究阐明生产关系与上层建筑领域一切社会弊端产生的根本原因,揭示现存社会一切矛盾的总根源,阐明生产方式的内在矛盾及其运动规律,揭示旧的社会生产方式走向瓦解的必然趋势。(3)通过生产方式的研究阐明新的生产方式与社会形态产生的必然性,发现新的社会生产方式的萌芽,探索出通过社会改革与社会革命实现生产方式变革的基本途径。在当代中国,马克思生产方式理论对于我们推进经济转轨与经济发展具有十分重要的指导作用。从经济转轨方面来说,当前我国市场化经济改革已进入攻坚期和深水区,亟待突破"政府与市场关系"、实现公平正义等难关,马克思生产方式理论可以指导我们立足于生产方式与社会结构的系统变革,把实现市场化、工业化、信息化与所有制结构多样化、公有制形式现代化紧密结合起来,把生产方式的变革与生产关系的变革紧密结合起来,把重点推进经济改革与全面实现社会进步紧密结合起来,从而全面深化改革,使经济转轨协调动作、整体推进,完成从传统经济体制向社会主义市场经济体制的

---

① 政治经济学本质上是革命的和批判的。政治经济学的使命是:考察社会生产方式及其生产关系是否同物质生产方式相适应,以及适应到何种程度。从新的社会生产方式适应物质生产方式的要求而产生,并代替旧的社会生产方式,从而使物质生产方式得到解放和发展,到这种社会生产方式不能继续适应物质生产方式的要求,从而要求变革现存的社会生产方式,都需要政治经济学来说明。单纯的要素配置、结构调整、技术进步、工艺改良根本不是政治经济学研究的任务,把政治经济学区分为"革命的政治经济学"和"建设的政治经济学",是一种糊涂观念,是不真正懂得政治经济学的表现(陈文通:《政治经济学应当格外重视对生产方式的研究》,《经济纵横》2012年第3期)。

根本转变，充分发挥市场对资源配置的决定作用。从经济发展方面来说，马克思生产方式理论可以指导我们大力推进生产技术创新与生产组织创新，全面实施创新驱动发展战略，敏锐把握世界科技创新趋势，以全球视野谋划和推动技术创新与组织创新，由此实现产业结构升级，实现由粗放型发展方式向集约型发展方式的根本转变，推动中国经济持续、协调、稳定、健康发展。

三 重要任务：马克思生产方式理论的科学继承与发展创新

在传统体制下，人们不仅习惯于把马克思基于西方资本主义生产方式发展的未来社会主义生产方式理论机械、教条地应用于东方国家的社会主义实践，而且还根据马克思"五种生产方式"理论提出了"原始社会、奴隶社会、封建社会、资本主义社会与共产主义社会"的"五种社会形态"理论，并将其归结为马克思主义关于人类社会形态发展一般规律的原理。实际上，马克思、恩格斯明确指出他们的理论只是指导未来社会发展的科学方法与指南，而不是一成不变的教条，他们关于西方社会生产方式发展进程的有关论述只是对于西方一些国家社会发展进程的大致描述，而不是关于人类社会形态发展的一般规律的基本原理，更不是全世界普遍适用的固定公式。马克思的五种生产方式理论只是依据西方某些国家的具体情况而提出的关于社会形态发展阶段的具体结论，而不是马克思关于人类社会发展一般规律的基本原理。"在生产方式研究中，马克思着重分析了资本主义生产方式，建立了系统的资本主义生产方式理论，创立了狭义政治经济学。除此之外，马克思恩格斯还对各种前资本主义生产方式进行了论述，对未来社会主义生产方式作了科学的设想，并把以欧洲为代表的西方社会生产方式同以亚洲为代表的东方社会生产方式进行了比较研究，提出了许多关于东方社会生产方式基本特征的经典性的理论观点，为构建广义政治经济学奠定了坚实的理论基础。"[①]

传统社会主义政治经济学的"五种社会形态"理论，是机械照抄马

---

① 于金富：《生产方式理论：经典范式与现代创新》，《经济学家》2015年第10期。

克思"五种生产方式"理论、人为地把东方社会发展纳入西方社会历史进程的"西方中心主义"的观点。对此,有学者明确地指出:"斯大林把五种形态说成是世界各地到处适用的,是由生产力水平决定的必经阶段。其实不然,马克思论及几种社会形态仅仅是对历史现象进行归纳、列举,这些社会形式都具有地域性,而不是全世界的统一模式。"①

改革开放以来,我国学术界虽然在生产方式的研究上取得了一些创新成果,但同时仍然存在着一些严重的缺陷。其主要表现有三:一是"单线片段"式研究,即对人类社会的生产方式理论进行单线性分析与片段性研究,而没有进行全面分析与系统研究;二是"厚今薄古",只关注于资本主义生产方式以及未来社会主义生产方式,而没有对前资本主义生产方式进行研究;三是"西方中心主义"倾向,只关注于西方社会生产方式并将其演进规律强加于东方社会,仍然忽视对东方社会生产方式及其演进规律的研究。所有这些,决定了我们在生产方式理论上只是重复与照搬马克思关于西方社会生产方式的经典理论,既不能推动马克思主义经济学生产方式理论的发展创新,也不能科学解释中国及东方社会历史,不能科学指导东方社会生产方式变革的实践。我国老一辈学者吴大琨先生曾经明确地指出:"中国是一个十分典型的存在过亚细亚生产方式的社会。要真正理解中国的历史发展,特别是中国社会的特点,不重视研究马克思的亚细亚生产方式的理论,恐怕是不行的。"② 历史经验告诉我们:在当代中国,我们不仅要推进有关生产方式的理论研究,而且要密切联系当代社会现实,充分发挥生产方式理论对中国及东方社会结构与历史发展的科学解释力,很好发挥马克思主义经济学生产方式理论对中国及东方社会变革与历史发展的科学指导作用;不仅要继承与坚持马克思生产方式的经典理论,而且要根据时代特征与实际国情推进马克思主义经济学生产方式理论的创新发展。为此,今后我们对生产方式的研究应当实现三个方面的重大转变:一要"拓展",即从单线性、片段性研究向多线性与贯通性研究的重大转变,既要全面地研究全世界各地区、各国家的生产方式,也要研究每一地区、每一国家不同时代的生产方式,特别是要着重研究中国自古以来的社会生产方式;二要"后视",即实现

---

① 刘佑成:《马克思的社会发展三形态理论》,《哲学研究》1988年第12期。
② 吴大琨:《重视"亚细亚生产方式"的研究》,《社会科学》1990年第6期。

从主要着眼于资本主义生产方式与社会主义生产方式等现代社会生产方式向主要着眼于人类古代社会生产方式的转变，大力加强对人类各种前资本主义生产方式的研究；三要"东移"，即实现从侧重研究以欧美为代表的西方社会生产方式向重点研究以亚洲为代表的东方社会生产方式的转变。根据以往先贤的提示和历史与现实的启示，这种集中国、东方与前资本主义生产方式于一身的"三位一体"的生产方式就是马克思所说的"亚细亚生产方式"。纵观中国古代社会漫长的历史过程，周期性再现的治乱兴衰是中国传统社会特殊的运动规律，其根本原因就在于亚细亚生产方式的长期延续。在各个王朝盛衰兴亡的循环轮回与不断变动中，虽然亚细亚生产方式与专制制度的具体形式不断变化，但亚细亚生产方式的基本结构却始终存在。因此，"五种社会形态"的公式不符合中国、亚洲及东方社会历史的客观实际情况，它是一种西方中心主义的观点，也是照搬马克思西方社会历史理论的教条主义观点。

四 重大课题：亚细亚生产方式研究

亚细亚生产方式既是原始社会向阶级社会过渡时期人类普遍的生产方式，也是东方及中国自古以来一直存在的社会生产方式，是东方社会所特有的前资本主义生产方式。"亚细亚生产方式是一种既不同于奴隶制、农奴制，又不同于纯粹原始共产制、然而却普遍存在的、与农业生产相联系的独特生产方式。"[①] 原始社会末期，氏族公社发展成为农村公社。农村公社具有二重性质：公社所有制与个人所有制并存，这是农村公社的本质特征。耕地归公社所有，定期在公社社员中实行自然调剂或定期重新分配，牲畜、生产工具由公社社员私有，社员单独耕种分配给他的土地，产品留归己有。马克思指出，这种具有二重性的农村公社是全世界原始社会末期的普遍经济形式，是东西方从原始社会进入文明社会的共同起点，经由农村公社这种过渡形式从原生社会形态向次生社会形态的过渡存在多种可能性与多种途径。马克思指出，农村公社的发展

---

① 孙承叔：《打开东方社会秘密的钥匙——亚细亚生产方式与当代社会主义》，东方出版中心2000年版，第8页。

前途至少是两种情况：或者是它所包含的私有制因素战胜集体所有制因素，或者是后者战胜前者。各种结局都是可能的，一切取决于特定的历史环境。如果私有原则战胜集体原则必然导致公社的解体，个人摆脱公社这个小共同体而成为私有产权主体；如果集体原则战胜私有原则必然使公社以新的形式延续下来。在古代和现代的西欧社会历史发展过程中，农村公社成为从公有制到私有制的过渡形式，但这绝不是说无论在什么情况下农村公社的发展都要遵循这条道路。相反，从历史事实来看，当人类进入文明社会之后，东西方走上了不同的发展道路。在西方，在公社所有制瓦解的基础上进入了以土地私有制为基础的奴隶制社会与封建社会。而在以印度、中国为代表的东方国家，则在公社占有制的基础上产生了以国王为代表的土地国有制，形成了以君主专制、村社制度与土地国有制为特征的亚细亚生产方式，由此进入了以国有制为基础、以"普遍奴隶制"为内容的亚细亚社会。"从普遍性与特殊性的双向视角透视亚细亚生产方式，农村公社实际上构成了东西方社会共同的起点，而东西方历史最初的差异即源于公社不同的历史命运。在西方的历史发展中，农村公社解体了；东方社会由于特殊的历史环境，在农村公社的基础上建立起了亚细亚生产方式，农村公社也从自由价值的体现而异化为一种奴役性关系。"[①] 所谓亚细亚生产方式，就是指在原始社会末期农村公社制度的基础上，在东方国家的特殊历史环境下所产生的以国家承担治水灌溉等大型公共工程的超级国家职能为前提、以君主专制的国家制度为核心、以土地等生产资料国有制、依附性小农经济和租税合一为特征的东方特有的生产方式，是东方国家自原始社会解体以来一直存在的前资本主义生产方式。亚细亚生产方式的最突出特征是"全能国家""绝对专制"与"不存在土地私有制"。因此，亚细亚生产方式既不是原始社会生产方式，也不是奴隶制生产方式与封建主义生产方式，其本质在于它是一种以国家权力为核心、以国家机构为载体的特殊生产方式——国家主义生产方式。

由此可见，要实现生产方式研究的拓展与生产方式理论的创新，一方面应当在马克思生产方式理论的一般原理与科学方法指导下，根据东

[①] 牛方玉：《在自由和奴役之间——试析马克思晚年对亚细亚生产方式理论的重新定位》，《理论学刊》2005 年第 9 期。

方社会的客观实际对亚细亚生产方式进行全面、系统的科学研究，构建东方化的生产方式与社会形态理论；另一方面，应当根据中国的实际国情与发展要求，认真研究亚细亚生产方式在中国的历史发展与现实影响，进一步完善与发展马克思的亚细亚生产方式理论。亚细亚生产方式既影响到中国古代与近代的社会结构与历史发展，也影响到中国社会主义初级阶段的历史形成，更影响到中国社会主义事业的现实发展。我们理应予以高度重视，并大力进行专门的科学研究，从理论上真正弄清亚细亚生产方式的基本性质、主要特征与历史地位，在实践上正视并有效地应对亚细亚生产方式对现代中国社会发展的重要影响。唯其如此，才能摆脱西方中心主义的"五种社会形态"理论的束缚，阐明以亚洲为代表的东方社会生产方式的特殊性质，揭示中国及东方社会所特有的运动规律，丰富与完善唯物主义历史观；才能拓展与深化生产方式研究，实现生产方式理论的现代创新；才能全面地研究人类社会生产方式，构造马克思主义广义政治经济学体系。"马克思发现，东方社会必定不能与西欧历史上的任何阶段相比附，它只能属于它自身，西欧历史上的任何生产方式都不能完全概括东方的历史或现实，只能用代表它自身的'亚细亚生产方式'这个概念来概括。可惜的是，后来者依旧从西欧的历史出发看待亚洲史，甚至是人类史，把对个性事物的抽象结论普遍化，这也是中国史论战中的主要失误。"[①]

唯其如此，才能真正阐明中国的基本国情，揭示中国社会的基本性质与历史发展规律，阐明中国社会的发展前途与发展道路。唯其如此，才能科学指导当代中国经济转轨与经济发展的伟大实践，推进生产方式与社会结构的全面变革，进而实现从传统社会生产方式向现代社会生产方式的历史跨越。[②] 反之，如果我们不研究亚细亚生产方式，就无法弄清中国的社会性质与基本国情，无法了解中国的历史进程与发展规律；就无法解释中国的历史与现实，无法指导中国的变革与发展。

---

① 赵志浩：《亚细亚模式批判——试论传统中国的国家职能》，河南人民出版社2014年版，第6页。

② 参见于金富《生产方式理论：经典范式与现代创新》，《经济学家》2015年第10期。

第二篇

东方国家制度与亚细亚生产方式

第四章　特殊的国家职能与东方国家制度

一　东方国家的物质生产方式与国家职能

亚细亚生产方式占统治地位的社会经济体制，表现为国家全面的权力统制。每一个重要经济现象，都是国家权力的产物。因此，我们对亚细亚生产方式的研究就应当从国家权力开始。

根据唯物史观的基本原理，国家的公共职能和国家权力不是由人们的主观意志所决定的，而是由一定的物质生产方式所决定的。国家及其君主权力是以一定的物质生产方式为基础的。一切政治权利与国家制度归根结底都是以政治统治者与政府机构在物质生产过程中所承担的经济与社会职能为基础的。"一切政治权力起先都是以某种经济的、社会的职能为基础的。"① "政治统治到处都是以执行某种社会职能为基础，而且政治统治只有它执行了它的这种职能时才能持续下去。"② "一切政府，甚至最专制的政府，归根到底都不过是本国状况的经济必然性的执行者。它们可通过各种方式——好的、坏的或者不好不坏的——来执行这一任务；它们可以加速和延缓经济发展及其政治和法律的结果，可是最终它们还是要遵循这种发展。"③ 国家的兴起，应当用社会生产过程需要的直接影响来说明。有什么样的物质生产方式，就会有什么样的政治权力和国家制度。马克思认为，一切政治权利与国家制度归根结底都是以政治统治

---

① 《马克思恩格斯选集》第3卷，人民出版社1995年版，第526页。
② 同上书，第523页。
③ 《马克思恩格斯选集》第4卷，人民出版社1995年版，第715页。

者与政府机构在物质生产过程中所承担的经济与社会职能为基础的。具体说来，首先是特定的生产方式决定与该生产方式相适应的公共职能，其次，特定的公共职能决定为履行公共职能而脱离直接生产劳动的特殊阶级；最后，为履行公共职能而脱离直接生产劳动的特殊阶级决定了不同的国家形式的产生。这就是国家产生或起源的普遍的因果联系与一般规律。这一规律的内容线索是：

生产方式类型—国家职能内容—统治阶级性质—国家制度特征

一般说来，生产方式分为两种基本类型：一类是以共同体为生产主体、共同体起主导作用的生产方式，如古代中国等东方国家的灌溉农业生产方式；另一类是以个人为生产主体、个人起主导作用的生产方式，如古希腊、古罗马等国家的工商业生产方式。在古希腊、古罗马等国家的工商业生产方式下，经济活动由自由的个人进行，国家基本上不介入社会经济活动，其公共职能只限于提供公共设施、维护公共秩序与保障公共安全等一般社会管理职能；在古代中国等东方国家的灌溉农业生产方式中，国家居于主导地位、发挥决定作用，因而国家承担特殊的公共职能：除了承担一般社会管理职能之外，还必须承担重要的经济建设职能。这样，就会形成两种不同的为履行公共职能而脱离直接生产劳动的特殊阶级：在国家仅仅承担一般社会管理这一公共职能的条件下，是某一作为统治阶级的社会阶级兼任国家管理阶级；在国家全面承担经济社会职能的条件下，那些专门执行社会、经济职能的公共管理者独立化成为国家管理阶级。最终，就形成了两种不同的国家制度：在某一社会阶级上升为国家管理者的条件下，国家制度为民主制度，至少是在统治阶级内部实行民主制度，如古希腊、古罗马的城邦奴隶制民主制度；在专门公共管理者成为国家管理阶级的条件下，国家制度只能是专制制度而不可能是民主制度，如古中国、古印度与古埃及的东方专制制度。在以单纯社会管理职能为基础、以某一社会阶级为主体的国家民主制度下，国家的身份和角色主要是作为社会服务者、矛盾调节者，国家的作用主要是维护公共秩序、提供公共服务。在以全面经济社会管理职能为基础、以专门公共管理阶级为主体的国家专制制度下，国家的身份和角色主要是全权统治者、全面主宰者，国家的作用除了进行社会管理外主要是组织生产、发展经济、保障国计民生。简言之，只承担社会管理之公共职能的国家一般为民主制国家，全面承担社会经济职能的国家一般为专制国家。在前者那里，国家职能包括两方面内容：一是国家主要进行阶级统治，包括用民主的方式协调统治阶级内部的关系、用专政的方式镇压被统治阶级的反抗；二是国家履行社会管理职能，这只是国家制度的副产品。在后者那里，国家职能具有二重性：一方面，国家的首要和主要的任务是承担公共职能，主要是组织大规模公共工程，公共职能是国家制度的主要基础；另一方面国家暗度陈仓，其行使公共权力、履行公共职能的根本目的不是为了公共利益而是为了国家管理者阶级自身的利益，其特权利益是国家制度的核心。

二 东方国家职能与专制制度

根据马克思主义政治经济学原理，世界上从来没有纯粹的经济学，资源配置只能在特定的权力结构下进行。在西方，这种权力的基础可以归结为生产资料所有权；在东方，这种权力的基础则在于国家权力，即国家主权。历史事实证明，特殊的国家职能是东方专制制度产生的物质基础。对此，我们用马克思关于社会生产及其管理二重性的理论可以深刻理解中国专制制度产生的根源与存在的属性。马克思在分析资本主义简单协作、工场手工业与机器大工业的生产方式及其生产关系时，阐明了资本主义生产及其管理二重性与专制性。"凡是直接生产过程具有社会结合过程的形态，而不是表现为独立生产者的孤立劳动的地方，都必然会产生监督劳动和指挥劳动。不过它具有二重性。""一方面，凡是有许多人进行协作的劳动，过程的联系和统一都必然要表现在一个指挥的意志上，表现在各种与局部劳动无关而与工场全部活动有关的意志上，就像一个乐队要有一个指挥一样。这是一种生产劳动，是每一个结合的生产方式中必须进行的劳动。另一方面，凡是建立在作为直接生产者的劳动者和生产资料所有者之间的对立上的生产方式中，都必然会产生监督劳动。这种对立越严重，这种监督劳动所起的作用也就越大。"[①] 马克思认为，指挥和监督劳动既可以是由一切结合原社会劳动的性质引起的职能，也可以是由生产资料所有者与劳动者之间的对立所引起的职能。马

---

① 《资本论》第3卷，人民出版社2004年版，第431页。

克思强调指出，不能把从共同劳动过程的性质产生的管理职能，同从这一过程的资本主义性质也即从对抗性质产生的管理职能混为一谈。资本家的管理不仅是一种由社会劳动过程的性质产生并属于社会劳动过程的特殊职能，它同时也是剥削者和它所剥削的原料之间不可避免的对抗决定的。马克思不仅分析了古典资本主义企业管理的二重性，而且论述了资本主义企业管理的对抗性与专制性。马克思指出："随着许多雇佣工人之间的协作，资本的指挥发展成为劳动本身的进行所必要的条件，成为实际的生产条件。现在，在生产场所不能缺少资本家的命令，就像在战场上不能缺乏将军的命令一样。"① "如果说资本主义的管理就其内容来说是二重的，——因为他所管理的生产过程本身具有二重性：一方面是制造产品的社会劳动过程，另一方面资本的价值增殖过程。——那么，资本主义的管理就其形式来说是专制的。"② "资本家所以是资本家，并不是因为他是工业领导人，相反，他所以成为工业司令官，因为他是资本家。工业上的最高权力成了资本的属性，正像在封建时代，战争中和法庭裁判中的最高权力是地产的属性一样。"③ 不仅如此，马克思还进一步论述了随着资本主义生产的发展资本主义企业管理的专制性也不断发展。一旦从属于资本的劳动成为协作劳动，这种管理、监督和调节的职能就成为资本的职能。这种管理职能作为资本的特殊职能取得了特殊性质。"工场手工业分工不仅只是为资本家而不是为工人发展社会的劳动生产力，而且靠使各个工人畸形化来发展社会的劳动生产力。它生产了资本统治劳动的新条件。因此，一方面，它表现为社会经济形成过程中的历史进步和必要的发展因素，另一方面，它又是文明的和精巧的剥削手段。"④ 在机器大工业阶段，资本确立了对劳动工人的绝对统治，资本家建立了归工人的专制管理制度。"资产阶级通常十分喜欢分权制，特别是喜欢代议制，但资本在工厂法典中却通过私人立法独断地确立了对工人的专制。"⑤ 马克思不仅分析了资本主义企业管理的二重性与专制性，而且还把它们同东方专制国家职能的基本特征直接联系起来。马克思明确指出：

---

① 《资本论》第1卷，人民出版社2004年版，第384页。
② 同上书，第385页。
③ 同上书，第386页。
④ 同上书，第422页。
⑤ 同上书，第488页。

第四章　特殊的国家职能与东方国家制度

"这完全同在专制国家中一样,在那里,政府的监督劳动和全面干涉包括两方面:既包括由一切社会的性质产生的各种公共事务的执行,又包括由政府同人民大众相对立而产生的各种特有的职能。"① 为此,马克思明确地指出了东方专制国家管理职能内容上的二重性和形式上的专制性。作为东方专制国家,中国古代国家管理职能在内容上具有二重性:一方面包括国家的一般的社会公共管理职能,另一方面包括国家控制资源、干预经济的特殊的经济统制职能;中国古代国家管理职能在性质上具有二重性:一方面,它属于执行由经济活动与社会活动的社会性质所产生的社会与经济的管理职能,另一方面又属于由国家同人民大众相对立而产生的政治统治的压迫职能。国家承担水利等大型公共工程等经济职能,既是东方专制制度的特殊基础,也是东方专制制度与亚细亚生产方式的固有特征。马克思认为,东方专制制度是由东方国家特殊的物质生产方式所决定的。在《不列颠在印度的统治》一文中马克思指出:"在东方,由于文明程度太低,幅员太大,不能产生自愿的联合,因而需要中央集权的政府进行干预。所以亚洲的一切政府都不能不执行一种经济职能,即举办公共工程的职能。""在亚洲,从古远的时候起一般说来只有三个政府部门:财政部门,或者说,对内进行掠夺的部门;战争部门,或者说,对外进行掠夺的部门;最后是公共工程部门。"② 从形式上来看,中国的国家制度是专制的。在近代资本主义生产方式下,尽管西方国家在微观的企业管理制度上实行专制制度,但在宏观上则实行以代议制为特征的民主制度,国家是管理整个资产阶级的共同事务的"委员会"。相反,东方的国家制度与古典资本主义企业专制性管理制度的本质则是相同的。中国实行了专制性的国家制度,国家成为管理君主私家事务的"管事房"。东方古代国家制度的二重性表现为它一方面是为了履行公共职能所建立的社会管理制度,另一方面是为了实现君主的专制统治、维护专制君主的利益所建立的政治压迫制度。

根据马克思、恩格斯的分析,东方国家的职能不同于西方国家的职能,东方国家不仅作为社会管理者而承担一般的经济与社会管理职能,而且还要作为经济建设的主体而在社会生产与再生产过程中承担生产指

---

① 《资本论》第3卷,人民出版社2004年版,第431—432页。
② 《马克思恩格斯选集》第1卷,人民出版社1995年版,第762页。

挥与监督职能。在处于干旱与半干旱农业区并且有着大型河流的中国、印度等东方国家，治水与灌溉成为农业生产的决定因素，而以村社这种小共同体为基础的东方社会无法举办和维护大规模的水利等社会公共工程。这样它们必须依赖凌驾于它们之上的大共同体，依赖最高统治者利用其至高无上的权力来集中人力与物力，兴修水利工程，以维护其生存的共同条件。因此，那些通过劳动而实际占有的公共条件，如在亚细亚各民族中起过非常重要作用的灌溉渠道，以及交通工具等，就表现为更高的统一体，即高居于各小公社之上的专制政府的事业。这就是说，由于特殊的地理环境和村社制度，村社及其成员需要大共同体和专制王权。

任何政治统治都需要以执行某种社会职能为基础，这是国家合法性的基本前提。在中国、印度等东方国家，政府不仅必须承担一般的社会管理职能，而且必须承担领导经济建设的特殊职能。因此，中国政府绝不仅仅是职能性政府，而是全能性政府。与此相适应，中国等东方国家中这种以全能性政府为特征的政治权力完全不同于古代西欧各民族以有限性政府为特征的政治权力。从其内容来看，古代西欧各民族政治权力所赖以建立的公共职能主要是社会管理职能，政治权力成为生产方式的外生变量；中国等东方国家政治权力所赖以建立的公共职能则主要是经济建设职能，政治权力成为生产方式的内生因素。从其形式来看，古代西欧各民族基于公共职能的政治权力大多只反映在公社或者公社集团一级上，如希腊的氏族首领和克尔特人的族长，公共权力主要采取地方自治机构形式；在中国等东方国家，基于公共职能的政治权力主要并不是反映在公社这一级上，而是形成了凌驾于各个小公社之上的更高的共同体——国家权力机构，即作为"这许多共同体之父的专制君主所体现的统一总体"。因此，中国古代的政府绝不仅仅是权力性政府而且更是全权性政府。马克思指出："在印度的不同地区存在着不同的公社形式。形式最简单的公社共同耕种土地，把土地的产品分配给公社成员，而每个家庭则从事纺纱织布等等，作为家庭副业。除了这些从事同类劳动的群众以外，我们还可以看到一个'首领'，他兼任法官、警官和税吏；一个记账员，登记农业账目，登记和记录与此有关的一切事项；三个官吏，捕缉罪犯，保护外来旅客并把他们从一个村庄护送到另一个村庄；一个边防人员，守卫公社边界防止邻近公社入侵；一个管水员，从公共蓄水池中分配灌溉用水;一个婆罗门,司理宗教仪式;一个教员,在沙土上教公社儿童写字读书;一个专管历法的婆罗门,以占星家的资格确定播种、收割的时间以及对各种农活有利和不利的时间。……这十几个人的生活由全公社负担。"[①] 恩格斯根据最古的德意志的马尔克公社和现代印度所保留的原始农业公社的特征分析了国家权力的萌芽。"在每个这样的公社中,一开始就存在着一定的共同利益,维护这种利益的工作,虽然是在全体的监督之下,却不能不由个别成员来担当:如解决争端;制止个别人越权;监督用水,特别是在炎热的地方;最后,在非常原始的状态下执行宗教职能,……这些职位被赋予了某种全权,这是国家权力的萌芽。"[②]

根据马克思主义基本原理,国家机构是由三大要素构成的:(1)按地域划分、组织其国民,这是一切国家共同的;(2)设有与人民大众分离的公共权力,其中主要是常备军、警察和官吏;(3)维护生产条件、执行经济职能和征收捐税。这三个要素是互相联系、不可分割的,其中最本质的特征是和人民大众分离的公共权力。具有某种全权的专门管理人员的出现,是国家权力也就是国家萌芽的标志。由此可见,从时间上看,国家是在土地公有、共同耕种、产品分给成员的原始农业公社时期萌芽的;从原因上看,国家萌芽是适应生产分工和公共事业的需要,而不是适应暴力和剥削压迫的需要;国家萌芽的标志是脱离生产、生活由社会全体成员负担,并具有某种全权的专门管理人员的出现。[③]

三　东方专制制度的产生与发展

从其历史起源来看,中国等东方国家专制王权一般有三个来源:治水管理权、宗教祭祀权、军事指挥权。虽然宗教祭祀和战争在专制王权形成的过程中就起过重要的作用,但在由公社民主制度到国家专制制度的发展过程中发挥决定作用的是治水管理等特殊的经济管理权。东方专

---

① 《资本论》第1卷,人民出版社2002年版,第413—414页。
② 《马克思恩格斯选集》第3卷,人民出版社1995年版,第522页。
③ 王治功:《中国古代国家的萌芽、演进及形成》,《汕头大学学报》1985年第1期。

制制度产生的主要原因在于东方国家特殊的地理环境与生产方式。同印度、埃及等许多东方国家一样,中国处于黄河等大河流域的干旱与半干旱的农业区。这种地理环境决定了治理水害、引水灌溉成为农业生产的基本条件。从中国历史事实来看,治水与灌溉等水利事业的建设与管理在国家与君主专制起源过程中占有举足轻重的地位,起到了至关重要的作用。在中国原始公社末期,主要经济形式由狩猎、畜牧向农耕过渡,农业已进入锄耕阶段,因此,人们的生产和生活必然从丘陵向平原转移。而在黄河等大江大河下游平原生产和生活首先遇到的是洪水的威胁,在一次范围广大的洪水之后,发生了可歌可泣的史诗——大禹治水。大禹治水不仅是农业经济发展的需要,而且促进了中国君主专制的国家制度的产生。这是因为:(1)大规模的治水涉及广阔的地域,因而打破了各个部族之间的界限。(2)大规模的治水活动参与的部族众多。当洪水之害成为各氏族部落共同面对的生死攸关的头等大事时,彻底消弭水患,各个部落要通力合作。(3)众多部族参与大规模治水工程需要坚强的统一领导,需要组成固定的领导机构,以大规模地集中与组织人力物力,集中指挥与协调治水活动。由于这些要求,就需要有一个强有力的领导核心,需要领导核心拥有统辖一切、号令四方的权力。这样,大禹作为各部落统一的领袖人物就获得了部落联盟议事会首领所不拥有的最高权力。在治水过程中大禹与其他氏族首领之间的关系由平等协商转化为国王与诸侯的臣属关系。大禹治水使中国早期社会发生了质的转折,这些转折主要体现在中国早期专制的起源和公共权力的转化。因此,大禹不仅领导了华夏各族的治水斗争,解除了洪水泛滥的巨大灾害,而且他还初步建立中国早期专制国家的权力机构,从而为国家的出现和专制的产生创造了必备的条件。大禹治水对中国早期专制的起源和公共权力的转化产生了决定性的影响。在禹以前,部落联盟议事会议的首领是通过选举或推举的形式产生的。但从禹开始,禅让的传统被破坏了。禹的儿子启用武力夺取了最高首领的职位,开始了君主专制与传子世袭制,专制国家最终形成了,这就是历史上我国第一个专制国家——夏王朝,实现了从原始民主制度向君主专制制度的重大转变和历史飞跃。

  英国学者李约瑟曾经深入具体地论述了水利工程与中国政治制度的内在联系。他认为,在西方特别是欧洲,不仅有足够的雨量而且河流在河床上正常流入大海。只有少数地区有严重水患或干涸之险,不需要做

第四章 特殊的国家职能与东方国家制度

大量蓄水或灌溉工程。但中国需要进行的灌溉和蓄水工程比世界任何其他人民都更为显著。为了从事这些巨大的工作，需要管理数百万劳动力，而这就产生了国王专制制度。然而，在秦帝国以前中国治水工程由处于分裂状态的封建诸侯国修建，这一直是它们之间发生纠纷的一个原因，因为这类工程往往将问题转移给邻国，给邻国带来极大的祸害。因而，修建水利工程的需要，促进了中国的统一。这不仅是难以否认的真实情况，而且这种情况同样也最完美地解释了为什么秦汉以来中国君主专制是中央集权的专制制度而不是分封建国的专制制度。水的控制往往需要跨越封建诸侯领地的疆界，因而只有中央集权的皇帝及其各级官员才能胜任此项工作。治水是中华民族永恒的任务，也是历代统治者共同的课题。中央集权的专制制度就深深地植根于治水这一历史性课题之中。魏特夫曾经提出过"治水社会"理论，他认为，在干旱和半干旱地区的人们必须通过治水才能维持农业生产，而兴修水利工程必须有纪律、从属关系和强有力的领导，因此就产生了专制君主和东方专制主义。国内也有学者认为尧舜时代的洪水是中国国家产生的契机，大禹作为治水的指挥者而成为公认的中心王朝领袖。治水工程产生了中国的制度，专制制度强化了"治水模式"。一方面，专制君主凭借治水而获得专制权力，君主巨大的权力来源于其"伟大的使命"；另一方面，专制君主凭借专制权力而治水，君主专制制度的巨大优势就是"集中力量办大事"。因此，治水模式具有多重含义：其一，治水模式具有自然属性与社会属性二重性质。从自然属性来说，治水模式即举全国之力集中有效治理水患、兴修水利，要举全国之力就必须掌全国之权。从社会属性来说，专制君主垄断国家权力绝不仅仅是为了"治水"，其主要目的在于"治人"——对广大人民进行绝对统治与全面奴役。起初，为治水而治国；最后，由治国而治人。这样，中国及东方国家便形成了一种"治水—治国—治人"的专制性的国家制度。其二，治水模式具有特殊性与普遍性二重含义。从特殊性来说，治水模式的含义是"治理水患、兴修水利以利于农业生产"，它产生于中国干旱与半干旱的特殊地理环境与灌溉农业的特殊生产方式，它是东方专制制度产生的现实基础。从普遍性来说，"治水模式"的本质与共性在于它是"集中力量办大事"的举国体制，其具体形态并不仅限于兴修水利工程这一种形式，兴建万里长城、大运河以及大规模对外战争等大型公共工程都可以成为东方专制制度产生的物质基础。

从国家的起源来看，东方专制制度是通过不同于西方国家制度产生途径的特殊途径产生的。按照以往传统观点，国家的起源只有一个：国家起源于阶级斗争，阶级结构是以生产资料所有制为基础的生产关系而形成的，无产者与有产者两大阶级的矛盾是不可调和的，国家是阶级矛盾不可调和的产物。国家的形成是以生产资料所有制与阶级关系为前提的，国家的实质不过是一个社会阶级压迫另一个社会阶级的工具。那么，世界各地区国家产生的路径是否是一样的呢？回答是否定的。根据马克思、恩格斯的论述，世界各地区国家的产生应当有两条不同的路径。恩格斯指出，作为"统治与奴役关系"的最高形式，国家是通过两条道路产生的。一条途径是在阶级分化的基础上由阶级斗争尖锐化而产生国家。首先，旧的土地公有制崩溃并让位于各个家族的小块土地私有制；其次，原始公社内农业家族自然形成的分工引起贫富分化；再次，当生产力的发展、剩余产品产生时，一些富裕家族就会利用战争中获取的俘虏来充当这样的劳动力，强迫使用他们的劳动以获取剩余产品，这样就出现了奴隶制，原始生产方式发展成为占统治地位的奴隶制生产方式；最后，由于奴隶主阶级与奴隶阶级两大阶级利益根本对立、阶级矛盾不可调和，奴隶主阶级为了维护自己的利益建立了国家机构。除了以阶级分化为基础、通过阶级斗争尖锐化而导致国家产生这一途径之外，另一条途径是以公共职能为基础、通过公共权力独立化和异化而导致国家的产生。恩格斯指出：在原始公社专门管理人员产生、形成国家权力萌芽的基础上，由于"生产力逐渐提高，较密的人口在一些场合形成了各个公社之间的共同利益，在另外一些场合形成了各个公社之间的相抵触的利益，而这些公社集合为更大的整体又引起新的分工，建立保护共同利益和防止相抵触的利益的机构。这些机构，作为整个集体的共同利益的代表，在对每个单个公社的关系上已经处于特别的、在一定情况下甚至是对立的地位，它们很快就变为更加独立的了，这种情况的造成部分地是由于职位的世袭，部分地是由于同别的集团的冲突的增多，使得这种机构越来越必不可少了。"[①] 一方面是由于实行最高管理者职位的世袭制，另一方面是由于更高共同体内部职能与外部冲突不断增多，而使得建立这种专制机构的必要性增加了。其结果，便形成了更高共同体管理机构特别是最

---

① 《马克思恩格斯选集》第3卷，人民出版社1995年版，第522—523页。

第四章　特殊的国家职能与东方国家制度

高管理者对整个社会的专制统治。于是，原本是维护共同体集体利益的机构变成了凌驾于各单个公社之上的世袭权力机构，原本的"社会公仆"也变成了"社会的主人"，也就是凌驾于公社其他各阶层人员之上并可以对他们行使暴力的专制统治者，从而最终导致东方专制主义国家的产生。在"这里，主体是国，而且还是国君。从先秦至五四，这个传统从来没有变化过"。①

由此可见，国家的产生并非一条途径而是有两条途径：一是通过阶级斗争尖锐化而产生国家；二是通过公共权力独立化和异化而产生国家。在前者那里，是一部分人从财产的主人转变为国家的主人，他们自己只是"业余"的国家管理者，他们管理国家的目的主要是利用国家权力保护自己的财产、维护自己作为有产者的经济利益。在后者那里，是一部分人从社会的"公仆"转变为社会的主人。对他们来说，管理国家完全是他们专门的活动，他们自己完全是职业的社会活动家、"专业的"国家管理者，他们行使国家权力的目的是把天下的财产变成自己的财产、维护自己作为社会主人和国家统治者的特权利益。因此，国家产生的两种途径或两条道路就决定了国家的两种形式和两种制度：通过阶级斗争尖锐化而产生的国家一般是民主化的国家，通过公共职能独立化而产生的国家一般是专制化的国家。之所以如此，其主要原因在于：通过阶级斗争尖锐化而产生的国家是某一经济上占统治地位的阶级所控制的国家，即使他们不在整个社会实行民主，在其本阶级内部则是必须实行民主制度的。而通过公共职能独立化而产生的国家只有实行专制的国家制度，君主及其国家才能对全社会行使具有绝对权威的公共权力，从而履行其所承担的全面的经济社会职能；只有实行专制的国家制度，君主及其国家才能对全社会实行全面而有效的控制，消除从个人到社会、从地方到中央等各个方面的反抗，维护君主及其国家的全权统治。

根据上述理论，我们可以得出结论：在中国古代，不是在生产资料私有制与阶级分化的基础上，由于阶级斗争尖锐化而产生民主化的国家制度，而是在一定的公共职能的基础上，由于公共权力的独立化和异化而产生了专制性的国家制度。特定的国家职能是东方国家制度产生的物质基础，公共权力的异化是东方专制制度的关键与实质。这样，可以确

---

① 《顾准笔记》，中国青年出版社2002年版，第104页。

立一个分析东方专制制度的总框架：

特殊的国家职能—异化的国家权力—专制的国家制度

在东方专制制度产生的过程中，起决定作用的关键因素在于公共权力的异化。在西方国家，由于国家只承担必要的一般公共管理职能，并且只是由经济上占统治地位的统治阶级执行国家管理职能，因而国家权力既是有限的也是在统治阶级全体成员的控制之下的。这样，国家权力完全隶属于经济上占统治地位的阶级并为之服务的工具，而不会成为超越于其外、凌驾于其上的异化权力。在中国古代，由于管理许多共同事务的更高共同体管理机构处于各单个公社之上，承担着同其他部族集团的冲突、战争，或者更大规模的水利工程的修筑等更大公共职能，使得它们的公共管理职能及其权力不仅完全独立化，而且成为超越于各个公社、部落之外并凌驾于其上的异化权力，最终形成了专门社会管理者阶层对全体社会成员的统治。于是，原本是维护社会公共利益的机构变成了凌驾于社会之上的特权管理机构，原本的"社会公仆"也变成了"社会的主人"，最终导致一个拥有暴力手段、具有专制性质的国家的产生。在这种转变中，公共机构最高首领往往使用暴力来获取世袭的最高权力，并以各种手段和形式使公共管理机构各个统治人物集结为一个国家统治阶级。恩格斯指出，社会产生着它不能缺少的某些共同职能。被指定去执行这种职能的人，就形成社会内部分工的一个新部门。这样，他们就获得了也和授权给他们的人相对立的特殊利益，他们在对这些人的关系上成为独立的人，于是就出现了国家。由此可见，东方专制性的国家制度是在形成凌驾于各个公社之上更高共同体的基础上，通过最高公共权力的异化这一途径而产生的。公共权力异化有两种表现形式：其一，公共权力的集中与垄断，这是公共权力异化的一般形式。在人类政治文明的发展史上，公共权力的归属有公有和私有两种形态。与此相适应，政治体制也分为民主政治和专制政治两种类型。在专制政治体制中，公共权力作为私人财产被特定的个人所占有。权力的交接也像私有财产的继承那样在家族之内进行。在这种权力私有化的状态下，一方面不存在权力的分割、分散，君主集立法、行政、司法、军事等权力于一身，实行高度集中的政治体制；另一方面，完全排斥他人在制度内寻求合法的通过和平的方式获取政权的可能，血统成为唯一的分享权力的标准，权力垄断成为专制政治体制的根本特征。因此，在专制体制下政府的公共职能与君主的私人事务是高度重合的,甚至君主的私人事务成为政府的首要职能。其二,公共权力的私有化及其权力集中与权力垄断,这是公共权力异化的极端表现形态。在此种情形下,公共权力异化为权力行使者维护其特权地位,实现其私人利益的工具。公共权力异化的特殊形式,是公共权力的滥用。其主要表现是:(1)公共权力侵犯个人的生命、自由、财产等私人权利。(2)公共权力不恰当地侵入了私人生活的领域,干预甚至强制私人事务,此时公共权力扩展了它的作用范围,相应地压缩了私人权利的空间。这种公共权力的异化,形成了专制国家制度。在中国古代,最早的专制国家夏朝就是在公共机构腐化的基础上通过公共权力的异化而形成的。"启的腐化堕落,说明他已成为奴隶主阶级的代表。因为野蛮与文明之间,还有一个不为人们注重的区别标准,就是坠落,一种离开古代氏族社会的纯朴道德高峰的坠落。最卑下的利益——庸俗的贪欲、粗暴的情欲、卑下的物欲、对公共财产的自私自利的掠夺——揭开了新的、文明的阶级社会,最卑鄙的手段——偷窃、暴力、欺诈、背信——毁坏了古老的没有阶级的氏族制度,把它引向崩溃。夏启恰是这一变化的先例。国家的本质特征,是和人民大众分离的公共权力。因此,国家形成的标志是当专门从事管理并因此而需要一个迫使人们服从暴力的特殊强制机关(即监狱、特殊队伍及军队等)的特殊集团出现时,国家也就出现了。夏启已建立起特殊的暴力机关和集团,已正式称王,而其他人已为'六卿',标志奴隶制国家官僚机构的形成。这同样是国家形成的重要标志。所以,我们认为,中国古代国家的形成和奴隶社会的开始,应当在夏启时。"①

四 东方国家制度的基本性质与主要特征

(一) 基本性质:东方国家制度是专制制度
1. 专制的基本特征与主要类型

所谓专制(autocracy),从词义上解释就是君主独自掌握国家最高政权,凭自己的意志独断专行。从其主体来说,专制的主体是"专人",即

---

① 王治功:《中国古代国家的萌芽、演进及形成》,《汕头大学学报》1985年第1期。

某一特定之人，即君主；从其客体来说，专制的客体是"专权"，即作为唯一权力主体，君主垄断国家最高权力；从其活动来说，专制的内容是"专断"，即实行专制君主独裁、随意做出一切重大决策；从其目的来说，专制就是"专利"，即作为最高利益主体，君主专权与专断的根本目的是实现与维护其特权利益，其执行公共管理职能完全是实现其特权利益的手段。

专制制度的一般特征有四个方面：第一，作为一种权力结构，专制制度的特征是君主独掌政权：国家最高权力的君主集权制，君主的地位是至高无上的、君主的权力是不可分享和不容挑战的，君主职位的终身制和世袭制。第二，作为一种决策方式，专制君主独断专行，行使国家最高权力毫无法律与规章，完全按照自己的意志以及变化无常的情绪领导国家的一切，实行国家重大决策的君主独裁制。第三，作为一种统治形式，专制制度的特征是君主控制、压迫全体人民，实行君主统治下的君主专政制。第四，作为一种社会关系，专制制度的特征就是不平等、不自由，专制君主是至高无上的主宰者，专制君主与广大人民的关系不仅在事实上是不平等的，而且在形式上也是不平等的，广大人民不仅没有实质上的自由，而且没有形式上的自由。

马克思深刻地指出，专制的本质在于它的非人道性和反人类性。专制的天性就是反人性、反人道、反人权。这是因为，专制制度否认与摧毁了人民作为人的尊严，以成就专制君主的"九五之尊"；专制君主剥夺广大人民与生俱来的权利，肆意践踏人权，以保证专制君主的独裁权力；专制君主采用各种残酷的手段奴役人民、统治人民、镇压人民，随意剥夺民众的财产和生命。马克思曾揭示专制制度的本质说："专制制度的唯一原则就是轻视人类，使人不成其为人。""专制君主总把人看得很下贱。"[1]

首先，从其程度来说，专制分为绝对专制与相对专制；其次，从其范围来说，专制分为广义专制与狭义专制；最后，从其内容与类型来说，专制分为形式专制与实质专制。所谓绝对专制，就是指君主不受任何制度性的制约，其权力是无限的；所谓相对专制，就是指君主的权力受到一定的制度性的制约，其权力是有一定限度的。从政治学和法学的角度

---

[1] 《马克思恩格斯全集》第1卷，人民出版社1956年版，第411页。

来看，君权的"不受限制"和"绝对"性是有其前提与特定含义的。所谓君权绝对、君主不受限制或制约，首先是指君主的意志凌驾于一切法律和机构之上，成为一切法律和权力的来源，君权不对任何机构与法律负责，不受宪法或法律的限制，也缺少依法设立的分权机构的监督制衡。这也就意味着最大限度地实现了君主集权，使一切国家行政、立法、司法大权都由君主独揽，不存在任何合法反对、合法牵制君权的力量、机构和制度。在中国特定的语境中，君主专制制度自身存在着内在的调节机制，专制君权受到君主培养教育制度、言论批评和谏议制度、程序化的官僚制度、"天命"观念的有限制约。这种制约只是对专制君权的一种软性约束，不可能对专制君权进行有效的制约，专制君主可以无视这些约束。

所谓形式专制，就是指君主虽然在形式上拥有主宰一切的专制权力，但由于各种历史与现实因素的限制或君主自身能力或客观条件不足而不能有效全面行使其专制权力；所谓实质专制，就是指君主不仅在形式上拥有统治一切的专制权力，而且在现实中有条件、有能力实际行使其专制权力，有效地控制国家、统治人民。

从专制领域来说，专制主义有广义和狭义之分。狭义的专制主义主要是指一种政治制度、一种政体形式，即在政治领域中的君主专制制度。广义的专制主义，则涵盖了政治制度、经济制度、意识形态和统治方式等领域。广义专制主义是一个包含力更强、涵盖面更宽的总体性历史概念，从经济基础到上层建筑，从法权体系到意识形态，皆可笼罩在专制主义的概念之中。

依据君主专制权力的可能界限与现实状况，我们可以把君主权力划分为两大类型：首先是应然性或名义性的君主专制权力，是指君主作为专制统治者在逻辑上应当拥有或可能拥有的专制权力；其次是实然性或基础性的君主专制权力，是指君主事实上控制国家、统治人民的实际权力，这种基础性专制权力表现为专制君主行使其专制权力的"可行能力"，它对君主专制制度的实现程度有着重大影响。根据君主名义性专制权力和基础性专制权力两个向度的不同组合关系，我们可以构建四种主要专制类型：名义性专制权力和基础性专制权力俱弱的类型为"封建君主"；基础性专制权力弱而名义性专制权力强的类型为"帝国君主"；基础性专制权力强而名义性专制性权力弱的类型为"官僚君主"（"官家")；基础性专制权力和名义专制性权力两种权力都强的类型为"极权君主"。形式专制的本质在于君主只拥有其名义性专制权力而缺乏基础性专制权力即"可行能力"，实质专制的本质在于君主不仅拥有其名义性专制权力而且具有基础性专制权力即专制君主行使其专制权力的"可行能力"。西方古代奴隶社会、中世纪封建社会与中国夏商周社会的君主专制都属于君主只拥有其名义性专制权力而缺乏基础性专制权力即"可行能力"的形式专制，而中国秦汉以来的专制制度则属于君主不仅拥有其名义性专制权力而且具有基础性专制权力的实质专制。希特勒和斯大林所建立的国家制度都是名义性专制权力与基础性专制权力都较强的现代专制制度——极权主义制度。

孟德斯鸠把政体分为三种类型：专制政体、君主政体、共和政体。所谓专制政体，就是君主拥有最高权力且不受法律限制和宪法控制的政权组织形式，其基本特征是国家权力高度集中于君主手中，专横，独断，所以专制经常和独裁连在一起，如中国古代社会的各个王朝。所谓君主政体，就是君主的专制权力受到国会、地方机构或法律的制约，可以称之为相对专制，如欧洲的君主专制。所谓共和政体，就是君主（或元首、首脑）的权力要受到宪法、国会与地方自治机构的制约，如现代欧美国家的民主制度。

2. 东方古代国家制度具有专制制度的基本性质

根据专制的基本概念、一般特征与中国古代国家制度的客观实际，我们可以清楚地看到中国古代国家制度属于专制制度，并可以肯定：中国古代专制制度是绝对专制而不是相对专制或半专制。作为唯一权力主体，东方古代君主独自掌握国家最高政权，君主凭自己的意志独断专行，专制君主独裁、随意做出一切重大决策。从中国来看，古代以来特别是战国秦汉以来的国家制度，是君主在完全没有代议机构或宪法制约、基本上没有地方自治机构制约的情况下行使权力的专制制度。在中国专制政体下，君主拥有绝对权力且不受法律限制和宪法控制。中国古代的国家制度的基本特征是国家权力高度集中于君主手中，实行君主独裁制度。中国古代专制制度具有专制的一般特征：一是君主独掌国家政权的权力结构，君主拥有至高无上、不可分享和不容挑战的绝对权力；二是实行君主独断专行的决策方式，实行国家重大决策的君主独裁制；三是君主是高高在上的统治者，对广大人民进行压迫，实行君主主宰制的统治形式；四是形成了不平等、不自由的社会关系，广大人民根本不享有基本的自由与平等权利。历史事实表明，在中国古代国家权力根本不是掌握在"奴隶主阶级"或"地主阶级"手中，而是完全掌握在专制君主手中；专制君主及其官僚集团绝不是什么奴隶主阶级或地主阶级的代表或代理人，而是一个独立的权力阶级。因此，中国古代国家制度的基本性质根本不是什么"奴隶主阶级专政"和"地主阶级专政"的国家制度，而是君主专政的专制制度。

（二）东方专制制度的主要特征

东方古代政治制度不仅是专制制度，而且是不同于西方专制制度的特殊专制制度——东方专制主义制度。从政体性质来说，欧洲依次经历了古罗马帝国的古代君主专制、中世纪初期的神权至上的专制主义、14世纪开始出现的等级代表君主制以及17—18世纪确立的君主专制制度。15世纪后开始在欧洲兴起的君主专制主义在西方被称为近代专制主义。欧洲专制制度的主要特征在于：欧洲那些君主专制国家从来没有摆脱传统习惯、宗教势力、地方势力和历史遗留的法律或机构对其实际行使权力的制约与限制。在欧洲，完全的专制在任何地方都不存在，甚至常被当作绝对专制主义模式或化身的路易十四统治下的法国也不例外。欧洲的专制总是要受到有关法律、"国民议会"、宗教势力和地方自治机构等制度化的制约，因而其专制是不完全专制，或相对专制、半专制。"中世纪的基督教会，又是世俗政治权威以外的另一个政治权威，说它是政治权威，一部分是直接符合于事实的，因为它本身就是一种政治力量。它有时候和帝国争夺欧洲的政治最高权力，当没有一个欧洲范围的帝国的时候，它本身事实上就是欧洲的最高政治权威，所以教廷能发动和组织十字军——虽然它的权威更多的是在精神和文化方面。两种政治权威同时并存，显然也是因素之一。这一点，对于欧洲政治之不能称为绝对专制主义，对于维护一定程度的学术自由，对于议会制度的逐渐发达，甚至对于革命运动中敢于砍掉国王的头，都是有影响的。因为两头政治下最底层的人也许确实捞不到什么好处，体面人物却可以靠这抵挡那，可以钻空子，不至于像中国那样'获罪于君，无所逃也'，只好延颈就戮。"[1]

在东方,"专制"一词往往被解释为专断独裁的意思,主要是指担任社会公职的人独揽公共权力,完全凭自己或集团意志行事,而不受任何限制。个人掌握绝对权力,是专制主义的核心。这种说法虽抓住了专制主义的一些特征,但存在着两大严重缺陷:一是它没有将专制主义置于东方与中国语境之中;二是说专制权力不受任何限制也是错误的,中国古代专制权力只是不受法律的制约,但要受到其他因素的限制。西方学者如孟德斯鸠、亚当·斯密、黑格尔甚至是马克思,虽然从未把古代东方社会制度称为封建主义或封建专制主义,他们一般是用"亚细亚社会"或"古代东方社会"来指称古代东方社会,但他们不仅都关注东方君主制度的专制特征,而且都在使用专制主义这一概念时在"专制主义"之前加上"东方"这个限定词,即用"东方专制主义"的概念指称东方古代专制社会,以同欧洲近代的专制制度相区别。根据马克思及西方学者的科学论述和东方古代专制制度的客观实际,可以看到东方专制制度明显地不同于欧洲专制制度。东方专制制度不同于欧洲专制制度的最大特征在于:在东方专制制度下,国家的权力、人民的命运完全掌握在专制君主手中,全体民众成为君主的奴隶,东方专制制度是一种普遍奴隶制。由于专制君主及其国家机构掌握了不受任何制约的政治权力与暴力工具,可以随意剥夺人的自由权、财产权,可以任意践踏人权,视生命如草芥。生活在东方专制制度政府下的人们根本没有人的尊严和自由,只是作为专制君主全面控制和绝对统治下的奴隶。从现象上看,东方专制主义虽然具有内在的专横性、随意性和残暴性,但往往采取仁慈和伪装的形式,即"仁慈的形式,暴虐的本质"。具体来看,东方专制制度的主要特征有以下几个方面。

1. 专制基础——东方国家职能的特殊性

唯物史观的基本原理认为,一定的社会职能是国家制度产生的物质基础,民主的国家制度是如此,专制的国家制度也是如此。然而,东方专制制度的典型特征在于它是以特殊的国家职能即国家所承担的特殊的经济职能为基础的,这也是东方专制制度的首要特征。东方专制制度的

---

[1] 顾准:《希腊思想、基督教和中国的史官文化》,载《从理想主义到经验主义》,光明日报出版社2013年版,第18页。

第四章　特殊的国家职能与东方国家制度

产生及其特征说明，国家不是只是阶级矛盾不可调和的一种起源，经济职能及其公共权力的异化也是国家起源与性质的一种重要解释。古代中国社会是"天子—臣民社会"，其基本特征就是"普天之下，莫非王土；率土之滨，莫非王臣"。国王和皇帝就是天子，其职责就是"保民"，如果天子失职，"天"就要撤销授予他的"天命"，作为"臣子"的民众甚至可以造反"诛暴君"。天子的这种权力和责任当然不是某些圣人凭空设计出来的，而是千百年来大协作生产生活方式的产物。这种大协作的生产生活方式在当时只能通过血缘和准血缘的社会网络来组织，整个网络最终必须有一个总枢纽来连接，天子就是那个总枢纽。作为这个网络的总枢纽，天子同时就是整个共同体中央政权的核心。这样，东方社会的国家职能就具有二重性质：一方面它是以灌溉工程为核心的农业大协作系统本身所必需的统一管理与集中指挥活动；另一方面，是由国家制度的专制性质所产生的国家统治者对广大人民的奴役、压迫与剥削活动。在西方的机器大工业阶段，资本家成为"专制君主"，雇佣工人沦为其奴役下的"臣民"；在东方，国家始终是真正的专制君主，广大人民则真正是国家统治下的臣民。从总体上来看，承担水利等大型公共工程等经济职能是东方专制制度的物质基础，国家机构拥有专制权力是东方专制制度的核心内容，对广大人民实行专制统治是东方专制制度的本质所在。"中国是一个农业国家，为了共同治水，不依靠全民族力量不行，而在治水以后，不兼顾全民族利益也不行，否则在新的水患面前，或者是外来游牧民族侵扰面前，民族只能分裂。因此最好的生产组织形式，就是亚细亚生产方式，即土地归国家所有，全民以家庭为单位共同使用，并将收获物的一部分以贡赋的形式上交国家。"[①] 这样，就形成了一个"治水—治国—治人"的专制制度体系。"东方亚细亚生产方式的根源究竟是什么？这种根源，说到底，恐怕就在于东西方地理环境之不同：东方社会——特别是印度和中国——幅员辽阔、疆域巨大，庞大的治水工程和人工灌溉设施是东方农业的命脉；相反地，西方社会，如希腊、罗马和日耳曼等，疆域远没有东方国家那样辽阔，更没有东方那种成为国家经济命脉的大规模的公共治水工程。这就是造成西方'古典的古代'的

[①] 孙承叔：《打开东方社会秘密的钥匙——亚细亚生产方式与当代社会主义》，东方出版中心 2000 年版，第 230 页。

生产方式与东方亚细亚生产方式之差异的主要原因,这就是产生和决定东方亚细亚生产方式的最深刻的根源。"① 东方国家以专制君主为核心的国家管理不仅是由公共职能而产生的一般国家管理职能,而且是由特殊经济职能而产生的特殊国家管理职能;东方国家职能既是由公共管理与经济管理的客观性所决定的管理职能,同时也是专制统治者与广大人民之间的对抗性所决定的压迫职能。因此,东方国家专制制度既是由其国家管理职能产生的管理制度,也是由其国家管理职能产生的压迫制度与奴役制度。

在中国、印度等东方国家,国家的主要职能就是组织农业生产,整个国家就是一个进行协作生产的农业大企业;国家对协作生产的管理在内容上是二重性的:它既是对大协作生产的指挥与协调,也是对全体劳动者的奴役和剥削;国家对协作生产管理的形式是专制性的:它既等同于奴隶主对奴隶的占有与强制,也类似于军队司令官对普通军士的驱使与命令。尽管专制君主们平时大肆宣扬"大道之行也,天下为公",特别是宣扬"民为贵,社稷次之,君为轻",但君主们在其国家法典中却通过专制统治确立了对臣民们的专制。这种君主法典只是对国家履行公共职能,即组织大规模公共基础工程必需的国家管理的一幅专制主义的讽刺画。

马克思和恩格斯的名言:"社会结构和国家总是从一定的个人的生活过程中产生的。"② 也就是说,有什么样的生产生活方式,就会有什么样的国家。同时,正如我们前面所说,在特定的生产生活方式中产生什么样的国家,是与此种方式中公共职能和为履行公共职能而脱离直接生产劳动的特殊阶级的出现分不开的,不同的生产生活过程导致了不同的公共职能和履行公共职能的特殊阶级的出现,也就导致了不同的国家形式的产生。这就是国家产生或起源的普遍的因果必然性规律。中国等东方国家"大协作"的生产方式产生了东方国家所特有的"大专制"的国家制度,前者是后者形成的物质基础,后者是前者的社会实质。从古文献所述黄帝"时播百谷草木,淳化鸟兽虫蛾,旁罗日月星辰水波土石金玉,劳勤心力耳目,节用水火材物。修德振兵,治五气,蓺五种,抚万民,

---

① 王海明:《专制起源论》,《晋阳学刊》2007年第4期。
② 《马克思恩格斯选集》第1卷,人民出版社1995年版,第71页。

度四方",到尧"克明俊德,以亲九族。九族既睦,平章百姓。百姓昭明,协和万邦",再到舜"宾于四门,乃流四凶族,迁于四裔,以御魑魅",再到禹"别九州,随山浚川,任土作贡。禹敷土,随山刊木,奠高山大川"的历史记述等,可以判定,他们是在履行组织指挥集体垦殖和耕作、教化伦理道德,维护社会秩序,教导和传播生产知识和技能等公共职能。由此可知,那时占主导地位的生产劳动方式是宗族或大家族的族长率领全族老少劳力集体劳动,集体分配。这是一种基于小手工操作的从微观到宏观一环套一环的大协作生产方式。各级的家长、族长,直至全国的总家长,"许多共同体之父",就承担了微观和宏观两个层面大协作的组织者、指挥者和监督者的职能。

在西方,希腊人进入定居农耕生活不仅在时间上比黄河、长江流域的中华先民晚三四千年,更重要的是他们由于普遍掌握了铁制农具和畜耕技术,足以依仗个体的生产能力求得生存,不必像三四千年前的中华先民那样,唯有依靠家族、宗族的集体协作才能过上定居农耕生活。正因为不存在协作的可能性,使得希腊在生产领域也不存在从多元走向一体的发展趋势。只有在面临外力威胁,只有在希腊族与"蛮族"的所谓"文明"与"野蛮"的对立中,才能找到进行联合的理由。抵御外部压力固然会产生一定的共同利益和共同需要,然而历史证明产生于生产生活方式领域的、经济上的共同利益才是形成强固的利益共同体的最深层的根基。生产生活方式及其演进过程的这一重大差别,使古代希腊人只能形成城邦社会,不可能形成中国那样的天子—子民社会。其主要区别在于,在国家职能、组织形态和政治体制方面,古希腊人(及其祖先)由于经历了四千年以上的游牧、游耕生活,又是在个体耕作占主导地位以后才转入定居农耕生活,他们的氏族组织不但较早解体,取而代之的国家组织从来没有承担过像中国以天子为首的、以宗族或准宗族关系为基础的国家组织所承担的那种协作式生产生活方式的组织者和维护者的职能,而主要是承担组织族群迁徙、征战以及与外邦、外族进行生死存亡竞争的职能。因此,古希腊人的国家具有城邦国家的形态,而不可能具有中国那种天子身兼国家首脑和最高家长双重身份的宗法式大一统国家形态。"东方的集权政府在经济中,在社会的发展中都起着举足轻重的作用。在西方,经济管理职能始终是由各历史时期中占统治地位的阶级,如奴隶主、封建领主及现代资本家来担当。国家只是为这些阶级在经济以及生产关系方面提供政治上的保证。因此，政治和经济是两个相对独立的部分，经济基础与上层建筑之间的关系比较单纯。而在东方，政治与经济往往连为一体，国家直接支配与管理社会生产。如恩格斯所说："不管在波斯和印度兴起或衰落的专制政府有多少，它们中间每一个都十分清楚地知道自己首先是河谷灌溉的总的经营者，在那里，如果没有灌溉，农业是不可能进行的。这种由国家担负经济职能的现象，对西方人来讲是陌生的。"[①] 农业是古代决定性的生产部门。历代统治者都懂得：农业生产的情况如何决定着国家的命运。中国古代国家对农业的管理，有五个方面：（1）兴修水利，发展灌溉。在商周井田制下，井田有完整的灌溉系统，有深浅、宽窄不等的沟渠，水流直通大河。春秋战国后，历代王朝都注重兴修水利。汉文帝指出："泉流灌寖（浸），所以育五谷也。左、右内史地，名山川原甚众，故为通沟渎，畜破泽，所以备旱也。"汉武帝不仅肯定封建国家有兴修水利的职能，而且还组织完成了许多大型水利工程。元封二年（公元前109年）堵塞黄河瓠子决口，汉武帝带领一批文臣武将到治河工地巡视。他命令随行的将军、大臣都到工地上背柴草塞河堤，自己作歌进行鼓动，使治理河水取得了成功。（2）授田于民，使劳动力和土地结合。井田制是使劳动力和土地结合的最早形式，被后世许多专制统治阶级思想家视为最佳方案。井田制崩溃后，历代政府仍掌握一部分土地的分配权，北魏至唐中叶的均田制即是最明显的例子。西汉以后的屯田也是使劳动力和土地结合的一种形式，由于土地私有的发展，国家在使劳动力和土地结合的作用上越来越受到限制，因此许多思想家不断提出复井田、限田、均田等解决土地问题的建议。（3）督促和组织农业生产。这方面的管理措施包括规定某些生产品种，推广生产技术，掌握农时，督促农民勤力耕种等。《周礼》对农官的职责作了具体的规定，战国时，李悝"尽地力之教"，要求农民"治田勤谨"，"必杂五种〔谷〕"，以备灾害，力耕数耘。历代地方官都有劝农即督促农业生产的任务。西魏苏绰要求诸州郡县，每至岁首，必戒敦部民，无问少长，但能操持农器者，皆令就田，垦发以时，勿失其所。若有游手怠惰，早归晚出，好逸恶劳，不勤事业者，则正长牌名郡县，守

[①] 赵一红：《马克思的"亚细亚生产方式"理论与东方社会结构》，《马克思主义研究》2002年第5期。

令随事加罚，罪一劝百。为了推广生产技术，有些朝代还编纂、颁行农书，如元朝有《农桑辑要》，清朝有《授时通考》。（4）保证必要的农业劳动力。历代的统治者都认为农业劳动者越多越好，并实行有利于农民安心农业生产的政策。由于工商业收入高，容易使农民弃农经商。因此，战国中期以后又产生了重农抑商政策，以限制农民转向工商业。（5）荒政，即救荒措施。由于小农经济极不稳固，容易遭受天灾人祸的破坏，中国古代很重视举办荒政，以稳定社会秩序、保护劳动力和维持再生产。国家除对灾民进行振济外，有时还进行粮食、种子、耕牛等生活资料和生产资料的借贷，以保证再生产的顺利进行。[①]

东方专制制度产生的基础不是土地的国家所有制，而是超级的国家职能——国家作为最重要的生产主体以其专制权力全面干涉经济生活的职能；东方专制制度产生的一般基础是超级的国家职能，这种超级的国家职能一般是以治水模式为基础、以治水模式为典型的，但又不仅限于治水这一种形式。治水模式只是超级国家职能的一般性质与其特殊形式的统一。除了治水这种模式外，在不同国家、不同历史时期，超级的国家职能还可以表现为各种不同的特殊形式。例如，在历史上俄国的超级国家职能及其专制制度就不是以水利灌溉为基础的，其经济和政治的专制与集权是由于其他原因（比如受到蒙古民族的入侵）所造成的。

中国学者刘敬东、王淑娟以马克思对印度的研究为例，具体地分析了东方国家物质生产方式、国家职能与国家制度之间的内在联系："为了揭示印度社会结构的性质、特征和秘密，马克思把印度放在东方社会与西方社会相互参照的整体背景下加以考察和研究。马克思着眼于东方社会经济与政治的相互关系，剖析了中央集权与政府举办公共工程特别是水利工程的内在逻辑关系，从而深刻揭示和阐明了东方专制制度的一个重要秘密。马克思在这里把东方与西方进行比较，认为由于存在着文明程度和地理环境的差异，东方各国必然会产生集权的中央政府通过举办公共水利工程来管理农业，从而成为东方专制制度的重要基础，而不是像西方那样，产生民间私人企业自愿联合的要求。由此可见，基于现代西方的生产方式洞察、透析东方世界和印度社会的生产方式，是马克思

[①] 参见叶世昌《中国古代国家管理经济的职能》，《江淮论坛》1987年第3期。

世界历史理论的基本特征之一。"①

中国著名思想家顾准先生认为，东方专制主义是农业社会的必然产物。这是因为："农业社会，产生不出个人主义。家族主义是农业社会的固有的意识形态。家族主义扩大起来变成诸侯的社稷，变成征伐兼并，也就必然走向专制主义，这是不可避免的历史命运。"② 当代著名学者袁绪程先生对中国古代以来传统社会中国家职能、专制制度与经济统治的特征进行了全面分析："绵延两千多年的传统制度曾经创造灿烂辉煌的中国古代文明。它一次又一次将其巨大的潜力发挥极至，在长达数百年中使中国经济总量雄踞世界前列而使欧洲人只能望其项背。它的行政体系构造之精美曾令欧洲一些启蒙思想家如伏尔泰倾倒。与它同时期的古罗马帝国及其制度早已灰飞烟火，而它在一次又一次农民起义和异族入侵的战火中世代相传，千年不衰。它不断修复被战火破坏的农业文明，同时也抑制偏离农业文明发展轨迹的任何倾向。直到19世纪40年代的鸦片战争爆发，中国人仍生活在自己创造的举世无双的传统制度之中。传统制度的主要特征是：（1）高于任何权力的皇权。（2）皇权专制下的官僚政治。（3）家庭（家族）制度：皇权专制的社会组织。（4）儒家学说：皇权专制的文化和法理。（5）资源的国家垄断和经济的行政管制。中国的一切经济活动受制于皇权专制制度，中国最早开国家干预经济并以国家权威之手进行资源配置之先河。在2000多年的经济活动中，国家分配社会财富始终处于中心地位。国家控制经济资源进行财富分配体现在以下三个层面：（1）对小农经济的控制。（2）国有国营经济的开办。（3）对民营工商经济的限制和管制。"③ 在西方，资本家是首先作为资本所有者然后才成为工业司令官的，他成为工业司令官是因为他是企业的"资本先生"；在东方，国家是首先作为农业司令官然后才成为最高地主的，它成为农业司令官是为它是农业灌溉系统的"总工程师"。

俄国虽然缺乏水利灌溉的特点，但其经济和政治的集权仍然是以全面干涉的超级国家职能为基础的，区别只在于这种全面干涉的超级国家

---

① 刘敬东、王淑娟：《破坏与重建：英国之于印度的双重使命——马克思世界历史理论的印度个案》，《现代哲学》2015年第2期。
② 《顾准笔记》，中国青年出版社2002年版，第118页。
③ 袁绪程：《中国传统社会制度研究》，《改革与战略》2003年第10期，第222页。

职能是由于受到蒙古民族的入侵等原因所造成的。因此，对于这些差异亚细亚生产方式理论仍然可以给出科学的答案。全面干涉的超级国家职能是东方专制主义的一般基础，治水工程既是全面干涉的超级国家职能的最初形式也是其一般形式。然而，治水工程绝不是全面干涉的超级国家职能的唯一形式，更不是其永恒形式。换言之，东方专制主义制度最初以治水为基础、以治水为典型，但东方专制主义制度不仅限于治水专制主义这一形式，而是可能或应当具有其他各种民族形式和各种历史形式。这就要求我们科学认识治水模式的一般性质与具体形式，科学分析东方专制主义的典型形式与特殊形式。为此，应当运用"具体—抽象—具体"的分析方法，首先从具体到抽象，即从治水模式这一具体形式出发，揭示治水模式的本质规定，以全面干涉的超级国家职能为基础的东方专制制度；然后，再从抽象到具体，即从治水模式的本质规定出发，认识与分析东方专制制度的各种具体形式。在现实中，东方国家超级的国家职能也不都是以水利灌溉为基础的，其经济和政治的集权还以其他大规模公共基础设施以及举办大型全国与国际经济、政治与文化活动为基础。因此，我们应当从总体上把握超级的国家职能的一般性质与具体形式的辩证关系，既要看到治水模式所体现的超级国家职能的一般性质，又不能把治水当作超级国家职能的唯一模式；既要肯定治水模式对超级国家职能与专制制度的决定作用，又不能局限于治水模式，全面把握东方超级国家职能及其专制制度的各种具体形式。

2. 专制性质——东方专制不是政治性专制而是奴役性专制

东方专制制度具有奴役的性质，因为它们的当权者完全以主人对待奴隶的方式实行统治。东方专制制度的暴虐本质不仅具有非人道性和反人类性，而且具有奴役性。东方专制君主不仅把人看作下贱的，人而且把全体人民看作他的奴隶。西方学者对东方社会统治方式或制度的描述是"东方专制是绝对意义上的专制主义"，即统治者与被统治者的关系是主奴关系的统治形式。在东方专制社会里，只存在两种"人"，专制者是不受任何限制的"主人"，而广大受压迫的民众则是"奴隶"。东方专制制度是普遍奴隶制。亚里士多德认为，专制主义是把臣民视为奴隶的统治形式，主要存在于亚洲帝国。在东方社会，所有的人都是奴隶，仅有一人是自由的，那就是专制君主。因此，东方国家制度是以君主专制为核心的普遍奴隶制，东方社会形态就是君主专制统治下的普遍奴隶制社会。在东方专制制度下，不是阶级关系决定国家制度的性质，而是专制性的国家制度决定社会阶级结构与阶级关系。在君主专制制度下，形成了以主权与所有权合一为基础、以君主为代表、以贵族与官僚为主体的国家统治阶级。这个统治阶级，不是以占有奴隶、占有土地的经济权力为基础的奴隶主阶级与地主阶级，而是以垄断国家权力为基础的剥削阶级与统治阶级——国主阶级。相反，广大民众则成为专制君主及其贵族、官僚统治下的国家奴隶，从而形成了东方国家特有的被剥削阶级、被统治阶级——国奴阶级。国主阶级与国奴阶级是东方社会的两大基本阶级，国主阶级与国奴阶级的利益冲突与阶级斗争是东方社会的主要矛盾。

3. 专制程度——东方专制制度不是相对专制而是绝对专制

东方的专制君主绝不会受到有关法律、"国民议会"和地方自治机构等制度化的制约，因而其专制是完全专制，或绝对专制，实行国家集权、中央集权与君主集权，民众个人、地方机构与中央官员都不拥有自主权利，一切权力归皇帝。在东方专制制度下，民众与君主不仅在事实上是不平等的，而且在形式上也是不平等的。民众与君主在人格上、政治上与法律上都是不平等的。从人格上说，君主是高贵的、神圣的，民众是卑微、下贱的；从政治上说，君主是国家的主宰，民众是国家的奴隶；从法律上说，君主是法律的制定者，朕即法律，言出法随，法律是君主意志的体现，民众是法律的受制者，法律是统治与压迫民众的工具。东方专制制度经济基础稳固——土地国有制，自然经济，依附性小农经济；东方专制制度思想文化基础稳固——君主本位、皇权至上；东方专制君主对官员和民众控制严密，人口统计与户籍管理，"什五组织""保甲组织"，实行"连坐法"。如果说，在夏商周时代中国的专制制度尚属于专制性权力和基础性权力俱弱的"封建君主专制"；那么，后来自战国秦汉时代开始的两千多年中国专制制度则为基础性权力与专制性权力都不断加强的"帝国君主专制"。

由此可见，东方古代君主专制是实质专制，因为在这种专制政体下专制君主不仅在形式上拥有无限权力，而且拥有实现其专制权力的基础性条件和"可行能力"。东方专制制度的典型国家有中国、印度与埃及等。然而，印度在现代实现了民主化的制度变革与社会转型，废除了专制制度，建立了民主制度。然而，正如诺贝尔经济学奖获得者阿玛蒂亚·森所指出的那样，在当代印度这样经济落后的民主国家，广大人民拥有形式自由但不拥有实质自由，其原因在于广大人民缺乏实现实质自由的"可行能力"。因此，为了消灭贫困，不仅要进一步实现形式自由而且必须提高广大人民科学文化水平和劳动技能，以增强实现其实质自由的可行能力。与此相反，在中国这样的集权国家，为了消灭奴役，不仅必须最终摧毁君主实行专制统治的条件与手段，以减弱君主实现其实质专制的"可行能力"，而且首先必须限制君主的权力、建立对君主（国家最高首脑）权力进行有效制约的宪法、议会与东方自治机构，实现形式自由。

4. 专制范围——东方专制制度不是狭义专制而是广义专制

在东方专制制度下，广大人民不仅不拥有基本的政治权利和自由，而且不拥有私人财产权、自主经营权、自由迁徙权与自由表达权。东方专制制度是囊括政治、经济、社会、文化等各个方面的全方位专制。在东方专制制度下，专制君主（皇帝）总揽天下一切大权，包括行政、财经、司法、军事与文化等权力。君主不仅在政治制度的范围内拥有专制性的权力，专制君主拥有国家最高政治权力，而且专制君主的权力远远超越政治领域，全面掌握了国家的政治、经济、文化与社会领域中所有一切重大权力，成为囊括一切领域的全面专制。从君主专制治的范围来看，东方专制君主对全国的统辖是一种全面的统辖关系，"普天之下，莫非王土；率土之滨，莫非王臣"，专制君主全面统治一切人、一切物。在这个统辖范围中的一切人与物对这个最高掌权者是全面隶属和臣服的关系。总体上而言，中国专制主义制度是一个综合性、总体性和广义性的概念。中国专制制度综合了物质的、精神的、经济的、政治的、思想的、文化的、法律的、宗教的、宗法的、伦理的、习惯的、传统的等各个方面的内容，从而使中国专制制度成为全面专制制度。在东方社会，根本不是经济支配政治，而是政治支配经济；不是经济基础决定上层建筑，而是上层建筑决定经济基础。这是因为，在东方专制制度下，所有的经济资源与经济活动都无不为权力的超经济强制力量所操纵，社会的经济利益问题无不通过政治强力的方式来解决，从而形成了"政治决定经济"的客观规律。政治权力支配土地等生产资料，专制君主及其国家成为土地的所有者，土地是国有和王有的，君主是土地的最高占有者，"普天之下，莫非王土"。村社、贵族、官僚和平民至多只是作为土地的占有者、使用者而拥有土地的占有权与经营权和一定的收益权，而不能作为土地的所有者而拥有土地的所有权。土地占有、土地经营与土地运动都在专制政府的权力支配之下。地权的转让大部分是政治权力直接干预的结果，还有一部分是以买卖的形式进行的。可是，就是这些土地的"自由"买卖，一部分是强买强卖，另一部分在土地买卖之前就受到了政治权力的干预和限制。政治权力不仅决定生产资料所有制，而且决定社会产品的分配方式与分配关系。在东方专制社会里，统治者们通常不大在意社会的物质资料生产过程，但却非常关心产品的分配过程。对他们来说，东西是怎么生产出来的并不重要，重要的是如何把已经生产出来的东西拿过来归自己所有。所以，在东方专制国家如中国古代的杨炎、王安石、耶律楚材、张居正等"经济专家"们实际上都是敛财家，对生产与分配来说，他们更关心的是分配。当时所有经济制度的制定，往往是围绕着赋税的征收而制定的。在专制权力的笼罩下，社会的分配原则不是按资分配，也不是按生产要素分配，更不是按劳分配，而是按权分配。在西方社会，是生产资料所有权决定产品与收入分配，在东方国家是政治权力决定产品与收入分配。专制君主及其国家是以"主权者"的身份征收租税的。主权控制所有权，租税合一。人们是先有"钱"而后才有"权"。在东方国家，一个人是先有"权"，而后才有"利"，"利"因"权"而来，无"权"就无"利"。所以，在东方专制社会，人们对纯粹的经济经营、经济投资不感兴趣，而对政治投资、政治冒险、政治投机、权力经营趋之若鹜。"集权官僚制是全面、系统的专制，但在手工劳动的农业文明条件下，它又是最有效的社会制度。以集权专制之严之大对小农经济之散之小，成对立统一，加之官文化对人意识的全面控制，偌大中国社会形成了金字塔形的统治系统。最高层的皇帝及其掌控的中央政权，握有全部经济、政治、军事权力，并在名义上拥有全体臣民的人身权，中央对各层行政机构以人事、财政、司法、军事等机制进行有效的专制统治。"[1] 因此，用经济基础决定上层建筑的理论来解释东方社会制度的性质是说不通的，用人们的经济地位来解释其政治地位的做法是错误的。

5. 专制本质——东方专制制度不是阶级专制而是权力专制

东方专制制度是一人统治的个人专制。学界流行的观点认为，君主

---

[1] 刘永佶：《民主：中华民族现代化的要求与保证》，《社会科学论坛》2013年第3期。

第四章 特殊的国家职能与东方国家制度

代表的是整个剥削阶级（奴隶主阶级与地主阶级）的利益，是整个剥削阶级利益的代言人，因而是一种少数人（奴隶主阶级与地主阶级）的专制。实际上则不然。一则东方国家古代根本不存在什么奴隶主阶级和地主阶级，因而专制君主绝不是奴隶主阶级或地主阶级的代表；二则虽然皇帝在一定程度上要依靠庞大的官僚集团（"地主阶级"）来实施其专制统治，也就不得不在一定程度上关照官僚、"地主"的特权和利益，但无论是贵族官僚还是庶族地主都只是专制君主的臣子而不是国家权力的所有者。官僚、地主集团中的任何人的生命、财产完全处于皇权的控制之中，皇权随时可以随意地剥夺之。因此，决不能说君权是奴隶主阶级或地主阶级利益的代言人。皇权代表的只是皇帝自身的利益，只是皇帝一人的利益，皇权就是一人之专制。东方专制制度在实质上是一人统治的个人专制，不是少数人统治的阶级专制。这样，东方专制制度便成为一种"超"阶级政治，即成为压迫一切人和一切阶级的政治。东方专制制度的本质就在于它对任何人任何阶级都是绝对专制的。换言之，东方专制主义的基本特征就是从形式上抹杀一切阶级差别和阶级对立，而把除专制君主一人之外的所有其他人均视为一律平等的无等级贵贱之分的奴隶统一体。"中国专制主义在实质上是一种一人之暴政的全民专制，不是少数人之暴政或多数人之暴政的阶级专制。在中国，由于专制主义无视一切阶级对立，国家和君主不是对立阶级相互斗争和彼此妥协的共同产物，而只属于敌对阶级中的某一方，这样，专制统治就缺乏一种至少是形式上的公正性和客观性，专制统治就来得特别残酷和无情。另一方面，专制主义作为阶级斗争的一方，则是通过压迫另一个阶级而达到压迫全社会的目的，直至最后也把本阶级作为压迫的对象，也就是彻底压迫所有人。"[①]

东方君主专制制度生长于自然经济、宗法社会与等级制社会的社会生态环境之中，世袭、终身制的君主超越任何权力和法律之上，不受任何权力、法律和机构的制约；君主实行大一统的中央高度集权的政治体制，政治权力全面支配社会，政治、经济、文化、人身都在权力的统制之下，人民在政治生活、个人生活、经济领域、文化生活方面完全处于专制权力的压制、强制和控制之下，不能享有任何政治自由和个人权利。

---

① 叶剑锋：《中国专制主义比较特征论析》，《理论学刊》2007 年第 2 期。

在东方专制制度下，由于其农业文明、自然经济、宗法制度与政治专制等因素的作用，使得家长制盛行、权力主宰一切。意大利学者米歇尔斯发现了民主社会的一个秘密，即各种社会及政治活动，无论其组织在开始时是如何民主化和大众化，到后来一定会被少数领袖分子所操纵，而失去其当初原有的民主性质和精神，这就是"寡头统治铁律"。而在东方社会中，在政治与经济的关系中，也有一个秘密，即权力决定一切，以君主权力为核心的上层建筑既决定经济基础，也决定社会制度、社会生活与意识形态，从而形成了"权力统治铁律"。"我们说专制主义是帝制时代中国社会的实质和本质特征，其最重要的理由之一就是：帝制时代中国的社会政治结构范式和运行机制，表现为专制权力支配一切、覆盖一切、规定一切、通吃一切。一方面，'专制权力支配社会'是专制主义作为帝制时代中国社会的实质和本质特征的最重要理由；另一方面，'专制权力支配社会'就是中国专制主义本身的实质和本质特征。如果说西方资本主义社会以'商品'为细胞，是金钱支配的社会，那么，中国传统社会则以'权力'为细胞，是权力支配的社会。在西方，是金钱万能；在中国，则是权力万能。在西方，'资本'来到世间，从头到脚每个毛孔都滴着血和肮脏的东西。在中国，'权力'来到世间，从头到脚每个毛孔都滴着血和肮脏的东西；权力从一开始就被异化，从来没有被正常行使过。'权力'是解剖封建社会的着力点和切入点，唯有解剖'权力'，我们才有可能拨开层层迷雾窥见中国传统社会的本相和实质，一切被扭曲、被遮蔽的历史才有可能重见阳光。""所谓专制权力，就是一种依赖相对人的惧怕，实现权力意志的力量。如肉体上的痛苦、精神上的折磨、生理与安全需求条件的丧失等等，都会成为人民顺从权力意志的有效手段。毫不夸张地说，中国传统社会的专制权力无处不在，无时不在，就像光一样，将其光辉（不过是黑光）洒向人间的每一个角落。权力及权力的帮凶封建伦理道德对人及人的行为、思想的方方面面作了毫无缝隙的规定、规范，皇权之下的子民的身体和思想毫无自由。子民在皇权面前是绝对不平等的，因为子民的生命、财产、人权、自由、尊严在皇权面前等于零。一切都在权力的控制之中，传统中国有的是政治钳制、经济统制、人身控制、思想压制、行为强制、文化专制，无论是讨论政治自由、经济自由、人身自由、思想自由，还是讨论密尔的个人自由、伯克的消极自由、哈耶克的否定性自由,都毫无意义。"① 就中国来说,君主专制制度经历了三大阶段:首先是剥夺个人的政治权利与经济权利,把一切权利集中于国家手中;然后是剥夺地方治理权利,把一切国家权利集中于中央手中;最后是剥夺中央官员的权利,把一切国家大权统统集中于专制君主手中。从君主权力的社会本质来看,中国专制制度的权力形态是一种以"公共权力"为伪装形式的"私人权力"。在中国古代专制制度下,以君主专制权力为核心的国家权力表现为以一定公共职能为基础的"公共权力",但实际上专制君主在运用专制权力履行公共职能时完全是以其个人私利为核心和目标的,君主最高权力职位的获取也是以血缘世袭的个人私授方式来完成的。因此,君主"为人民服务"的"公共权力"实际上主要是为他自己服务的私人权力。公共职能的伪装化,是中国君主专制制度的首要特征;公共权力的私有化,是东方君主专制制度的本质特征。

6. 专制纽带——东方专制制度不是地域专制而是宗法专制

东方专制主义起源于原始社会向阶级社会过渡时期,在自然经济、宗法社会、等级制社会的社会生态环境中成长壮大。与欧洲专制主义相比,东方专制主义有自己独特的生成机制、特殊的生态环境和特殊的内容特征。因此,东方专制主义与欧洲专制主义具有许多重大差别。东方专制制度与欧洲专制制度是大相径庭、不可同日而语的,东方专制主义具有自己独特的语境系统。东方专制制度既是农业生产方式、农业社会关系的必然产物,也是农业生产方式、生活方式、思维方式与行为方式的表现。亿万依附性小农与一个专制君主是最自然、最合理的组合结构,一个专制君主统治与奴役亿万小农,亿万小农依附于一个专制君主,是农业生产方式的内在要求,是农业社会的必然现象。依附性的农民是天然的奴隶,专制型君主是农业社会天然的主宰。农民天然需要一个专制君主作为他们的主宰,专制君主天然需要亿万依附性农民作为他的奴隶。换言之,专制制度是农业社会的必然产物,农业社会是君主专制的天然基础。因此,工业社会绝不需要专制君主的专制统治,专制君主绝不适应工业社会的客观条件。如果专制制度以改头换面的形式延续到工业时

---

① 叶剑锋:《专制权力全面支配社会——论帝制时代中国的政治运行机制》,《贵州社会主义学院学报》2006 年第 4 期。

代，就必然阻碍从农业社会向工业社会的历史转变。没有政治的民主化，就不会有真正的工业化与现代化。要实现从农业社会向工业社会的历史转变，就必须彻底根除历史上延续下来的东方专制制度。东方国家要实现二元经济转型和市场化经济转轨，就必须进行根本的社会革命，废除各种形式的君主专制制度，建立宪政民主制度。

在东方专制制度下，专制君主对广大民众的奴役是以家族统治与家长制的形式进行的。在这里，专制国家是以"民族大家庭"的形式出现的，君主是以国家大家庭的家长的面目出现的，身受奴役的广大民众是以国家大家庭的普通成员的形式出现的。在这个专制大家庭中，血缘关系是联结人们的根本纽带。首先是生物学意义上的血缘关系，即以同宗同姓的天然联系为纽带的血缘关系，所谓"皇二代"，就是这种天然血缘关系的典型表现；其次是政治意义上的血缘关系，即以异姓兄弟等政治联系为纽带的血缘关系，如三国时期蜀国刘、关、张三兄弟及其后代刘禅、关兴与张苞等"蜀二代"，就是这种政治血缘关系的典型表现。宗法制度是由氏族社会父系家长制演变而来的，是王族贵族按血缘关系分配国家权力，以便建立世袭统治的一种制度。其特点是宗族组织和国家组织合二为一，宗法等级和政治等级完全一致。例如，中国宗法式专制制度在夏朝产生，在商朝得到发展，到周朝时完备起来。按照周代的宗法制度，宗族中分为大宗和小宗。周王自称天子，称为天下的大宗。天子的除嫡长子以外的其他儿子被封为诸侯。诸侯对天子而言是小宗，但在他的封国内却是大宗。大宗不仅享有对宗族成员的统治权，而且享有政治上的特权。秦汉开始中国建立了宗法式君主专制，表现为以皇帝家族为中心的"家天下"专制制度。后来，各专制王朝的统治者对宗法制度不断加以改造，逐渐建立了由政权、族权、神权、夫权组成的宗法专制制度。这样，中国古代专制制度便成为"政族合一"、家国同构的专制制度。在中国古代，部族与家族组织始终异常牢固，族长的权力一直非常强大，夏代的首领统统称氏，商王和周天子分别是子姓和姬姓族团的总族长，诸侯国国君都是本国的族宗。秦始皇是嬴氏家族的后代，以后历代专制帝国无一不是某一姓氏家族的家天下。所以，中国专制国家的君权是"政族合一"的。君主帝位继承方式主要是家族大宗的嫡系长子继承，如果大宗嫡系无子继承也可由小宗旁系择子继承。君权的政族合一是中国古代社会政治的一个特色，人与人的血缘关系、宗族关系与社会关系、政治关系重叠在一起。这样，社会不平等与政治专制就变得像论资排辈和长幼有序一样天经地义、理所当然了。中国的皇帝不需要教皇给他加冕，除了武力征服之外，他只要是族长或其家族后代就足够了。在这种"家国同构"的国家中君主拥有至高无上的权力，他们的崇高地位是天然形成的。中国古代王位继承的世袭制度说明血缘纽带不仅在中国早期的部族国家中存在着，而且当中国国家进入帝国时代后世袭制度依然牢固地存在，这表明中国专制制度具有浓厚的宗法色彩，这是中国专制制度的一大特色。这就要求我们既要看到中国及东方国家专制制度与西方专制制度相同的一般特征，也必须看到中国及东方国家专制制度不同于西方的固有特征，而不能根据西方专制制度的基本特征来理解中国及东方国家专制制度。对此，顾准先生在分析马克思在《路易·波拿巴的雾月十八日》对法国专制政体所作的"阶级分析"时明确指出："马克思对专制政治所作阶级分析，在多大程度上适用于中国历史和中国现状？我认为，若不确切了解这一分析的希腊历史、欧洲历史背景，并把它和中国历史背景相比较，认为无条件适用于中国，那是彻头彻尾'非历史'的，从而也是教条主义的。"[1]

（三）特殊形式：中国古代的东方专制制度

中国古代专制制度不仅具有专制制度的基本性质和东方专制制度的主要特征，而且具有鲜明的中国特色。中国专制制度不仅具有东方专制主义的基本特征，而且这些特征在中国表现得十分典型，中国专制制度是东方专制主义的主要标本。

从其内容来看，中国专制制度不仅在各个方面具有鲜明的东方专制主义的具体特征，而且在全局上具有东方专制主义的总体特征。中国专制制度的本质在于全面专制、总体专制，专制制度成为一种囊括全社会各个领域、各个方面的制度体系与思想体系。"专制评论在顾准的历史思想中是一个含义丰富的总体范畴，它不仅是指政治层面的专制制度，而且还包括经济层面的生产方式，以及思想层面的意识形态。正因为专制主义是一个整体，所以它具有极大的弹性和韧性，而不容易被轻易克

---

[1] 顾准：《僭主政治与民主》，载《从理想主义到经验主义》，光明日报出版社2013年版，第23—24页。

服。"① 从形式上来说中国专制制度是一种中国特色专制主义的主要特征，主要表现在于它的特殊的形式。

1. 中国古代专制制度的组织形式——"帝国专制"

中世纪及近代西方专制制度的基本形式是王国制的国家形式，国王是专制势力的核心，专制制度属于"王专制"的历史范畴。东方的印度、埃及等国家古代也实行王国制度，专制君主为国王。中国古代专制制度的一个突出特色就是从夏商周三代的王国制度发展为帝国制度。自秦朝以来，专制君主为皇帝，专制国家的基本形式是帝国。同王国制度相比，帝国制度有三大特征：一是"至尊神圣，万民景仰"：作为专制势力的核心专制帝王拥有绝对的、无限的权力，专制制度从形式专制发展为实质专制；二是"中央集权，海内一统"：专制制度从"封建割据"的地方自治发展为中央集权的大一统专制制度；三是"万邦共主、八方朝贡"：专制帝国对外扩张、征服，拥有许多附属国。"帝国是以皇帝为最高统治者的国家，无论古今中外，凡是帝国，其政体必定是专制的，但是，专制体制并非千篇一律，而是具有多种多样不同的模式。中华帝国从秦到清长达两千多年，为专制体制的各种模式提供了丰富的标本。"②

中国帝国专制制度的主要特征有三个方面：

（1）帝王全面垄断国家权力。在夏商周时期，专制君主的权力受到各种力量的限制，特别是受到诸侯等地方势力的限制，因而这一时期的君主专制实际上是一种建立在宗法分封基础上的君主间接统治，即有限君主制。到了战国特别是秦朝以后，由于中央集权制度的建立，作为君主的皇帝拥有无限的权力。皇权具有至上性与无限性。皇权的至上性，即皇权不受任何其他权力的制约与挑战，没有任何其他的权力高于皇权，皇权是最高、最后、绝对的权力。皇权的无限性是指皇帝的权力是无限的，在时间上是永久的，在空间上是无边的，六合之内，万事万物，都属于皇权的支配对象。皇权的无限性是专制权力全面支配社会的最高形态和"经典形式"。皇权的无限性还表现在社会上的一切人、事都要为皇帝所用。在皇权之下，民众的权利和自由被剥夺得一干二净。君主对民众可以生之、杀之、贫之、富之、予之、夺之。中国专制主义的理论鼓

---

① 雷戈：《批判的选择——顾准历史思想研究之二》，《丹东师专学报》1998 年第 1 期。
② 叶文宪：《中华帝国时代专制体制的模式》，《学术月刊》2003 年第 5 期。

第四章 特殊的国家职能与东方国家制度

吹者韩非教导专制君主说："君上之于民也，有难则用其死，安平则尽其力。"韩愈则指点君主说："君者，出令者也；臣者也，行君之命而致之民者也；民者，出粟米麻丝，作器皿，通财货，以事其上者也。君不出令，则失其所以为君；臣不行君之令而致之民，则失其所以为臣；民不出粟米麻丝，作器皿，通财货，以事其上，则诛。"

（2）帝国实行全面的经济统制。在农业社会，土地是最重要的生产资源，谁控制了土地，就控制了人民。从商周的"井田制"到秦始皇的"令黔首自实田"，从占田制、均田制到两税法、一条鞭法、摊丁入亩，无不是君王作为最高地主对广大农民的奴役形式与剥削形式。历代专制君主及其政府还将权力干预贯穿于农民的生产过程之中，即事无巨细地具体规定农民生产什么，应怎样进行生产。国家通过权力系统对农业生产进行直接的监督和管理，贯穿于中国整个专制时代。从国家分户授田的土地管理制度，到贡、助、彻的租税合一的国家赋税制度，从国家控制土地占有、买卖到按田收税，都体现着国家是全部土地、农民、一切生产活动的主宰。农民既没有自己独立的土地与财产，又不能完全自主地进行生产、完全占有自己的垄断成果。从土地所有权、土地使用权到土地收益权等一切权利都要纳入符合专制国家权力的体系。

（3）帝国全面干预社会生活。在中国古代帝国专制制度下，人是生而为奴的，无时不在枷锁之中。人民的各项自由被剥夺得一干二净。专制权力支配社会，就是权力对自由的扼杀，其直接后果是人民在社会生活中不仅没有"积极"的自由而且没有任何"消极"的自由，不仅没实际自由而且没有形式自由。在中国专制时代，专制君主及其帮凶用法律对人民的一切言论和行动都作出了详尽的规定，根本不存在法律未加规定的民众自由空间。专制君主依据臣民在国家权力结构系统中所处的等级、级别和身份地位，对臣民生活方式做出严格而明细的规定。这种等级化的生活方式不是经济规律作用的结果，也不是纯粹经济剥夺的产物，而是政治权力直接规定而造成的政治结果。在这种专制制度下，广大人民根本不享有平等和自由的权利。为了对广大人民进行统治，中国古代专制君主建立了严密的组织体系，人们都是处于专制权力严密控制下的"组织中的人"。自古以来，中国一直实行人口统计与户籍管理制度。管仲在齐国实施严密的什伍制度，使"奔亡者无所匿，迁徙者无所容"。商鞅在秦国变法时，将什伍制度与连坐之法结合在一起，规定藏"奸"者与"奸人"同罪。秦扫灭六国后，在全国实行郡、县、乡、里行政制度和户籍制度。秦之后的户籍制度不仅是行政管理，而且是经济管理、执法、道德评判和准军事管理，其实质是对人民的控制、占有与支配。皇权对民的生、杀、予、夺，主要依赖这种户籍、什伍、乡里、里甲制度，户籍之册因此被称为黄籍、黄册。自秦帝国以后，中国历朝历代无不将其统治建立在对人民人身的严密控制之上。通过这种严密的组织网络，专制政府将人民固定在限定的地理空间之内，不得流动，不得迁徙，不得摆脱政府的控制。据此，专制政府征民之赋税、徭役、兵役如探囊取物，干预、监视民之居住、生产、生活就有了可靠的组织保障。

2. 中国古代专制制度的表现形式——"仁慈专制"

中国古代专制主义不仅具有特殊的组织形式，而且具有特殊的表现形式——仁慈的专制，这是中国特色专制主义的一个突出特征。中国古代专制制度分为两大级别类型：以秦朝为代表的野蛮的专制制度与以汉朝为代表的仁慈的专制制度。所谓野蛮的专制制度，就是专制君主以霸道的形式、主要用残暴的手段进行专制统治；所谓仁慈的专制主义，亦即开明的专制主义，就是专制君主以温和的形式、主要用怀柔的手段进行专制统治，其主要特征是君主贤明、仁德，爱民如子，勤俭努力。其中，儒家的"民本"理想，是开明的、仁慈的专制制度所追求的最高境界。所谓"民本"，亦即"民惟邦本"，亦即"国以民为本""政以民为本"和"君以民为本"，说到底，亦即君主治国应该以民为本："民惟邦本，本固邦宁。"因此，"以民为本"是一种专制君主的治国方略，按照这种方略所运转的专制制度可以称为民本主义的专制制度，属于开明专制制度的范畴。之所以如此，主要因为以民为本的方略不仅不否定君主专制，而且完全以承认和肯定君主专制为前提。它所否定的只是霸道的、邪恶的、不道德的君主专制，完全肯定道德的、仁慈的君主专制。纵观中国自古以来的民本政策，我们可以发现，不管是以民为本，还是开明仁慈，都是以君主专制为前提、以君主专制为目的，并时刻受到君主专制权力的限制的。历代专制统治者及其"理论家"之所以把仁慈理念引入其专制制度，其目的只是要防止专制统治滑向暴政。他们企图通过仁慈的形式，从感情上来拉近专制君主与臣民之间的距离，从而获得臣民对专制君主的认同，维护君主专制统治。从其来源看，温和治国、开明仁慈的理念，是西汉初年贾谊针对秦国灭亡得出的重要结论。他在

第四章 特殊的国家职能与东方国家制度

《过秦论》中说："秦王怀贪鄙之心，行自奋之智，不信功臣，不亲士民，废王道而立私爱，焚文书而酷刑法，先诈力而后仁义，以暴虐为天下始。"在贾谊看来，秦国之所以会灭亡，就是因为秦王的暴虐。他认为，夺取国家权力和保守国家权力所依靠的手段是不同的，前者主要是通过战争，强调的是力，所以应该用暴力；而后者主要是通过治，强调的是顺，所以应该施仁政。君主治国，应当根据形势需要而改变政策，夺取政权可用暴力手段，但维护政权应采用仁慈政策。中国古代专制君主实行仁慈的专制主要有三种具体形式：一是经济上实行"养民"政策，爱惜民力，轻徭薄赋，使百姓休养生息。如西汉文景之治。只有保障了人民基本的物质生活，才能避免社会动乱，维持政权稳定。二是法律上实行"宽刑厚民"，即为法要合情合理，不能陷民于刑。三是选吏时注意听取民众意见，发挥民众在国家官吏选用上的积极作用。历代君主虽然强调国以民为本，君以民为本，政以民为本，但其"民本"政策的出发点与落脚点均不在"民"。专制君主之所以倡导民本理念、爱民如子，不是因民可爱，而是因民可用、可怕。历代专制君主之所以开明仁慈，实行"仁政"，主要是基于两点：一是利用人民群众的力量来恢复与发展经济、监督政府官员；二是害怕人民的力量推翻专制王朝的政权。一代仁慈君王唐太宗"水能载舟，亦能覆舟"的警句就是明证。仁慈专制的逻辑是：因为民可用、可怕，所以要爱民。爱民是基于用民、怕民。因此，因为利用和害怕而产生的"爱"不是真正的"爱"，而只是一种自私和自保的手段。专制君主对人民的"爱"与民主制度所体现的"爱"有着本质的区别。民主制度承认每个人作为独立个体的存在与价值，它的"爱"是针对每个具体的个人；专制制度否定每一个人个体的独立存在与价值，它所"爱"的是一个愚昧的群体；民主制度对人的"爱"是因为每个人的可爱，专制制度对人的"爱"是因为一群人的可用且可怕。因此，民主制度所体现的"爱"是尊重、平等与自由的表现，而仁慈专制所体现的"爱"则只是专制君主的一种统治工具。虽然专制君主及其"理论家"大讲以民为本，但其民本政策并没有给予人民任何政治权利与自由。相反，君主始终是权力的最终享有和归依者，以民为本不仅不能对君主构成任何现实的制衡力，而且成了为君主专制服务的工具。事实上，仁慈专制"民本主义"的言说对象是君主而不是广大民众，这就决定了他所有"爱民""重民"的政治主张，都是为君主服务的，回答的是君主应该如何治理国家，怎样利用民众、防范民众的问题。中国专制统治者非常重视专制伦理、专制道德（主要是儒家道德）、专制文化的政治功能，因而其专制制度呈现出宗法化、礼乐化的特点。"于是，纵然孔子大谈什么仁，什么'民为邦本，本固邦宁'，二千年来，不过是起了一种君主专制主义的遮羞布的作用而已。"①

由此可见，仁慈专制及民本政策无论是其出发点、目的，还是其内容，都是指向专制的，民本思想与政策从一开始就是专制政体的附属物、补充物，而绝不是其对立物。专制君主把仁慈和专制相统一，企图以专制保证社会秩序，以仁慈实现社会和谐，从而实现国泰民安。因此，仁慈的专制既使专制统治具有理性特征，又给专制统治蒙上了一种温情脉脉的面纱，将政治道德化，将专制"天使"化，广大人民更容易接受和安于这种等级制的专制制度。仁慈的专制主要着眼于改善君臣关系、官民关系，君主治国以慈、赐民以爱，从而缓解君主、官僚与人民的矛盾，从感情上拉近彼此的距离，使君主更有亲和力，使人民对君主更有亲近感。对仁慈的宣传越多，调子越高，就越能模糊民众的视线，越能掩盖专制的本质，越能获得人民的拥护和合作，这对稳定专制统治有着极其重要的意义，借此专制君主可以收到"不战而屈人之兵"的良好效果。质言之，仁慈的专制就是要在不动摇专制的前提下提倡仁政，它的目的不是消除专制，而是避免严酷的专制、实行仁慈的专制，其制度的根本属性仍然是专制。"礼治，是维持专制主义的秩序，决不是养成多数人之政治能力，尤其不是养成民主政治的政治能力。"②

3. 中国古代专制制度的实现形式——"法治专制"

自古以来，中国专制制度都是实行"法治"的专制制度。历代专制君主虽然重视实行仁慈的专制，但主要还是通过法律形式运用国家强制力对广大人民实行专制统治。总体来看，"德治"仅仅是中国古代专制统治的辅助手段，"法治"才是中国古代君主专制的主要实现形式。为此，中国历代专制君主都十分重视制定严格而完备的法律来治理国家、统治人民，中国古代专制国家都是"法治"国家。我国著名思想家顾准先生指出，中国历史上的法是君主治天下的武器，法首先是和刑而不是和权

---

① 《顾准笔记》，中国青年出版社2002年版，第116页。
② 同上书，第204页。

连在一起的。孟德斯鸠对中国法制化的专制制度给予了明确肯定。孟德斯鸠在《论法的精神》中指出，除中国之外的东方专制主义（如土耳其）与法律格格不入，没有任何基本法律，也没有法律的保卫机构。在这些东方国家里，要么宗教成为一种保卫机构，要么习惯受到人们的尊崇。中国专制主义的情势与土耳其等其他东方专制主义特征大相径庭。

古代中国是一个法律制度较为完备的"法治"专制国家，不但有基本的法律，而且内容广泛，还有法律的保障机构和执行机构。第一，古代中国的法律体系较为完备。自秦至清，历代专制王朝都将制法作律作为维系本朝江山永固的不二法门，其法律体系一朝比一朝完备。从战国的《法经》到清朝的《大清律例》，中国历朝律典的内容十分广泛，以刑为主，兼有民事、行政、诉讼方面的内容。在体例上，中国法律采取的是诸法合体的编纂形式，直至20世纪初期才解体。在形式上，除律之外，还有令、格、式、典、例等法律形式。第二，中国君主专制统治采用"德主刑辅"的方式，即霸道与王道相混杂。法家思想本是中国传统文化的主流正脉，主张"仁义惠爱之不足用，而严刑重罚之可以治国"。但秦王朝在专制实践上遵从法家的治国方略，却因"仁义不施"二世而亡。此后，法家思想并未因秦亡而失传，其精髓早已融化于"百代皆行"的"秦政制"中而流传千古。汉武帝之后，儒家思想被奉为官方意识形态，从而为法家冷酷无情的专制主义增加了一点"仁义"的"缘饰"，罩上一层温情脉脉的面纱。运用法律来维系专制统治的稳定与秩序，是中国专制制度的主要特征之一。第三，中国的"法治"是一种"内儒外法"、不儒不法、亦儒亦法式的"法治"，不是现代意义上以保障自由为依归的"法治"，不是现代意义的法律的统治。在专制时代，皇帝是最高的立法者，可以一言定法，也可以一言废法。皇帝凌驾于一切法律之上，不受任何法律的制约与限制。自汉武帝"罢黜百家，独尊儒术"之后，儒家的纲常名教成为指导立法、司法的基本原则，维护"三纲五常"成为专制法典的核心内容。同时，专制法律从维护等级特权出发，赋予各级贵族、官僚以种种特权，良贱同罪异罚。由此，专制法律制度也就愈加齐备，影响也日益久远。中国专制制度还具有刑法、民法上的政治惩罚性特点，民法、刑法中的法权缺失和司法独立性缺失的特点。中国的封建皇权较之于欧洲的封建皇权更加没有限制。民权完全无立足之地，更没有成长和发展的机会。

4. 中国古代专制制度的实现程度——"彻底专制"

中国专制政治的覆盖面和深入层次，较欧洲社会政治权利的覆盖面和深入层次更广和更深。因此，中国传统社会里没有能发育出欧洲社会的自由精神和自由文化，没有产生欧洲社会中独立于王权的社区、城市、族群的自治政治形式。中国专制社会中也出现过类似于陶渊明"世外桃源"式的"自由社会"，但这种社会状态只在极少数"山高皇帝远"的偏僻山区，或者在较低层面、较小范围甚至只是在人们的幻想中出现过。除此之外，几乎全部地区、所有人口都完全置于专制君主的绝对控制和专制制度的绝对统治之下。除了帝王，包括宰相在内再也没有自由的人；除了帝王专制统治下"王土"之外，没有任何属于私人的领地；除了专制集权的国家机构，没有任何独立自治的社会组织。这样，就使"普天之下，莫非王土；率土之滨，莫非王臣"的专制理念得以完全贯彻和充分体现。

综上所述，中国古代国家制度是"一般、特殊与个别"三者的有机统一体。从其基本性质来看，中国古代国家制度属于专制制度的一般范畴；从其主要特征来看，古代中国专制制度属于东方专制制度的特殊范畴；从其具体形式来看，中国古代专制制度属于具有中国特色的个别范畴。从总体上看，中国古代专制制度是东方专制制度与中国具体形式相统一的专制主义制度体系——中国特色专制主义制度。

第五章　东方国家制度与土地国有制

东方国家的土地所有制形式是亚细亚生产方式的第二大特征。在如何认识中国古代土地所有制性质的问题上,以往人们不仅以根据是否占有土地等经济权利为依据来判断土地所有制的性质,而且套用"五种生产方式"理论断定中国古代社会是以私有制为基础的社会形态。这种判断标准是不正确的,其观点是不能成立的。我们应当以马克思亚细亚生产方式理论为指导、从中国古代土地制度的客观实际出发,确立判断中国古代土地所有制的科学标准,对中国古代土地所有制的性质作出科学的分析。

一　确立判断东方古代土地所有制性质的科学标准

关于东方古代土地所有制,在学术界长期存在着一种流行的传统观点,即认为中国及东方国家自古以来土地私有制不仅长期存在而且居于主体地位,东方国家自古以来存在着奴隶主所有制、地主所有制与农民所有制等私有制形式。这种"土地私有制"理论的形成,固然有许多原因。其中,对东方土地所有制性质的判断标准问题无疑是一个十分重要的原因。从其主要观点及其论证依据来看,这种传统观点在东方古代土地所有制性质的判断标准方面有三个重要特征:一是以"占有"为标准,即把各种具体的土地占有形式与土地所有制性质直接联系、完全等同起来,认为"谁占有、就是谁所有",只要私人占有土地就是土地私人所有制。二是以"经济权利"为标准,用土地占有、土地买卖与土地收益等经济权利为标准来判断土地所有制的性质,认为谁享有这些经济权利谁就是土地所有者。三是以"五种生产方式"理论为标准,认为东方古代也存在奴隶社会与封建社会,其土地所有制必然也是私有制。这些判断标准不仅存在着片面性、表面性的缺陷,而且还存在着教条化的错误,由此出发所得出的结论也必然是不科学的、不符合东方国家古代土地所有制的客观实际的。笔者认为,判断东方土地所有制性质必须在马克思主义基本原理指导下,从东方国家实际国情出发,摒弃传统的判断标准,确立科学的判断标准。具体说来,应当确立以下三大标准:

第一,应当摒弃"占有标准",确立"支配标准",认定"谁拥有土地的绝对支配权谁就是土地所有者"。土地私有制主体论的主要根据是中国自战国以后特别是隋唐以后国家占有土地、实行授田的范围与数量日益减少乃至荡然无存,土地私人占有的范围与数量不断扩大乃至囊括全部。这种观点完全忽视了这样一个非常重要的基本事实:在中国古代私人拥有占有权并不意味着私人拥有所有权,只有国家才始终拥有对一切土地的绝对支配权。首先,实行什么样的土地制度、由谁来直接占有土地,完全是由国家决定的:先秦实行井田制是由国家决定的,战国时期"废井田、开阡陌",秦国"使黔首自实田"是由国家决定的,汉代实行名田制、北魏与隋唐实行"均田制"等都是由国家决定的。其次,无论在何种土地制度下国家都拥有对一切土地的绝对支配权。不仅在井田制、均田制与名田制下土地支配权属于国家,而且在地主占有与农民占有的"私田制"下,国家也拥有土地的支配权。在所有各种土地制度下,国家不仅能够决定土地权利归属、确定土地资源配置,而且可以根据其利益而任意剥夺地主等任何私人所占有的土地,可以根据其需要而任意确定土地占有权的基本格局。尤其是在井田制、均田制与名田制等土地制度下土地的授还及买卖,国家都有相应的法律规定予以严格控制,充分表明国家对土地拥有绝对的支配权。如果把私人占有土地制度理解为私人据此拥有土地所有权,则无法解释国家为何对这些"私有"土地的命运具有决定性作用。在唐代之后,尽管历代王朝很少再实行诸如均田制之类的国有土地制度,私人在形式上可以对土地占有、使用或处分,但私人占有土地不仅必须向国家缴纳田赋,而且仍然受到国家的限制与干预。中国历史上国家一次又一次地实行国有授田制,一次又一次地强制推行"土地改革",充分地证明只有国家才具有土地的绝对支配权,只有国家才是真正的地主。最后,无论采取何种土地占有制度,国家都有权剥夺

第五章　东方国家制度与土地国有制

土地占有权，其"私有"土地随时可能被"国有化"。地主乃至豪门贵族尽管享有土地占有权并且可以买卖，但不能摆脱国家的限制与干预，每当地主的土地兼并被认为已经对国家政权稳定造成威胁时，国家就可以以强令迁徙和大算络钱（偷漏税）等理由和手段给予严厉打击，大者族，小者死，其土地等财产全部充公，收归国家所有。比如秦初并天下，徙天下豪富20万户于咸阳，王莽时期实行"王田"制，宋代的回买公田法，辽、金、元在征服战争中掠得大片土地为官田，明代官府大量吞没民田为皇庄，清代的圈地掠夺浪潮，等等，其目的与效果都是要实现"邑里无营利之家，野泽无兼并之民"。不论何人，占有多少土地，只要王朝一道法令，都必须听任处置而不得违抗。所有这些，都充分证明，在中国古代除了国家之外无论谁占有土地都只是土地的占有者与使用者，而不是土地的真正所有者。换言之，无论是地主还是自耕农，私人所拥有的土地权利只是土地的占有权与使用权，而不是土地的所有权。对此，马克思明确指出："在大多数亚细亚的基本形式中，凌驾于所有这一切小的共同体之上的总合的统一体表现为更高的所有者或唯一的所有者，实际的公社却只不过表现为世袭的占有者。"[1]"因此在这种情况下也就没有私有土地的所有权，虽然存在着对土地的私人的和共同的占有权和用益权。"[2] 因此，我们不能以占有为依据来说明土地所有制性质，而应当以支配权及收益权为依据。"探讨土地权利的归属（或是否存在土地私有制度），不能依据形式上的占有主体或占有方式来确定。战国以来土地自由买卖被学者作为反映私有制或私人土地所有权的重要依据。一般而言，土地这种特殊财产的利益享有必须通过增值过程（如产出农作物）或交易过程实现。同时，农用土地之所以有交易上的价值，主要因为其具有产出的潜能。没有任何产出价值的土地，私人对此不会产生利益诉求，一般也不会对这样的土地主张权利，私人所有权就失去依持的利益基础。因此，古代中国私人对土地的占有、使用、处分并不能标明私人所有权的性质。土地收益的支配对标明其权利的归属才有决定性意义。这是土地权利与其他财产权利性质的重大区别。土地财产的特殊性说明，确定

---

[1] 《马克思恩格斯全集》第46卷，人民出版社1998年版，第473—474页。
[2] 《资本论》第3卷，人民出版社2004年版，第894页。

其权利的最终归属必须考虑收益的分配状态"。①

总之，如果仅仅以是否占有土地为标准来判断土地所有制性质，根本不符合中国古代土地所有制的客观实际。在中国古代除了国家之外谁占有土地他都不拥有排他性的所有权，都无法抵制国家对土地的绝对支配权。换言之，中国古代土地国有制涵盖的范围不仅包括国家所占有的土地，而且包括全国一切土地。因此，仅仅根据私人占有土地就说中国古代存在土地私有制，把土地国有制仅仅归结为国家占有土地，都是片面性和表面性的观点。如果说私人占有土地就是私有制，那么用土地私有权的基本特征衡量则很难解释古代中国私人的土地权利为何从未能摆脱国家的严密控制、严格限制与严重掠夺。我们应当看到，中国古代土地国有制的本质特征不在于国家是否占有土地，而在于国家对一切土地拥有最终所有权与绝对支配权。

第二，应当摒弃"经济标准"，确立"政治标准"，主要根据国家主权、政治制度、国家干预与租税合一等政治特征来判断土地所有制性质。这是因为，中国古代的土地所有制不是以经济权利为内容的经济性所有制，而是以国家主权为核心的政治性所有制。从逻辑上说，国家之所以拥有对全部土地的绝对支配权，是由其专制性的国家制度决定的。所谓君主专制制度，就是君主把一国经济、政治与文化等各种权力全部垄断在自己手里的政治制度。君主作为最高统治者首先把国家各种权力全部垄断在自己手里，然后运用这种垄断性的专制权力把全国土地、财产与民众控制在自己手里。中国古代社会是权力支配型社会或"官本位社会"，如马克思所说"行政权力支配社会"。"权力"是解剖中国古代社会的切入点与关节点，只有解剖国家权力，才能拨开层层迷雾窥见中国传统社会的本质，再现被扭曲、被遮蔽的历史真相。如果说在西方是经济力量起决定作用，那么在中国则是专制权力起决定作用，即"权力统治铁律"：政治权力全面控制与干预经济活动、社会生活。在这种权力至上的传统社会中，必然形成"权力安排土地所有制模式"的特殊现象。在这种专制制度下，君主把国家上层建筑诸方面的权力全部操在自己手里，从而保证了君主对全国土地和人口拥有着最高的所有权。这就决定

---

① 邓建鹏：《私有制与所有权？——古代中国土地权利状态的法理分析》，《中外法学》2005 年第 2 期。

第五章 东方国家制度与土地国有制

了在中国古代不是土地所有权产生相应的国家政权,而是专制的国家政权"制造"了土地所有权;不是土地所有制性质决定国家制度的性质,而是国家制度决定土地所有制的性质。因此,中国古代的土地所有权是一种由国家"制造"并属于国家的所有权。这就决定了中国古代的土地所有制与西方土地所有制有着显著的区别。西方国家的土地所有权是商品经济的产物,而我国古代土地所有权来源于国家主权。"在这里,国家就是最高的地主。在这里,主权就是在全国范围内集中的土地所有权。"① 从其赋役征敛来看,中国古代专制王朝赋役的征敛从来不基于私人的土地所有权、依据官、民之间的协商——"先同意后纳税",并以王朝提供较完善的"公共产品"为大致对等,而是基于"普天之下,莫非王土"理念,向占有国家土地的人征收土地产品,因而国家征收的赋税与劳役具有租税合一的特征。因此,中国古代国家对土地的所有权并不是以占有、使用或自由买卖等经济权利为基础,而是以专制君主凭借国家主权对天下所有土地最终所有权的政治垄断为基础的。

从历史事实来看,中国古代土地国有制是君主专制制度的必然产物。中国自古以来实行君主专制的国家制度,君主专制制度是中国古代社会的本质特征。中国土地所有权的形成不仅自始至终存在着国家制度的作用和影响,而且专制性的国家权力成为土地所有权制度的决定因素。中国古代土地所有制的形成与变化,主要是通过国家权力的运用而不是通过经济因素的作用而实现的。中国君主专制制度最早是在夏商时期村社制度的基础上产生的。恩格斯指出:"古代的公社,在它继续存在的地方,从印度到俄国,在数千年中曾经是最野蛮的国家形式即东方专制制度的基础。"② 在进入文明时代后,在中国及东方国家里个人既没有获得政治自由,也没有获得土地所有权。相反,在以村社制度为基础、以国家权力为核心的社会结构中存在着两种依附关系。一是个人对共同体的依附关系,共同体是实体,而个人则不过是实体的附属物,或者是实体的纯粹天然的组成部分。起初,是个人依附于公社这一共同体,后来则是个人连同公社一切依附于一个更高的共同体——国家,国家是实体,公社与个人都是国家的附庸。古代东方的国家是凌驾于所有这一切小的

---

① 马克思:《资本论》第 3 卷,人民出版社 2004 年版,第 894 页。
② 《马克思恩格斯选集》第 3 卷,人民出版社 1995 年版,第 524—525 页。

共同体之上的总合的统一体,国王是"共同体之父"。二是个人对土地的依附关系。既然个人是共同体的附属物而无法成为独立的实体,那么土地自然就是共同体所有而不为个人所私有。"普天之下,莫非王土;率土之滨,莫非王臣。"矗立在农村公社基础之上的君主专制统治不仅无条件地垄断了全国土地的所有权,而且把人作为土地的附属物而同土地一起夺取了。对此,马克思指出:"在大多数亚细亚的基本形式中,凌驾于所有这一切小的共同体之上的总合的统一体表现为更高的所有者或唯一的所有者,实际的公社却只不过表现为世袭的占有者。"① 在以井田制为基本形式的土地国有制下,国王把土地层层分封给诸侯、卿大夫及其子弟和臣属。周王对所封土地有予夺之权,各级受封的贵族对土地只有支配权而没有所有权,只能世代享用而不能转让与买卖,还要向国王缴纳贡赋。由此可见,进入文明社会之后中国形成了"国家所有—公社占有—个人使用"的国有土地制度。以井田制为基本形式的中国古代土地所有制是形式上的公社所有制和实质上的国家所有制。"亚细亚形态的土地所有制,即从形式上说是村社所有制和从实质上说是国家所有制。"② 在中国古代,基于"普天之下,莫非王土"的理念、凭借国家专制权力拥有土地的终极所有权,向占有国家土地的人征缴土地的收益。对此,英国经济史学家琼斯指出土地的主人并不是普通民众,(中国的君主)和在亚洲其他地方一样,是土地的唯一主人。以农产品这种原始形式取得这样巨额的税收,是一种显著的证明:中国皇帝的权力和财富,和其他东方统治者的一样,是和他作为帝国统治下最高土地所有者的权利有密切关系,或者不如说是建立在这种权力上的。

第三,应当摒弃"五种生产方式"标准,以马克思"亚细亚生产方式"与"东方社会"理论为标准,明确区分中国古代土地所有制与西方土地所有制的不同性质。中国古代土地私有制论者的一个重要的理论依据就是基于"五种生产方式"的社会形态理论。按照这一理论,"五种生产方式"理论是关于人类社会发展普遍规律的一般原理,中国古代同西方一样属于以土地私有制为基础的奴隶制与封建制生产方式的范畴。然

---

① 《马克思恩格斯全集》第 46 卷,人民出版社 1998 年版,第 473—474 页。
② 黎子耀:《论中国封建社会的国家土地所有制——兼论封建社会自耕农的土地关系》,《浙江学刊》1963 年第 1 期。

第五章 东方国家制度与土地国有制

而，这一依据是不能成立的。其一，所谓"五种生产方式"理论并不是马克思关于人类社会发展一般规律的基本原理。马克思在《政治经济学批判》（序言）中提出："大体说来，亚细亚的、古代的、封建的和现代资产阶级的生产方式可以看作社会经济形态演进的几个时代。"后来人们根据这一论述提出了"原始社会、奴隶社会、封建社会、资本主义社会与共产主义社会"的"五种社会形态"理论，并将其归结为马克思关于人类社会发展规律的基本原理，以此为根据来解释中国社会历史的发展规律和中国古代社会的性质。实际上，这是一种严重的谬误。"五种生产方式"理论并不是马克思关于人类社会发展规律的基本原理，而只是马克思关于西方一些国家社会发展顺序的大致描述，因而是马克思关于以欧洲为主的西方社会发展进程的具体结论。所谓"大体说来"，就空间来说有一定的地域范围，并非放之四海而皆准；就其时间来说，各种社会形态的存在可以是并列、交错而非线性递进的。换言之，"五种社会形态"理论不是全世界普遍适用的公式，而只是反映了西方社会形态的大体情况与西方社会历史发展的大致顺序。这是因为，人类社会历史的发展同自然的、社会的历史条件有着密切的联系，各个国家在各自不同的自然条件与社会条件的影响下，其社会经济发展行程必然表现出明显的地区差异与民族差异。马克思所讲的"五种社会形态"中的某一社会形态，只表明它们是某些民族曾经经历过的一些重要的时代，也是其他民族可能经过的时代，但绝不是一切民族都必然要经历的时代。实际上，马克思本人无意将"五种社会形态"的结论作为人类社会发展的唯一图式，而只将其看作基于西方社会已有历史所作出的大概分析。人们注意到，马克思曾在不同场合多次提出过社会形态依次更迭的具体观点。虽然这些观点的时代背景、语境、历史指向和列举的社会形态名目和更迭顺序都是各不相同的，但有一个共同点，就是他所列举的那些社会形态及其更迭顺序都只是作为"大体上"讲的历史例证，而绝不是关于人类社会"一般发展道路"的机械公式。马克思提出这些观点的目的，是用以说明人类社会形态有一个从低级向高级发展的普遍规律，而绝不是要认定其中每个形态都是各个民族"普遍必经"的阶段，更不是认定它们是人类社会普遍的更迭顺序。马克思不仅强调人类社会从低级向高级发展的客观规律与基本趋势是共同的，而且更加强调各个地区、各个民族具体的发展路径与社会形态是千差万别的。亚细亚的、古代的、中世纪的所有制虽然在时间上有先后之分，但在空间上也是同时并存的，并且它们之间也不存在逻辑上必然的演进关系。这充分说明"五种生产方式"理论既不是机械的公式，也不是普适性的科学原理，不能把"五种生产方式"理论教条化、普世化，将其奉为圭臬，作为判断中国古代社会土地所有制性质的标准。

其二，从历史事实来看，中国乃至东方社会的历史进程并不是按照"五种生产方式"的线索演进的。东方国家由于自身特殊的历史环境，特别是其特殊的自然条件与文化传统，它们从未经历过希腊、罗马那种奴隶制社会以及中世纪欧洲那种封建制社会、近现代资本主义社会。马克思指出，以印度农村公社为代表、以兼有公有制与私有制二重因素为特征的亚细亚所有制形式在世界各地普遍存在，它是人类一切文明社会产生的共同起点。进入文明社会后，在不同的历史环境下东西方走上了各自不同的发展道路。在西方，在公社所有制瓦解的基础上进入了以土地私有制为基础的奴隶制社会与封建社会。而在亚洲及东方，则在公社占有制的基础上产生了以国王为代表的土地国有制，由此进入了以国有制为基础、以"普遍奴隶制"为内容的亚细亚社会。马克思一再强调，各种不同的所有制形式及社会形态，是由自然、经济、历史、文化以及征服战争等复杂原因所造成的。因此，中国乃至东方社会的历史进程并不是按照"五种生产方式"的线索演进的。中国在原始社会解体后没有进入奴隶社会、封建社会，而是进入了一个特殊的社会形态——亚细亚社会，即亚细亚生产方式占统治地位的社会形态。根据马克思恩格斯的论述，亚细亚生产方式是在亚洲乃至东方国家广泛存在并长期延续的一种特殊的生产方式，其主要特征是：首先，实行土地国有制，不存在真正的土地私有制；其次，直接生产者主要是以家庭为单位进行个体劳动的农民，农业和手工业密切结合；再次，直接生产者把剩余劳动和剩余生产物以贡赋与税收的形式贡献给作为土地所有者的国家统治者，实行租税合一；最后，在政治上实行君主专制制度，政府组织水利灌溉等公共工程并控制主要手工业与商业。很显然，以这种生产方式为基础的社会形态既不是什么"奴隶社会"也不是什么"封建社会"，而是典型的亚细亚社会。马克思明确指出：亚细亚生产方式与东方社会的根本特征就是不存在土地私有制，这是中国及东方社会的最大奥秘，是理解中国及东方社会的钥匙。马克思指出："东方一切现象的基础是不存在土地私有制。这甚至是了解东方天国的一把真正的钥匙。"① 可见，那种以"五种生产方式"理论为根据把中国古代社会说成以土地私有制为基础的奴隶社会与封建社会的做法是错误的，其观点是不能成立的。相反，根据马克思的亚细亚生产方式理论，中国古代不存在土地私有制，中国古代社会是以土地国有制为基础的亚细亚社会。

从总体上说，我们应当克服以往那种把"五种生产方式"理论一般化、教条化的倾向，摒弃中国古代社会是奴隶社会与封建社会、中国古代土地所有制是私有制的传统观点。应当以马克思有关亚细亚生产方式理论为指导、以中国实际国情为依据，明确提出并确立"亚细亚社会"这一科学命题，系统构建关于亚细亚生产方式与东方社会形态的科学理论体系，并以此作为研究中国社会历史的科学指南，科学地判断中国古代社会及其土地所有制的性质。

二 东方国家古代土地所有制是私有制吗？

关于中国及东方国家古代土地所有制的性质，我国学术界长期流行着这样一种普遍性观点，即中国古代土地所有制是私有制。具体说来，中国古代土地私有制理论包括两种主要观点：一是"完全私有制说"，即认为中国在原始社会解体后，土地公有制瓦解、私有制产生，自此开始中国土地私有制一直延续了四千多年；二是"私有制主体说"，即认为夏商周三代实行以"井田制"为标志的土地国有制，但战国时期齐国推行"相地而衰征"、鲁国实行"初税亩"和秦朝颁布"令黔首自实田"的法令以来国有制逐步瓦解，土地私有制产生、发展起来并居于主体地位。在"土地私有制说"流传多年、早成定论的今天，面对马克思、恩格斯关于东方社会土地所有制的科学论断，审视中国古代社会土地所有制的客观实际，我们不禁要发出这样的疑问：中国古代所实行的究竟是什么土地所有制？中国古代土地所有制真的是私有制吗？为了真正弄清中国古代土地所有制的性质，我们应当在马克思主义经济学理论的指导下，对中国古代土地所有制的基本特征、具体形式及其产生、存在的客观条

---

① 《马克思恩格斯全集》第28卷，人民出版社1974年版，第256页。

件以及它所体现的社会生产关系进行全面、深入的科学研究，正确地阐明中国古代土地所有制的本质，科学地揭示其发展的客观规律。

（一）土地私有制应具备哪些基本特征及其客观条件

为了真正弄清中国古代土地所有制的性质，首先必须弄清什么是土地私有制、它有哪些基本特征，弄清土地私有制产生与存在所必需的客观条件是为什么，进而说明如果不具有这些基本特征就不可能是土地私有制；如果不具备这些客观条件，土地私有制就不可能产生与存在。

根据马克思主义经济学基本原理，结合土地私有制产生与存在的客观实际，我们可以看到土地私有制至少应当具有以下四大基本特征：

第一，内容完整性：私人拥有完整的土地权利。马克思主义经济学认为，所有权是包括财产归属、占有、使用、收益和处置等权利在内的权能。占有权是指实际使用财产进行生产活动的权利。使用权是产权主体利用、改变或消费客体的权能；收益权是对一定财产运营收益的要求权或索取权。所有权有广义和狭义之分，广义的所有权就是所有权所包含的一切权能；狭义的所有权则仅指对财产的归属权。马克思主义经济学认为，所有权不是单纯的归属权，而是包括归属、占有、使用、收益与处置等各项权能在内的一组权利束，并且这些权能既可以是统一的、属于同一财产主体，也是可以相分离的。作为归属权的所有权与其他权能既可以统一也可以相分离。同其他财产所有权一样，土地所有权也包括土地所有人依法对自己的土地享有归属、占有、使用、收益和处置的权利。如果是土地私有制，私人所有者就应当完整而不是残缺地拥有这些土地权利。在这些土地权利中，归属权、收益权与处置权是土地所有者所必须拥有并亲自行使的。这三项权能是土地私有者绝对的权利，如果一个人不拥有土地的最终归属权、收益权与处置权，他就不是土地的所有者。除此以外，私人还应当是土地的占有者与使用者，除非他愿意把这两项权利以某种方式有偿或无偿地让渡给他人。因此，私人土地权利的完整性以及相应的生产关系是土地私有制的基本内容。

第二，垄断排他性：私人所有者排斥其他一切人或团体对其土地权利随意的染指与侵害。马克思在分析土地私有制问题时明确指出："土地所有权的前提是，一些人垄断一定量的土地，把它作为排斥其他一切人的、只服从自己个人意志的领域。"① 土地私有制的基本特征就是"排他性",即私人作为土地所有者完全独立地拥有与自主地行使土地权利,排斥其他一切人随意侵犯他的土地所有权。如果一个人对土地的所有权不具有排他性,他人或团体利益任意夺占其土地、任意侵犯其归属权、占有权、使用权、收益权或处分权等土地权利,那么他就不是真正的土地所有者了,土地所有制也不成其为土地私有制了。如果在土地的私人占有、使用、支配(包括买卖)等权利之上还有一个最高的支配权力的存在,那么这种土地所有制财产就不能算作私有制。在土地私有制下,土地所有者的权利神圣不可侵犯。因此,私人土地权利的排他性与神圣性是土地私有制的本质特征。

第三,支配自主性:土地所有者可以根据自己的利益和意志以任何方式独立自主地支配土地。土地私有制的基本特征突出地表现在土地所有者对土地的自由支配权上。首先,这种自主支配权表现为土地所有者能够自主地占有与使用土地。其次,土地自主支配权表现为土地所有者能够自愿地让渡土地占有权与使用权。土地占有权与使用权不是土地所有者的绝对权利,土地所有者可以采取"两权分离"的形式把土地占有权与使用权让渡出去。但这种让渡必须是在土地所有者意志范围之内进行,而不能违背其意志进行让渡。最后,土地所有者对土地的自主支配权突出地表现为他能够自由地行使土地处置权,自由地选择典当、入股、买卖、继承与馈赠等各种不同的方式进行处置。如果一个人不能自主地行使对其占有土地的各项支配权,那么他就不可能是土地的所有者。因此,私人对土地自主的支配权是土地私有制的根本特性。

第四,权利现实性:土地私有权的本质不在于单纯的法律所有权而在于它所体现的社会生产关系。马克思主义经济学认为,所有权与所有制既有区别又有密切联系,所有制是所有权的经济基础,所有权是所有制的法律形态。所有制不是单纯的所有权,它是人们在生产资料占有方面所形成的社会关系。马克思指出,实际的占有,从一开始就不是发生在对这些条件的想象的关系中,而是发生在对这些条件的能动的、现实的关系中,也就是实际上把这些条件变为自己的主体活动的条件。要说明土地所有制的性质,不能单纯地看土地所有权本身,而必须分析它所

---

① 马克思:《资本论》第 3 卷,人民出版社 2004 年版,第 695 页。

体现的社会生产关系。对此，马克思指出："在每个历史时代中所有权是以各种不同的方式、在完全不同的社会关系下面发展起来的。因此，给资产阶级的所有权下定义不外是把资产阶级生产的全部社会关系描述一番。"① "要想把所有权作为一个独立的关系、一种特殊的范畴、一种抽象的和永恒的观念来下定义，这只能是形而上学或法学的幻想。"② 生产资料所有制表现为人们在生产过程中的社会关系——生产关系。生产关系的内容有两个方面：一是人们在生产过程中的地位及其相互关系；二是人们在产品或收益分配中的社会关系即分配关系。前者是生产关系的"正面"；后者是生产关系的"背面"或"反面"。在资本主义生产方式下，资本主义私有制表现为在生产过程中资本家对雇佣工人的奴役关系与剥削关系。"在生产过程中，资本发展成为对劳动，即对发挥作用的劳动力或工人本身的指挥权，人格化的资本即资本家，监督工人有规则地并以应有的强度工作。其次，资本发展成为一种强制关系，迫使工人阶级超出自身生活需要的狭隘范围而从事更多的劳动。"③ 马克思主义经济学从生产关系的角度揭示了土地所有权的内涵、科学阐明了土地所有制的本质，为我们分析土地所有制性质提供了科学的理论指导。

　　逻辑分析与历史事实都充分证明：土地私有制的产生并不只是社会生产力发展到一定历史阶段的结果，而是诸多历史条件共同作用的产物。社会生产力的发展只是土地私有制产生的必要条件，而不是土地私有制产生的充分必要条件。如果没有其他条件及其作用，单纯生产力的发展并不会导致土地私有制的产生。不仅如此，土地私有制也不是所有国家都必然出现的历史现象，只有某些具备了土地私有制产生的各种条件的国家与社会才能产生土地私有制。从西方土地所有制产生与存在的客观事实来看，土地私有制的产生除了生产力的一定发展之外，还有保障私有产权的政治、法律与文化等客观条件。

　　从政治条件来看，西方先是实行古希腊、罗马的城邦民主制度。这种民主型的国家制度是建立在个人主体地位与公民政治权利的基础之上的，是以承认与肯定私人所有权为前提的，是以保障个人私有财产及其

---

① 《马克思恩格斯选集》第1卷，人民出版社1995年版，第177页。
② 同上书，第178页。
③ 马克思：《资本论》第1卷，人民出版社2004年版，第359页。

第五章 东方国家制度与土地国有制

他公民权利为主要职责的。在古希腊城邦中，雅典民主政体是古希腊民主政体的发源地。雅典及古希腊民主政体所带来的影响是巨大的：雅典公民由于有了较多的民主权利，因而发挥了参政、议政的积极性，在保卫国防、国家管理与官员监察等方面注入了新的活力，对增强国力起到了决定性的作用；民主制度也保护了私有财产权，保护了工商业主的利益，小生产者也壮大了自己的力量，经济发展呈现了前所未有的勃勃生机。在中世纪的欧洲，尽管实行了以王权与封建领主制为主要特征的封建国家制度，但仍然承认与保护私人土地所有权。在这种封建制度下，国王及其国家机构是不能任意侵犯私人财产权的。哪怕是一个农民破败的茅屋，也是属于他的城堡，风能进，雨能进，国王及其军队不能进。因此，只有在实行民主与法治、国家公权与个人私权相对区分的国家制度下才能产生与存在土地私有制，否则土地私有制的产生与存在就是不可想象的。

从法律上说，土地私有制的产生与存在依赖于倡导个人本位、保障个人权利的私法体系。在西方，大陆法之所以长盛不衰，其主要原因在于它所倡导的私法精神一直贯穿整个社会。大陆法一直在民法理念的支配之下，而民法的基本理念就是"私的本位"或"私的精神"。在这种理念支配下，私法强调个体的"私的"本位，肯定与保护私有财产与个人权利。所有权这一概念起源于罗马法。真正意义上的私法上的个人所有权是在罗马帝国后期，随着罗马的财产公有观念和专制的家父权的衰落而最终确立的。罗马法认为，所有权是绝对性、排他性与永续性的财产权利。在此基础上，后世罗马法学者把所有权定义为对物最一般的实际主宰或潜在主宰。经过千余年的发展，罗马法对后世各国民法都已经产生并将继续产生重要的影响。因此，恩格斯认为："罗马法是纯粹私有制占统治的社会的生活条件和冲突的十分经典性的法律表现，以致一切后来的法律都不能对它作任何实质性的修改。"[①] 正是在这种倡导私法精神的法制理念及其法律制度下，西方私有财产制度才得以确立与长期发展。由此可见，只有对私人所有权进行肯定、界定与保护的法律及法律制度，才会有土地私有制的存在。相反，在中国及东方国家却不存在对土地私人所有权进行规定与保障的内容。"正如罗马法是再现古代私有制的一面

[①] 周枏：《罗马法原论》，商务印书馆1994年版，"前言"第2页。

镜子,如果学者视古代中国为私有制社会,那么,为何在这个泱泱大国很难找到反映该制度的镜子。如果以这种所有权的基本特征衡量古代中国社会,则以商鞅变法确立土地'私有制'到私人对土地享有'排他性、独占性权利'的论断很难解释古代中国的私人土地权利为何从未能摆脱王朝的频繁渗透与掠夺。"①

(二) 中国古代不具备土地私有制产生的条件与特征

从中国古代社会的客观实际来看,基本上不具备土地私有制的产生条件,因而中国古代土地所有制不具有土地私有制的基本特征,这就从总体上决定了中国古代土地所有制不可能是私人所有制。从其客观条件方面来看,中国古代的政治环境不仅不利于土地私有制的产生,而且还对它的产生具有巨大的抑制作用。

1. 中国古代强大的国家权力决定了土地私有制不可能产生与存在

从中国古代社会土地所有制产生与存在的实际情况来看,君主以及强大的国家机构对私有制的基本态度是土地私有制能否产生与存在的关键因素,古代中国君主专制的政治制度对于能否实行土地私有制度具有决定性影响。在"普天之下,莫非王土;率土之滨,莫非王臣"的君主专制的思想观念、制度框架与政治环境下,绝不会允许私人主体地位的确立,更不允许私人对土地等重要财产拥有排他的、永久的和绝对的权利。中国历代王朝以其强大的国家权力与统治能力为后盾,严格管制土地等财产私人权利的存在与增长的范围。国家的政治权力越大、其统治能力越强,对私人土地权利的控制与侵害能力也就越强。国家对私人土地权利的控制与侵害行为从根本上制约着土地所有制的属性。国家对私人土地权利的干预不仅严重破坏了私人土地财产的稳定性,而且从根本上消除了土地私有法律制度创立的可能性。通过国家的强力控制与全面干预,以国王和皇帝为代表的专制国家成为私人土地权利的全权决定者与土地所有制性质的最终决定者。专制王朝的这种利益追求与干预行为同私人土地财产的权利主张是格格不入、背道而驰的。在中国古代,不存在国家公权与个人私权的相对区分,国家可以随时侵害私人权利、剥夺私人财产,这就从根本上决定了中国古代土地私有制不可能得以产生,

---

① 邓建鹏:《私有制与所有权?——古代中国土地权利状态的法理分析》,《中外法学》2005年第2期。

更不可能长期存在。因此，在古代中国不是土地私有制决定了国家制度的性质，而是专制性的国家制度决定了土地所有制不可能具有私有制的性质。

2. 古代中国不具备形成完整而稳定的私有财产的法律制度条件

从法律方面来看，形成于先秦时期的中华法系的基本特征是自上而下的行为规定，个人只是赏罚的对象，而不是法律上的"主体"。法律的主要内容与基本功能是"刑罚"而不是"权利"。因此，在法律中没有个人的主体地位，没有独立性的"私"和"己"的地位。这样，现实中存在的"私利""私有"就没有独立的合法地位，国家和君主必然凌驾于其上，私人权利是否合法取决于行政分配与国家相应的制度规定。这种状况决定了私人对财产权利的要求无法上升到受国家支配的法律体系及诉讼制度之中，决定了在法律概念上不可能产生绝对的、永久的、排他的私人土地权利概念，在诉讼程序上不可能赋予私人正面的诉权作为保障私有财产的保证措施。相反，中国古代历代王朝的"法度"与"法令"始终贯穿着"六合之内，皇帝之土；人迹所至，无不臣者"的基本精神，而根本没有把土地纳入私人所有制的范畴。尽管国家有时对私人拥有某些土地权利颁布有关法令，但这主要是承认与允许私人对土地拥有占有权与使用权，而不是承认与肯定私人对土地的所有权。商周实行授田制，战国与秦朝实行"税田制"，西汉实行名田制，东汉西晋实行占田制，隋唐实行均田制，宋代与明清实行地主租佃制与农民自耕制，这些历史事实均表现了土地为国家所有的本质。井田、占田、名田与均田都是国家授田的具体表现，而国家授田是以王朝手中掌握了一定数量的土地为前提的。国家法令规定：土地授予私人占有、使用后，到了一定期限要还给官府。至于地主租佃制与农民自耕制，虽然国家默认了地主与农民对土地的私人占有权，但并没有在法律上肯定地主与农民对土地拥有排他性、永久性的所有权。如果将这种土地制度理解为私人拥有土地所有权，则无法理解也很难解释专制王朝为何在这些"私有"土地的命运上具有支配性地位、发挥决定性作用。由此可见，尽管古代中国存在着私人的土地权利，私人对土地的占有、使用、收益与买卖的权利可以在现实中得到国家的认可，并通过诉讼途径获得国家一定程度的保护，但是以保护私人所有权为核心的法令始终不见诸历代王朝以国家法律为基础的制度体系。因此，私人土地所有权在古代中国缺乏其产生的法理依据与司法环境。在国家权力强大力量的作用之下，中国古代土地权利经常呈现动态的分化组合，这种极不稳定的权利状态决定了私人土地权利无法实现其向土地私有制的转化。

3. 中国古代缺乏肯定土地私有制的文化传统

在文化传统与道德观念上，古代中国占主导地位的儒家意识形态以"三纲五常"作为每个人必须遵守的基本准则。在这些以家国为本的道德观念下，中国传统文化中缺乏独立的个人主体意识，因而无法形成以个人为主体的财产制度。土地在观念上属于君主终极所有，在实践中私人对土地的权益诉求以土地的占有、使用与收益权利为核心，并没有土地"所有权"这样的权利观念，这构成古代中国私人土地权利状态的基本特征。同时，中国传统文化中缺乏较明确的、不可侵犯的私人财产权利观念。除了土地权利随时可能受到来自国家的直接掠夺或抑制兼并等政策的控制外，私人土地的转让还受到村族等内部限制。唐宋以降，传统法律或习惯往往限定私人土地转让时必须"先问房亲，房亲不要，次问四邻，四邻不要，他人并得交易"。很显然，在这种缺乏个人主体意识与对土地不可侵犯的私人所有权观念的社会环境下，土地私有制是断难形成的。

从土地所有制自身状况来看，中国古代的土地所有制不具有土地私有制的主要特征。在中国古代，历代王朝经常通过立法与行政手段控制与侵害私人土地权利，从而导致私人土地权利极不完整、极不稳定。国家控制与侵害私人土地权利的方式通常有三个方面：

（1）私人土地占有权受到严重侵害。在中国古代国家经常以行政或法律手段籍没私人土地等财产。因为籍没私财可以为国家或官员增加巨额的经济利益，因而中国古代普遍发生。并且，在中国传统司法过程中，籍没私人财产往往不是依据事前的有关法律规定，而是审判者根据其主观意志与利益目标而临时专断的结果。被籍没的对象从土地到其他各种家资，籍没私财无异于断人生路，家破人亡，不利于社会的长治久安。国家任意籍没土地等私人财产，就是直接掠夺私人土地占有权，这打破了私人对土地等财产占有、使用、收益及处分的稳定状态，极不利于土地私有制的形成。当国家认为地主土地兼并行为已对其政权稳定造成威胁时，国家可以以强令迁徙和大算缗钱（偷漏税）等理由和手段给予严厉打击，大者族，小者死，其财产全部充公，归国家所有。因此，地主土地占有制是一种极不稳定的制度设计，它可根据国家的利益与偏好而任意改变。例如，秦初并天下，徙天下豪富20万户于咸阳，王莽时期实行"王田"制，南宋推广公田法等，其效果都是"邑里无营利之家，野泽无兼并之民"。不论何人，不论占有多少土地，只要国家一道法令都必须听任处置。

（2）私人土地收益权受到严重侵害。土地收益的占有对标明土地权利的归属具有决定性意义。私人占有与使用土地的主要目的，是获得相应的土地收益。然而，国家却始终向土地的私人占有者与使用者征收大量的赋税与劳役。国家对私人征敛的赋役并不是基于独立的私人土地所有权，而是国家作为土地的终极所有者向占有与使用国家土地的个人征收或强占土地的收益。作为最高地主，国家不仅向国家授田的农民收缴赋役，而且也以占有土地的数量为依据向地主收缴赋役。这些赋役的来源与实质就是实际耕种土地的农民的剩余劳动，因而国家征收的赋役具有地租的性质。国家收取地租充分证明私人土地权利受到严重侵害、私人不是土地的所有者，只有国家才是真正的土地所有者。"历史上的王朝赋役征敛从来不是依据官、民之间的协商——'先同意后纳税'，并以王朝提供较完善的'公共产品'为大致对价，重要原因就在于这种赋役征敛的理念并不基于严格的私人土地所有权，而是基于土地由王朝终极所有——'普天之下，莫非王土'共识，向'持有王朝土地的人'分享或强占土地的产出利益。王朝为获得稳定的税收来源，将土地分拨给农民耕种以获取赋役，在这个意义上，王朝征收的税收与劳役具备地租的实质，通过这种方式，王朝成为天下土地的终极所有者。这一终极权利的确定不过是一种自以为是，并不以先占、继承或公平交易等正当性方式为基础。其他人主要依据其对土地的占有数量和联系紧密程度而区分为地主、自耕农或佃农。古代中国具有地租性质的王朝赋役类似于琼斯论述的印度农民的地租。历代王朝以赋役超额征敛及不顾及私人对土地占有的事实而发起'土地国有化运动'，在不同程度上将私人转化为王朝的佃农。在私人土地权利可能任意为王朝没收、充作'公'用的条件下，结合古代中国私人负担的各种沉重赋役，私有制与所有权这对命题显然不存在事实的对应性。"① 自唐中叶起,历代王朝越来越放松对土地占有权的控制,越来越倾向于在土地收益权上大做文章。所谓"本朝不立田制,不抑兼并",表示国家变"聪明"了——从想方设法控制土地的占有权转变为坐享其成地获取土地的收益。从田主"以田为累"的哀叹里,我们能够得出这样的结论:国家只是改变了其土地所有权的实现方式,而没有改变土地国有制的性质。

(3)私人土地处分权受到严重侵害。在古代中国,私人土地的终极性的处置权始终控制在以国王与皇帝为代表的专制王朝手中。国家以强大的政治权力与统治实力为后盾牢牢地控制着土地的处置权。从继承权来看,如果是在国家向农民授田的条件下,土地是在受田人年老或死亡后收回而不能继承的。从交易权来看,一些学者以战国以来私人可以自由买卖土地来作为论证土地私有制或私人土地所有权的重要依据。然而,事实并非如此。尽管土地占有权可以买卖,但仍不能完全摆脱政府的监督与限制。在中国,战国时期鲁国实行"初税亩"政策后,虽然土地逐渐可以买卖,但从本质上看买卖的并不是土地的所有权,而是土地的占有权和使用权,国家的土地所有者地位并没有改变。② 一方面,从土地买卖的对象来看,私人所买卖的只是土地占有权,而不是土地的最终所有权。另一方面,从土地买卖的规模来看,私人通过土地买卖而占有土地的数量要受到国家所规定的私人占有土地规模的严格限制。"以土地买卖为主要表现形式的部分土地的转移运动,无论如何转移以及它的转移程度如何,终究不能也没有超出专制统治的土地所有权所允许的范围。'千年田换八百主',只是在国家垄断的土地所有权的圈子里换来换去,并不能产生打破国家土地所有权的经济力量。统治者也不会因土地转移而失去租税和力役收入,不会因此而削弱或动摇其统治地位。所以土地买卖并不妨碍土地所有权掌握在国家手里,改变不了土地所有权的性质。"③
"国家在一定条件下允许买卖土地但必须在政府的监督之下进行,而且买

---

① 邓建鹏:《私有制与所有权?——古代中国土地权利状态的法理分析》,《中外法学》2005年第2期。
② 参见孙承叔《打开东方社会秘密的钥匙——亚细亚生产方式与当代社会主义》,东方出版中心2000年版,第230页。
③ 周士龙:《论中央集权的专制统治与土地国有制的关系——兼论中国古代社会土地制度的性质》,《天津师范大学学报》1988年第3期。

卖后的土地所有权仍属于国家，就是说土地所有权与土地买卖即土地使用权的让渡不发生对应的联系。"①

从上述事实来看，中国古代的私人土地权利既不完整也不具有排他性，因而不具有土地私有制的基本特征，私人对土地的占有、使用、买卖与收益等权利并不能证明中国古代私人拥有土地所有权。反观之，国家则既可以直接占有土地，也可以随意支配一切土地、任意侵害私人土地权利。因此，在古代中国国家成为土地的最终所有者、最高支配者与最大受益者，国家是最高地主、真正地主，土地所有制是国家所有制而不是私人所有制。

（三）中国古代不存在土地私有制的具体形式与生产关系

土地所有制的性质不仅要通过其存在条件与主要特征来说明，而且必须由土地所有制的具体形式及其所体现的生产关系来说明。中国古代土地所有制是私有制或以私有制为主体的观点无视中国古代社会土地权利的客观实际，照搬照抄"五种生产方式"理论，认定中国古代社会是奴隶社会与封建社会，进而认定中国古代土地所有制是以"奴隶主"与"封建地主"为主体的土地私有制。按照这种理论，中国古代土地私有制的存在形式主要是奴隶主所有制与封建地主所有制，中国古代社会生产关系是奴隶制生产关系与封建制生产关系。因此，要弄清中国古代土地所有制是不是私有制，就必须弄清楚中国古代是否存在土地私有制的具体形式，是否存在与土地私有制相适应的社会生产关系。

从土地所有制形式来看，我们应当弄清楚中国古代是否存在"奴隶主所有制""封建地主所有制"以及"农民所有制"等土地私有制形式。

1. 原始社会末期中国土地所有制是否由公社所有制转化为个人私有制

中国古代社会"土地私有制说"的一个重要依据，就是中国在原始社会末期由于生产工具进步了（使用金属工具），以家庭为单位的个体劳动代替了原始公社的集体劳动，从而导致生产工具甚至土地私有化了，从而个人私有制代替了原始公社所有制。实际上，这种观点所反映的只是欧洲及西方古代社会土地私有制产生的历史过程与基本情况，而中国原始社会解体、原始公社所有制瓦解的情形则不是这样的。在人类历史

---

① 赵学增：《中国国家所有制的历史考察》，《天津社会科学》1997年第5期。

上，原始社会末期以地域关系为基础、以"公社所有制＋个人所有制"为基本特征的农村公社，它是一切民族都普遍经历过的从原始社会向阶级社会转变的过渡形式。农村公社的一般特征包括两个方面：一方面在农村公社中牲畜、生产工具、住宅、宅旁园地属社员私有；另一方面，土地是公社的公共财产，不准转卖，定期在农业公社社员之间进行重新分配，每一社员独立耕种分给他的土地，占有其劳动产品。因此，农村公社所有制是一种包含公有和私有两种因素在内的"二重性"所有制，这是农村公社所有制的本质特征。马克思指出，这种以"二重性"所有制为基本特征的农村公社，是农村公社与"亚细亚生产方式"的原生形态。这种原生形态的农村公社，最早在中国、印度等亚洲国家产生，后来遍及世界各地，从而形成了亚细亚公社、古典古代公社与日耳曼公社三种主要形式。在这三种形式中，亚细亚公社的土地所有制是公有制，个人只有土地占有权而没有土地所有权，个人对共同体的依赖性最强。古典古代农村公社的土地所有制是公有地和私有地并存，个人对共同体的依赖性比较弱，并从这种土地所有制形式中派生出奴隶社会。日耳曼公社的土地所有制形式是私有土地，公有土地表现为私有土地的补充，共同体十分松散，个人对共同体的依赖性很弱，并从中发展出以农奴制为基础的封建社会。"亚细亚公社"土地所有制的突出特征就是个人不拥有土地所有权。"在亚细亚的（至少是占优势的）形式中，不存在个人所有，只有个人占有；公社是真正的实际所有者；所以，财产只是作为公共的土地财产而存在。"① 马克思指出，作为"亚细亚生产方式"的原生形态，土地公有的"村社是或者曾经是从印度到爱尔兰的各地社会的原始形态"，② 是一切文明民族共同的历史起点。在这一历史起点上，农村公社有两种可能的发展前景：或者私有原则在公社中战胜集体原则，或者是后者战胜前者，二者必居其一；如果私有原则战胜集体原则必然导致公社的解体，如果集体原则战胜私有原则必然使公社以新的形式延续下来。由于东西方不同的初始条件与历史环境的不同，使得原始公有制解体产生了不同的社会结果。在西方，私有制最终战胜了公有制，从而产生了以土地私有制为基础的奴隶社会与封建社会。中国等亚洲国家由

---

① 《马克思恩格斯全集》第 30 卷，人民出版社 1995 年版，第 478 页。
② 《马克思恩格斯选集》第 1 卷，人民出版社 1995 年版，第 272 页。

于地处干旱农业区，文明程度太低，个人及公社之间不能进行有效的社会联合，国家承担了治水与灌溉等庞大公共职能，君主拥有至高无上的威望与权力，从而使得个人与公社皆沦为一个大共同体——国家及其君主的奴隶，从而进入了一个以君主专制的国家制度与土地公社占有、国家所有为基本特征的亚细亚社会。因此，原始社会解体后中国并没有像欧洲那样由土地私人所有制代替公社所有制，而是在以公社占有的基础上形成了国家所有制。

2. 中国上古时代土地所有制是否是奴隶主所有制

在上古时代的夏商周时期，土地的占有者先是原始社会遗存下来的农村公社，后是公、侯、伯、子、男等受封贵族，土地的所有者则是作为最高地主的君主及国家。只是因为，就其身份而言受封贵族只是国家政权体系中的成员，他们主要是权力拥有者而不是土地拥有者；就其土地权利而言，受封贵族只拥有土地占有权而不拥有土地所有权，他们受封的土地随时可能被国王所收回。受封贵族只是享有对他们所占有土地的收益权（代表国家向耕种其土地的农民征收赋税），他们既不是像古罗马、古希腊奴隶主那样成为大量奴隶的主人，更不是像欧洲封建领主那样成为土地的主人。作为贵族，受封贵族只是政治贵族，而不是土地贵族，更不是什么奴隶主贵族。因此，中国古代的受封贵族只是以国王为首的国家权势阶级的成员，而不是独立于国家权力之外的土地私有者阶级，更不是以土地私有制为基础的奴隶主阶级。从土地的使用权来看，土地的使用者即农业劳动者起初是遗存下来的农村公社的社员，后来是作为"平民"或"庶人"的个体农民，而不是因债务或战争中被俘而沦为奴隶的人。劳动者作为个体农民通过国家这个中介而实现与土地的结合，而不是作为奴隶通过奴隶主这个中介而与土地相结合。因此，中国上古时代根本就不存在什么"奴隶主"和"奴隶"，因而上古时代中国土地所有制形式不是什么"奴隶主所有制"。

3. 中国中古时代土地所有制是否是封建地主所有制

中古时代的战国秦汉以来，由于允许私人占有土地与土地买卖，产生了占有较多土地的地主，但地主只是拥有占有权而不真正拥有所有权，只有国家才是真正的地主。这是因为，作为王侯将相等的官僚地主及其占有土地的数目远比一般的庶族地主多，所以官僚贵族为地主阶级的主体，其产生建立在国家赐予较多土地与大量兼并自耕农土地的条件之上，他们由于拥有各种特权而通过非经济途径攫取田产。因此，地主阶层的形成主要是国家权力分配的产物，并非社会经济发展的结果。就其身份而言，官僚地主只是国家王权的奴才，而不是独立于国家权力之外的经济主体；就其权利内容而言，官僚地主在国家机构的政治地位是最重要的，土地经济剥削只是其官位的附加值，土地等私人财产得不到法律的有效保护。因此，官僚地主并没有独立的私有者经济地位，其土地权利只是占有权而不是所有权；就其社会地位而言，官僚地主只是依附于君主的国家官僚阶级的成员，而不是独立的土地私有者阶级。至于占有一定土地的庶族地主，他们也是皇帝的"臣民"，他们的土地权利充其量是直接占有权而不是最终所有权。并且，由于没有政治地位与权势，庶族地主所占有的土地更没有保障，很容易为国家所剥夺或为官僚地主所兼并。因此，庶族地主也难以构成一个拥有土地所有权的私有者阶级。总体来说，无论是官僚地主还是庶族地主，都不是像欧洲封建领主那样的独立政治主体与土地所有者。因此，中国中古时代并不存在像在欧洲依附于封建主的农奴，其土地所有制也不是封建地主所有制。

4. 自古以来中国是否存在小农土地所有制

无论是阶级社会初期历史上遗存下来的农村公社的社员、井田制下耕种"私田"的"庶人"，还是地主租佃制下的佃农与自耕农制下的个体农民，都至多只是拥有土地的占有权，而不拥有土地的所有权。首先，原始社会末期耕种公社定期分配的"份地"的社员，他们只是土地的使用者而不是所有者。并且，在以中国、印度为代表的亚细亚公社中，土地公有制一直占统治地位而没有最终转变为个人私有制。其次，在上古时代井田制下耕种"私田"的"庶人"或"小人"也是依附于国家的个体农民，他们只有土地使用权而没有所有权。再次，地主租佃制下的佃农，他们本来就是无地或失地农民，根本无土地所有权。最后，即使是自己占有一定土地、自己耕种的自耕农，也只拥有土地的占有权而不拥有土地的所有权，因而只是土地的占有者而不是拥有土地的私有者。就其身份与社会地位而言，自耕农也是皇帝的"子民"，而不是像欧洲自由自耕农那样独立的自由小农；就其拥有的土地而言，最终属于皇帝及其国家，而不属于农民自己；从其土地收益来看，自耕农仍然必须以其占有土地的数量为依据以赋役的形式向国家缴纳地租。因此，就其本质而言自耕农只是国家的佃农，而不是自由的小土地所有者，自耕农占有土

第五章 东方国家制度与土地国有制

地不能说明中国古代存在农民所有制。"在民间社会经济运作的小秩序中,我们似乎模糊感觉到自耕农土地私有权的存在,而在国家专制统治的大格局中,实际上自耕农往往并无土地私有权可言;就是说自耕农的产权形态在一定程度上必须服从国家大格局的运作规则,这时自耕农就被剥夺了排他的任意处置权。""中国古代采用政府法令或国家暴力频繁地剥夺自耕农土地的图景,在西欧中世纪社会中是看不到的。"①

从总体上看,在古代中国尽管村社与私人普遍而长期拥有占有权、使用权、交易权与收益权等各种土地权利,但无论谁都只是土地的占有者而不拥有土地所有权。这是中国以及东方古代亚细亚社会土地所有制的特有现象。对此,马克思明确指出:"在大多数亚细亚的基本形式中,凌驾于所有这一切小的共同体之上的总合的统一体表现为更高的所有者或惟一的所有者,实际的公社却只不过表现为世袭的占有者。因为这种统一体是实际的所有者,并且是公共财产的真正前提。"在土地国有制的情况下,土地产权仍然可以是分离的。

从其生产关系方面来看,中国古代是否存在着"奴隶制生产关系"与"封建制生产关系"。如上所述,生产资料所有制的实质不在于单纯的生产资料所有权,而在于一定的社会生产关系。我们要说明中国古代是否存在土地私有制,就必须弄清楚中国古代是否存在以土地私有制为基础的奴隶制生产关系与封建制生产关系。既然在中国上古时代即夏商周时期根本不存在什么"奴隶主"与"奴隶",那么当时的社会生产关系也就不是奴隶主奴役与剥削奴隶的奴隶制生产关系,而是专制型国家与依附性农民之间的经济关系,即国家与农民的奴役与被奴役关系、剥削与被剥削关系。在这种生产关系基础上所形成的阶级结构,不是奴隶主阶级与奴隶阶级,而是以国王为首的国家贵族阶级与农民阶级。在中国中古时代即战国秦汉以来根本不存在封建主与农奴,因此当时的社会生产关系不是封建主(地主)奴役与剥削农奴(农民)的封建制生产关系,而是专制国家与依附性农民之间的经济关系,即国家奴役与剥削农民的亚细亚生产关系。在这种亚细亚生产关系基础上所形成的阶级结构,当然不是奴隶主阶级与奴隶阶级,而是以国王为首的国家贵族阶级与农民

---

① 杨师群:《中国传统社会自耕农产权问题的考察——与西欧中世纪农民的比较研究》,《学术月刊》2003年第8期。

阶级。以往传统理论一直认为在中国古代地主阶级是国家的统治阶级，皇帝及其国家官僚集团是地主阶级的代表。然而，具有讽刺意味的是，历代专制王朝不仅没有处处代表"地主阶级"的利益，而且许多地主以及可能通过求田问舍而成为地主的大商人备受王朝的打击。反过来，专制王朝对地主等私人土地等财产的肆意掠夺导致了地主阶层领导的武装起义和暴乱，其中许多地主豪强充当了重要的谋士、将领甚至首领。这种现象是与把"地主阶级"作为中国古代土地所有者与政治统治者的论断完全相悖的。

综上所述，我们可以得出这样的基本结论：在中国古代既缺乏土地私有制得以产生的历史环境，也缺乏土地私有制赖以存在的客观条件；中国古代的土地所有制既不具有土地私有制的基本特征，也不是土地私有制的存在形式；中国古代既不存在土地的私人所有权，也不存在与私人所有权相适应的社会生产关系。因此，中国古代土地私有制既从来没有产生也始终没有存在过，中国古代存在土地私有制的理论是难以说得通的，有关中国古代土地私有制的观点是难以成立的。

三　中国古代土地所有制向来是国家所有制

关于中国土地所有制的性质，长期流行的普遍性观点是：在战国以前的夏商周三代实行以"井田制"为标志的土地国有制，自战国开始土地私有制便产生、发展起来，特别是北魏隋唐实行"均田制"之后，土地国有制日渐式微直至最终消亡，以地主所有制为代表的土地私有制普遍发展并长期居于主体地位。这种国有制否定论与私有制主体论的形成除了其他各方面原因之外，对中国土地所有制性质的判断标准是十分重要的原因。从总体上说，这种观点在判断标准方面有三个重要特征：一是以"占有"为标准，认为"谁占有，就是谁所有"。二是以是否存在关于土地占有权的法律规定为标准，认为既然中国古代国家以法律形式承认了私人对土地的占有权，那么就说明中国古代社会存在土地私有制。三是以"五种生产方式"理论为标准，认为中国古代社会同西方一样也是以私有制为基础的奴隶社会、封建社会。笔者不同意这些判断标准及其基本结论，认为研究中国古代土地所有制问题应当以中国古代土地制度的客观实际为依据，以马克思的亚细亚生产方式与东方社会理论为指导，摒弃传统的判断标准，确立科学的判断标准；应当摒弃传统的土地私有制理论，科学地揭示中国土地所有制关系的实质，确认中国古代土地所有制的基本性质是国家所有制。

（一）中国古代土地国有制的典型特征：国家拥有对一切土地的绝对支配权

土地国有制否定论与私有制主体论主要根据国家是否占有土地以及占有土地的范围与数量多寡来判断是否存在土地国有制以及国有制是否为主体。从逻辑上说，这种观点是把土地占有权等同于所有权，把土地所有制混同于土地占有制。按照这个逻辑，土地占有者就一定是土地所有者，如果私人占有土地就说明存在土地私有制；如果国家不占有土地，就不是土地国有制。如果实行国有制，就必然由国家占有土地；如果国家占有的土地少于私人占有的土地，那就说明私有制取代国有制而占主体地位。很显然，这种逻辑是错误的，这种观点是不能成立的。从分析方法来看，这种观点存在两个主要问题：一是表面性，即从土地占有这一表象特征而不是土地制度的本质特征来说明土地所有制的性质。二是片面性，即只看到中国土地国有制的一种实现形式（国家占有土地）而忽略了其他实现形式；只看到同地主占有制与农民占有制相并存的特殊的、狭义的国有制形式，而没有看到普遍存在并全面贯彻于各种土地占有方式之中的广义的土地国有制。从实际上看，这种观点完全忽视了这样一个非常重要的基本事实，即中国自古以来国家始终拥有对土地的绝对支配权。马克思在分析土地私有制问题时明确指出："土地所有权的前提是，一些人垄断一定量的土地，把它作为排斥其他一切人的、只服从自己个人意志的领域。"土地私有制的基本特征就是"排斥其他一切人去支配它"。如果在土地的私人占有、使用、支配（包括买卖）等权利之上还有一个最高的支配权力的存在，那么这种土地所有制财产就不能算作私有制。大量的历史事实表明，在中国古代社会，私人从来不具有对土地排他性的所有权。国家不仅对其直接占有的土地拥有支配权，而且对村社占有的土地与私人占有的土地仍然拥有绝对的支配权。具体来说，第一，国家能够决定土地权利归属，根据其需要而任意确定土地配置的基本格局；第二，国家可以根据其利益而任意剥夺豪强、地主等任何私人所占有的土地，随意改变土地占有的基本格局；第三，国家可以随意干预土地的占有方式与使用方式。在中国历史上,国家一次又一次地实行国有授田制,一次又一次地强制推行"土地改革"、进行土地的重新分配。在每一个王朝初期都使用一种超经济的手段把原有的土地占有权打得粉碎,重新调整土地占有权。在唐代之后历代王朝很少再实行均田制等国家占有土地制度。宋代以后尽管广泛实行地主与农民的土地"私有制",但土地的最终支配权仍然操在国家手里。地主与农民虽然在形式上对土地可以实行私人占有、使用或处分,但不仅其私人占有土地的数量与行为受到国家的限制与干预,而且其"私有土地"本身随时可能被"国有化"。国王与皇帝既可以对贵族、官僚赐田而把"公田"变为"私田",又可以把他们占有的"私田"没收为"公田",这说明国王与皇帝是最高的地主,贵族与官僚的土地占有权是不固定的。

综上所述,在中国古代国家不仅直接占有土地而且拥有对一切土地的绝对支配权。国家对土地的支配权不仅存在于实行国家占有的"王田制""屯田制"与"均田制"之中,而且存在于实行公社占有的"井田制"和实行地主占有、农民占有的"私田制"之中。"土地国有制像一条源远流长的江河,在不同地段,有不同景观和不同称谓。我国历史上,井田制之后还有授田制、屯田制、均田制……这些田制并非各不相涉,有一条线把它们贯串起来,这条线就是土地国有制。"① 因此,中国古代存在着国家对于土地的最高支配权力,中国古代社会的土地所有制与其说近于私有不如说是近于国有。因此,中国古代尽管存在着公社占有、国家占有与私人占有等多种占有形式,但其土地所有制的本质特征却是相同的——它们都是国家能够绝对支配的土地。这充分证明只有国家才拥有土地的绝对支配权,只有国家才是真正的地主,中国古代土地所有制的性质是国家所有制。"综观我国两千多年的封建社会的土地制度,占统治地位的所有制形式一直是土地国有制。国家持有全国土地的最高所有权,而地主包括那些声名显赫的文臣武将以及世袭衍续的豪门贵族仅仅享有土地占有权。"② 中国古代国家对于土地占有权、支配权与使用权所加的一些限制,都是基于土地国有制所应采取的干预措施,而不属于国家对土地资源配置宏观调控的范畴。因此,中国古代以来土地国有制

---

① 李埏:《三论中国封建土地国有制》,《思想战线》1996 年第 1 期。
② 赵学增:《中国国家所有制的历史考察》,《天津社会科学》1997 年第 5 期。

第五章 东方国家制度与土地国有制

不仅一直存在着而且始终占据着统治地位。中国古代土地国有制主要有两种实现形式，即直接实现形式与间接实现形式。其中，土地国有制的直接实现形式的基本特征是以国家对土地的占有权为主，其具体形态主要有井田制、名田制、屯田制和均田制；土地国有制的间接实现形式的基本特征是以国家对一切非国家占有土地拥有并行使土地的最终处置权与收益权。"为了实现土地的国有制，历代王朝都采取了各种措施和办法，大体上看，在唐中期以前，以直接控制土地和人口为侧重点，在唐中期以后，除了直接控制土地和人口以外，国家还变革税收制度，土地税以征收银两为主，利用市场价格关系实现国家的财政目的，这样便间接地实现了土地的国有制。"[①] 因此，判断中国古代土地所有制是不是国家所有制，问题的关键与实质不在于国家是否直接占有土地，也不在于国家占有土地数量之多寡，而在于国家是否拥有一切土地的绝对支配权。历史事实证明：中国土地国有制并不主要表现为国家占有土地，而主要表现为国家对一切土地的绝对支配权。就连土地私有制都不排斥非所有者主体占有土地，在英格兰拥有土地所有权的土地所有者可以在君士坦丁堡安逸地度过一生，为什么实行国有制必须是国家占有土地否则就不成其为国有制了呢？国有制否定论与私有制主体论者的主要事实依据，一是战国时期以鲁国为代表实行的"初税亩"，规定不论公田、私田，一律按亩而税，这表明各国开始放弃土地国有制，承认土地私有制。二是战国时期商鞅变法，"改帝王之制，除井田，民得买卖"，这标志着占统治地位的国有制宣告结束，土地私有制已经形成。三是公元前216年秦政府颁布命令："使黔首自实田"，私有土地得到了封建政权的确认和保护。实际上，这些土地制度的改革措施只是国家行使土地所有权具体形式的变化，国家不对土地的占有进行制度安排，而只是通过实行履亩而税，来确定国家对土地的所有权。因此，这些改革措施只是土地国有制具体实现形式的改变，而绝不是土地国有制性质的改变。

马克思分析认为，东方社会不存在土地私有制，主要表现为三个方面：第一，国家土地的唯一所有者是最高层次的专制君主。专制君主是凌驾于所有单个共同体之上的统一体，是所有土地以及产品的唯一所有

[①] 赵志浩：《试论传统中国土地所有制的实现形式和途径》，《江西广播电视大学学报》2012年第4期。

者，这种土地国家所有制是不存在土地私有制的先决条件。第二，土地的实际占有者是公社。公社处于国家和个人之间，是土地的世袭占有者，也是对土地进行实际控制的共同体。第三，在公社共同体中处于最底层地位的是个人。个人依靠土地进行劳动和生产，但是不管是土地还是他们生产的剩余产品，都归共同体所有。马克思因此指出："在亚细亚的（至少是占优势的）形式中，不存在个人所有，只有个人占有；公社是真正的实际所有者；所以，财产只是作为公共的土地财产而存在。"①

马克思认为东方不存在土地私有制有两个原因：一是东方社会所处的地理环境条件影响，二是东方社会文明发展的程度影响。通过分析人类社会发展的历史可以发现，一个社会民族的发展很大程度上受到他们所处的地理环境条件的影响，例如尼罗河流域对于古埃及文明、两河流域对于古巴比伦文明、印度河流域对于古印度文明、黄河流域对于古中国文明等。马克思在《资本论》中对这些影响做了相关论述，因为不同的文明在各自所处的自然环境中，根据不同的自然条件，得到了差别很大的生产和生活资料。所以每个文明的生活、生产方式，得到的产品都有区别。东方社会文明的发展程度极度落后也是造成不存在土地私有制的主要原因，土地"不存在个人所有，只有个人占有"，个人只是这种共同体的一部分，公社以及对公社实际控制的国家才是土地的真正所有者。

（二）中国古代土地国有制的固有特征：国家主权与土地所有权合一

在中国古代，国家之所以拥有对全部土地的绝对支配权与最高所有权，是由其君主对国家权力的垄断以及由此产生的专制性的国家制度所决定的。中国土地所有权的形成不仅自始至终存在着国家制度的作用和影响，而且专制性的国家权力成为土地所有制的决定因素。根据中国历史及现实的这一基本国情，我们不应当以土地占有、土地买卖与土地收益等经济权利为标志来判断土地所有制的性质，而应当确立"政治标准"，主要根据国家主权、政治制度、国家干预与租税合一等政治权力来判断中国土地所有制的性质。这是因为，中国自古以来实行的都是专制主义的国家制度，君主作为最高统治者首先把国家的各种权力全部垄断在自己手里，然后运用这种垄断性的专制权力把全国土地、财产与民众控制在自己手里。因此，中国传统社会是马克思称为"行政权力支配社

---

① 《马克思恩格斯全集》第46卷（上），人民出版社1979年版，第481页。

第五章 东方国家制度与土地国有制

会"的权力社会。"权力"是解剖中国古代社会的切入点与关节点，只有解剖国家权力，才能拨开层层迷雾窥见中国古代社会的本质，再现被扭曲、被遮蔽的历史真相。在这种权力社会里，土地及其他生产资料均属于国家所有。"普天之下，莫非王土；率土之滨，莫非王臣"。在这种专制制度下，不是土地所有权产生了相应的国家政权，而是专制的国家政权"制造"了土地所有权。土地所有制形成与变革的过程是国家权力运用的结果，而不是经济因素作用的结果。

在国家权力至上和民众权利残缺的中国古代社会中，形成了"权力安排土地所有制模式"的特定现象。这就决定了中国古代的土地所有制与西方土地所有制有着显著的区别。西方国家的土地所有权是商品经济的产物，而我国古代土地所有权来源于国家主权。在专制制度下，无论土地名义上是谁所有的、事实上是谁占有的，最终都是国家所有的。总的说来，在中国古代社会，土地所有制不论是打着公社所有制的旗帜还是披上地主所有制的外衣，不论是采取王室占有、贵族占有还是农民占有的实现形式，其本质都是土地的国家所有制。中国古代的国家所有制，不是经济性所有制而是附着于专制制度的权力所有制。在这里，不是土地所有制决定国家制度，而是国家制度决定土地所有制；不是经济基础决定上层建筑，而是上层建筑决定经济基础。在西方是土地所有制的性质决定了国家政治制度，在中国及东方则是国家专制制度决定了土地所有制的性质。谁拥有了国家的专制权力，谁就拥有了一切土地的所有权；只要在国家权力控制的范围内，无论是谁占有的土地最终都是国家所有的。因此，专制制度从根本上决定了中国古代土地所有制天然具有其超经济强制的特征。一些国有制否定论者试图把专制国家对土地的全面支配与强力干预说成是国家对土地配置与使用进行超然的"宏观调控"，以此来否定中国土地所有制的国有制性质，这是移花接木、李代桃僵之举，因而是不能成立的、站不住脚的。在这里，问题的要害不在于私人是否拥有土地所有者的某些权利，也不在于国家是否应当干预土地资源的配置，而在于国家是否拥有专制性与垄断性的权力、是否凌驾于其他一切"所有者"之上而成为土地的最高所有者。事实证明：中国古代土地国有制不是以一般所有者权利为特征的经济性所有制，而是以国家权力为依托、主权与所有权合一的政治性所有制。"源自于罗马法的那种私人所有权在古代中国缺乏产生的根基。在外在或内在力量的干涉之下，土地权利呈现动态的急速分化组合，这种不稳定的权利状态无法向所有权及私有财产法律制度转化。土地在观念上属于王朝终极所有，在实践中，私人对土地持有与交易以土地的占有、使用及收益权利为核心，并不关注土地'所有权'这样的权利概念。这构成古代中国土地权利状态的主要特征。"[1] 中国古代的土地国有制，完全是依靠国家的统治权力，或者说是暴力来制定的。因此，我们绝不能笼统地谈论国家主权与土地资源之间的关系，而应当具体地分析国家的特殊性质；我们一定要看到，在中国古代国家从其本质上看既不是民众利益的体现者，也不是单纯的"宏观调控者"，而是作为专制的统治者并以"最高地主"身份出现的土地所有者。

由特定的历史条件所决定，中国古代土地国有制具有五大基本特征：一是职能性。国家承担水利工程、为农业生产提供灌溉服务的职能是国家拥有土地所有权的基本前提，国家拥有土地所有权是国家执行兴办水利工程职能的基本条件。二是宏观性。国有制是覆盖全国范围的土地所有制，无处不在，"普天之下，莫非王土"。三是层次性。土地国有制包括许多不同的色层，其核心层是国家占有土地（国家田庄制），中间层是国家控制下的公社占有土地（井田制）、农民占有土地（授田制），其外围层是国家强力干预与绝对支配下的地主与农民占有土地（私田制）。四是强制性。土地国有制以国家机构为工具、以国家权力为手段，无所不能。五是间接性。国家经常假手于人，由公社、贵族、地主甚至农民直接占有土地、获取收益，"代理"其行使所有权，自己则隐身其后，处于幕后操控的地位。

（三）中国古代土地国有制的本质特征：以国有制为基础的生产关系

土地国有制否定论与私有制主体论的重要的理论根据之一就是：在中国古代不仅没有关于土地属于国家的法律规定，而且国家还以法律形式承认地主、农民对土地的私人占有权。很显然，这是一种以单纯土地所有权即法律上的所有权为对象和内容来说明中国古代土地所有制性质的论证方法。从理论上说，这种论证方法违背了马克思主义经济学关于所有制性质问题的基本原理。马克思指出："政治经济学不是把财产关系

---

[1] 邓建鹏：《私有制与所有权？——古代中国土地权利状态的法理分析》，《中外法学》2005年第2期。

的总和从它们的法律表现上即作为意志关系包括起来,而是从它们的现实形态即作为生产关系包括起来。"① "在每个历史时代中所有权是以各种不同的方式、在完全不同的社会关系下面发展起来的。因此,给资产阶级的所有权下定义不外是把资产阶级生产的全部社会关系描述一番。"② "要想把所有权作为一个独立的关系、一种特殊的范畴、一种抽象的和永恒的观念来下定义,这只能是形而上学或法学的幻想。"③ "最后,所有制形成蒲鲁东先生的体系中的最后一个范畴。在现实世界中,情形恰恰相反:分工和蒲鲁东先生的分工和所有其他范畴都是社会关系,这些关系的总和构成现在称之为所有制的东西;在这些关系之外,资产阶级所有制不过是形而上学的或法学的幻想。"④ 在《资本论》中,马克思以土地所有权为例分析了各种所有权存在的理由,他说:"土地所有权的正当性,和一定生产方式的一切其他所有权形式的正当性一样,要由生产方式本身的历史的暂时的必然性来说明,因而也要由那些由此产生的生产关系和交换关系的历史的暂时的必然性来说明。"⑤ 根据马克思的科学论述,任何所有制的性质及其存在的理由,都必须以一定历史条件下具体存在的生产方式以及一定的生产关系、交换关系来加以说明,当这些生产方式与生产关系发生变化时,其所有制的性质就要发生变化。中国古代土地所有制的性质,不仅是中国古代社会生产关系总和的表现,而且只能在后者之中得到解释和把握。相反,如果不顾中国古代社会生产关系的客观实际而单纯从法律所有权来论证中国古代土地所有制的性质,那必然陷入"形而上学的或法学的幻想"。

从现实来说,以单纯土地所有权或法律所有权来说明中国古代土地所有制性质的论证方法也不符合中国古代土地所有制关系的客观实际。在社会现实生活中,生产资料所有制表现为人们在生产过程中的社会关系——生产关系。马克思主义经济学认为,生产关系既表现为人们在生产过程中的地位及其相互关系,也表现为人们在产品或收益分配中的社会关系即分配关系,前者是生产关系的"正面",后者是生产关系的"背

---

① 《马克思恩格斯选集》第2卷,人民出版社1995年版,第615页。
② 《马克思恩格斯选集》第1卷,人民出版社1995年版,第177页。
③ 同上书,第178页。
④ 《马克思恩格斯选集》第4卷,人民出版社1995年版,第536页。
⑤ 马克思:《资本论》第3卷,人民出版社2004年版,第702页。

面"或"反面"。在中国古代，土地国有制在生产过程中既表现为国家作为土地所有者对农民的奴役关系，也表现为国家作为土地所有制对作为直接生产者的农民的剥削关系。从国家对农民的奴役关系方面来看，在中国土地国有制的生产关系中，主权即地权，国家与君主即"地主"，农民即"臣民"。农民对国家的依附关系在形式上表现为直接生产者对生产资料所有者的依附关系，其实质则是臣民对专制国家与君主的依附关系。在夏商周时代，中国古代主要的农业生产者是"庶人"，即家族公社和农村公社的普通成员。他们是贵族之下、奴隶之上的平民，但和奴隶一样属于被统治阶级。庶人虽有一些人身自由，但其劳动受到严格的监督和管理。在战国、秦汉以后，国家运用行政手段强制农民专心务农，保证必要的农业劳动力。为此，国家一方面运用严格的户籍制度把农民束缚在土地上，严格禁止农业人口外流和"舍本逐末"，从事非农经济活动。另一方面采取一系列行政手段督促和组织农业生产。如采取规定某些生产品种、推广生产技术、掌握农时与督促农民勤力耕种等方面的管理措施。自古以来，战国历代地方官都有"劝农"即督促农业生产的任务。明初朱元璋就曾下令：凡有田至十亩的，必须栽种桑、麻、木棉各半亩，十亩以上者倍之。这表明不仅土地的所有权属于国家，而且土地的使用权也要服从国家的安排。

从国家对农民的剥削关系方面来看，在中国土地国有制的生产关系中，国家通过"赋税"的形式向农民收取地租。马克思指出："不论地租有什么独特的形式，它的一切类型有一个共同点：地租的占有是土地所有权借以实现的经济形式。"[①]"在亚细亚式的国家里，土地是国有的，国家是最高的地主，它向全国的生产者——农民征收租税，国家依靠农民的租税养活一大批官僚，所以官僚在亚细亚式的国家里就是和别的国家里的地主、资本家一样的剥削阶级。"[②]

从其剥削方式看，国家采取"租税合一"的方式向耕种土地的农民收取地租；从其形式来看，国家以"助耕公田"和承担徭役等形式收取劳役地租，以"贡""彻""税"与"租调"等形式向农民收取实物地租与货币地租；从其途径来看，国家既可以以井田制、授田制与均田制等

[①] 马克思：《资本论》第3卷，人民出版社2004年版，第714页。
[②] 吴大琨：《关于亚细亚生产方式研究的几个问题》，《学术研究》1980年第1期。

土地制度为基础直接向农民收取地租,也可以通过向收取私租的地主征收赋税而间接地向农民收取地租。如果说,战国、秦汉以前国家是以"唯一的地主"的身份直接奴役与剥削农民的,那么战国、秦汉以后国家则是以"最高的地主"的身份通过庶族地主来间接地奴役与剥削农民的。国家作为主权者和土地最高所有者与庶族地主共同剥削农民、瓜分农民的剩余产品。这既体现了国家与地主共同剥削农民的经济关系,也体现了中国古代国家剥削农民的特殊方式。"秦汉以来,两千余年,中国实行集权官僚制,农业生产方式为主体经济形式。农业采取个体(农户)生产的小农经济,土地的权利关系为:所有权(国家)—占有权(官僚、地主或自耕农)—使用权(自耕农、佃农)。中国是最早对作为基本生产资料的土地实行'三权分离'的国家,这也是两千多年来中国农业及全部经济领先于世界的主要原因。以皇帝名义的国家,是官僚地主阶级的总体统治机构,它代表官僚地主阶级拥有全国土地的所有权。国家除直接经营极少数土地(如屯田等)之外,绝大多数土地的占有权以不同方式分给官僚和农民,前者主要有职田、禄田、勋田等,后者则由国家以'均配土田'的方式分给农民。"[①]

(四)以土地国有制为基础的中国古代社会形态:亚细亚社会

土地国有制否定论与私有制主体论的一个重要的理论根据就是:五种生产方式依次发展是人类社会发展的一般规律,中国古代社会同西方一样都是以土地私有制为基础、以奴隶主与封建主为主体的社会形态,因而中国古代土地所有制只能是私有制而不可能是国有制。这种论证方法的错误在于:它不是用生产资料所有制形式来说明社会形态的性质,而是反过来用社会形态的性质来论证生产资料所有制的性质。很显然,这是一种倒果为因的论证方法。根据唯物史观的一般原理,以一定物质生产方式为基础的劳动者与生产资料特殊的结合方式是生产的社会形式的主要内容,是划分不同社会形态的根本标准。马克思指出,社会结构总是由劳动者与生产资料结合的特殊方式所决定的。根据马克思确立的科学标准,即在一定劳动方式基础上劳动者与生产资料结合的特殊方式,人类社会形态划分为三大类型:劳动者与生产资料直接结合的社会形态

---

① 刘永佶:《将土地占有权归还农民实行农业合作制和资本制》,《中国特色社会主义研究》2003年第2期。

的原始公有制社会，劳动者与生产资料间接结合的各种阶级社会，劳动者与生产资料重新直接结合的未来无阶级社会（共产主义社会）。其中，在西方，劳动者与生产资料的间接结合是通过各种私人所有者这一中介而实现的。因此，西方社会均是以私有制为基础的阶级社会，先是以奴隶主私有制为基础的奴隶社会，后是以领主私有制为基础的封建社会，最后是以资本所有制与大土地所有制为基础的资本主义社会。与此相反，在中国乃至亚洲与东方国家，劳动者与生产资料的间接结合是通过国家所有者这一中介而实现的。因此，东方社会是以国家为主体、以国有制为基础的阶级社会，先是以国王及贵族为主体的国有制社会，后是以皇帝及官僚为主体的国有制社会。这种以"王国"与"帝国"为主体的国有制社会既不是奴隶社会也不是封建社会，而是以土地国有制、君主专制制度与依附性小农经济为主要特征的亚细亚生产方式占统治地位的社会形态——亚细亚社会。因此，亚洲乃至东方国家的土地所有制及社会形态与西方是截然不同的。

根据马克思的亚细亚生产方式与东方社会理论，国家作为主权者以其专制权力垄断一切土地而成为"最高地主"，这是亚细亚生产方式的本质特征，亚细亚生产方式是国家主义生产方式。马克思恩格斯明确指出，东方一切现象的基础是不存在土地私有制。不存在土地私有制，是了解东方天国的一把真正的钥匙。根据中国、印度等东方国家实际国情，研究东方及中国土地所有制问题不应当以"五种生产方式"为核心的"社会发展一般规律"理论为标准，而应当以马克思"亚细亚生产方式"与"东方社会"理论为标准，明确区分中国古代（"亚细亚古代"）与西方古代（"古典古代"）的土地所有制与社会形态的不同性质，摒弃长期占统治地位的"土地私有制说"或"私有制主体说"。

综上所述，中国古代虽然存在私人占有土地，但私人土地权利并不具有排他性；国家不仅直接占有土地，而且对一切土地都拥有绝对的支配权；国家对土地的支配权属于土地所有者行使的所有权，而不属于国家作为社会管理者对土地资源配置"宏观调控"的范畴；中国古代土地所有制不是单纯经济性的土地所有制，而是主权与所有权合一的政治性所有制；中国古代土地国家所有制不仅体现着政治上的统治关系，而且表现为经济上的生产关系。土地国有制及其生产关系决定了中国古代的社会形态不是以私有制为基础的奴隶社会与封建社会，而是以土地国有制为基础的亚细亚社会。自古以来中国土地国有制一直存在、长期延续，只是其存在方式与实现形式在不断变化、"与时俱进"而已。因此，国有制否定论与私有制主体论的观点是不能成立的，中国古代土地所有制的国有制性质是不可否认的。

第六章　土地国有制下的依附性小农经济

纵观古今中外，以农户分散经营为基本特征的小农经济一直是在农业领域广泛存在的一种普遍的经济形式，但在不同生产方式下小农经济具有不同的社会性质、存在形式与发展规律。在亚细亚生产方式下，中国小农经济完全不同于西方自由自耕农小农经济，它不仅具有其特殊的社会性质及其存在形式，而且具有其特殊的发展规律。在全面推进农业现代化的今天，深入而系统地分析中国小农经济的特殊性质，对于我们实现小农经济改造、构建现代农业生产方式具有十分重要的理论与现实意义。

一　东方国家小农经济特殊的社会性质

东方国家的小农经济最早产生于原始社会末期，当时包括以中国、印度为代表的亚洲地区在内的世界各地基本上实现了从原始氏族公社向农村公社的转变，这是原始社会向阶级社会过渡的社会经济组织。作为人类从原始社会向阶级社会转变与过渡的一般形式，农村公社的基本特征是：第一，生产资料公有和私有并存，耕地、草地、牧场、森林等为公有，而生产工具、牲畜、农产品及房屋周围的小块土地为个体家庭私有；第二，农村公社作为实际主体，社员个人依附于公社共同体；第三，土地实行公社所有、社员个人占有，公社把公有土地以份地的形式分配给农民实行一家一户的个体耕作，大型水利灌溉工程则由村社统一组织与管理。在农村公社制度下，一方面实现了从原始公有制向公有制与私有制并存的二重所有制的转变，另一方面实现了土地由集体"共耕"向家庭"私耕"的转变。这样，农村公社的"公田共耕"制度就被"公田

第六章 土地国有制下的依附性小农经济

私耕"制度所代替了。这样，土地一方面是共同所有的"公地"，另一方面成为社员私人占有与分散耕种的"份地"，从而形成了一家一户的小农经济，这是中国乃至世界最早的小农经济。因此，中国远古时代原始的小农经济具有二重性，一方面它具有人类原始社会末期农村公社制度下小农经济之"公田私耕"的一般特征；另一方面，中国原始小农经济又具有自身的特殊性：土地公有制基础较为牢固而土地私有化较为困难，公社作为经济实体而公社社员对公社共同体的依附性较强。因此，中国原始的农村公社依附性小农经济既不是在土地私有制基础上自由自耕农的小农经济，也不是向土地私有制与自由自耕农转变的小农经济，而是在土地公有制的基础上依附于农村公社的小农经济，即原始型依附性小农经济。作为中国小农经济的原生形态，农村公社依附性小农经济是小农经济的原始形式，其生产技术是十分落后的，其农业生产不是精耕细作的集约经营而具有粗放性，其社会关系不是阶级对立关系、不存在剥削阶级与被剥削阶级。

东方及中国的小农经济是在特殊的自然条件与历史条件下产生与发展的。从其客观物质条件来说，一是以特殊的手工工具为基础的农业生产力决定了小农户家庭可以进行生产，并且只能进行小农户生产。二是以干旱农业区为主的特殊的自然条件为基础的两极化农业生产体系——国家负责大型水利灌溉工程、小农户负责农业日常生产经营——决定了小家庭能够从事生产。从农业生产工具方面来说，作为农业生产力标志性的重要因素，中国自古以来农业劳动资料始终是手工工具而没有像西方那样在近代实现农业机械化。几千年来，中国农业生产中所广泛使用的都是手工工具，其基本种类是耕田为犁，平田为耙，为荡，为碌碡；起土为锹；挖土为锄，为铁耙；耘禾为耘禾耙，打稻为禾解；割禾为镰，扇谷为风车；晒谷为堵耸；簸米为筛。几千年来，农业生产工具虽然不断改良，但总的变化不大。中国农业生产力主要是其生产工具的特性决定了中国农业生产经营只能采取小农经济的组织形式。马克思指出："生产者相互发生的这些社会关系，他们借以互相交换其活动和参与全部生产活动的条件，当然依照生产资料的性质而有所不同。随着新作战工具即射击火器的发明，军队的整个内部组织就必然改变了，各个人借以组成军队并能作为军队行动的那些关系就改变了，各个军队相互间的关系也发生了变化。"① 尽管农业生产工具不断改良，但这些手工工具仍然只适用于一家一户的小农个体生产而不适合社会化大农业生产。从农业生产分工体系方面来说，中国特殊的农业生产体系决定了中国农业生产经营能够采取小农经济的组织形式。一方面，在微观层次小农家庭内部采取"男耕女织"的自然分工的形式，以保证小农经济组织的正常运转；另一方面，在宏观层次采取国家与小农两极化的分工形式。中国处于亚洲干旱农业区，由于气候和土壤的特殊性质，在这里农业的首要条件是大型的人工水利灌溉。然而，一方面由于中国幅员太大，各个公社不容易进行联合；另一方面，由于文明程度太低，各个公社不愿意进行联合。因此，需要中央集权的政府来承担举办公共工程的职能，而政府承担水利灌溉工程就使得在各个孤立公社之中的小农户能够正常地进行农业生产经营，从而提供了保证小农经济运转的外部条件。

从其社会与政治条件来看，中国特殊的国家制度与特殊的土地制度决定了中国农业生产经营形式必然是依附性的小农经济。自原始社会解体、进入阶级社会以来，几千年来中国一直实行君主专制与官僚集权制度。在君主专制制度下，国王或皇帝高高在上，是人间万物之主："普天之下，莫非王土；率土之滨，莫非王臣。"君主拥有占有一切、决定一切与生杀予夺的绝对权力。在这种君主专制制度下，全国所有的土地都是以君主为核心的国家所有，此外再没有排他性的土地私有权；全国所有的人民都是隶属于君主的子民与臣民，此外绝无任何自由的公民。国家对土地的所有权，要么采取"公田制"或"王田制"的直接占有形式，要么假手于贵族、官僚、地主与农民，采取各种"私田制"的间接占有形式。在这种君主专制与国有土地制度下，农业生产经营不仅必然采取以"均田制"为基本特征的一家一户分散经营的小农经济形式，而且这种小农经济必然是依附于国家及其各种代理人的依附性小农经济。这是因为，在客观上国家需要小农经济，在主观上保护小农经济。一方面，国家对其所有的土地和所支配的农民之所以采取小农经营的结合方式，是因为如果实行集体共耕就会严重挫伤农民的生产积极性，出现"公田不治"的现象，而把土地分成小块由小农户分散经营则可以充分调动农民的生产积极性，提高农业劳动生产率。另一方面，实行分散的小农经

---

① 《马克思恩格斯选集》第 1 卷，人民出版社 1995 年版，第 344 页。

第六章　土地国有制下的依附性小农经济

济，可以使广大农民处于分散、孤立与极端弱势的地位，便于国家从经济上进行奴役与剥削、在政治上进行控制与统治。一家一户分散的小农经济，不仅无力同强大的国家机构相抗衡，而且还需要有专制君主与集权官僚来代表他们的利益、保障他们的生存条件。因此，小农经济是君主专制与国家官僚制度的天然基础。小农经济的典型特征就是孤立分散、与外界隔绝，相互之间缺乏联系与往来。各个小农彼此间只存在地域的联系，他们利益的同一性并不使他们彼此间形成共同关系，形成全国性的联系，形成政治组织。"他们不能以自己的名义来保护自己的阶级利益，无论是通过议会或通过国民公会。他们不能代表自己，一定要别人来代表他们，他们的代表一定要同时是他们的主宰，是高高站在他们上面的权威，是不受限制的政府权力。"① "归根到底，小农的政治影响表现为行政权力支配社会。"② 作为人口的主体的农民，"不仅是巴黎和罗马议会贪污腐化的最强大的支柱，而且是俄国专制制度的最强大的支柱。"③ "小块土地所有制按其本性说来是全能的和无数的官僚立足的基地"。④ 因此，国家依附性小农经济与君主专制、土地国有制内在联系、相辅相成，共同构成亚细亚生产方式体系。君主与国家需要依附性小农经济作为其存在的经济基础与社会基础，依附性小农经济也需要国家为其提供水利灌溉工程，代表其利益与保障其生存。依附性小农经济天然依赖与隶属于君主与国家，专制君主与国家官僚天然关爱与保护依附性小农经济。在一般情况下，君主与国家不仅尽量轻徭薄赋，减轻农民负担，而且还采取各种"惠农"政策与扶持措施，努力实现人人饱暖、家家小康；同时，国家还竭力抑制土地兼并集中，控制地主土地占有与经营规模，以保护小农的小块土地与生存条件。对此，有学者明确指出："小农经济的存在和发展决定于占统治地位的生产关系及其上层建筑。只要封建的生产关系及其上层建筑不变，小农经济的存在就不会为改朝换代的政治风暴所触动。"⑤

在西方社会，原始社会解体后产生了土地私有制，使得原来兼有公

---

① 《马克思恩格斯选集》第 1 卷，人民出版社 1995 年版，第 677—678 页。
② 同上书，第 678 页。
③ 《马克思恩格斯选集》第 4 卷，人民出版社 1995 年版，第 484 页。
④ 《马克思恩格斯选集》第 1 卷，人民出版社 1995 年版，第 681 页。
⑤ 钟振：《中国小农经济存在和发展的历史条件》，《四川财经学院学报》1982 年第 2 期。

有制与私有制二重因素的农村公社不复存在，原来依附于农村公社的小农经济转变为以土地私有制为基础的独立的自由小农经济。在中国以及印度等其他亚洲国家，因地理位置、土壤、气候等特殊的自然条件与文明程度、国家职能等特殊的社会条件，使得土地私有制没有产生，公社所有制仍然存在，只是在公社这个共同体的基础上又形成了一个更高的共同体——国家，土地的公有制转变为公社所有制基础上的国家所有制，或者国家控制下的公社所有制。这种新型的公有制是名义上或形式上的公社所有制、实际上的国家所有制，国家成为土地真正的所有者、最高的所有者，公社只是直接占有者，小农只是具体使用者。因此，中国的原始性小农经济在原始社会解体后并没有成为独立的自由自耕农小农经济，也没有在土地私有制基础上通过小农两极分化而产生奴隶制经济，而是在土地国有制的基础上发展成为依附于国家的小农经济，即古典型国家依附性小农经济。这是一种不同于西方古典古代小农经济的一种特殊的小农经济。中国上古时代的小农不同于西方古典古代农业劳动者，他们既不是奴隶也不是自由民，而是依附于国家、类似于奴隶的依附性农民——"隶农"。作为中国小农经济的次生形态，这种国家隶农制小农经济不仅仍然属于亚细亚小农经济，而且是中国亚细亚小农经济的典型形式。可见，中国以及印度等亚洲国家在原始社会解体后并没有进入以奴隶主所有制为基础、以奴隶主阶级为剥削阶级与统治阶级的奴隶社会，而是进入了以国有制与亚细亚小农经济为基础、以君主与国家官僚阶级为统治阶级与剥削阶级的亚细亚社会。

在中世纪的西欧，小农主要是以封建领主所有制为基础、以封建领主庄园经济为依托的农奴，他们一方面独立耕种封建领主分配的小块土地作为"份地"，其产品归自己所有；另一方面他们又要无偿地集体耕种封建领主庄园的大片土地，其产品归领主所有，其剥削形式是劳役地租。在中国中古时代到近代，始终不存在封建所有制，土地所有者不是封建领主，直接生产者不是农奴。与此相反，土地所有制采取了国家所有制、地主所有制与农民所有制三种形式。在国有制下，小农经济表现为国家编户齐民与均田制的小农经济；在地主所有制下，小农经济表现为佃农制的小农经济；在农民所有制下，小农经济表现为自耕农的小农经济。在这三种土地所有制与小农经济中，不仅土地国有制与均田制度的小农经济仍然属于依附于国家的亚细亚小农经济，而且其他两种小农经济也

第六章 土地国有制下的依附性小农经济

具有同样的社会性质。这是因为，所谓地主既不是土地的真正所有者也不是奴役农民的真正的主人，他实际上只是国家的代理人、国家与农民之间的中介者。作为直接生产者的农民，实际上仍然是国家的隶农，而不是领主或地主的农奴。在这里，国家向农民的授田表现为地主向农民的租田，国家对农民的租税合一的剥削表现为地主向农民收取单一地租。地主之所以向农民收取占收获物三分之二左右的高额地租，主要是因为地主除了自己要占有一部分剩余产品之外还必须向国家缴纳租税合一的赋税。在此，土地的国家所有制采取了地主占有制的实现形式，国家对农民的剥削采取了地主榨取地租的形式。国家一方面通过地主占有土地，另一方面假手于地主来剥削农民。地主实际上是国家的"管家"，国家才是真正的"东家"。在这里，劳动者与土地的间接结合方式，除了原来的国家这个中介之外又增加了"地主"这个新的中介，农民遭受到国家与地主的双重奴役与剥削。

从本质上来说，地主租佃制小农经济仍然是隶属于国家的依附性小农经济；从形式上来说，地主租佃制小农经济是一种间接隶属于国家的依附性小农经济。因此，地主所有制与租佃制下的小农经济不是以封建小农经济，而仍然是国家控制下的亚细亚小农经济。战国秦汉至明清中国古代社会的剥削阶级与统治阶级不是领主或地主阶级，而仍然是君主与国家官僚阶级；中古以来的中国社会不是以封建农奴制生产方式为基础的封建社会，而仍然是以国家隶农为直接生产者与被剥削者的亚细亚社会。除了地主所有制之外，战国秦汉以来中国产生了许多占有小块土地、实行独立经营的自耕农。从表面上看，这种自耕农类似于西方的自耕农，但实际上则不然，他们仍然是依附于国家的隶农。第一，从其社会地位来看，这种自耕农没有完全的人身自由，更没有什么政治权利，他们仍然是皇帝的"子民"，是隶属于国家并在国家控制下从事农业生产的"隶农"。第二，从其土地所有权方面来看，同地主所有权一样自耕农的土地所有权也不是完全意义上的所有权，而是相对意义上的所有权，农民所拥有的土地最终仍然是属于国家的；自耕农也必须以占有土地数量为基础而向国家缴纳赋税。因此，中国中古时代以来的自耕农经济绝不是自由自耕农经济，而仍然是国家依附性小农经济。"一般认为，中国传统社会乃是一个以小农经济为主体的结构，它是中国古代社会之所以停滞不前的经济基础方面的原因。在这一表述中，都将'小农'界定为自耕农小私有制经济。然而我们经过认真考察，且与西欧中世纪农民的有关方面作比较后感到，中国传统社会之自耕农其实依然生活在国有制（或王有制）经济浓厚的社会框架中，缺少私有制经济完整的制度支持，而基本被束缚为'国家佃农'之性质；所以将中国古代社会套上所谓'小农经济'之概念是不准确的，而应是一个以国有制经济运作为核心的小农社会，它与西欧中世纪晚期出现的自由自耕农经济结构存在着本质上的不同，从而对社会发展的作用也大相径庭。真正的小私有自耕农阶层应该是古代社会经济领域的中坚力量，他们勤奋的劳作以及财力的积累，往往显示出古代社会的发展潜力，所以西欧中世纪在自耕农普遍成长之时，便渐将进入资本主义农场经营之佳境。而中国古代自战国授田制开始就出现的国家自耕农，实非真正的小私有自耕农经济，主要为国家佃农性质，所以在数千年的历史循环中，始终被统治者垫于社会底层而没有什么上佳的表现。"[①]

这充分表明：中国上古时代的小农经济没有在土地私有制基础上发生革命变革而转化为奴隶制经济与封建制经济，而是在土地国有制新的实现形式的基础上发展成为新型的依附性小农经济。因此，战国、秦汉以来的中国社会既不是以领主所有制为基础、以农奴制为核心的欧洲式封建社会，也不是以地主所有制为基础、以租佃制为特征的中国式"封建社会"，而是以国有制为基础、以依附性小农经济为特征的亚细亚社会。

二　中国小农经济特殊的具体形式

在西方社会，小农经济的一般形式或基本形态是以自由自耕农为主体的古典型小农经济。这种小农经济的一般特征是：（1）以土地私有制为基础，自耕农拥有小块土地的完全的、绝对的所有权；（2）自耕农不仅拥有完全的人身自由，而且是拥有政治权利的独立的公民。与此相反，中国小农经济的基本形式是以土地公有制为基础、以个人对共同体的依

[①] 杨师群：《中国传统社会自耕农产权问题的考察——与西欧中世纪农民的比较研究》，《学术月刊》2003 年第 8 期。

附关系为特征的依附性小农经济。中国的依附性小农经济自原始社会末期产生以来，在四千多年的发展过程中经历了许多不同的历史阶段，采取了许多不同的表现形式。

1. 远古农村公社"份田制"的依附性小农经济

原始社会末期，人类从氏族公社进入了农村公社阶段。作为农村公社的原生形态，这种原始性的农村公社曾经广泛地存在于亚洲、欧洲与美洲等世界各个主要地区，是人类社会从原始社会向阶级社会转变与过渡的一般形式。在农村公社中，一方面实行土地公有制，另一方面实行土地私耕制，农村公社把公有土地分成小块作为公社的"份地"由社员个体经营。作为中国依附性小农经济的原生形式，农村公社与"份田"制度下的小农经济既具有小农生产方式的一般特征，也具有中国依附性小农经济的固有特征。其一般特征主要有三个方面：一是以个体家庭为单位进行生产和消费，农业生产条件落后、生产规模狭小。二是自给自足的自然经济形式。小农生产方式属于自给自足的自然经济，排斥商品经济的发展。三是这种小农生产方式是以劳动者对生产资料的所有权与占有权为基础的，劳动者实际上或名义上是土地及其产品的所有者。其固有特征主要有两个方面：其一，它是土地公有制基础上的小农经济而不是土地私有制基础上的小农经济，小农对土地不拥有私人所有权而只在名义上拥有所有权、实际上只拥有直接占有权与具体使用权。其二，它以共同体（公社）为主体而不是以个人为主体，社员个人表现为依附于公社共同体的附庸，公社社员不是自由性小农而是依附性小农。这种以土地公有制为基础、以农民分散占有与个体经营为特征的小农经济体现了公有制依附性小农经济的一般特征。

2. 上古、中古时代国家"授田制"的依附性小农经济

这种小农经济既是中国依附性小农经济的次生形态，也是中国依附性小农经济的一般形式。这种小农经济的主要特征有三个方面：（1）土地的所有者是拥有主权的国家，而不是拥有许多土地、占有大量奴隶的奴隶主；土地所有制是主权与所有权合一的国家所有制，而不是表现为纯粹经济所有权的奴隶主所有制。（2）作为直接的生产者的小农，不是无财产、无自由的奴隶，而是拥有个人财产、一定人身自由的农民。"农"为其职业与其劳动的性质，小农成为农业生产的基本主体。就此而言，小农是与专门从事手工业与商业的人相区别的。"民"为其社会地位

与权利，小农是平民，即"小人""众""庶民"。就此而言，小农是与作为国家主宰者的"官"相区别的。（3）劳动者与土地的结合是通过国家授田制的方式而实现的，土地所有者对劳动者的剥削形式，是国家租税合一的剥削方式，而不是直接占有全部剩余产品的奴隶剥削方式。

3. 中古时代战国、秦汉及以后的地主"租田制"依附性小农经济

这是中国小农经济的继生形态，也是中国依附性小农经济的特殊形式。这种土地所有制既不是真正的私有制也不是封建所有制，这种小农不是封建小农。其一，所谓地主所有制并不是真正意义上的私有制。土地国有制并没有消失，国家仍然拥有最高所有权、最终所有权，拥有绝对意义上的所有权。只有国家才是真正的地主，才是最高地主。地主的所有权不是真正意义上的、绝对的私人所有权，而只是相对意义上的私人所有权，即永久的占有权、自由买卖权与继承权。地主必须以占有土地数量为基础向国家缴纳赋税，承担劳役。其二，从政治上看，地主并未掌握国家政权而成为统治阶级，同农民一样地主也是没有政治地位、附属于国家官僚阶级的"庶民"。国家以主权者的身份凭借国家政权来统治庶民、剥削劳动者。

4. 与佃农制小农经济相并存的自耕农"私田制"依附性小农经济

这既是中国小农经济的另一种继生形态，也是中国依附性小农经济的例外形式。战国秦汉以来中国产生了许多占有小块土地、实行独立经营的自耕农。从表面上看，这种自耕农拥有土地所有权，但实际上不拥有土地私有权。首先，农民所拥有的土地，最早的来源是国家把原来授予农民的"份地"作为"私田"赋予农民；其次，是对于农民自己开垦的荒地国家承认为"私田"而归农民所有；再次，国家允许私人买卖土地而使一部分富裕农民获得土地；最后，国家对那些建立一定军功的士兵奖励一定土地而成为拥有小块土地的自耕农。因此，农民所有的土地均来自国家，要么是来自国家给予与国家奖励，要么是来自国家承认与国家允许。既然农民的土地是国家给予或奖励的，那么国家就拥有最终处置权因而可以收回；既然农民的土地所有权是国家允许或承认的，那么国家就拥有最终决定权因而可以否认与禁止。因此，农民的土地所有权不是真正的私有权而是不完整、没有保障的所有权，国家对农民所有的土地不仅征收租税而且可以随意夺之。

对于中国自古以来各种小农经济形式的历史地位，本书分别从其历

第六章 土地国有制下的依附性小农经济

史与逻辑两个方面进行分析。从历史方面来划分,自古以来中国的小农经济形式可划分为两大类:一是中国小农经济的原生形式或原型,二是中国小农经济的派生形式或各种变体。从历史发展过程来看,原始社会末期农村公社份地制的依附性小农经济是中国最早的小农经济,是中国小农经济的原生形式或原型;进入阶级社会以来所产生的各种小农经济形式则属于中国小农经济的派生形式或各种变体。其中,国家授田制小农经济是中国小农经济的次生形式,是中国依附性小农经济在新的历史条件下、以新的内容所延续的续存形式;地主租田制与农民自耕制小农经济则是中国小农经济的继生形式,是中国依附性小农经济在中古时代以来特殊历史条件下的演变形式。

从逻辑方面来看,自古以来中国的小农经济形式可划分为两大类:一是中国小农经济的一般形式、基本形式或典型形式,二是中国小农经济的特殊形式、次要形式与变异形式。所谓中国小农经济的一般形式、基本形式或典型形式,不仅是指存在时间最长、存在范围最大的小农经济形式,而且是指最能体现中国小农经济的本质特征、在整个社会经济结构中起主导作用的小农经济形式。历史事实表明:在原始社会解体以来四千多年的历史过程中,以土地国有制与国家授田制为基础的国家依附性小农经济不仅存在时间最长(从夏商周开始到隋唐时代前后存在长达3000多年)、存在范围最大(囊括全国农业生产领域而成为唯一的经济形式),而且最能体现中国亚细亚小农经济的本质特征。国家依附性小农经济的基本特征是:国家是真正的土地所有者,小农是土地的占有者、使用者或名义上的土地所有者,国家官僚是国有土地与小农的控制者、管理者,小农与土地以国家授田耕种的特殊方式结合起来。国家授田的具体形式主要有:井田制、均田制、王田制与屯田制等。中国依附性小农经济的一般形式,是国家授田下的"隶农制"小农经济。作为中国依附性小农经济的次生形态,这种国家授田下的"隶农制"小农经济,是中国依附性小农经济的一般形式,其他各种小农经济形式都是它的不同演变形式或"变体"。自耕农"私田制"小农经济是"国家隶农制"小农经济的新生形态,二者的区别主要在于国家把直接授田改变为承认农民对所授"份地"及其他个人占有土地的所有权;佃农租田制小农经济是国家隶农制小农经济的变异形态,二者的主要区别在于国家由直接控制土地与小农改变为通过地主而间接控制土地与小农,由直接向农民收取赋税改变为通过地主而向农民间接收取赋税。可见，无论是佃农还是自耕农小农经济，实际上都是以土地最终的国有制为基础，都是在国家官僚的直接或间接控制之下，因而都属于国家依附性小农经济。这些小农经济形式与国家授田制小农经济的主要区别，不是土地国有制还是私有制，也不是自由农民还是依附农民，而在于土地国有制的不同实现形式与小农依附于国家的不同形式与程度。因此，作为依附性小农经济的次生形态，佃农制与自耕农小农经济形式是国家依附性小农经济的变异形式或特殊形式。再从其存在的历史时期来看，以地主所有制为基础的租佃小农经济和自耕农小农经济从战国秦汉开始到近代前后存在至多2000多年且其中还在两汉、魏晋、隋唐与北魏等许多历史时期以"王田制""屯田制"与"均田制"等形式实行或恢复国家授田制的小农经济。因此，就其实质来说，中古乃至近代以来所实行的国家主导下的小农户分散经营形式不仅仍然是依附性小农经济，而且是国家隶农制小农经济的再生形态与复归形式。

三 中国小农经济特殊的发展规律

中国小农经济的特殊性不仅表现在其社会性质与存在形式方面，而且还表现在产生途径、演进路径方面。首先，中国小农经济是经由特殊的途径而产生的。马克思指出，土地公有的"村社是或者曾经是从印度到爱尔兰的各地社会的原始形态"，[①] 这种具有二重性的农村公社是一切文明民族共同的历史起点。在这一历史起点上，农村公社有两种可能的发展前景：或者私有原则在公社中战胜集体原则，或者是后者战胜前者，二者必居其一；如果私有原则战胜集体原则必然导致公社的解体，如果集体原则战胜私有原则必然使公社以新的形式延续下来。因此，这种二重性的农村公社，既有可能进一步发展为个人摆脱公社这个小共同体而成为产权主体的私有制社会，也有可能发展为个人与公社皆沦为一个大共同体——国家的奴隶而进入一个以国家为产权主体的国有制社会。在原始社会末期，由于东西方不同的初始条件与不同的变革路径，使得原

---

① 《马克思恩格斯选集》第 1 卷，人民出版社 1995 年版，第 272 页。

第六章　土地国有制下的依附性小农经济

始社会解体产生了不同的社会结果。在西方，首先通过私有制战胜公有制的"革命"的路径形成了以私有制为基础的自由自耕农小农经济，其后通过小农经济的两极分化产生了古代奴隶制生产方式；在中国，没有发生私有制取代原始公有制的革命性变革，而是经由改变公有制实现形式的"改良"的路径，从土地的公社所有制转变为公社占有基础上的国家所有制，从依附于小共同体（农村公社）的小农经济转变为依附于最高共同体（国家）的小农经济。

其次，中国小农经济是沿着特殊的路径发展的。从其演进路径来看，中国小农经济的历史发展不是通过革命的路径而是通过改良的路径实现的。中国依附性小农经济在后来的几千年的历史过程中，一直没有发生革命性的变革，而是沿着"改良"的路径渐进式地演变：一是其生产技术始终没有发生革命性变革，而只是其手工耕作方式不断改良，逐步由广种薄收的粗放式耕作方式转变为精耕细作的集约式耕作方式；二是其生产组织形式始终没有发生革命性变革，而只是其小农家庭结构与经营规模发生一些较小的变化；三是尽管土地占有者经常发生变化，但土地所有制基础始终没有发生革命性变革。从"井田制""授田制"到"租田制""私田制"的历史演变，不是土地所有制的变革，而只是土地国有制实现形式的变化。按照这种改良性"路径依赖"的规律，中国国家依附性小农经济没有被历代频繁的政治风暴所吞噬而长期地存在与延续下来。在几千年的历史演变过程中，尽管小农经济的经营规模与具体形态不断发生变化，但中国小农经济的本质特征始终没有改变。其一，中国小农经济一直是依附性小农经济。无论是原始社会末期农村公社制度下的小农经济、上古时代国家授田制度下的小农经济，还是中古时代以来地主租佃制下的小农经济，都是以依附性农民为主体的依附性小农经济，即使"自耕农"制度下的小农经济也是如此。其二，中国小农经济始终是国家的经济附庸。无论是耕种"份田"的公社社员还是耕种"王田"的国家编户齐民，无论是耕种地主"租田"的佃农还是耕种自己"私田"的农民，归根结底都是依附于国家，国家是最高地主。公社、地主与农民至多只是土地占有者而不是所有者，国家始终以主权者的身份成为土地所有者、以政权与行政方式行使土地所有权，国家始终以租税合一的方式榨取农民的剩余劳动或剩余产品。

最后，中国小农经济历史发展形成了特殊的结果。从中国几千年小农经济发展的历史进程来看，中国的小农经济的发展只有改良而没有革命，在其发展的各个不同阶段中国的小农经济仅仅是发生了具体形式的变化而始终没有发生基本性质的变化。在几千年长期延续、反复循环的历史过程中，中国依附性小农经济自身也没有发生任何革命性的变革，也没有孕育与催生任何新的生产方式。相反，中国依附性小农经济始终作为亚细亚生产方式的一个基本要素而一直存在，进而使得亚细亚生产方式始终没有发生革命性变革，而以各种不同的历史形态一直存在、长期延续。以土地国有制为基础、以君主专制性国家制度为核心的亚细亚生产方式的长期存在，既是中国依附性小农经济产生、存在的根本原因，也是中国依附性小农经济长期存在的必然结果。

中国小农经济不仅具有不同于西方小农经济的特殊的社会性质与演进路径，而且具有不同于西方小农经济的特殊运动规律。根据马克思的论述，在西方社会，小农经济的发展历史是以土地私有制为基础的自由自耕农经济的发展历史。首先，在原始社会末期这种以土地私有制为基础的自由自耕农经济作为新的生产方式不仅完全瓦解了原始的农村公社制度，而且在原始公有制解体以后、奴隶制真正支配生产以前曾经构成古典社会全盛时期的经济基础；其次，在自由小农经济两极分化的基础上，不仅形成了另一种新的生产方式——奴隶制生产方式，而且还作为与这种新的生产方式相并存的经济形式在一定范围内继续存在；再次，在中世纪自耕农自由小农经济与独立的手工业生产构成封建生产方式的基础之一；最后，在近代社会，这种自耕农自由小农经济不仅在自身灭亡的基础上导致了资本主义生产方式的产生，而且还作为封建土地所有制解体所产生的各种新型经济形式之一同资本主义生产方式相并存。因此，在西方，几千年来自由自耕农小农经济在其发展的历史进程中不仅其自身发生了许多重要质变，而且多次引导了生产方式的革命性的变革；它不仅以自身的养料孕育了新的生产方式，而且与时俱进同各种新的生产方式相并存。与此相反，在中国，小农经济的发展历史始终是以土地国有制为基础的依附性小农经济的发展历史。首先，这种依附性小农经济在原始社会解体后由公社依附性小农经济转变为国家依附性小农经济，因而构成了以国有制与专制制度为特征的古代亚细亚社会的经济基础；其次，国家依附性小农经济与手工业生产结合在一起，构成中古时代亚细亚生产方式的基础；最后，作为亚细亚生产方式的重要因素之一，依附性小农经济在近代中国社会又继续存在下来,阻碍了资本主义农业生产方式的产生。在几千年无数次改朝换代的政治风暴中小农经济不断被破坏,又不断得以复生;它以一种形式被破坏了,又以另一种形式再生出来。如此循环往复,生生不息,其本质特征始终不变,其具体形式不断翻新。从自古以来的中国历史来看,小农经济的生命力十分顽强,对小农经济的历史变革十分困难,改造小农经济的成效十分有限。之所以如此,除了其他许多因素之外,占统治地位的专制君主与国家官僚阶级对依附性小农经济的客观需要与主观偏爱无疑是最重要的决定因素。专制君主与国家官僚阶级既不愿意实行以奴隶主、封建主与资本主义土地所有制为基础的大农业经营方式,也不愿意实行以农民私有制为基础的自由自耕农小农经济,他们只愿意实行以土地国有制为基础、以君主与官僚为主宰的依附性小农经济。君主专制与国有土地制度,既是依附性小农经济长期存在、不断再生的根本原因,也是对小农经济进行根本改造、建立社会化大农业生产方式的根本障碍。因此,如果不对君主专制及官僚集权制度与国有土地制度进行全面而彻底的变革,就不可能完成对小农经济的社会化改造,就不会实现农业生产方式的革命性变革。这就决定了必须进行国家制度的民主化变革与土地制度的现代化变革,这既是中国完成小农经济改造、实现农业生产社会化的根本前提,也是实现农业现代化、构建现代农业生产方式的根本出路。

第七章 亚细亚生产方式的二重性质与历史地位

亚细亚生产方式问题，是马克思主义历史学与经济学领域长期悬而未决的一个重大问题。这一问题既是一个至关重要的理论问题，也是一个极为重要的现实问题。对这一问题的研究与解决，不仅关乎马克思主义历史理论与经济理论的科学继承与创新发展，而且关乎中国、东方国家乃至整个人类的现实发展与前途命运。对此，自从马克思明确提出"亚细亚生产方式"概念的150多年以来，国内外学者进行了长期的探索与热烈的讨论，提出了许多观点，形成了一些颇有价值的研究成果。但时至今日，人们对于"亚细亚生产方式"问题仍然见仁见智，难以形成一些基本共识，难以取得重要进展，"亚细亚生产方式"问题仍然是马克思主义史学与经济学领域有待破解的"哥德巴赫猜想"。涂成林先生在《中国社会科学》2013年第6期发表了《世界历史视野中的亚细亚生产方式——从普遍史观到特殊史观的关系问题》一文（以下简称《涂文》），对亚细亚生产方式问题进行了专门讨论，提出了一些有价值的观点，给人们许多启发。同时，《涂文》对亚细亚生产方式问题的探讨仍然存在一些纰漏与不足之处。在此，笔者以马克思主义基本原理与亚细亚生产方式的历史发展为依据，从普遍性与特殊性及二者相统一的角度对亚细亚生产方式问题进行全面、深入的探讨，提出自己的见解，并同《涂文》作者商榷。

一 亚细亚生产方式的二重性质

历史观是人们对社会历史的总的看法和根本观点。普遍史观，即整体史观，是对整个人类社会历史的总的看法与根本观点。作为具有普世

第七章 亚细亚生产方式的二重性质与历史地位

意义与进步价值的历史观，普遍史观的基本特征在于它研究的是全球而不是某一个国家或地区的历史，将整个人类历史看作一个整体来研究。普遍史观所关注的是全人类，而不仅仅是欧洲人或是亚洲人；它不等于国别史或地区史的简单相加，而是着重揭示不同地区和国家历史的内在联系、共同特征和相互影响。马克思主义的历史观是唯物史观，历史唯物主义是放之四海而皆准的科学史观。因此，马克思主义的普遍史观必然并且只能是唯物史观。然而，《涂文》却把马克思主义的普遍史观归结为欧洲史观。《涂文》在分析马克思世界历史理论时指出："马克思在研究世界历史问题尤其是研究资本主义起源问题的初期，一直在试图发现和建构一种具有普世意义、体现进步价值的普遍史观。他对东方社会问题的最初探索，也是在力求构建这种普遍史观视野中的东方社会理论：其实质是依据欧洲的历史经验来观察东方社会。""马克思已经建立起观察世界历史的双重视野：基于欧洲史观的关于人类社会进化的普适性路径；基于俄国（当时他只能对俄国有研究）特殊历史经验的特殊史观。"[1] 根据《涂文》的观点，马克思主义的普遍史观就是欧洲史观或西方史观，亚洲史观或东方史观则是特殊史观。综观全文，《涂文》都是这样理解与界定普遍史观与特殊史观的，这种界定是不正确的。众所周知，在马克思主义哲学中，"普遍"即一般、共性，"特殊"即个别、个性；普遍与特殊的关系就是一般与个别、共性与个性的关系，普遍性与特殊性是内在统一的，普遍性寓于特殊性之中，个性包含着共性。普遍性与特殊性的关系在历史观领域表现为普遍史观寓于特殊史观之中，特殊史观包含和体现着普遍史观。这就是说，唯物史观既是从各个地区、各个民族与各个国家的特殊历史之中概括出来的普遍史观，又是指导人们对各个地区、各个民族与各个国家的特殊历史进行研究的科学指南；关于各个地区、各个民族与各个国家的特殊史观既是对唯物史观之普遍原理的运用，又是对唯物史观之普遍原理的证明。马克思主义的普遍史观即唯物史观最初主要是以欧洲社会历史为基础概括出来的，但不能说马克思的普遍史观就是欧洲史观，欧洲史观就是普遍史观。普遍史观的构建，不是否定与取代对各个地区、民族与国家历史的具体研究，

---

[1] 涂成林：《世界历史视野中的亚细亚生产方式——从普遍史观到特殊史观的关系问题》，《中国社会科学》2013年第6期。

而是为这种特殊性研究提供科学世界观与方法论的指导。特殊史观即局部史观,对某个地区、民族或国家社会历史的总的看法与根本观点,它研究的是某一个国家或地区而不是全球的历史;它直接关注的是欧洲人或是非欧洲人,而不是全人类。欧洲史观就是马克思在唯物史观的普遍原理指导下研究欧洲社会历史所形成的一种特殊史观。欧洲史观具有共性与个性二重含义:其共性含义是指它所包含的唯物史观的基本原理与人类社会历史的一般规律;其个性含义是指它所体现的欧洲社会历史特殊过程与特殊规律,即"五种生产方式"依次更替。我们对亚洲社会历史及其特殊性的分析,建立亚洲史观、中国史观并不是要取代或否定普遍史观,而是在马克思主义普遍史观的指导下具体分析亚洲历史与中国历史,通过对亚洲与中国历史的分析进一步充实、丰富与发展唯物史观。

马克思所试图发现和建构的具有普世意义、体现进步价值的普遍史观就是唯物史观,而不是西方史观。《涂文》从西方与东方、多数与少数的角度来理解与界定普遍史观与特殊史观,并把特殊史观与普遍史观截然分割开来、完全对立起来。很显然,《涂文》不是科学地、辩证地而是机械地、形而上学地理解普遍史观与特殊史观的含义及其二者关系。不仅如此,《涂文》还颇具批评意味地指出马克思刻意地构造一种具有普世意义与进步价值的普遍史观,这不仅否定了马克思主义普遍史观的科学性,而且否定了构建普遍史观的可能性。

作为马克思主义的普遍史观,唯物史观不是马克思刻意或主观地构造出来的,而是建立在对人类社会历史的普遍特征与一般规律科学研究的基础之上的。唯物史观的基本内容是:人类社会历史及其发展中的决定性因素,归根结底是社会的生产与再生产;生产方式既是决定社会性质的根本因素,也是推动经济发展、社会变迁与政治变革的决定力量。

唯物史观认为,生产方式,即生产的条件与形式,或劳动者与生产资料结合的方式或方法,是社会存在与社会发展的决定因素。具体来说,劳动者与生产资料结合的方式包括两个方面:一是劳动者与生产资料结合的技术方式,就是生产的技术条件及其组织形式,即一定的劳动方式,这是物质生产方式;二是劳动者与生产资料结合的社会方式,就是生产的社会性质及其表现形式,即一定的社会形式,这是社会生产方式。物

第七章　亚细亚生产方式的二重性质与历史地位

质生产方式是社会生产方式的前提与基础，社会生产方式是物质生产方式的反映与结果。所谓生产方式，就是以一定的物质生产方式为基础并反映物质生产方式变化的社会生产方式。社会生产方式决定着生产方式的社会性质，劳动者与生产资料结合的社会方式既是一定社会形态之性质的决定因素，又是划分不同社会形态的根本标准。一般说来，社会生产方式即劳动者与生产资料结合的社会方式包括两大类型：一是劳动者与生产资料的直接结合方式，即劳动者所有制；二是劳动者与生产资料的间接结合方式，即非劳动者所有制。其中，劳动者所有制包括两种形态：一是分散的劳动者所有制，即劳动者个体所有制；二是联合的劳动者所有制，即劳动者联合所有制。非劳动者所有制也包括两种形态：一是私人剥削者所有制；二是国家所有制。自古代以来，西方社会的非劳动者所有制属于个人私有制，东方国家的非劳动者所有制则表现为国家所有制。不存在土地私有制，是东方亚细亚生产方式区别于西方社会生产方式的根本标志。

在唯物史观之普遍原理的指导下，我们可以并且能够对各个地区、各个民族与各个国家的社会历史进行具体的科学研究，具体分析劳动者与生产资料结合的各种不同的特殊方式与方法，从而形成关于不同地区、民族与国家的各种不同的特殊史观。这些特殊史观既是对唯物史观之普遍史观的运用与证明，也是对唯物史观之普遍史观的丰富与发展。因此，马克思主义的普遍史观就是唯物史观，其特殊史观就是唯物史观的具体体现，二者是内在统一的。然而，《涂文》却抛开唯物史观而把以欧洲为中心的西方社会历史经验为基础的五种社会形态理论作为普遍史观，把以俄国为代表的东方国家历史发展为基础的社会形态理论作为特殊史观。《涂文》指出："从正统的马克思主义方面来说，它试图把马克思关于亚细亚生产方式的相关论述置于五种社会形态理论之中，认为这是一个'不成其问题的问题'，进而建立起一种普遍史观。与这种史观相对立的是，从魏特夫论述东方专制主义起，试图在马克思的文本中寻找到和主流叙事相冲突的特殊史观，并以此建构起观察苏联式社会体制起源及其性质的批判性视野。"[①]《涂文》罗列了从马克思、列宁到苏联乃至中国

---

① 涂成林：《世界历史视野中的亚细亚生产方式——从普遍史观到特殊史观的关系问题》，《中国社会科学》2013年第6期。

学者关于亚细亚生产方式的历史地位的大量观点，然而其作者自己却无法对亚细亚生产方式进行明确的科学定位，他既不能确认亚细亚生产方式是否属于普遍史观的系列，也不能论证亚细亚生产方式是否属于特殊的社会历史观范畴，而是模棱两可、顾左右而言他，没有明确回答与真正解决亚细亚生产方式在世界历史中的所处地位这一重大问题。之所以如此，其根本原因就是《涂文》没有科学地界定普遍史观与特殊史观的科学含义，也没有科学地阐明普遍史观与特殊史观的辩证关系。在此，《涂文》的主要纰漏或不足有三：一是说马克思发现与构建的具有普世意义与进步价值的普遍史观是欧洲史观而不是唯物史观，这种普遍史观不适应于东方国家；二是说马克思是从"西方中心论"来研究东方社会的，马克思对东方怀有偏见，坚持"西方先进论"与"东方落后论"；三是说马克思只把亚细亚生产方式纳入普遍史观序列而没有把它作为东方独特的生产方式。《涂文》的题目是："世界历史视野中的亚细亚生产方式——从普遍史观到特殊史观的关系问题"，实际上它并没有正确地分析与科学地阐明世界历史中普遍史观与特殊史观二者之间的关系，没有从普遍性与特殊性的辩证关系中阐明亚细亚生产方式在世界历史中的科学定位。不仅如此，由于《涂文》把基于西方社会历史经验的五种生产方式理论当作普遍史观，其结果必然否定普遍史观的科学性与合理性；《涂文》把特殊史观与普遍史观完全对立起来，因而堵塞了科学地构建特殊史观、发展普遍史观的道路。

二　亚细亚生产方式的基本特征

《涂文》在亚细亚生产方式问题上的纰漏还表现在其作者只是从普遍性与特殊性即"普遍史观"与"特殊史观"之某一个方面来片面地理解亚细亚生产方式，或者完全将其归入"普遍史观"的系列而否认其特殊性质，或者完全将其归结为"特殊史观"而否认其普遍性特征。

从普遍性方面来说，《涂文》虽然提出马克思按照普遍史观的进步观念将亚细亚生产方式列入人类社会发展的原初形态，以此建构人类历史演进的逻辑序列，但《涂文》作者并不真正了解亚细亚生产方式的普遍性特征，只是简单地一提而过。对此，笔者认为，我们应当从普遍性即

第七章　亚细亚生产方式的二重性质与历史地位

共性方面进行亚细亚生产方式的科学定位。我们首先应当确认亚细亚生产方式与其他社会生产方式的逻辑共性，即确认亚细亚生产方式决定东方社会形态的基本性质，亚细亚生产方式的矛盾运动决定东方社会历史的发展规律。同时，我们还应当确认亚细亚生产方式与其他社会生产方式相同的历史共性：其一，亚细亚生产方式是人类文明的共同起点，是东西方不同生产方式的共同渊源。亚细亚生产方式的普遍性在逻辑上表现为它体现的原始社会末期农村公社所普遍具有的"公社所有制+个人所有制"的一般特征，在历史上表现为一切民族都普遍经历过的从原始社会向文明社会转变的过渡阶段——亚细亚农村公社阶段。农村公社的一般特征包括两个方面：一方面在农村公社中牲畜、生产工具、住宅、宅旁园地属社员私有；另一方面，土地是公社的公共财产，不准转卖，定期在农业公社社员之间进行重新分配，每一社员独立耕种分给他的土地，占有其劳动产品。因此，农村公社所有制是一种包含公有和私有两种因素在内的"二重性"所有制，这是农村公社所有制的本质特征。马克思指出，作为"亚细亚生产方式"的原生形态，土地公有的"村社是或者曾经是从印度到爱尔兰的各地社会的原始形态"，[①] 这种具有二重性的农村公社是一切文明民族共同的历史起点。在这一历史起点上，农村公社有两种可能的发展前景：或者私有原则在公社中战胜集体原则，或者是后者战胜前者，二者必居其一；如果私有原则战胜集体原则必然导致公社的解体，如果集体原则战胜私有原则必然使公社以新的形式延续下来。因此，这种二重性的农村公社，既有可能进一步发展为个人摆脱公社这个小共同体而成为产权主体的私有制社会，也有可能发展为个人与公社皆沦为一个大共同体——国家的奴隶而进入一个以国家为产权主体的国有制社会。其二，亚细亚生产方式的普遍特征还表现为它必然从自然经济转变为以商品经济为基础的生产方式。商品经济取代自然经济是人类社会经济发展的必然趋势，商品经济的充分发展是人类社会经济发展不可逾越的必经阶段，市场经济是经济现代化的共同道路。同西方奴隶制、封建制下的自然经济生产方式一样，以自然经济为主要特征的亚细亚生产方式也必然走向商品经济与市场经济的生产方式。从生产的社会形式方面来说，实现劳动者与生产资料的新型社会性直接结合即

[①] 《马克思恩格斯选集》第 1 卷，人民出版社 1995 年版，第 272 页。

"重建个人所有制"、实现共产主义是人类社会生产方式发展的共同归宿。无论是以个人私有制为基础的西方资本主义生产方式，还是以国家所有制为基础的亚细亚生产方式，都必然最终走向以"重建个人所有制"为基础的劳动者联合生产方式。

从特殊性方面来看，《涂文》只是对亚细亚生产方式是近代东方社会的历史"遗存"一带而过，而不理解亚细亚生产方式是东方古代社会生产方式的特殊形态与固有特征。因此，我们应当根据马克思的有关论述从个性方面科学地阐明亚细亚生产方式的固有特征。其一，亚细亚生产方式体现着以印度、中国为代表的东方社会生产方式形成的特殊路径——亚细亚公社通过改良维新而走向文明社会是东方社会走向文明的特殊路径。在原始社会末期，由于不同的历史环境与不同的变革路径，使得原始社会的解体产生了不同的结果：在西方产生了古代奴隶制生产方式，而在东方的经济发展逻辑中却并没有引导到古代生产方式的出现，东方国家在"氏族组织崩溃"后产生了独特的"亚细亚生产方式"，并与西方古代奴隶制和中世纪封建制同时并存。我国著名学者侯外庐指出，亚细亚生产方式指的是由氏族制发展而成的奴隶制，即氏族集团奴隶制，社会性质与"古典的古代"相同。但是两者形成的路径完全不同："古典的古代"是革命的路径，"亚细亚的古代"却是改良的路径。"古典的古代"就是从家族到私产到国家，国家代替了家族；"亚细亚的古代"则是由家族到国家，国家混合在家族里面，就是所谓的"社稷"。[①] 前者是新陈代谢，新的冲破旧的，扫除了以血缘关系为纽带的氏族制度；后者则是新陈纠葛，旧的拖住新的，保留了以血缘关系为纽带的氏族制度。其二，亚细亚生产方式具有许多完全不同于西方社会生产方式的固有特征——国家所有制、君主专制、官僚制度与普遍奴隶制是亚细亚生产方式的基本特征。马克思系统阅读了有关印度和中国等东方国家土地所有制和社会政治状况的资料，并在1853年7月22日发表的《不列颠在印度统治的未来结果》一文中第一次提出"亚洲式的社会""亚洲社会"概念，以便与"西方式的社会""西方社会"相区别。[②] 马克思认为，东方的亚洲与西方的欧洲相比存在着明显的差异：一是没有土地私有制——

---

① 参见侯外庐《我对中国社会史的研究》，《历史研究》1984年第3期。
② 《马克思恩格斯选集》第1卷，人民出版社1995年版，第768页。

第七章　亚细亚生产方式的二重性质与历史地位

这是了解东方社会的一把钥匙；二是形成了各自孤立、自给自足的农村公社——这是东方专制制度的基础；三是长期处于停滞状态，缺乏内生产发展动力——需要外力介入才能引发真正的革命。在《1857—1858年经济学手稿》中，马克思明确指出了亚细亚的所有制形式的三个特征：一是个体对公社的依附性："共同体是实体，而个人则只不过是实体的偶然因素，或者是实体的纯粹自然形成的组成部分。"① 二是不存在土地私有制："在亚细亚的（至少是占优势的）形式中，不存在个人所有，只有个人占有；公社是真正的实际所有者；所以，财产只是作为公共的土地财产而存在。"② 三是产品的自给自足性："生产的范围限于自给自足，农业和手工业结合在一起。"③ 根据马克思有关论述，作为东方古代社会特有的生产方式，亚细亚生产方式的主要特点是：土地是公有或国有的；直接生产者主要是农村公社中的农民，农业和手工业是密切结合的；生产者以贡赋的形式，把剩余劳动和剩余生产物贡献给作为土地所有者的国家统治者；在政治上实行专制制度，政府承担水利灌溉等公共工程。④ 从客观实际来看，这些特点在中国、印度等东方国家的古代社会历史中都是存在的。亚细亚生产方式具有自身特殊的运动规律——亚细亚生产方式与东方社会发展的特征是周而复始的简单循环、长期停滞不前，实现其根本变革与走向近代化需要特殊的动力即外部力量的推动。

《涂文》把欧洲史观归结为"普遍史观"，把"俄国史观"归结为"特殊史观"，那么请问：亚细亚生产方式在哪里？究竟应当把亚细亚生产方式归于何种史观之中？作为东方特殊史观的具体形态，亚细亚生产方式主要存在于印度、中国等亚洲国家，马克思明明把印度与中国作为亚细亚生产方式的主要代表，怎么能够不顾历史事实而把俄国作为不同于西方社会历史的东方特殊史观的典型代表呢？在马克思那里，亚细亚生产方式既是人类文明的共同起源与早期形式，也是东方社会独特的发展道路与社会形态。前者是亚细亚生产方式的普遍性特征，后者是亚细亚生产方式的特殊性特征。《涂文》只把亚细亚生产方式看成作为普遍史

---

① 《马克思恩格斯全集》第30卷，人民出版社1995年版，第468页。
② 同上书，第478页。
③ 参见吴大琨《亚细亚生产方式与有中国特色的社会主义》，《社会科学战线》1993年第1期。
④ 《马克思恩格斯全集》第30卷，人民出版社1995年版，第468页。

观的欧洲史观的一个环节,而没有把亚细亚生产方式看成全人类共同的文明起源与过渡形式,更没有把它看成东方特有的生产方式与社会形态。

《涂文》始终没有明确回答"亚细亚生产方式"到底是不是一个需要认真研究与解决的重大问题?《涂文》认为,如果把马克思关于亚细亚生产方式的相关论述置于以五种社会形态理论为内容的普遍史观之中,认为这是一个"不成其问题的问题",那就是用理论逻辑与普遍规律来裁剪或阉割东方社会历史。"因为在面临向现代社会转型时,以俄国、印度和中国为代表的东方社会呈现出了和西方社会完全不同的发展轨迹,至今仍然看不出它们各自在社会结构、制度安排和文化层面上有什么本质性的共同之处。这些由来已久的历史差异和在现实中依然起着决定性作用的制度差异,显然无法断言完全依据一种绝对普遍性的历史观能够加以解释。"如果认为"亚细亚生产方式问题"是一个在五种生产方式之外需要专门研究与单独解决的重要问题,试图在马克思的理论中寻找到同主流叙事相冲突的特殊史观,把亚细亚生产方式作为东方国家特殊的生产方式与社会形态,那就会对东方社会历史作出超越五种生产方式之外的特殊性解释,进而否定苏联与中国基于五种生产方式依次更替理论而进行社会主义革命的合法性,这本身就成了一个重大的理论与现实问题。从《涂文》全文内容来看,在关于亚细亚生产方式与普遍史观、特殊史观的关系这一重要问题上,作者的思想与观点始终是模糊不清、飘忽不定的,始终没有提出明确、一致的观点。

三 亚细亚生产方式的历史地位

《涂文》既然不能从普遍性与特殊性的不同角度科学地理解亚细亚生产方式的基本特征,那么也就不能从普遍性与特殊性的统一来理解为亚细亚生产方式进行科学的历史定位。普遍性和特殊性的辩证关系是理解"亚细亚生产方式"的关键,马克思正是依据"亚细亚生产方式"的普遍性与特殊性的二重规定性,对"亚细亚生产方式"作出了广义和狭义的两种理解。一方面,作为广义的亚细亚生产方式,"亚细亚生产方式"是与古代农业生产相联系的生产方式,它作为原始社会的最后阶段,其存在具有原始性与普遍性。另一方面,作为狭义的亚细亚生产方式,"亚细

第七章 亚细亚生产方式的二重性质与历史地位

亚生产方式"是在亚洲乃至东方进入文明社会后长期存在的独特的生产方式，因而具有文明性与特殊性。从广义即其原始性与普遍性方面来看，亚细亚生产方式是原始社会的"最后阶段"即向文明社会发展的"过渡阶段"，因而是人类从原始社会向文明社会转变发展所普遍经历的必经阶段；从狭义即其文明性与特殊性方面来看，亚细亚生产方式是亚洲与东方社会的文明社会的最初形态，也是继原始社会解体以来在印度、中国与俄国等落后的农业大国中一直存在的以土地国有制为基础的特殊的前资本主义生产方式。可见，"亚细亚生产方式"具有二重含义，即广义的或普遍的"亚细亚生产方式"与狭义的或特殊的"亚细亚生产方式"。以亚细亚生产方式理论为核心的亚洲史观也具有共性与个性的二重含义：其共性含义是指它所体现的人类社会历史普遍特征与一般规律；其个性含义是指它所代表的亚洲社会历史特殊过程与特殊规律。亚细亚生产方式是共性与个性的统一：一方面，亚细亚生产方式及其发展包含与体现着唯物史观的普遍原理，它在东方国家乃至人类社会的发展中具有重要地位与决定作用，并且亚细亚生产方式是东西方文明的共同起点，是人类从原始社会向文明社会转变发展所普遍必然经历的历史阶段；另一方面，亚细亚生产方式作为东方社会之特殊的生产方式又具有其特殊的历史特征与特殊的运动规律。[①]《涂文》虽然指出"亚细亚生产方式问题的实质，可以被概括为世界历史视野中普遍史观和特殊史观的关系问题"，[②] 但实际上它没有具体阐明亚细亚生产方式在普遍史观与特殊史观关系中的定位——它既没有说明亚细亚生产方式在普遍史观中究竟居于何种地位，也没有说明亚细亚生产方式是否属于特殊史观的范畴，更没有在普遍史观与特殊史观辩证关系的视域中说明亚细亚生产方式的历史地位。

[①] 我国老一辈学者孙承叔先生对亚细亚生产方式的广义性质与狭义性质也作了分析，他指出："马克思亚细亚生产方式理论是一种完备的理论，就狭义讲，它是指原始社会末期，与定居的农业生产相对应的早期生产方式，这种生产方式与原始公社的生产方式是不同的；就广义讲，它是指一种与奴隶制、农奴制、封建制不同的，曾经在中国、印度、俄国等东方国家占统治地位的前资本主义生产方式，正是这种生产方式决定了东方国家历史发展的独特性。"（孙承叔：《对亚细亚生产方式的一点思考》，《学术月刊》1991 年第 10 期）笔者认为，孙承叔先生虽然正确地区分了亚细亚生产方式的二重性质，但他的归纳却把亚细亚生产方式的广义性质与狭义性质互为颠倒了。

[②] 涂成林：《世界历史视野中的亚细亚生产方式——从普遍史观到特殊史观的关系问题》，《中国社会科学》2013 年第 6 期。

关于亚细亚生产方式的两种形式及其特征。马克思在《1857—1858年经济学手稿》中从政治经济两方面对亚细亚生产方式的各种形式及其特征作了科学的归纳，从经济上看，亚细亚生产方式是一种以土地公有制为基础、与定居的农业生产相联系、封闭型的人类最初生产方式。这种生产方式因人类在征服自然过程中联合范围的大小不同而使所有制分为两类：一类是土地的公社所有制。在这种所有制下，"公社是真正的实际所有者"。另一类是土地的更高统一体所有制。在这两种形式下，个人都不是财产的直接所有者。亚细亚生产方式原生形式的基本特征是土地公社所有制与氏族民主制度；亚细亚生产方式次生形式的基本特征是土地国家所有制与君主专制。

根据《涂文》的逻辑，要么承认亚细亚生产方式是普遍史观系列（五种生产方式）中的一个环节而否认其特殊性质，要么肯定亚细亚生产方式是完全不同于普遍史观的特殊叙事，二者截然对立、必居其一。《涂文》指出："马克思在《资本论》手稿中对三大所有制形式的考察，仍然是在西方历史进步谱系中展开的，是基于普遍史观背景下的历史认知。马克思把'亚细亚的'所有制或'亚细亚的'生产方式嵌入象征历史进步的社会形态演进谱系，表明他当时对东方社会'亚细亚的'残存还缺乏足够的了解和认识；他坚持印度、中国和俄罗斯等国必须满足资本主义的发展条件，承认英国的入侵和印度的牺牲都是历史发展所必需的代价，希望西方列强的入侵能引发旧中国的解体和革命，建立'自由、平等、博爱'的资产阶级共和国，等等，这一系列关于东方社会的看法，表明马克思还在逐步摆脱黑格尔式的普遍史观和进步观念的羁绊。"[①] 这样，《涂文》就把作为普遍史观系列一个环节的亚细亚生产方式与作为东方国家特殊形态的亚细亚生产方式完全分割开来、绝对对立起来。《涂文》作者认为，如果承认亚细亚生产方式是普遍史观系列中的一个环节，就必然使得"亚细亚生产方式"失去了作为东方独特性表述的标签，必然沦为普遍主义历史观的附庸；如果肯定亚细亚生产方式属于完全脱离于普遍史观的特殊史观的范畴，就无法根据五种生产方式依次更替的普遍原理来阐明中国、印度与俄国等国家社会历史的发展规律。

---

① 涂成林：《世界历史视野中的亚细亚生产方式——从普遍史观到特殊史观的关系问题》，《中国社会科学》2013年第6期。

第七章　亚细亚生产方式的二重性质与历史地位

综观全文,《涂文》在亚细亚生产方式与普遍史观、特殊史观的关系问题上始终游移不定、左右为难,最终无法给出明确的观点。《涂文》一方面指出要提出关于东方社会的正确见解,就必须走出以欧洲中心主义与历史进步观念为特征的欧洲史观,这无疑是正确的;但《涂文》另一方面提出应当表达出同普遍主义历史叙事不同的特殊历史叙事,即应当完全抛开普遍史观来构建东方的特殊史观,这无疑是错误的。关于如何构建中国史观,《涂文》作者指出:"梳理中国现代学术史,不难看出,自郭沫若以降,中国学者对中国历史发展的种种解释和论说,大多是在关注和研究东方特殊的亚细亚生产方式过程中,全盘接受马克思社会形态演进论和斯大林历史发展阶段论,并用之于解释和论证中国历史发展的进程。这种现象的实质,是用理论逻辑和普遍规律去剪裁历史、改造历史甚至是阉割历史。研究中国特殊的社会历史进程,必须彻底摆脱'普世主义'历史观的影响。"[①] 在此,一方面《涂文》正确地指出了不能套用五种生产方式的理论来解释中国社会历史,而应当认真研究中国的历史发展模式和现实发展经验;另一方面,《涂文》又断然否定了"普世主义"历史观的作用,明确反对用普遍史观的一般规律去解释中国社会历史。很显然,这是矫枉过正,从一个极端走向另一个极端,即从欧洲中心主义理念、套用五种生产方式理论来解释东方社会历史,走向否定唯物史观的普遍适应性与一般指导性。究其原因,还是因为《涂文》把马克思五种生产方式理论与斯大林五个社会形态学说作为马克思主义的普遍史观,从而把普遍史观与特殊史观完全分割开来、对立起来。因此,我们一定要科学地理解普遍史观与特殊史观的科学含义,一定要在二者之间的辩证关系之中来理解亚细亚生产方式的具体含义及历史地位。

关于普遍史观与特殊史观的关系,《涂文》指出:"马克思对亚细亚生产方式的思考经历了一个从普遍史观到特殊史观的过程。"这显然是说马克思离开了普遍史观而去构建特殊史观,从而否定了唯物史观对东方国家的普遍适用性与对研究东方社会历史的一般指导作用;"从俄国革命所提供的'俄国道路'与'俄国方式'到斯大林的社会发展'五形态

[①] 涂成林:《世界历史视野中的亚细亚生产方式——从普遍史观到特殊史观的关系问题》,《中国社会科学》2013年第6期。

说',恰恰经历了一个从特殊史观到普遍史观的回归。"① 这虽然批评即否定了东方史观而照搬西方史观,用西方史观去剪裁、改造甚至是阉割东方社会历史的倾向,但却肯定了以"五种生产方式"理论为核心的欧洲史观是马克思主义的普遍史观。关于如何构建中国史观,《涂文》提出:"在建构中国史观的过程中,三个不可或缺的要素是:中国的历史发展模式和现实发展经验,这是我们研究和总结中国史观的历史现实背景;马克思的社会形态理论和晚年的东方社会思想,这是我们厘清和梳理中国史观的基本理论框架;俄国十月革命所开启的'俄国道路'及其社会主义实践的嬗变,是我们建构中国史观不可缺少的启示与借鉴。这三方面所形成的中国'合题',就是未来我们确立中国史观的基本框架。"② 值得肯定的是,《涂文》试图从普遍性与特殊性的统一、中国自身历史特征与相关外部参照系的结合来建构中国史观。遗憾的是,《涂文》却没有在普遍史观与特殊史观统一的基础上正确地提出构建中国史观的科学见解,《涂文》关于如何构建中国史观的设计也存在着许多严重的纰漏。其一,所谓"中国的历史发展模式和现实发展经验",没有其明确的分析视角,更没有突出强调亚细亚生产方式对中国历史与现实的至关重要的影响;其二,所谓"马克思的社会形态理论和晚年的东方社会思想",没有具体内容所指,语焉不详,更没有突出唯物史观与马克思亚细亚生产方式理论的科学指导作用;其三,只提到"俄国十月革命所开启的'俄国道路'及其社会主义实践的嬗变",而漏掉了与中国具有相同的历史环境与基本国情的亚洲大国——印度的社会历史与现实发展,其外部借鉴有明显的局限性与片面性。由于这些问题的存在,《涂文》关于建构中国史观的基本设想基本上是不合理的,也是不可行的。

特别需要指出的是,《涂文》明确地提出了应当正视"以土地公有、国家主导、自给自足等特色而存续的亚细亚生产方式,究竟在催生和保持中国社会历史发展的'超稳定结构'中发挥着何种作用?当前在我国行之有效的国家主导的社会发展模式是一种完全区别于欧美国家的市场

---

① 涂成林:《世界历史视野中的亚细亚生产方式——从普遍史观到特殊史观的关系问题》,《中国社会科学》2013年第6期。
② 同上。

第七章 亚细亚生产方式的二重性质与历史地位

经济模式,这种模式与历史上的亚细亚生产方式和社会结构有何内在联系"① 等一系列具有重要现实意义的重大问题,这表明其作者已经看到了亚细亚生产方式同中国社会历史发展道路与现实发展模式之间的密切联系。这充分体现了理论探讨服务于实践需要、历史研究服务于现实发展的基本要求与科学研究的问题导向。然而,在关于如何构建中国史观的基本框架的设计中,《涂文》却完全漏掉了如何科学认识与正确解决亚细亚生产方式在中国社会历史与现实发展中的地位与作用这一具有决定性意义的重大问题,这显然是《涂文》从世界历史视野来研究亚细亚生产方式,进而探索普遍史观与特殊史观的一大不足,也是其作者试图基于普遍史观与特殊史观的关系来构建中国史观的一大缺陷。为此,笔者认为建构中国史观应当具备的三个不可或缺的要素是:(1)马克思的普遍史观即唯物史观与以亚细亚生产方式学说为核心的马克思东方社会理论,这是我们厘清和梳理中国社会历史进程、构建中国史观的科学指南与总体框架;(2)中国社会所处的特殊历史环境、中国社会发展的特殊路径及其重要影响,中国经济发展与社会制度的特定模式,这是我们研究和总结中国史观的历史背景与现实基础;(3)与中国社会历史及现实发展具有密切联系的"苏联模式""印度模式"及其改革、嬗变,这是建构中国史观所不可缺少的外部经验借鉴与启示。不仅如此,我们还应当在普遍史观与特殊史观统一的视域内把上述三个要素有机结合与内在统一起来,全面地阐明亚细亚生产方式的基本特征及其在中国社会历史与现实发展中的决定作用与重要影响。只有这样,我们才能科学地解读马克思亚细亚生产方式理论,科学地解释中国社会形态的基本性质、揭示中国社会历史的发展规律,从而进一步丰富与发展唯物史观这一科学的普遍史观,探索与构建中国史观这一崭新的特殊史观。

---

① 涂成林:《世界历史视野中的亚细亚生产方式——从普遍史观到特殊史观的关系问题》,《中国社会科学》2013 年第 6 期。

第八章　亚细亚生产方式的典型国家

马克思在对亚细亚生产方式进行论述时，不仅指出了亚细亚生产方式的一般特征，而且涉及了一些具体的东方亚细亚国家，例如印度、中国、埃及、波斯、土耳其与俄国等。这些国家既具有亚细亚生产方式的一般特征，又具有亚细亚生产方式各种特殊形式，具有鲜明的民族特色。例如，印度在政治上相对缺乏高度中央集权的官僚制度的特征；中国在土地制度上带有浓厚地主所有制特征，因而土地公有性不够明显；俄国亚细亚生产方式明显缺乏国家组织水利灌溉的特征，其经济和政治上的集权专制主要是由于受到蒙古民族入侵等其他原因造成的。[1] 马克思还根据亚细亚生产方式在各个国家存在的不同情况，把这些国家的亚细亚生产方式分为三种类型：真正的亚细亚生产方式（印度、中国和埃及）、次亚细亚生产方式（俄国和波斯）和准亚细亚生产方式（古希腊时期或晚期的罗马或拜占庭帝国）。[2]

一　印度：亚细亚生产方式的典型国家

马克思指出，无论在埃及和印度，还是东方其他国家，都是利用泛滥来施肥，利用河中涨水来灌溉。节省和共同用水是基本的要求。这种要求在西方曾使现代企业家结成自愿的联合，但是在东方由于文明程度太低以及地域幅员太大，就不能产生自愿的联合，就要有集中统治的政

---

[1] 参见［意］翁贝托·梅洛蒂《马克思与第三世界》，商务印书馆1981年版，第88—89页。

[2] 同上书，第86页。

第八章 亚细亚生产方式的典型国家

府来干预，这些国家的政府除了一般公共管理职能之外还承担了举办公共工程、服务于农业生产的职能。马克思以印度为例说明了这两种情况：一方面，印度人民像东方各国人民一样，把作为他们农业和商业的基本条件的大规模公共工程交给中央政府去主持；另一方面，印度人民散处全国各地，因有农业和手工业相互间的宗法性的联系而聚集于各个细小中心点，这使印度从最古的时候起，就产生了一种特殊的社会制度，即农村公社制度，它使每一个这样的细小团体具有独立的性质，并使其陷于孤独存在的地位。

（1）古代印度的土地制度是村社或国家所有，实质是王有而不是奴隶主个人私有。第一，国王有权把土地随意赐赠给贵族。第二，国王有权收回赐地或无主土地。由农村公社掌握的土地是国有土地的基本部分，国家通过直接征收租税来体现它的所有权。土地也可赐赠给婆罗门、寺庙和官吏，但实际上给他们的是征收租税的权利。

（2）君主专制制度。由分立的城邦发展为统一的专制帝国，是古代世界带有普遍性的规律。古代印度也经历了这一过程。十六国中的摩羯陀扮演了统一列国这一角色。但摩羯陀帝国是个松散的帝国，各个地区在政治、经济和文化上都保有很大的独立性。无论从孔雀帝国的官职名称中，还是从考底利耶的薪体等级表中，都看不到完整的官阶系统，更谈不上像中国郡县制那样严密的地方统治体系。

（3）国家控制下的村社制度。古代印度进入阶级社会后，尽管还保留了原始公社的许多内容和形式。从客观方面来看，村社是有其存在的经济基础的，即自然经济占统治地位，商品经济很不发达，同时，小农经济力量薄弱，进行生产还要借助于农村公社拥有的集体力量。但这时，村社乃至整个社会的性质和作用已经起了根本的变化，完全不同于原始的公社制度。这表现在：土地的共有已蜕变为国家所有或国王所有，而由村社占有。但这往往给人以假象，似乎土地继续属于村社所有，或村社和国王共同所有。之所以产生这样的错觉，是由于在经历过的各个历史阶段中土地是通过村社掌握和分配的。

农村公社以原有的形式继续存在有利于专制制度的统治，同时它又通过各种方式，变农村公社为专制制度的统治工具，成为专制国家的基层单位。它们所保存的只是农村公社的形式，村社的性质已经发生了根本的变化。历代专制王朝有一套严密的行政体制来控制村社。《摩奴法典》把村的行政首领叫作"格",在农村,从上到下有一套行政机关和一支官吏队伍,专制国家通过他们控制村社。村社既保存了原有的行政结构,又按照国家的需要在内部作了调整,逐渐成为国家的一部分。专制国家对村社的直接控制,一是通过其任命的村社首领进行统治,加强对村社的控制。二是派驻军队,就要在两个、三个以至一百个村庄之间驻扎军队。三是国家设置征税官吏,从经济上进行剥削村社。村社已经成为剥削阶级的工具,是他们进行统治和剥削的基层组织。村社存在的仅是躯壳,由于它可以适应各种剥削方式,又可欺骗群众减少反抗,所以统治者也乐于利用它。

(4) 租税合一。租税合一是印度古代亚细亚社会的一个重要特征。印度村社农民必须向国家缴纳租税。这种租税形式是国家既作为土地所有者,又作为主权者的二重身份所决定的。在这里,"地租和赋税就会合为一体,或者不如说,不会再有什么同这个地租形式不同的赋税"。[①] 从土地所有权角度来看,农民交的是地租,农民的剩余产品只由国家占有。从主权者国家的角度看,收取的又是赋税。因此,产生了租税合一的形式。

二 中国:亚细亚生产方式的社会形态及其历史发展

(一) 中国社会性质大论战

1927—1937年第一次国内战争时期,"中国现在是什么社会?""中国应走什么道路?""中国向何处去?"这样一些严峻的问题摆在全国人民面前。为了正确解答中国社会的性质与发展方向问题,就需要研究中国古代社会历史和当代社会的性质。陶希圣在1929年出版了《中国社会之史的分析》《中国封建社会史》两本书,率先将问题引入社会史领域,而1930年出版的郭沫若的《中国古代社会研究》一书,则对中国古代历史研究沿着五种社会形态的路径迈进,提出了代表性的观点。1931—1933年,王礼锡主编的《读书杂志》先后策划出版四期"中国社会史的论战"

[①] 《资本论》第3卷,人民出版社2004年版,第894页。

第八章 亚细亚生产方式的典型国家

专号,中国社会史论战形成高潮。

当中国社会性质的争论全面展开后,论战又从现实转到历史,引起了大规模的对中国社会史问题的论战。中国社会史问题论战围绕四个主要问题展开:一是关于"亚细亚生产方式"问题,即马克思所说的亚细亚生产方式是什么?亚细亚生产方式在中国历史上是否出现过?二是"有奴"还是"无奴"的问题,即奴隶社会是不是人类必经的社会阶段,中国历史上是否存在奴隶社会?三是关于封建社会的问题,即中国封建社会始于何时,终于何时?有何特征?四是关于"商业资本主义社会"问题,即现阶段中国社会的性质以及中国社会应向何处去的问题。围绕这些问题,形成了四种不同的理论观点。

(1)"新生命派"的"亚细亚"特殊论。1928年,陶希圣与周佛海等在上海编辑《新生命》杂志,组成"新生命派"。同年10月,陶希圣在《新生命》杂志上发表题为《中国社会到底是什么社会》的论文,与"新生命派"成员一道,撰文否认中国半封建半殖民地的社会性质。1929年陶希圣刊《中国封建社会史》及《中国封建制度的消灭》,认为周代为封建社会——"与公社制结合的封建制"。这是"中国的亚细亚生产方式时代"。所谓亚细亚生产方式,即为"与公社制结合的封建制"。秦合六国,"废封建而置郡县",中国社会性质由此一变,封建制度遭遇分解,不得再称封建社会。鸦片战争时期,中国已非"封建",而为"金融商业资本之下的地主阶级支配的社会,而不是封建制度的社会",本质是资本主义社会。在这个历史序列中,奴隶社会缺位。陶希圣的观点实际上是一种中国社会"亚细亚"特殊论,指证中国离开世界一般道路,走出自我发展的独特途径。陶希圣在《中国社会之史的分析》中认为,中国长期存在两大阶层:士大夫与农民。"士大夫阶级"是一个特殊的社会群体,其为"超阶级的、超出生产组织各阶级以外,自有特殊的利益",其实就是官僚阶级。

(2)"新思潮"派:中国已成为"半殖民地半封建"社会。"新思潮派"成员有潘东周、王学文、吴亮平、李一氓、张闻天、何干之等。这个学派的代表人物为何干之、张闻天、郭沫若等。他们认为,近代以来帝国主义入侵中国,这时的中国虽有"资本"因素的产生,但封建力量依然强大。由此中国落入半殖民地半封建境地。何干之在《中国社会性质问题论战》和《中国社会史问题论战》等论著中认为,社会史论战所关涉的问题是非常复杂的，由目前的中国起，说到帝国主义侵入以前的中国，再说到中国封建制度的历史，又由封建制说到奴隶制度，再说到亚细亚生产方式。所有这一切，都是为了决定未来方向而生出彻底清算过去和现在的要求。何干之认为，主张"日耳曼没有经历过奴隶制度"的说法是错误的，强调中国与世界走过一样的道路，对中国"没有经历过奴隶制度"的论点作了坚决的否定。在张闻天看来，广大的中国农民群众处在帝国主义、地主、资产阶级军阀官僚的重重压迫之下，他们起来做反抗的革命斗争，是这种压迫必然产生的结果。郭沫若在《中国古代社会研究》一书中，根据斯大林的五种社会经济形态理论把鸦片战争前的中国历史依次叙述为原始社会（"大抵在西周以前即是所谓'亚细亚'的原始共产社会"）、奴隶社会（"西周是与希腊、罗马的奴隶制时代相当"）、封建社会（东周以后，特别是秦以后，才真正进入封建时代）等几种社会形态有规律更替的历史，并认为中国历史已经历了殷周之际的奴隶制革命、周秦之际的封建制革命、清末的资本制革命。从中国历史的角度证明了以五种社会形态理论为核心的社会发展规律以及社会革命的学说也适用于中国。

（3）"读书杂志"派的奴隶社会否定说。1931年4月，王礼锡、陆晶清主编《读书杂志》，由神州国光社出版。《读书杂志》创刊号辟"中国社会史论战"专栏时，王礼锡曾有说明：中国社会的性质是一个很重要的问题，如果没有正确的认识，很难确定中国政治的前途。所以本杂志特为这个问题，设一个"论战"，第二、第三期对这个问题都有意见不同的文章发表。李洪岩说，专栏第一期发表朱其华与陶希圣有关中国封建制度问题的通信，致使论战正式开始。在此之后，北京、天津等地学者纷纷参与讨论，且波及海外。此时的讨论已经涉及古代历史方面的内容，但其中心乃围绕中国社会性质问题而展开。也就是说，是围绕着现实问题而展开的。对于亚细亚生产方式理论，对于中国社会的性质，王礼锡发表了自己的观点。王礼锡认为，自秦至鸦片战争，中国社会大体上是封建社会。关于中国有没有奴隶社会，他持这样的观点：在中国的各时代，奴隶是从来有的，但"不曾在生产上占过支配的地位"。王礼锡还进一步断言，奴隶社会这个阶段不但在中国找不出，就在欧洲也不是各国都要经过这个阶段，德国、英国就没有经过这个阶段。所以我们不必机械地在中国去寻找奴隶社会这个阶段。胡秋原指出，社会发展的基

第八章 亚细亚生产方式的典型国家

本阶段应该是：原始共产主义社会、氏族社会、封建社会、前资本主义社会、资本主义社会及帝国主义时代。奴隶社会只是封建社会末期，商业资本发展后形成的特殊社会形态，这在海岸国家达其发展之极致，不必将其视为社会必经的过程。在中国，没有像希腊、罗马那样的奴隶制度，即使有奴隶的存在，也不必名之以"制度"。

（4）"动力派"的奴隶制否定论及中国"资本主义社会"论。李季、王宜昌、杜畏之组成所谓"托陈派"（"少数派""反对派"或"机械派"）。严灵峰、任曙、刘仁静等组成"动力派"，因《动力》杂志得名。1927年大革命失败后，陈独秀指出中国资产阶级民主革命任务已经完成，封建势力已"受了最后打击"，"变成残余势力之残余"，无产阶级需等待资本主义发展到某种程度后进行社会主义革命。李季与"动力派"所持主张，大体就是陈独秀的观点。李季不认为奴隶社会是人类必经的社会阶段，他在《中国社会史论战批判》序言中说，中国自秦汉以后，因产业特别是因商业的发展而产生大量的奴隶，这是事实，但绝没有形成古代希腊、罗马那样的奴隶制度，因此在经济中也绝没有占主要的地位。在这两千年的经济中占主要地位的是农工业直接结合的半封建的小农生产。氏族社会崩溃后，可以经由奴隶社会到达封建制度，可以经由另一种社会构成即亚细亚生产方式到达封建制度。其实各国经济的发展并不是一定都要取这种途径的。例如德意志人就是由马克经济转入农奴和奴工制（封建制度），既没有经过亚细亚生产方式的阶段，也没有经过奴隶制度。王宜昌得出结论，中国社会是资本主义的社会了，封建制度是腐朽了，没落了。王宜昌与任曙、严灵峰等人都认为中国社会乃资本主义占优势。

（二）亚细亚生产方式与中国社会形态的特殊性质

中国社会性质大论战所提出的基本观点分为两大类：一类是五种社会形态理论肯定论，另一类是五种社会形态理论否定论。二者的根本分歧在于中国社会是否按照五种社会形态依次演进的规律发展，其具体分歧有三点：一是中国历史上是否存在亚细亚生产方式；二是中国历史上是否存在奴隶制度；三是现代中国社会是资本主义社会还是半殖民地半封建社会。笔者认为，中国社会性质大论战的最大成果是对五种社会形态理论的讨论，最大的不足在于没有突出亚细亚生产方式及其发展在中国社会和中国历史中的重要地位，没有以马克思亚细亚生产方式理论为指导来研究中国社会性质与历史发展规律。因此，笔者认为我们应当而且必须继承马克思关于亚细亚生产方式的科学理论，以此为指导研究中国社会性质与发展规律。

亚细亚生产方式理论，是马克思关于人类文明起源与东方社会特征的著名理论，这一理论对于我们科学地认识中国及东方社会形态的基本性质与历史发展具有重要的指导意义。长期以来，在亚细亚生产方式与中国古代社会性质的研究中，最有争议的焦点问题就是：亚细亚生产方式是人类社会一般的生产方式还是一种特殊的社会生产方式？中国古代社会是与西方奴隶社会及封建社会相同的社会形态还是一种不同于西方古代社会的特殊社会形态？对此，我国著名历史学家侯外庐先生指出："这个问题是关系到中国古代社会的一个至关重要的问题。如果不懂得生产方式，不弄清亚细亚生产方式究竟是什么，就不可能科学地判明中国古代社会的性质。"[①] 笔者认为：要科学地解决亚细亚生产方式历史定位与中国古代社会基本性质这一重大问题，一方面应当科学地解读马克思的亚细亚生产方式理论，全面把握亚细亚生产方式的科学含义与历史地位；另一方面，应当在马克思亚细亚生产方式理论指导下以中国古代社会的客观事实为依据，科学研究并阐明中国古代社会的特殊性质与特殊规律。

1. 可能性

许多学者认为，马克思所说的亚细亚生产方式不是在"五种生产方式"之外的特殊的生产方式，而是人类社会普遍共有的一般社会形态。具体说来，"亚细亚生产方式一般论"包括三个主要观点：（1）"亚细亚生产方式"是指原始社会；（2）"亚细亚生产方式"是指东方不发达的奴隶社会或者变种的封建社会；（3）"亚细亚生产方式"是指从原始社会转向阶级社会的过渡阶段。从总体上来说，"亚细亚生产方式一般论"认为中国古代社会只能是与西方一样都是奴隶社会与封建社会，而不可能是与西方古代社会不同的特殊社会形态。[②] 这种观点否定了亚细亚生产方式的特殊含义，否定了中国古代社会具有特殊性质的可能性。同时，也

[①] 侯外庐：《我对中国社会史的研究》，《历史研究》1984年第3期。

[②] 亚细亚生产方式不能独立于基本社会形态之外，在中国古代，它只是奴隶制社会形态的另一种路径，也不能把中国两千多年的封建社会归结为"亚细亚生产方式"。参见侯外庐《我对中国社会史的研究》，《历史研究》1984年第3期。郭沫若认为，"五种生产方式"的历史理论对于中国也是适用的，他说："中国人不是神，也不是猴子，中国人所组成的社会不应该有什么不同。"（参见郭沫若《中国古代社会研究》自序，1929年9月）

第八章　亚细亚生产方式的典型国家

有学者认为马克思所说的"亚细亚生产方式"是亚洲或东方社会所特有的生产方式，中国古代社会是不同于西方古代社会的一种特殊社会形态。还有学者认为，应当从普遍性与特殊性两个层次来考察亚细亚生产方式。作为"世界历史之母"，亚细亚生产方式在世界历史范围普遍存在；作为特殊生产方式，亚细亚生产方式只在亚洲与东方国家存在。这种普遍性和特殊性的统一概括了亚细亚生产方式的全部内容，反映了它发展的基本规律。[①] 笔者认为，在亚细亚生产方式问题上，我们不仅应当看到亚细亚生产方式的普遍存在与一般含义，而且应当承认亚细亚生产方式的特殊存在与特殊含义；在中国古代社会性质问题上，我们既要研究与遵循人类社会发展的一般规律，又不能无视中国古代社会发展的特殊规律，更不能削足适履，把中国古代社会历史人为地塞到"五种生产方式"理论的框子中去。

中国古代社会性质一般论者认为，原始社会、奴隶社会、封建社会、资本主义社会与共产主义社会五种生产方式依次递进是人类社会发展的一般规律，马克思所说的亚细亚生产方式只能是"五种生产方式"递进系列中的某一阶段，而不可能是在这个"一般系列"之外的特殊阶段。这种观点的要害是把亚细亚生产方式完全一般化，进而否定中国古代社会的特殊性质。普遍性和特殊性及其关系是理解"亚细亚生产方式"与中国古代社会性质的关键，马克思正是依据"亚细亚生产方式"的普遍性与特殊性的二重规定性，对"亚细亚生产方式"作出了狭义和广义的两种理解。一方面，"亚细亚生产方式"是与古代农业生产相联系的生产方式，它作为原始社会的最后阶段，其存在具有原始性与普遍性。另一方面，"亚细亚生产方式"是在亚洲乃至东方进入文明社会后长期存在的独特的生产方式，因而具有文明性与特殊性。从其原始性与普遍性方面来看，亚细亚生产方式是原始社会的"最后阶段"即向文明社会发展的"过渡阶段"，因而是人类从原始社会向文明社会转变发展所普遍经历的必经阶段；从其文明性与特殊性方面来看，亚细亚生产方式是亚洲与东方社会的文明社会的最初形态，也是继原始社会解体以来在印度、俄国、中国等落后的农业大国中一直存在的以土地国有制为基础的前资本主义生产方式。可见，"亚细亚生产方式"具有二重含义，即广义的或普遍的

---

① 吴大琨：《亚细亚生产方式与东方社会发展道路》，《中国社会科学》1994年第4期。

"亚细亚生产方式"与狭义的或特殊的"亚细亚生产方式"。

广义的亚细亚生产方式的普遍性,在逻辑上表现为它体现的一切农村公社共同具有的"公社所有制+个人所有制"的普遍特征,在历史上表现为一切民族都共同经历过的普遍阶段——农村公社阶段。农村公社所有制的一般特征包括两个方面:一方面在农业公社中牲畜、生产工具、住宅、宅旁园地属社员私有;另一方面,土地是公社的公共财产,不准转卖,定期在农业公社社员之间进行重新分配,每一社员独立耕种分给他的土地,占有其劳动产品。因此,农村公社所有制是一种包含公有和私有两种因素在内的"二重性"所有制,这是农村公社所有制的本质特征。马克思指出,作为"亚细亚生产方式"的原生形态,土地公有的"村社是从印度起到爱尔兰止各地社会的原始形态",[①] 这种具有二重性的农村公社是一切文明民族共同的历史起点。在这一历史起点上,农村公社有两种可能的发展前景:或者私有原则在公社中战胜集体原则,或者是后者战胜前者,二者必居其一;如果私有原则战胜集体原则必然导致公社的解体,如果集体原则战胜私有原则必然使公社以新的形式延续下来。因此,这种二重性的农村公社,既有可能进一步发展为个人摆脱公社这个小共同体而成为产权主体的私有制社会,也有可能发展为个人与公社皆沦为一个大共同体——国家的奴隶而进入一个以国家为产权主体的"公有制"即国有制社会。一切皆有可能,其实际结果决定于世界各个地区、国家具体的自然条件与社会条件。马克思深刻地揭示了农村公社所有制的可变性,即以农村公社为代表的亚细亚生产方式发展的多种可能性。狭义的或特殊意义上的亚细亚生产方式,是广义的一般意义上亚细亚生产方式的延伸形态,它的特殊性在逻辑上表现为"国家所有+公社占有"的固有特征,在历史上表现为只有亚洲及东方国家才经历的特殊阶段,是亚洲及东方所特有的生产方式。从亚细亚生产方式的二重含义与双重存在来看,亚细亚生产方式作为一种特殊的生产方式、中国古代社会具有不同于西方社会的特殊性质是完全可能的,那种无视亚细亚生产方式与中国古代社会的特殊性而把它们完全一般化的做法是错误的。

---

① 《马克思恩格斯选集》第 1 卷,人民出版社 1995 年版,第 272 页。

第八章 亚细亚生产方式的典型国家

2. 必然性

马克思指出,从其历史地位来说,亚细亚生产方式不仅是人类社会从原始社会向文明社会过渡的一般形式,而且也是亚洲与东方国家进入文明社会后长期存在的特殊形式。马克思指出:"农业公社既然是原生的社会形态的最后阶段,所以它同时也是向次生的形态过渡的阶段,即以公有制为基础的社会向以私有制为基础的社会的过渡。"[①] 作为亚细亚生产方式的一般形式、从原始社会向文明社会转变的过渡形式与人类文明的共同起点,农村公社具有不同于它之前的氏族公社的三大主要特点:一是氏族公社是建立在其成员的血缘关系基础之上的,农村公社则割断了这种狭隘的血缘关系,扩大了其活动范围并建立了同其他公社之间的联系。二是农村公社中生产工具、房屋及其附属物——园地已经是个人的私有财产。三是农村公社的耕地虽然仍归公社所有,但已经由单个农民自己耕种并定期在公社成员之间进行分配,产品归个人所有。这些特点说明农村公社既是从氏族公社脱胎而来的,又处于原始社会向文明社会过渡的阶段上。这种二重性的农村公社在历史发展中究竟发生何种变化或者说究竟会产生怎样的解体形式,部分地取决于公社的天然性质,部分地取决于公社在怎样的经济条件下实际上以所有者的资格对待土地。"而这一切又取决于气候、土壤的物理性质、受物理条件所决定的土壤开发方式、同牧人部落或四邻部落的关系,以及引起迁徙、引起历史事件等等的变动。"[②] 这就是说,这种二重性的农村公社在不同的历史条件下必然产生不同的发展形式。从人类历史发展的实际情况来看,由于各自不同的自然条件与社会条件在东西方分别形成了农村公社解体的三种主要形式:亚细亚公社、古典古代公社与日耳曼公社。

在西方,古典古代公社主要存在于古希腊与罗马等国家。古典古代公社的最主要特征是:所有制表现为国家所有同私人所有相并列的双重形式,一部分土地留给公社本身支配,成为公有地;另一部分则被分割,成为每一个公社成员的"私有财产"。公社财产(作为国有财产)和私有财产是分开的。日耳曼公社主要存在于欧洲大陆,它的最主要特点是:基本上实行个人所有制即私有制,公社表现为私人所有者的联合,个人

[①] 《马克思恩格斯全集》第19卷,人民出版社1998年版,第450页。
[②] 同上书,第484页。

所有制表现为公社所有制的基础。公有土地作为猎场、牧场、采樵地等，仅仅表现为个人所有制的补充，只是个人占有土地的公共附属物。每一个家庭就是一个经济整体，它本身单独地构成一个独立的生产中心，公社及其财产的存在只表现为这些独立主体之间的联系。

在东方，亚细亚公社作为农村公社解体的一种特殊形式，存在于印度、中国等亚洲及东方一些国家之中。作为亚细亚生产方式的特殊形式，亚细亚公社的最主要特征有四个方面：一是在以自然形成的共同体的基础上，实行土地公有即国家（国王）所有与公社占有。作为凌驾于公社之上的更高的所有者或唯一的所有者，国王不仅是公社土地的实际所有者，也是公社成员人身的所有者，他把公社成员作为自己的财产——奴隶，即"国家奴隶制"或"普遍奴隶制"下的奴隶。二是国家占有公社的产品。公社剩余产品属于作为最高统一体的国家。三是在公社内部实行土地共同占有，个人以公社成员的身份使用土地，各个家庭在国家通过公社分配给他的份地上独立地从事劳动。四是公社经济是自然经济，"生产的范围仅限于自给自足，农业和手工业结合在一起"。"各个小公社彼此独立地勉强度日。"[①] 在这种亚细亚共同体中存在着三个不同层次：最高层次——专制君主，作为凌驾于一切共同体之上的统一总体的体现者，他是全国土地最高的、唯一的所有者；中间层次——农村公社，作为国家的代理人，它是土地的实际占有者；最低层次——农村公社共同体内的个人，作为国家—公社共同体等"实体"的附属物，他是土地的直接使用者。

马克思指出，农村公社在不同历史条件下所产生的不同发展形式必然会形成不同的社会形态。古典古代的和日耳曼的这两种具有公有因素的公社最终被奴隶制和农奴制败坏，前者发展为奴隶社会，后者发展为封建社会。亚细亚公社则在土地共同占有的基础上实行了国家所有制，进而形成了特殊的亚细亚社会。从总体上来看，以私人所有制为基础的"古代农村公社"和"日耳曼农村公社"是人类文明产生的"西方形式"，而以国家所有制为基础、以"亚细亚公社"为代表的东方古代社会则是人类文明产生的"东方形式"。可见，作为"人类文明之母"的农村公社生产方式是亚细亚生产方式的一般形式，以公社占有、国家所有与

---

① 《马克思恩格斯全集》第 30 卷，人民出版社 1995 年版，第 468 页。

专制制度为特征的生产方式是亚细亚生产方式的特殊形式。因此，中国古代社会不可能是一般的而必然是一种特殊的社会形态——亚细亚社会。可见，亚细亚生产方式特殊的发展形式必然使亚细亚生产方式成为东方社会所特有的生产方式，使中国古代社会不仅必然具有特殊的性质而且使中国古代社会成为一种"中国特色"的亚细亚社会。

3. 现实性

根据马克思有关论述，亚细亚生产方式的主要特点是：（1）土地是公有或国有的；（2）直接生产者主要是农村公社中的农民，农业和手工业是密切结合的；（3）生产者以贡赋的形式，把剩余劳动和剩余生产物贡献给作为土地所有者的国家统治者；（4）在政治上实行专制制度，政府承担水利灌溉等公共工程。[1] 从客观实际来看，这些特点在中国古代社会历史上都是存在的。

首先，中国古代社会实行特殊的所有制形式——国家所有制。马克思指出："东方一切现象的基础是不存在土地私有制。这甚至是了解东方天国的一把真正的钥匙。"[2] 在亚细亚的农村公社中，"单个的人从来不能成为所有者，实质上他本身就是作为公社统一体体现者的那个人的财产，即奴隶。"在这种亚细亚共同体所有制形式中，大共同体——国家是真正的所有者，小共同体——公社是直接占有者，个人——公社社员是土地的具体使用者。因此，在实行这种亚细亚式的共同体所有制形式下，每一个单个的人在事实上失去了财产，或者说，个人被剥夺了财产所有权。马克思指出："在大多数亚细亚的基本形式中，凌驾于所有这一切小的共同体之上的总合的统一体表现为更高的所有者或唯一的所有者，实际的公社却只不过表现为世袭的占有者。因为这种统一体是实际的所有者，并且是公共财产的真正前提，所以统一体本身能够表现为一种凌驾于这许多实际的单个共同体之上的特殊东西"。[3] "如果不是私有土地的所有者，而像在亚洲那样，国家既作为土地所有者，同时又作为主权者而同直接生产者相对立……在这里（亚细亚），国家是最高的地主。在这里，

---

[1] 参见吴大琨《亚细亚生产方式与有中国特色的社会主义》，《社会科学战线》1993年第1期。
[2] 《马克思恩格斯全集》第28卷，人民出版社1998年版，第265页。
[3] 同上书，第473页。

主权就是在全国范围内集中的土地所有权。"① "公社的一部分剩余劳动属于最终作为个人而存在的更高的共同体，而这种剩余劳动既表现在贡赋等等的形式上，也表现在为了颂扬统一体一部分地是为了颂扬现实的专制君主，部分地为了颂扬想象的部落体即神——而共同完成的工程上。"②

西方古代社会，实行以私有制为基础的奴隶主所有制与领主所有制。在中国等亚洲与东方国家，则实行土地国有制，即以国王与皇帝为代表、以贵族集团与官僚集团为主体的国家所有制。在中国古代，土地历来都是与国家主权相联系的。无论贵族、地主还是农民所拥有的土地，实际上只是一种土地占有权与使用权的具体分配，土地的买卖实际上是土地使用与支配权的让渡。秦以后的几乎每一次改朝换代，专制国家总是重新丈量土地、分配土地。这也反复说明土地的"国有"性质，即国家对土地的绝对的所有权，同时也充分说明中国古代并不存在真正的或一般意义上的土地私有制。马克思指出："土地所有制的前提是，一些人垄断一定量的土地，把它作为排斥其他一切人的，只服从自己个人意志的领域。"③ "它是抛弃了共同体的一切外观并消除了国家对财产发展的任何影响的纯粹私有制。"④ 这就是说，只有个人脱离共同体而独立、个人财产摆脱了共同体的外观与国家的控制，私有制才会产生；个人越独立，他的个人财产越能够摆脱共同体的外观和国家的控制，私有制也就越发达。相对于西方古代社会来说，中国古代社会中个人不仅没有从宗法共同体中独立出来，而且完全置于国家的奴役之下。因此，中国古代社会一个突出的特征就是缺乏土地或财产的私有制。就中国传统社会总体状况而言，产权的"国有"性质，植根于政治强制度化与产权非制度化的体制环境，通过政治的、经济的一系列策略，在各个历史时期都表现得无处不在，根深蒂固。长期被看作为"私有"形态的土地产权，细细考察就不难发现：它在收益权和处置权两方面都不独立、不完全，不论是自耕农还是地主私有土地，始终受到政治权力系统"主权就是最高产权"观念或强或弱、或显或隐的控制，处于"国有"的笼罩下，朝不虑夕，私

---

① 《马克思恩格斯全集》第 25 卷，人民出版社 1998 年版，第 891 页。
② 《马克思恩格斯全集》第 46 卷（上），人民出版社 1979 年版，第 473 页。
③ 《马克思恩格斯全集》第 25 卷，人民出版社 1974 年版，第 695 页。
④ 《马克思恩格斯选集》第 1 卷，人民出版社 1995 年版，第 131 页。

第八章 亚细亚生产方式的典型国家

有制极不充分、极不纯粹。①

其次，中国古代社会具有不同于西方社会的特殊的劳动方式。在西方古代社会，普遍采用奴隶主庄园或领主庄园的大规模协作劳动的劳动组织。与此相反，中国古代社会的基本生产方式是小农经济。它包括以小块土地个体所有制为基础的"自由"小农、国家授田制度下不自由的小农与租种地主土地的佃农。在中国进入文明社会初期，由于生产工具没有发生质变，再加之其他种种因素的作用，使得"公田共耕"的集体劳动组织形式——从原始社会延续下来的父系大家族公社一直保持到夏商时期。到商代后期，父系大家族公社解体，进入"公田私耕"阶段。从西周开始至春秋中期，西周时期青铜农具已使用于农业生产之中，尤其是新的起土工具耜的使用，促使了耕作方法的改变，出现了"耦耕"制的耕作方法。耜的使用和耦耕制的推行，使西周的农业生产组织缩小到父、子、孙三代规模家庭，由父子兄弟之间进行协作，三代父系大家庭成为社会基本生产单位。其后，随着土地的私有和铁器、牛耕的广泛使用，个体劳动能力进一步增强，到了战国初期东方各国农村的基本生产单位已是"一夫挟五口，治田百亩"的"五口之家"或"八口之家"。到商鞅变法时秦国规定"民有二男以上不分异者，倍其赋"。这表明，当时国家利用行政手段强制个体小家庭从父子兄弟大家庭中分离出来。至此，个体小农生产组织形式完全形成，一夫一妻制小农家庭的个体生产组织形式已经成为并且长期存在的基本农业生产组织形式。中国古代社会小农经济的主要形式是拥有小块土地的"自耕农"。自耕农有两种类型：一是在国家授田下拥有小块土地、个体耕种的农民；二是经由土地买卖而获得所有权、个体耕种的农民。中国古代的"自耕农"最早是由原来的农村公社成员转化而来的，开始他们依附于公社，后来则受到专制主义国家的强力支配，他们承担着种种义务，自由程度比较低下。除了自耕农之外，中国古代还产生了租种他人土地的佃农。战国后期租佃制得到迅速发展，"佃农"逐步成为重要的直接生产者。但中国的租地农民不同于西方封建领主制度下自耕份地并无偿为领主耕种庄园土地的农奴，他不是以劳役地租而是以实物地租的形式向地主提供剩余劳动，他

---

① 参见王家范《中国传统社会农业产权"国有"性质辩证》，《华东师范大学学报》1999年第3期。

不仅受地主剥削而且受地主与国家的双重剥削。这样,中国古代社会便形成了自耕农与佃农相结合的小农经济体系,前期与中期以自耕农为主,后期则以佃农为主。

再次,中国古代社会的生产形式表现为"自然经济—国家统制"的亚细亚生产形式。这种经济形式,一方面表现为以传统农业与手工业相结合基础上的自然经济,另一方面表现为国家垄断经济命脉、全面控制社会经济活动的统制经济。马克思指出,东方社会家庭手工业与农业相结合,形成了自给自足的经济形式。中国几千年来农业的主要经营方式,主要是以家庭为单位的小农经济。小农经济的一个重要特点就是农业与手工业结合,生产出来的产品都用来自己消费或绝大部分用来自己消费,而不是进行商品交换,是一种自给自足的自然经济。在这种自给自足的小农经济中,交换只存在于公社或村社的尽头,公社内部则由于农业和手工业牢固结合而导致交换不发达。小农的生产和再生产完全是在一个相对封闭独立的状态下完成的,生产和消费也是处于相对平衡和稳定的状态。"中国人的习惯是这样节俭,这样因循守旧,甚至他们穿的衣服正是以前他们祖先所穿过的。这就是说,他们除了必不可少的以外,不论卖给他们的东西多么便宜,他们一概不需要。"[①] 这种建立在小农业与家庭工业相互结合基础上的社会经济结构,严重地阻碍着商品经济的发展。同时,中国历代王朝一般都把主要的手工业、商业收归官府垄断经营,形成官营工商业。专制政府对主要手工业与商业的控制与垄断,一方面大大降低了生产经营的效率,另一方面堵塞了工商业自由发展的道路,抑制了自由的商品生产与商品交换的发展。

又次,中国古代的社会关系表现为亚细亚生产方式基础上特殊的生产关系与阶级关系。从其内容来看,中国古代社会亚细亚生产关系表现为"政经不分"的经济管理制度与"租税合一"的剥削方式。商周时期的"助耕公田"方式,其实质是国家劳役赋税剥削形态。到春秋时期,由于生产力的发展,私田被大量开垦出来,其结果出现了"公田不治"的情况,最后迫使各诸侯国"均田分力""与民分货",采取产品地租剥削形式。战国秦汉以后,专制国家对农民的剥削方式一般以实物地租为

---

① 《马克思恩格斯选集》第 1 卷,人民出版社 1995 年版,第 757 页。

第八章　亚细亚生产方式的典型国家

主。从其形式来看，国家对农民奴役与剥削关系表现为一种较为宽松的甚至仁慈的形式，从而成为一种以"仁慈的形式、暴虐的本质"为特征的生产关系。以这种生产关系为基础的社会，表面上看是家国一体、亲亲尊尊的"和谐社会"，实际上则是国家把农民置于奴隶般地位的对抗性社会形态。[①] 中国商周社会的主要劳动者是农村公社的农民，他们虽不是一般意义上的奴隶，但就其被奴役状态而言却接近于奴隶。在秦汉以来两千多年的中国社会里，国家凭借土地所有权与行政权力向农民大量征收租税，强迫他们服各种劳役，把他们置于奴隶般的依附地位。[②] 因此，中国古代社会制度是一种变相的奴隶制，是一种人人都不是奴隶、人人又都是奴隶的"普遍奴隶制"。在亚细亚生产方式及其生产关系基础上必然形成特定的阶级关系。中国古代社会的阶级结构不同于西方社会，它的主要的剥削阶级既不是以私有制为基础的奴隶主阶级与领主阶级，也不是依附于国家的"地主阶级"，而是以土地国有制为基础、以国家主权为依托、以国王与皇帝为代表、以贵族集团与官僚集团为主体特殊的剥削阶级——贵族阶级与官僚阶级。[③] 对此，有学者明确指出："在亚细亚式的国家里，土地是国有的，国家是最高的地主，它向全国的生产者——农民征收租税，国家依靠农民的租税养活一大批官僚，所以官僚在亚细亚式的国家里就是和别的国家里的地主、资本家一样的剥削阶

[①] 《汉书·食货志》曾生动地描绘了在统治者奴役下处于"普遍奴隶"地位的农村公社社员的生活状况，本来作为农村公社职员的"里胥""邻长"等充当了统治者的爪牙，把公社变成了"普遍奴隶"的集中营。（参见杨善群《井田制的原生、次生和再次生形态》，《青海师范学院学报》1983年第5期）

[②] 在亚细亚生产方式下小农处于普遍的被宰治状态。在西周及其以前是被以族立国的国家政权直接宰治，之后则是在国家与小农之间加进去一个地主这个经济上的中介。参见曹兵武《亚细亚生产方式·小农经济·中国古代文明》，《中国文物报》2007年3月16日。
　　直到20世纪为止亚细亚社会的典型结构还仍然保持着，其基础是从事自给自足生产的村社，在其顶峰是一种专制权力。从理论上说，所有土地或者大部分土地属于国家，而实际上国家的官僚们是受益者而且构成了真正的剥削阶级。参见［意］翁贝托·梅洛蒂《马克思与第三世界》，高铦译，商务印书馆1981年版。

[③] 吴大琨：《关于亚细亚生产方式研究的几个问题》，《学术研究》1980年第1期。

级。"① "亚细亚生产方式的生产者主要是小农，统治者则是代表国家的官僚。"② "中国的专制政权本身就是社会斗争的一方，不是哪个阶级手里的工具。"③

张金光先生在《关于中国古代（周至清）社会形态问题的新思维》（《文史哲》2010 年第 5 期）一文中对中国古代专制体制即"官社体制"下以国有制为基础、以官民关系为轴心的生产关系与阶级结构进行了深刻分析。他指出，在官社体制下，孟子所言"君子"与"野人"的对立格局即基本的官民对立格局。"君子"们以王（皇）为首结成统治主阶级，这就是国家权力人阶级。孟子之言，言简意赅，不仅正确地表明了官社体制下基本的社会生产关系及社会阶级关系，而且言中了此后两千余年来基本的社会阶级关系的中轴线结构。在官社体制下，实行国家普遍份地授田制，于民间基本生存资源的配置上，处处贯彻着均平的道义经济原则，绝无而且也不容许有体制性的具有剥削意义的地主阶级产生。一切决定和支配民人生存状态和品质的经济、政治关系尽发生在官民之间。在官社体制下，社会阶级政治经济关系是"无君子莫治野人，无野人莫养君子"。这里的社会格局被规定为："或劳心，或劳力。劳心者治人，劳力者治于人；治于人者食人，治人者食于人：天下之通义也。"可见"君子"是"劳心者"，是统"治"者，是被养（剥削）者；"野人"是"劳力者"，是被统"治"者，是"养君子（被剥削）"者。"君子"，他们本身是政府官员，也代表着国家政府。这里的社会阶级结构是"君子"与"野人"对立统一的格局。这种格局的实质就是官民对立。官民格局及其对立，便是中国整个古代社会国家、社会阶级结构矛盾对抗的主要和支配形态。

---

① 吴大琨：《改革的阻力来自亚细亚生产方式的残余》，《经济社会体制比较》1987 年第 6 期。

② 梅洛蒂否认中国历史上存在着奴隶主和奴隶、封建地主和农民之间的阶级对立，他认为在中国这样一个典型的"亚细亚社会"中，真正的剥削阶级是"官僚集体"。由于这个"官僚集体"是某些社会职能的担当者，因而它就具有巨大的稳定性和历史的延续性。从其历史发展来看，经过殖民征服的亚细亚社会则变为资本主义社会，而未经殖民征服的亚细亚社会与半亚细亚社会则变为"官僚集体主义社会"。（参见［意］翁贝托·梅洛蒂《马克思与第三世界》，高铦译，商务印书馆 1981 年版）

③ 参见顾准《僭主政治与民主——〈希腊的僭主政治〉跋》，载《从理想主义到经验主义》，光明日报出版社 2013 年版，第 28 页。

第八章 亚细亚生产方式的典型国家

在中国历史上，国家权力实为纲中之纲，它决定一切，支配一切。不是民间社会决定国家，而是国家权力塑造社会，国家权力、意志、体制支配、决定社会面貌，应以国家与社会间的关系，简言之曰官民对立关系来观察、认知、表达、叙述中国古代社会历史。如此才能说明中国古代社会历史的本质属性。

我们必须确立如下观点：官民二元对立是中国古代社会阶级结构的基本格局。它不仅是中国古代官社经济体制下的社会阶级结构的基本格局，而且是此后数千年中国社会之社会阶级结构坐标中轴线。官民之间，除政治上统治与被统治的关系之外，还是一种经济关系，是剥削与被剥削的关系，也就是说，它是以土地国有制、国家权力、政治统治为基础建立起来的社会生产关系。这种生产关系是国家体制式社会生产关系或曰权力型社会生产关系。这种生产关系比之民间社会的任何经济关系都具有无与伦比的稳定性、凝固性、恶劣性、暴力性。这一对生产关系，在时、空两个维度上比之民间的任何生产关系都具有无与伦比的广泛性和普遍意义，此乃中国社会的历史基因。三千年间，这一生产关系总是以不同形式重塑着中国社会历史，万变而不离其宗。"像中国这样一个国家，并非以农村公社为其基层，从来就是专制政权——个体农民这样一种结构，保持了几千年之久（只不过经过反复的农民战争，把豪绅显贵渐露头角的封建化打下去，结果从新恢复帝制专制政府——个体农民的体制）。"[①]

最后，客观事实证明中国古代社会不是"奴隶社会"与"封建社会"而是亚细亚社会。夏商周三代社会不是"奴隶社会"：那时候不存在土地私有制，因而不存在私人占有奴隶、奴役与剥削奴隶劳动的经济基础；不存在商品经济，不存在买卖奴隶的现象；农业劳动者不是在奴隶主庄园进行集中劳动的奴隶，而是隶属于国家、进行个体劳动的依附性小农。战国秦汉以来不是"封建社会"：自秦汉以来2000多年中国不存在"分封建国"的封建主，不存在政社合一的封建庄园，不存在封建主所有制；所谓"地主"只拥有土地占有权而不拥有私人所有权，只拥有一定经济权利而不拥有政治权力，因而与封建制度毫无关系；农业劳动者不是耕种封建主所赐"份地"并向封建主提供劳役地租的农奴，而是依附于国

---

① 顾准：《公社和专制政体：私有土地、大地产、封建制度和统一的帝国的灭亡——1881—1882，Engels》，载《顾准笔记》，中国青年出版社2002年版，第730页。

家、租税合一的小农。事实证明：原始社会解体以来，中国古代不存在奴隶主与封建主，不存在奴隶制生产方式与封建制生产方式，中国古代社会不是什么"奴隶社会"与"封建社会"，而是以亚细亚生产方式为基础、具有中国特色的亚细亚社会。那种以并不存在的奴隶主来证明奴隶社会、以占有一定土地的"地主"来证明封建社会的论证方法是错误的、站不住脚的。从理论上说，那种认为中国古代社会是"奴隶社会"与"封建社会"的观点是照搬马克思关于欧洲社会"五种生产方式"理论的教条化观点；从实践来看，那种认为中国古代社会是"奴隶社会"与"封建社会"的观点是脱离中国实际国情的主观化观点。侯外庐先生指出："生产方式是决定社会性质的根本因素。"① 上述主要特征充分表明：中国古代社会生产方式属于亚洲及东方国家所特有的亚细亚生产方式，中国古代社会不仅可能是、必然是而且确实是一种特殊的社会形态——典型的亚细亚社会。② 其中，夏商周时期不是以奴隶制生产方式为基础的奴隶社会，而是以亚细亚生产方式为基础、以分封制与领主制为主要特征的"贵族型"亚细亚社会；从战国秦汉到明清时期不是以农奴制生产方式为基础的封建社会，而是以亚细亚生产方式为基础、以集权制与官僚制为主要特征的"官僚型"亚细亚社会。③ 前者是中国亚细亚社会的原生形态，后者是中国亚细亚社会的次生形态。"与西方的领主庄园经济不同，中国不存在封建的领主庄园经济，数千年不衰的是小农耕作+集市贸易（初始的市场经济）+国家（官僚）经济的亚细亚生产方式，这种特有的亚细亚小农经济构成了中国旧制度的强大基础。"④ 既然如此，我们就不能套用"五种社会形态"理论来解释中国社会的发展规律，不能继续用所谓"奴隶社会"与"封建社会"来定义中国古代社会的基本性质。恰恰相反，我们应当重新审视以往在"五种生产方式"理论指导下

---

① 侯外庐：《我对中国社会史的研究》，《历史研究》1984年第3期。
② 根据亚细亚生产方式的主要特征我们来衡量一下古代历史上的国家的话，我们就不难发现古代埃及、巴比伦、印度和中国都是典型的亚细亚生产方式的国家。但由于古代埃及、巴比伦和印度后来都亡了国，改变了它们的生产方式，所以，真正能代表亚细亚生产方式的古代国家就只有中国。要研究亚细亚生产方式就得研究中国，特别是研究中国的历史，同样，要研究中国的历史，也必须研究亚细亚生产方式的理论，这是一个非常明白的真理。（参见吴大琨《亚细亚生产方式与有中国特色的社会主义》，《社会科学战线》1993年第1期）
③ 袁绪程：《千年变局，百年复兴与30年改革》，《中国改革》2008年第11期。
④ 同上。

第八章　亚细亚生产方式的典型国家　　　　　　　　　　　　　183

所形成的"奴隶社会说"与"封建社会说"等中国古代社会历史理论，在马克思亚细亚生产方式理论的指导下科学地阐明中国古代社会作为亚细亚社会的特殊性质及其特殊的运动规律。①

（三）从农民与土地的结合方式看中国古代社会性质

在中国古代社会性质的问题上，长期占统治地位的观点是"奴隶社会"说与"封建社会"说，同时也有一些学者提出了质疑甚至否定的观点。时至今日，对于中国古代社会的性质仍然见仁见智，无法取得共识。之所以如此，一方面是由于传统的"五种生产方式"理论占统治地位，人们往往比照西方古代社会的状况来说明中国古代社会的性质；另一方面，是由于人们对于如何划分社会形态即划分社会形态的标准也有着不同的理解。历史经验告诉我们：研究中国古代社会的性质问题，不能套用从西方社会发展历史"大体"概括出来的"五种生产方式"理论，而应当在马克思主义基本原理与科学方法指导下，从中国古代社会的客观实际出发，实事求是地进行研究，得出符合中国实际的正确结论。

1. 中国古代社会土地所有制的特殊性质

明确划分社会形态的标准是判断中国古代社会性质的基本前提。马克思指出："每一历史时代主要的经济生产方式与交换方式以及由此产生的社会结构，是该时代政治的和精神的历史所赖以确立的基础。"②"不论生产的社会形式如何，劳动者和生产资料始终是生产的因素。但是，二者在彼此分离的情况下只在可能性上是生产因素。凡要进行生产，就必须使它们结合起来。实行这种结合的特殊方式和方法，使社会结构区分为各个不同的经济时期。"③"任何时候，我们总是要在生产条件的所有者同直接生产者的直接关系——这种关系的任何当时的形式必然总是同劳动方式和劳动社会生产力的一定的发展阶段相适应——当中，为整个社会结构，从而也为主权关系和依附关系的政治形式，总之，为任何当时的独特的国家形式发现最隐蔽的秘密，发现隐藏着的基础。"④ 我国著名历史学家侯外庐先生不仅认为生产方式是决定社会性质的根本因素，而

---

① 参见于金富《亚细亚生产方式与中国古代社会的特殊性质》，《河南大学学报》2013年第6期。
② 《马克思恩格斯选集》第1卷，人民出版社1995年版，第257页。
③ 《资本论》第2卷，人民出版社2004年版，第44页。
④ 《资本论》第3卷，人民出版社2004年版，第894页。

且对生产方式本身给出了三方面科学的解释:"(一)它是决定历史上特定社会形态的根本因素,不同社会形态的区别,是由它的性质决定的。(二)它必须在一定社会形态中占有统治的地位。(三)它的内容可表述为,特殊的(历史上一定的)生产资料和特殊的(历史上一定的)劳动者(力)二者的特殊结合方式。"[1] 根据马克思的论述,我们应当以生产方式作为划分社会形态的标准,以直接生产者与生产资料所有者的特殊规定性和劳动者与生产资料的特殊结合方式为依据来判断某一社会形态的特殊性质。研究中国古代社会的性质,不仅应当从总体上科学地确立划分社会形态的根本标准、对中国古代社会进行正确的历史定位与社会定性,而且应当从实际出发具体地分析中国古代社会土地(所有者)与直接生产者以及二者结合方式的特殊规定性。

从生产资料的所有者方面来看,在中国古代国家不仅拥有最多所有权、是最大地主,而且拥有最高所有权、是最高的地主。马克思指出:"东方一切现象的基础是不存在土地私有制。这甚至是了解东方天国的一把真正的钥匙。"[2] 所谓不存在"土地私有制",就是实行土地的"公有制"——国家所有制,即国家作为最高的、唯一的土地所有者拥有土地的最终所有权。"普天之下,莫非王土;率土之滨,莫非王臣",就是中国古代土地国有制的反映。中国古代土地国有制表现为"国家所有—多种占有—农民使用"的土地产权制度。早在氏族公社时期,公社成员集体占有生产生活资料,共同劳动,土地属于"公有共耕";到农村公社时期,个体家庭从大家族中分化出来,大家族的财产逐步变为个体家庭所有,土地属于"公有私耕",即原来集体耕种的土地以份地方式分给个体家庭使用,土地仍然归家族公社所有,个体家庭只有使用权,而且往往定期重新分配,在份地之外还要留下一块地供集体耕种,收获物作为家族公社的公共开支。"公有私耕"是原始公社的最后阶段,它的继续发展就是家族公社崩溃,个体家庭完全独立。在没有外来力量干预情况下,氏族所有制到个体家庭所有制变革的一般路径为:氏族公社所有制—农村公社所有制—个体家庭所有制。然而,在中国古代这种正常的变革路线由于一种超越农村公社的外力——国家权力的作用而改变。在进入阶

---

[1] 侯外庐:《我对中国社会史的研究》,《历史研究》1984 年第 3 期。
[2] 《马克思恩格斯全集》第 28 卷,人民出版社 1973 年版,第 256 页。

第八章 亚细亚生产方式的典型国家

级社会初期的夏商时期，国家取代公社而成为真正的土地所有者，而公社是土地的占有者，公社成员个人则只是土地的使用者。"在大多数亚细亚的基本形式中，凌驾于所有这一切小的共同体之上的总合的统一体表现为更高的所有者或唯一的所有者。实际的公社却只不过表现为世袭的占有者。"① 凌驾于各个小公社之上的中央集权的专制君主统治，从其诞生之时起就无条件地垄断了全国土地的所有权。到周朝时期，仍然实行土地国有制，国王是最高所有者，国王分封的贵族成为其封地范围内的大土地占有者，公社是村社范围内的土地直接占有者。夏、商、西周实行的井田制就是这种被国家剥夺了所有权的古代公社占有制。有关先秦文献证明，这种国家所有权下的农村公社占有制是当时主要的土地制度。因此，在整个夏商周三代时期，总体上看基本没有什么"奴隶主"拥有土地、剥削奴隶的现象，更没有占统治地位的"奴隶主所有制"。

传统观点认为，战国、秦汉以来地主逐渐代替国家而成为土地的主要所有者，地主所有制取代国家所有制而成为土地所有制的基本形式。这种观点表面上看似乎有道理，实际上则是难以成立的。② 从内涵方面来看，同其他私有财产一样，土地私有制有一个基本特征，那就是土地所有权的排他性。土地所有者既可以像商品所有者那样完全自主地去处理属于自己的土地，又能够排斥其他一切人去支配它。如果在土地私人占有、使用以及买卖等财产权利之上还有一个最高的支配权力的作用，那么这种土地就不能真正算作私有财产。从事实上看，在秦汉以来的中国古代社会中存在着许多与土地私有制极不相容的现象：一是私人土地产权没有保障，国家可以随意地支配、占用民地。二是虽然自宋代以后土地买卖成为人们占有土地的主要途径，但私人土地的买卖不是自由的、

---

① 《马克思恩格斯全集》第 46 卷，人民出版社 1973 年版，第 473 页。
② 政府把土地授给农民耕种，是战国普遍实行的土地政策。计口授田是商鞅变法中推行的最基本的土地制度，它使农民和土地更紧密地结合起来，成为国家直接控制的"编户齐民"，使以一家一户为单位的小农经济得到进一步的巩固和发展。在计口授田制下，农民从国家那里得到一份土地后必须向国家交田税、户赋、军赋，服徭役和兵役，被国家直接榨取剩余劳动和剩余产品。国家作为土地所有者和主权者直接同生产者相对立。商鞅变法后秦国的土地制度，不是土地私有制，而是封建土地国有制。其理由是：（1）秦中央政府不仅完全掌握全国土地所有权，而且直接控制和支配所有土地。（2）受田民受国家的直接经济剥削，地租和赋税合为一体。（3）受田民对国家有严格的人身依附受关系，受到严密的控制（参见陈友益《商鞅改革秦国土地制之我见》，《湖州师专学报》1988 年第 2 期）。

真正的市场交易。一方面,私人土地买卖仍然受到政府的限制,当政府认为地主的土地占有状况已经对其政权稳定造成威胁时,可以以各种理由而采取各种手段给予严厉打击,"大者族,小者死",其财产全部充公,归国家所有。另一方面,买卖后的土地的最终所有权仍属于国家,就是说土地所有权与土地买卖即土地占有权的让渡不发生对应的关系。只发生土地占有权流通而不发生土地所有权转移,这是中国社会所固有的奇特现象。这样,既导致私人的产权缺乏保护又抑制了土地流转机制的发育。三是地主并不是完全意义上的地主,专制政府可以以土地占有为依据向地主征收租税,国家作为最高地主分享农民的剩余劳动。① 从总体上看,土地最终所有权是国家独有的,地主的土地实质上只是占有权而不是真正的所有权,至少不是有保障的、完整的所有权。马克思指出,在中国、印度等亚洲国家没有私有土地的所有权,虽然存在着对土地的私人的和共同的占有权和使用权。只有国家才是真正的地主,只有国有制才是基本的土地制度,除此之外不可能有一个独立的、占统治地位的地主所有制。从外延方面来看,在秦汉以来两千多年的社会中,土地的国家所有制不仅始终存在,而且在国家强力干预的土地制度下经常成为占统治地位的土地所有制形式。例如,汉朝王莽实行"王田制"以及后来各专制王朝所实行的屯田制、均田制与占田制等,都表明土地国有制始终存在且占经常统治地位。土地私有制即地主所有制,只是在土地国有制的边缘或外围,作为"体制外"的土地所有制与"体制内"的国有制同时并存、共同发展。② 一般说来,在每一王朝初期往往是国有制明显占

---

① 所谓"国有"即马克思所指的"国家(例如东方专制的帝王)"或"君主是主要的土地所有者"。这是封建社会中长期占支配地位的土地所有制形式。秦汉帝王对于豪族地主既可以赐田,又可以把他们占有的土地没收为"公田",说明皇帝是最高的地主,豪族的土地占有权是不固定的。而且随着土地国有制的所有形式,在主要的手工业生产方面(例如盐铁)也实行国家管制。庶族地主是指那些社会地位低下、等级微贱的富有者。他们有占有土地权,也能支配奴隶和招引客户,但不享有免役权,一般要负担国家的课役(侯外庐:《我对中国社会史的研究》,《历史研究》1984年第3期)。

② 侯外庐先生认为,确认中国古代社会的土地国有制不仅是科学的而且是合理的:"长期以来,有的同志因我提出封建土地国有制的观点,指责我否定封建制度的存在,甚至进而推论出否定土地改革的必要性,这实属一种误解。因为,第一,我之所以提出封建土地国有论,正是为了阐明中国封建专制主义长期赖以存在的真实社会经济根源。第二,我所讲的封建土地国有,根本没有涉及1840年以后的半殖民地半封建社会。"(侯外庐:《我对中国社会史的研究》,《历史研究》1984年第3期)

第八章　亚细亚生产方式的典型国家

统治地位,而到了王朝后期由于土地买卖与兼并等形式,地主所有制有了迅速发展。总体而言,在秦汉到明清的中国古代社会中虽然地主所有制不断发展,但它没有、也不可能成为占统治地位的土地所有制形式。大量私人占有土地的现象不仅没有动摇土地国有—王有观念在思想领域中的支配地位,而且在现实中国家从来没有放弃"六合之内,皇帝之土"的准则,从来没有放弃"最高的地主"的地位,从来没有放弃在全国范围内集中的土地所有权。在中国古代历史上,国家能够一次又一次地将土地收回并进行重新分配,充分表明土地国有观念与国有产权制度根深蒂固,土地私有权始终处于不稳定的状态。这也就是为什么中国历代的土地思想与土地政策都着重于设计土地的具体占有方式与使用方式,而拒绝进行土地所有权方面改革的根本原因。[①]

总的说来,在中国古代社会,土地所有制不论是打着公社所有制的旗帜还是披上地主所有制的外衣,不论是采取王室占有、贵族占有还是农民占有的实现形式,其本质都是国家所有制,以国王或皇帝为首的官僚集团是土地的真正所有者。因此,中国古代社会的土地所有制不是私人所有制,而是国家"公有制";中国古代的国家所有制,不是全体国民共同所有制而是国王、皇帝与贵族、官僚垄断所有制。这是一种特殊的所有制形式,它不是经济性所有制而是附着于专制制度的权力所有制。因此,中国古代社会主要的土地所有者不是"奴隶主"与"地主",而是作为主权者与最高地主的国家。如果说中国古代有"奴隶主阶级"与"领主阶级",那就是以国王、皇帝为首的贵族集团与官僚集团。在西方古代社会,是私有财产产生市民社会、市民社会产生国家,即形成"私有财产—市民社会—政治国家"的链条与体系,而在中国古代则是国家制度创造财产所有制,国家所有制产生出以官僚为主体的官僚社会,形成"专制国家—国有财产—官僚社会"的逻辑链条与制度体系。

2. 中国古代社会主要直接生产者的特殊性质

从直接生产者方面来看,在先秦时代农业劳动者基本上是以家庭为

[①] 赵俪生先生指出:"曹魏屯田制、西晋占田制和北魏均田制……自然经济下的这些田制,对私有制的深化说,不起什么促进的作用。因为像曹魏屯田下的情况,是国家力量的干预。像占田和均田的情况,是国家的调节。调节是一种带妥协意味的干预;而干预是一种带强硬性的调节。干预也罢,调节也罢,都是对私有制的纯粹化起一种阻力的作用的。"(参见赵俪生《试论我国中古自然经济及其下的田制》,《东岳论丛》1983 年第 4 期)

单位的个体农民，奴隶主要用于家庭劳动而不是主要的直接生产者。过去人们一直认为，中国夏商周社会就是像古希腊罗马那样的奴隶社会。实际上，中国古代夏商周时期虽然奴隶制获得了一定的发展，但奴隶为数不多且多为家内奴隶，没有在农业生产中占据主导地位。"虽然许多民族在走出原始状态之后，都有过蓄奴现象，但这并不等于就是奴隶制社会。判断一个社会是不是奴隶制社会，关键要看奴隶制经济是否在该社会的经济生活中占据主导地位，奴隶制现象是否稳定或在较长的时间内存在过。"[①] 其实，原始社会后社会的主要劳动生产者是农村公社的成员——农民。例如，商代主要从事农业生产劳动的是被称为"众"的人们。这些"众"是商王的族人，他们有自己的家庭，聚族而居，聚族而葬。他们平时务农，战时从军，是商王朝重要的基础。这些作为"众"的人在一定程度上具有人身自由，有自己的家庭，因而他们并不是奴隶。西周的主要农业劳动者是"庶人"，即庶民，也就是民众。他们的先辈是氏族的一般成员，当国家产生之后就成为贵族之下、奴隶之上的一个平民等级。庶人之中也包括一部分原先是贵族宗族的成员，但由于血缘关系疏远或因犯罪而下降为平民。"庶人"通过农村公社从国家那里分配到一块份地，用以维持全家的生活。作为获得这种份地的必要条件，庶人要为国家及其各级贵族提供无偿劳动。"中国在古代文献里所说到的'佃民'或是'庶人'，都绝大多数不是奴隶而是农民，这是不争的事实，但这些农民也并不就都是'农奴'"。马克思晚年时注意到了以印度与中国为代表的东方社会特殊的发展道路，将其称为"亚细亚生产方式"，它是区别于古罗马奴隶制的另一种社会形态，其最大的特点就是被奴役被剥削的主要对象不是来自族外的奴隶，而是本族的下层成员。战国时代，"一夫挟五口，治田百亩"的"自耕农"在农业劳动者中占多数。因此，在中国的夏商周时期并不存在像古罗马那样的以奴隶作为主要劳动者的情况，中国古代社会不是像古罗马那样的奴隶社会。国家授田下的小农经济是极不稳固的，小农时刻面临失去份地占有权的威胁。豪强地主的巧取豪夺、沉重的国家徭役与赋税、水旱灾荒的打击，生老病死的意外事故，都可以促使小农破产。这样，在从秦汉到隋唐的一千多年里一再

---

① 吴大琨：《与范文澜同志论划分中国奴隶社会与封建社会的标准问题》，《历史研究》1954年第12期。

第八章 亚细亚生产方式的典型国家

维持小农的份地占有、小农一再地分化和被兼并,这种循环正反复地进行。①

同时,战国后期租佃制得到迅速发展,使"佃农"逐步成为重要的直接生产者。从秦汉到隋唐的中国中古社会,一方面租种地主土地的佃农不断增多,另一方面由于土地国有制的继续存在,国家授田下的个体农民仍然保持在一个较大的数量上。即使到明清时的中国近古时代,虽然地主日益成为主要的土地所有者、租种地主土地的佃农日益成为农业直接生产者的主体,但中国的农民不同于西方封建领主制度下自耕份地并无偿为领主耕种庄园土地的农奴。因此,地主所有制的发展及其佃农的增加不能说明当时的社会就是封建社会了。"农奴制是西欧封建主义的一个基本因素,而亚洲一些国家根本就不存在具有人身依附身份的农奴,至于其他封建主义因素,也一样无法套用于亚洲社会。"② 如果说中国先秦社会不是奴隶社会,那么秦汉以来的社会也不是什么"封建社会"。中国古代社会真实的面貌是:国家或者把土地所有权集中在自己手中,向作为直接生产者的农民授田、征税,并强迫他们服各种劳役,把他们置于奴隶般的依附地位;或者凭借国家的最高所有权而假手于庶族地主,在地主租佃—地租制这一基础上实行对农民间接的奴役与剥削。在前一种情形下,农民受到国家这一主权与所有权合一的"政治地主"的直接奴役与剥削,成为国家直接的剥削对象。在后一种情形下,农民受到国家地主与庶族地主的双重奴役与剥削,成为双重地主的双料的剥削对象。在这种情况下,农民所遭受的奴役更深了、所遭受的剥削更重了。

因此,在中国古代社会基本上没有"奴隶"与"农奴",只有作为主要直接生产者而像奴隶般的农民。中国古代的农民既不同于古希腊罗马的奴隶,又不是自由的小农,而是处于奴隶地位的依附性农民。"我们倘真从中国的奴隶社会与封建社会的经济特点出发,我们就一定会发现:

---

① 为了维持小农的份地占有,国家一而再、再而三地采取"名田""屯田""占田"与"均田"等措施。特别是魏晋六朝,魏行屯田,到晋武帝时又需实行占田;晋行占田,到北魏孝文帝时又需行均田。北魏实行均田时间不长,而北齐、后周又需重分土地。隋按均田制重分土地,到唐朝又需再分田。唐中期实行均田,然而均田制很快又被破坏。(戴园晨:《论我国封建土地国有制的生产关系》,《历史研究》1962 年第 10 期)

② 季正矩:《正确认识马克思的社会形态理论》,《理论视野》2009 年第 7 期。

正同作为中国奴隶社会主要生产者的并非真是像希腊罗马社会中的奴隶一样，作为中国封建社会主要生产者的，也并非是像西欧封建社会中一样的农奴。"[1]"中国古代社会性质一般论"的主要错误在于将古代罗马奴隶社会的奴隶及欧洲封建社会的农奴作为古代社会唯一的主要直接生产者，忽视了古代社会的多样性，抹杀了中国古代社会劳动者的特殊性质。实际上，从世界范围来看像古代中国这样的不同于西方奴隶社会与封建社会及其主要劳动者的情况，不仅不是"例外"，反倒是亚洲、东方乃至世界多数古代国家都经历过的情形。这充分说明，那种套用西方古代社会模式而否定中国古代社会及其主要劳动者之特殊性质的观点是不符合客观实际情况的错误观点。

3. 中国古代社会农民与土地结合方式的特殊性质

从劳动者与生产资料的结合方式来看，中国古代社会具有不同于西方的特殊性，因而决定中国古代社会也必然具有其特殊性质。在中国古代社会的早期，作为直接生产者的公社成员主要以井田制的形式与国有土地结合起来。国家以井田制的方式授田给农民，有两种主要形式：一是"九夫为井"的编制，二是"十夫有沟"的编制。所谓"九夫为井"，就是《孟子·滕文公上》所记载"方里为井，井九百亩，其中为公田。八家皆私百亩，同养公田，公事毕，然后敢治私事"，即把九百亩之地分为九块，每块一百亩；中间一块为公田由八家共同耕作，其收获物上交国家；外围八块为私田由八家分别耕作，其收获物归各家所有。所谓"十夫有沟"，即《周礼·遂人》记载"十夫有沟，沟上有畛"，就是把一千亩地平均分成十分，分配给十家分别耕种，每家将其收获物的十分之一上交国家、十分之九归自己。国家授田给农民，一方面是为农民提供基本的物质生活条件，另一方面也是为了榨取农民的剩余劳动。井田既是用来作为授田的单位，也是用来作为征收贡赋的单位。井田制的实质是国家授田制，授田制的特征是国家对土地拥有所有权，个体农户对土地拥有长期而固定的使用权。授田制是中国古代社会早期普遍实行的土地制度，授田制有两大重要的基本功能：一是向个体农户分配土地，二是向个体农户收税。在授田制下，个体农民作为直接生产者、作为独

---

[1] 吴大琨：《怎样从政治经济学的角度上来考察古史分期问题》，《文史哲》1956年第10期。

第八章　亚细亚生产方式的典型国家

立的主体直接与国家发生关系，国家与农民个人在土地上形成直接的对接。自战国、秦汉之后，虽然井田制被废除了，但国家授田制度却以"王田制""屯田制""占田制"与"均田制"等具体形式长期延续下来。千百年来，专制国家通过这些授田形式而实现农民与国有土地的结合，以此奴役农民、剥削农民。因此，"国家授田制"是中国古代社会中农民与土地结合的主要方式。[①] 除此之外，还有庶族地主的"租田制"，即作为土地私有占有者的地主把土地租给无地或少地的农民耕种，向他们收取地租。地租占一般总收获物的二分之一以上，多者甚至达到三分之二以上。地主之所以征收高额地租，一个直接而重要的原因就是庶族地主还要向作为"最高的地主"的国家缴纳田赋。中国自春秋战国时期，随着井田制的破坏和土地私有制的发展，土地税即田赋也以新的形式出现。公元前685年，齐国实行"相地而衰征"（或称"按田而税"），开始以土地为征课对象。公元前594年，鲁国实行"初税亩"。"税亩者何？履亩而税也"，意即不分公田、私田一律纳税。其后，楚国的"书土田"、秦国的"初租禾"等，均具有按土地面积征收田税的性质。秦始皇统一中国后实行"使黔首自实田"，以便使国家按亩征税，此后按亩征收田税普遍化、长期化与固定化。所有这些，充分说明国家作为主权者和土地最高所有者与庶族地主共同奴役农民、瓜分农民的剩余产品。如果说，战国秦汉以前国家是以"唯一的地主"的身份来直接地奴役与剥削农民的，那么战国秦汉以后国家则是以"最高的地主"的身份通过庶族地主来间接地奴役与剥削农民的。如果说，国家授田制是中国古代社会前期农民与土地结合的主要形式，那么私人租田制则是中国古代社会后期农民与土地结合的主要形式。如果说，在"国家授田制"下国家亲自出马、直接操刀，那么在"地主租田制"下国家则掩藏幕后、假手于人。因此，中国古代社会的土地所有制形式既不是奴隶主所有制，也不是领主所有制，而是以国王（皇帝）为代表、以国家贵族（官僚）集团为主体的国有制或王有制。这是一种既不同于公有制也不同于私有制的特殊的所有

---

① "土地国有制像一条源远流长的江河，在不同地段，有不同景观和不同称谓。我国历史上，井田制之后还有授田制、屯田制、均田制……这些田制并非各不相涉，有一条线把它们贯串起来，这条线就是土地国有制。"（李埏：《三论中国封建土地国有制》，《思想战线》1996年第1期）

制形式,是劳动者与生产资料间接结合的一种特殊形式。在国家所有制这种特殊所有制的基础之上,形成了一种特殊的社会生产关系。这种生产关系表现为国家主权与经济管理权相结合、国家税收与土地地租相结合的"政经不分""租税合一"的经济关系;从其剥削方式来看,西周春秋时期的"助耕公田"方式,其实质就是国家劳役赋税剥削形态。农民以家庭为基本单位从事农业生产,并在公田上承担对诸侯乃至对天子的义务。到春秋时期,由于生产力的发展,私田被大量开垦出来,其结果出现了"公田不治"的情况,最后迫使各诸侯国"均田分力""与民分货",采取产品地租剥削形式。从其特征来看,国家对农民奴役与剥削关系表现为一种较为宽松的甚至仁慈的形式,从而成为一种以"仁慈的形式、暴虐的本质"为特征的生产关系。以这种生产关系为基础的社会制度,表面上看是家国一体、亲亲尊尊的"和谐制度",实际上则是国家把农民置于奴隶般地位的对抗性社会形态。[①] 中国商周社会的主要劳动生产者是农村公社的农民,他们虽然不是严格意义上的奴隶,但就其被奴役状态而言,却接近于奴隶。在秦汉以来两千多年的中国古代社会里,国家依据对土地的所有权,向农民大量征收租税,强迫他们服各种劳役,把他们置于奴隶般的依附地位。因此,中国古代社会虽然不是奴隶社会,但它却是一种变相的奴隶制,是一种人人不是奴隶、人人都是奴隶的"普遍奴隶制"。因此,如果说中国古代有"奴隶制度"或"农奴制度",那就是以国有制为基础、以专制制度为依托的"普遍奴隶制";如果说这种"普遍奴隶制"的社会形态有什么时代划分,那就只有鲁迅先生所说的两个时代:一是暂时坐稳了奴隶的时代;二是欲做奴隶而不得的时代。

从总体上看,自夏商周时期到明清时期中国古代社会主要的土地所有者不是奴隶主、领主,也不是地主,而是作为主权者的国家;中国古代社会主要的直接生产者不是奴隶、农奴,而是像奴隶般的农民;中国古代社会劳动者(农民)与生产资料(土地)的主要结合方式,既不是以"奴隶主"为中介的间接结合方式,也不是以封建领主为中介的间接

[①] 亚细亚生产方式和小农经济有一定的内在联系。小农处于普遍的被宰治状态。在西周及其以前是被以族立国的国家政权直接宰治,之后则是在国家与小农之间加进去一个地主这个经济上的中介,而地主并不去进行经济上的经营,中国的地主即使土地积累再多,也不会产生农场生产和经营的概念(参见曹兵武《亚细亚生产方式·小农经济·中国古代文明》,《中国文物报》2007年3月16日)。

第八章　亚细亚生产方式的典型国家　　193

结合方式，而是以国家及国家控制下的"地主"为中介的间接结合方式。同农民与土地的这种特殊结合方式相适应，中国古代社会的生产关系不是奴隶主与奴隶、封建领主与农奴之间的社会经济关系，而是国家与直接生产者个人之间的社会经济关系，即国家作为土地所有者并凭借国家权力来奴役农民、剥削农民的关系。所有这些，都基本符合马克思所说的亚细亚生产方式的主要特征，如国有制取代公社所有制、国家是最高的地主，没有土地私有制，形成国家与直接生产者个人的对抗、租税合一与普遍奴隶制等。因此，笔者赞同对"奴隶社会说"与"封建社会说"质疑与否定的观点，即认为中国古代社会的性质完全不同于西方古代社会，它既不是"奴隶社会"也不是"封建社会"，而是以"亚细亚生产方式"为基础的一种特殊的社会形态——亚细亚社会，或称"普遍奴隶制社会"。

（四）"君国"——中国亚细亚生产方式的古代形式

关于中国古代社会的性质，长期以来流行的观点是中国古代先是奴隶社会后是封建社会。根据中国社会历史的客观实际和马克思亚细亚生产方式理论，中国古代社会并不是什么"奴隶社会"与"封建社会"，而是以亚细亚生产方式为基础的特殊的社会形态——亚细亚社会。对此，我国著名学者吴大琨先生曾经明确指出："古代中国自从原始共产社会解体后，夏、商、周三代所建立起来的国家，就是马克思所说的亚细亚式的国家。这种亚细亚式的国家，经过春秋战国时期的大变动，才由初期的亚细亚式国家发展成为真正中央集权的实行专制主义统治的亚细亚式的国家，即秦、汉王朝以后的中国。"[①] 到清朝末年，虽然中国土地私有制在形式上占了主要地位，但农业与手工业相结合的家庭自然经济，高度集权的专制主义，国家对全国土地的最终支配权和所有权，个人对国家的依附关系，亚细亚村社的宗法残余，以及与此相适应的儒家政治伦理，依然顽强地积淀在中国社会中，亚细亚自我封闭、与世隔绝的特征并没有改变。[②] 吴大琨先生的论述不仅充分肯定了中国古代社会的亚细亚社会性质，而且阐明了中国古代亚细亚社会历史发展的基本过程和主要

---

① 吴大琨：《关于亚细亚生产方式研究的几个问题》，《学术研究》1980年第1期。
② 参见孙承叔《打开东方社会秘密的钥匙——亚细亚生产方式与当代社会主义》，东方出版中心2000年版，第118页。

内容。自夏商周至明清，中国社会一直是以"君主"为核心的"君国社会"，这是中国亚细亚生产方式的古代形式。

1. 中国古代专制制度的建立

专制制度是中国古代亚细亚生产方式的首要特征。中国古代专制制度萌芽于上古时代的五帝时期，产生于夏、商、周三代，发展于战国时期，确立于秦统一时期。秦朝统一使中国形成了成熟形态的大成至上的专制主义，其后中国专制制度一直延续下来。

（1）中国专制制度的历史起点：酋邦制度

根据一些历史学者的分析，可知中国在原始社会末期并没有形成具有"联邦"性质的"部落联盟"，而是形成了具有专制性质的"酋邦"，酋邦制度是中国从原始民主制度向专制制度历史转变的转折点（黄帝、尧、舜、禹）。历史事实证明，中国远古时代的政治形态并不是部落联盟，而恰恰是酋邦，我国早期的专制国家就是由酋邦发展而成的。在中国原始社会末期，各个部落的联合所形成的最高组织形式不是平等联合形成的"部落联盟"，而是以等级与强制关系为基础、以酋长权力为核心的邦国——实行酋长专制的"酋邦"。有历史学家提出，中国古代的前国家形态无论是文献所记载的五帝还是考古发现的红山文化与良渚文化，都是酋邦而不是部落联盟。部落联盟的本质是平等的，其平等本质体现在两点上：其一，联盟内部所有的部落首领的地位是平等的；其二，部落联盟会议采取全体一致通过的议事方式，每一位首领都拥有否决权。而在酋邦中，不仅存在着一位高居于其他酋长之上的最高首脑，而且只有最高首脑一人拥有决断权，这表明酋邦带有明显的专制政治性质。部落联盟和酋邦都是由部落构成并高于部落的社会组织，但是为什么会有如此之大的差异呢？关键在于两者的构成方式不同：联盟是由部落平等地联合构成的，而构成酋邦的部落却有高下等级之分，其中一个部落高居于其他部落之上。黄帝酋邦就是这类酋邦的一个典型。在中国从黄帝时代起中原地区就处于激烈的部落冲突之中，由于战争的需要，在联合起来的诸部落中"习用干戈""修德振兵"的军事领袖轩辕氏便处于居高临下的核心地位，其他部落则处于"咸来宾从""咸尊轩辕"的从属地位，这种关系在战争胜利以后被保持了下来，于是处于核心地位的部落酋长成了"帝"，而处于从属地位的部落酋长成了"臣"。这样就形成了集军事首领、部落酋长与宗教领袖于一身的最高首脑和以他为顶点的金

第八章 亚细亚生产方式的典型国家

字塔形权力机构的酋邦。因此，中国专制制度的历史起点不是以禹传启为标志的夏王朝的建立，而是夏朝建立之前五帝时代的酋邦制度。《史记·礼运》曰：尧舜之时，"大道之行也，天下为公。选贤与能，讲信修睦"。首领的继承实行的是禅让制。然而，据《史记·五帝本纪》记载，帝颛顼为黄帝之孙，帝喾为黄帝曾孙，尧为帝喾之子，舜为颛顼六世孙，禹为黄帝玄孙颛顼之孙，他们都是黄帝的后裔。五帝的嬗递和尧舜禹的禅让虽然不是在"小家"内直接传子，但也不过是在一个"大家"——黄帝族内部选择首领而已，并没有什么超血缘的"公"。所以，所谓"禅让"，实为族内择子继承；禹传启只不过是把原先属于整个部族的果实摘到自己家族里去了。

在部落之中，酋长已拥有非常突出的个人权力，其中一些比较强大部落的酋长，如黄帝不仅在自己的部落中处于至高无上的位置，而且还不断凭借其实力对相邻部落进行征服与兼并，形成了一个强大的酋邦。在这一酋邦内，各部落之间的地位是不平等的，黄帝及其后裔颛顼、尧、舜、禹等人都在酋邦中占有特殊的、至高无上的位置，并享有只属于他们的某些重要权力。大禹作为酋邦盟主成为君王，具有至高无上的地位，拥有最高领导权力：统辖天下、号令四方的权力；集中力量办大事的权力；集中指挥、宏观调控的权力；杀伐决断的权力。专制权力的本质特征，是与人民大众分离并奴役人民大众的公共权力。在大规模的治水过程中，需要公共权力对治水事业进行统一的调动和安排。《国语·鲁语下》载大禹在会稽山祭祀群神，召集各部族酋长前来与会，部族酋长防风氏由于迟到而被大禹杀戮，这件事说明在治水过程中大禹逐渐掌握了国家出现后君主才能拥有的生杀大权。大禹凭借专制地位号令威严，权行天下。因此，禹掌握的指挥治水的公共权力，转化为高居于诸侯、百姓之上的王权，完成了人类历史上由原始民主制度向君主专制制度的质的转变，完成了从治水向治国、治人的飞跃。后人把禹传启称为"家天下"，和尧舜禅让的"公天下"相对立，把父位子承制度的确立看作是中国古代国家专制制度建立的标志，完全是一种误解。其实，即使是在五帝时代，中国也从未有过什么为全社会的"天下为公"，充其量是黄帝族内部的"公"而已。

我国著名历史学者谢维扬先生指出，酋邦模式的主要特点是社会最高权力在一定形式下被占据社会特殊地位的个人所掌握。谢维扬先生从三个方面阐述了我国部落共同体的酋邦性质：其一，部落联盟是没有最高首领的，而尧、舜、禹部落共同体却有最高首领。最高首领享有对共同体官员的任命权，还有对参加共同体的各部落首领的处置权。其二，部落联盟会议的议事原则是全体一致通过，尧、舜、禹部落共同体却是由最高首领决断。从史料中我们可以看出尧、舜、禹三代首领的更替都是上一位首领决定的，不存在任何表决程序。其三，部落联盟的权力结构中存在着酋长会议和人民大会这些集体性质的权力点，尧、舜、禹部落共同体中则只有最高首领一个权力点。由此可以看出当时并没有制度化的机构来制约最高首领的权力，这完全符合"专制"定义。"对于酋邦模式来说，它所产生的国家在最初发展上则相反，比较倾向形成专制型的政治运行机制"。酋邦社会酋长所拥有的"权威"较为容易地使他获得"权力"，从而获得暴力统治手段，而拥有暴力机器是国家的特征之一。酋邦的政治结构在过渡到国家后更容易形成专制制度，这是毋庸置疑的。中国历史上在部落之上的社会组织是专制性的酋邦，而不是民主性的联邦，它对内剥夺民众的个人自由权利，对外实行部族征服统治。因此，中国古代专制制度的产生，经历了部落—酋邦—国家的历史演变过程，其中，酋邦既是实现从原始民主制度向专制制度转变的转折点，也是中国古代专制制度的雏形。换言之，中国原始社会末期的酋邦制度是专制制度的预演、序幕，是中国专制社会的史前阶段。"开明专制比较容易迷惑人，使人感到它似乎不是专制而是民主。开明专制是专制政体所能达到的最高境界，也是专制政体所能追求的最佳目标。儒家所憧憬的'天下为公，选贤与能'，尧舜禹的禅让就是这种开明的专制，因为尽管在禅让之前四岳可以发表意见，但是四岳并没有表决权，尧舜却拥有最后的决定权，而民众则完全处于无权地位。五帝时代中国已经形成了由最高首脑拍板决定的专制体制，只是因为离开氏族社会还不远，族人的主权还没有完全被剥夺而已。"[①]

（2）中国专制制度产生的标志：夏朝的建立

从大禹酋邦到夏启王朝只有一步之遥，因为大禹酋邦实质上已经具备了专制国家制度的基本属性，建立君主专制的国家制度只不过是使酋邦的专制制度更加明朗化和形式化而已。禹传启确立了在家族内的世袭

---

① 叶文宪：《中华帝国时代专制体制的模式》，《学术月刊》2003年第5期。

制并不是中国专制制度开始产生的标志，而是中国早期专制国家最终形成的标志。

由于治水工程需要在较长时间内大规模地集中人力物力，必然要对各部落人力物力进行调配、对参与治水工程的公社或部落进行集中指挥和统一管理。在这个过程中，大禹利用部落共同体赋予自己的职权对各族邦施加更多的影响，甚至进行强制、干预。这样，就使原来较为松散而缺乏约束力的共同体发生性质的变化，促使共同体的领导机构产生权力集中的倾向，并逐渐凌驾于各个氏族部落之上，以致最终过渡到把各部落作为自己臣属的专制性的权力机构。我国历史上第一个专制王朝——夏就是这样产生的。在夏代以前，中国经历过一个由"五帝"统治的时期。所谓"五帝"，实际上是上古各地方一些大部落或部落集团的首领，那时候中国尚处于一个"天下万邦"的政治局面。夏朝就是在一些与夏部落（夏邦）和一些近亲与近邻部落或酋邦联合的基础上产生的。因为禹长期担任领导治水的职务而拥有了至高无上的权力，并在众族邦中树立了自己及自己家族的权威，因而由原来的夏后氏部族的首领继任为部落共同体的首领，拥有君临众族邦之上的世袭权力。禹的儿子启继承了他的酋国与权力，变成了凌驾于普通民众与众邦之上的专制君主，中国历史上第一个专制王朝——夏朝就由此而产生了。家国一体的夏王朝，是中国专制制度产生的标志。

2. 中国古代专制制度的高级形态——帝国专制

（1）战国变法与秦帝国建立：从形式专制向实质专制的历史跨越

中国古代的专制制度并不是开始于秦朝建立，夏商周时期就已经是专制制度。一个国家的政治结构是松散的，并不妨碍它具有专制的政体。其决定因素是：君主在他直接控制的区域是不是专制的？各个地方势力在其内部是不是专制的？地方势力是否应当听命于君主？地方势力何以不完全听命于君主？从我国夏商周三代的实际情况来看，无论是夏王、商王还是周王，在他们所直接控制管辖的地区以都城为中心内完全实行专制统治；无论是起初的各个邦国还是后来的各个诸侯国，也都实行专制统治。从总体上说，夏商周三代的国家制度无疑是专制制度，只不过它们不是一个大一统的专制君主，而是存在着自上而下等级制大大小小许多专制君主。从地方与中央的关系来说，地方势力之所以不完全听命于君主，主要取决于两种原因：一是君主的权力受到了制度化的限制，地方可以通过正式的机构或法律来限制君主的决定；二是地方的实力足够强大，足以抗衡君主的力量。从"专制"的定义中可以看出，第一种情况的政体不能称为专制，第二种情况则显然属于专制范畴。我国夏商周三代的国家制度就属于第二种情况，因而属于专制制度的逻辑范畴与历史范畴，这充分说明，我国在刚刚步入国家时政治形态就是专制的。中国古代从夏商周三代到秦汉并不是一个从"民主"或"非专制"到"专制"的过程，而只是一个专制程度不断加深，从"形式专制"到"实质专制"的过程。

自夏王国产生后，天下就出现了多元一体、万邦共主的格局，其政治实体既有位于中原的王国，也有各地的邦国，还有尚未发展为邦国的史前不平等的等级社会乃至平等的氏族社会。其中，王国处于最高的顶点，而邦国则处于从属、半从属地位。这种以王权为特征的王国，在政治体制上属于专制政体。这种专制政体虽然以国家权力为核心、以王权为顶点而有相对集中的一面，但是也存在个人权利和地方势力而有相对分散的一面。夏商周时期我国政治制度的主要内容是宗法制，这一时期政治制度的发展呈现以下特点：在王位和爵位的继承上实行世袭制；在地方管理上实行分封制；在王族内部实行以嫡长子继承制为特点的宗法制。

因此，在历史的条件的限制下，早期的专制君主并不拥有绝对和无限的权力，其王权是不能和后来的皇权相比拟的。一方面，早期王权要受习惯法和传统礼制的约束，君主必须遵循祖先留传下来的传统习惯和逐渐形成的礼制进行统治和支配民众，否则便被视为不合法度，是暴君所为。另一方面，早期王权不仅要受到各个强大地方势力的制约，而且在中央不同程度上受到贵族和辅政大臣等其他力量的制约。总之，我们既不能把早期王权下的君主制政体等同于后世的专制制度，也不能因对王权的某些制约因素的存在而否认中国古代早期国家政体的专制性质。

如果说中国古代早期从酋国到王国的发展，是中国古代专制制度产生的转折点，那么夏商周时期从王国到帝国的发展，则是中国古代专制制度从形式专制到实质专制发展的历史过程，而战国变法与秦帝国建立就是实现从形式专制到实质专制历史演变的转折点。根据这一认识，我们认为中国从夏商周三代到秦朝是专制程度不断加深、从产生到奠定、从"形式专制"到"实质专制"的过程。在夏朝时期，民众尚有一些私

第八章 亚细亚生产方式的典型国家

人权利,地方部族、邦国还管辖一定数量和一定区域内的部落。到了商朝商王专制的特征就比较明显。商王有以下权力:其一,行政权。这包括:①对官员的任免权。在商朝内的官吏上自国王的辅佐大臣下至一般官吏以及诸侯国君的君民皆由商王任免。②对国家行政事务的决策权。③对臣僚的监察权。其二,军权。商王对军队拥有最高统率、指挥权。其三,司法权。商王对臣民握有最高的司法权。从中我们可以看出贵族、官僚对商王只有进谏的权利,而无制约的权力。他们的地位与官职,决定于商王对他们的信任程度与好恶。在周朝,周天子是全国的最高统领,"普天之下,莫非王土;率土之滨,莫非王臣","礼乐征伐自天子出"。周实行分封制,各诸侯要由周王册命,授民授疆土,"诸侯不命于天子,则不成为君"。各地方诸侯要对王室臣服,履行各种义务。周天子甚至对他们有生杀大权。可见虽然周朝各诸侯国在形式上仍是自治的,但中央对地方的控制相对于商又有了进一步增强。从主观上看,专制君主获取无限权力的欲望与以法家为代表的专制主义学说成为帝国专制制度产生的思想动因与理论基础。从客观上说,国家对地方的控制是需要一定条件的,这需要有土地的统计丈量技术、档案的记录和保管技术、畅通的道路等条件。而夏商周三代的文化和生产力还达不到这一标准。而春秋以后随着铁器、牛耕的使用,生产力得到了极大的发展,使"实质专制"在技术上成为可能。春秋战国时期是我国历史上的大变革时代。从客观形势来看,各个诸侯国为了适应争霸战争的需要纷纷变法加强君主专制和中央集权。首先削弱卿大夫的世袭特权,任贤选能,奖励军功。完善了官僚制,在中央建立了宰相、将军制度;创设了符玺制度。用符来控制武官,用玺来控制文官;在地方施行郡县制,将地方划分为县。县级民官由国君任命,以年终上计为标准直接对国君负责,并辅以中央对地方的视察和监察制度。另外,加强统治的法律的制定、颁布和执行,户口的登记和赋役的摊派,使国家的权力直达个人。人民的生活都要按照国家的需要,"民有二男不分异者倍其赋""父子兄弟同室共息者为禁"。这一切标志着在战国时期,各国国内的"实质专制"已开始形成。秦始皇扫灭六国一统天下,确立的中央集权的君主专制政体实际上是对战国区域性中央集权的君主专制政体的确认、巩固和放大。

在秦之前,无论是夏商还是周,都无力直接治理(控制)整个国家广大幅员的各个地区,地方各诸侯国具有较强的自治性。就是在诸侯国内国君的权力在被各贵族控制的社区内也只得到有限的贯彻。秦的统一建立了中国历史上第一个中央集权的专制主义国家,完成了中国政体从"形式专制"向"实质专制"的转变,奠定了今后我国专制政治的基础。从此与君"同焉者为是也,异焉者为非也",君主"独制于天下而无所制"。其开创的"大一统"的专制观念也被后世所继承。以后的历代各朝都没有跳出这个框架,正如谭嗣同所说:"二千年来之政,秦政也。"① 至此,中国专制国家制度从产生到最终在全国范围内得到奠定的过程就结束了。中国古代专制制度从形式专制向实质专制的发展,经历了王国—帝国的历史演变过程,其中,秦朝帝制的实行是实现这一变革的转折点。与此相适应,专制制度也由"王专制"发展为"帝专制"。

在夏商周时期,中国专制制度的主要特征是:实行王位制,国家的最高首脑成为"国王",废除禅让制,实行王位世袭制。建立了完备的分封制和宗法制,以血缘为纽带,以贵族政治为主体。最高统治者尚未实现权力的高度集中,在中央政府内部实行君相分权,地方政府拥有自主性、独立性。到秦朝时,进一步发展与全面加强了专制制度。一是建立了皇帝制度。皇帝制度基本特征:皇帝独尊,皇帝专权,皇帝独裁。皇帝至高无上。"皇帝"这一尊号,蕴含着超越三皇、五帝、三王的意义,并囊括了以往各种君主称谓所包含的帝王权势观念。神化了皇权并凸显出皇帝至高至尊的地位。君权与神权相结合,加强了皇权不可侵犯的神圣性。"我国在刚刚步入国家时政治形态就是专制的。我国古代从三代到秦汉并不是一个从'民主'或'非专制'到'专制'的过程,而恰恰是一个专制程度不断加深,从'形式专制'到'实质专制'的过程。""在秦之前,无论是夏商还是周,都无力直接治理(控制)整个国家,广大幅员的各个地区,地方各诸侯国具有较强的自治性。就是在诸侯国内国君的权力在被各贵族控制的社区内也只得到有限的贯彻。秦的统一建立了中国历史上第一个中央集权的专制主义国家,完成了中国政体从'形式专制'向'实质专制'的转变,奠定了今后我国专制政治的基础。"② 当时一般社会意识都认为皇帝是真龙天子,是秉承天命的圣哲。凡登上

---

① 谭嗣同:《仁学》,载《谭嗣同全集》下册,中华书局 1990 年版,第 337 页。
② 张翼飞:《从"形式专制"到"实质专制"——试论中国古代专制国家制度的产生与发展》,《中国社会科学院研究生院学报》2010 年第 5 期。

皇帝宝座的人，都是"受命于天"，是上天授权处理人间政务的最高代表。皇帝在全国范围内拥有"至高无上"的权威和"绝对"的权力。皇帝独一无二的名号确立后，即宣布在全国只能有一个君主。皇帝拥有支配天下一切土地和人员的权力以及最高立法权、行政权、司法权、监察权、军事统率权和国家财政大权。《史记·秦始皇本纪》亦说："天下之事无小大皆决于上。"皇帝专断独裁。国家一切的军政、财政由皇帝一人决定、具有随意性及独断性。《文献通考·自序》说："秦始皇以宇内自私，一人独运于其上。"二是建立了中央集权制度。地方绝对隶属于中央，地方各级政权一律不享有政治上的独立性。皇帝在政治生活中处于主宰和中枢地位。皇帝兼国家元首、政治首脑、立法者、最高军事统帅和最高司法官于一身。他几乎成为国家政治制度的人格化身。三是建立了官僚制度。官僚取代贵族，官僚都成为皇帝的臣仆，庞大的官僚机构都成为执行皇帝意旨的机构。在皇权制度下，所有的国家政权机关都是皇帝实行统治的大小不同的重要工具。要体现皇权统治，就必须设置和使用各级官吏，并使国家机关正常运转。各种国家机构，包括各级地方政权组织，都是君主的办事机构。官僚制度特点是：以皇帝为中心形成从中央到地方的官僚统治机构；官位不世袭，实行俸禄制度，由皇帝任免；官职有明确分工，既互相配合，又相互牵制。宰相以下的公卿百官，都是君主的办事人员。中央实行三公九卿的官制，地方推行郡县制，选拔和考察官吏的监察制度。官僚政治与官僚制度形成与发展起来。这样，君主权力既不受到中央宰相权力与贵族权力的牵制，也不再受到诸侯等地方势力的制约，从而形成了君主的绝对权力。君主绝对权力的确立，是中国专制制度从形式专制向实质专制转变的历史起点。

（2）汉承秦制与帝制确立：中国帝国专制的历史发展

汉代一方面在总体框架上继承了秦朝帝国专制制度，另一方面又在新的历史条件下根据主、客观条件的变化对秦制作了从内容到形式的调整和变化，即所谓"汉承秦制，但有因革"。汉朝统治者在吸取前朝灭亡教训基础上，进一步加强皇权，加强中央对地方的管辖，加强对广大劳动人民的剥削控制，强化君主专制主义中央集权制度的体现。承袭秦朝专制制度。秦朝确立了皇权至高无上，全国的政治、经济、军事、立法、司法、监察等各种权力都集中在皇帝一人手中，实行君主个人专制独裁。汉朝建立以后，继承了这一制度，但又在此基础上，创建了比较完整的皇帝名号、礼仪、皇位世袭等制度。除此之外，还承袭与发展了秦朝的郡县制与中央集权制度。秦统一以后，在地方推行郡县制度，郡县长官由皇帝直接任免。汉初在地方推行郡县制度，同时又兼有封国制。这种王国与郡县并存的体制被称为"郡国并行制"。但仍以郡县制为主。汉武帝时期，颁布"推恩令"，实行"附益之法"，最终解决了王国问题，全面推行郡县制，郡守县令的任免权归皇帝。承袭了秦朝的官吏选任制度。汉武帝时期设立刺史制度，全国分为13州，每州置刺史，监察郡国等地方高官。察举、征辟等选官制度在秦朝时就已经实行。汉代在秦的基础上建立和发展了一整套选举统治人才的选官、用官的察举制度。承袭了秦朝的赋税、徭役、兵制，形成了编户齐民制度。汉承秦制，在赋税方面表现尤为明显。凡秦朝已实行的税制，汉代均继续实行，其中有所变化和发展。主要表现为新的税目的增加和旧税税率的增减。

从战国时期开始，中国开始建立了以君主独裁、中央集权与官僚制度为主要特征的专制政治体制。秦始皇称帝后，对夏商周时代的那种政体进行了彻底改造，废分封，行郡县，铲除了分割君权、政出多门的等级君主制，实现了国家政令和政治权力的高度统一，完成了君主专制体制的建构。郡县中的人民不是具有选举权与表决权的公民，而是没有完整主权甚至基本无主权的编户齐民。郡县本身在国家中也处于无权地位，既没有雅典式的议事会，也没有罗马式的百人团大会，郡守、县令不是郡县居民选出的人民利益的代表，而是国君皇帝委派的帝王利益的代表。秦始皇确立了"命为诏，令为制，天子自称曰朕"的君主专制体制，以诏书的形式发布政令，诏书就是国家最高法律，全国臣民只能遵照执行，如果敢于"议诏""不如诏""废诏命"，则定以"悖逆"甚至"谋反"之罪处以重刑。汉承秦制，汉朝进一步巩固了中央集权的帝国专制制度。隋唐时期进一步完善了中国帝国专制制度。为了克服中央与地方的矛盾、君权与相权的矛盾，隋朝实行三省六部制，把原为丞相的权力分散于三省六部，唐朝沿袭这项新的措施并有所发展，从而使中央集权制度得以完善。隋唐时期还实行了新型的官员选拔制度——科举制。三省六部制与科举制的实行，既提高了专制国家官僚机构的行政效率也扩大了专制统治的基础，有利于官僚队伍文化素质的提高，使专制主义中央集权制度进一步完善。北宋建立后，宋太祖吸取唐末五代以来藩镇割据的教训，接受赵普的建议，采取"杯酒释兵权"等举措，收回朝中大将和节度使

第八章 亚细亚生产方式的典型国家

兵权，将地方的行政、军事、财政权力收归中央，防止地方割据局面的出现，加强了中央集权制度。元朝对帝国专制制度又有新发展，为了加强封建统治和对辽阔疆域的管辖，在中央设中书省，地方实行行省制度。这既是元朝巩固统一的多民族国家的成功的尝试，同时又是加强中央集权的新举措，是对古代郡县制度的重大发展，对后世产生了深远影响。明朝建立后，为处理君臣关系和中央与地方的关系，在中央废丞相，权分六部，使秦朝以来的宰相制度走到了尽头；在地方废行省，设三司，地方势力进一步削弱。明朝还遍设厂卫特务组织，实行八股取士，这是专制主义加强的突出表现。清朝沿用明制，后增设军机处，大兴文字狱，使我国专制主义中央集权的政治制度发展到登峰造极的程度。"中国远在两千多年前的秦朝，就建立了大一统的集权官僚制，这是自战国以来几百年的制度变革的成果，后经汉朝的继续，特别是汉武帝刘彻在政治上的削藩和文化上的'罢黜百家，独尊儒术'，使集权官僚制得以确立，并延续至清末。"[①] "虽然到清朝末年，中国土地私有制在形式上占了主要地位，但农业与手工业相结合的家庭自然经济，高度集权的专制主义，国家对全国土地的最终支配权和所有权，个人对国家的依附关系，亚细亚村社的宗法残余，以及与此相适应的儒家政治伦理，依然顽强地积淀在中国社会中，亚细亚自我封闭、与世隔绝的特征并没有改变。"[②] 总之，从战国、秦汉到明清时期，中国的帝国专制制度不断发展，呈现出不断强化的历史趋势。在这一历史进程中，中国君主专制制度不仅完全消除了任何制度性的制约因素，而且完全消除了非制度性的各种因素和力量对君主专制权力的牵制和阻碍，专制帝王不仅完全操控了从中央到地方的一切国家权力，而且使从丞相到平民的全体人民都完全成为他的奴隶。专制帝王不仅完全控制了国家政权而且完全控制了国家经济命脉，不仅完全剥夺了人民的政治权利而且完全控制了人民的日常生活，专制帝王不仅决定广大人民的尊卑荣辱而且对其拥有生杀予夺之权。因此，战国秦汉以来中国从王国专制向帝国专制制度转变的历史过程以及帝国专制制度自身的发展过程，就是中国的专制制度从夏商周时期的形式专制发

[①] 刘永佶：《民主：中华民族现代化的要求与保证》，《社会科学论坛》2013 年第 3 期。
[②] 孙承叔：《打开东方社会秘密的钥匙——亚细亚生产方式与当代社会主义》，东方出版中心 2000 年版，第 118 页。

展为帝国制度的实质专制的历史过程,就是广大中国人民对专制君主从形式隶属向实际隶属转变与发展的历史过程。"由秦以后,直到现代化开始的清代,其间经历二千余年的长期岁月,除了极少的场合外,中国的政治形态并没有了不起的变更,换言之,一直是受着专制政体——官僚政治的支配。"[①]

(3)帝国专制的转折——从家国体制到军国体制:北洋军阀政府

武昌起义后,清廷被迫将军政大权交予袁世凯。袁世凯一面受到清廷委以的重任,另一面又受到反清势力的拉拢与海外华侨的拥戴,最终临阵倒戈,以逼清帝退位的方式换取民国临时大总统职位。孙中山辞职后,袁世凯任中华民国临时大总统。这标志着中华民国史上北洋政府统治的开始。以袁世凯为首的北洋军阀政府之所以能够掌握国家政权,主要是因为它凭借强大的军事力量能够左右中国政局,能够承担历史转变时期的国家职能:它能够避免战争、实现和平,结束分裂、实现统一。当时,革命党人内部有许多人主张,为了达到推翻清政府、建立民国的两项最低目标,要以选袁世凯为总统换取天下太平。因此,北洋军阀政府承担着实现和平、建立宪政和推动现代化进程的重要职能。北洋军阀政府建立的客观事实表明,国家政权性质的确立有两种情况:一是为在经济上占统治地位的阶级利益服务的国家政权;二是为执行某种重要的公共职能与社会职能而建立的"超阶级"的国家政权。在前者那里,国家只是服务于经济上占统治地位的统治阶级利益的工具,除了代表它所赖以产生、依以存在的那个统治阶级的利益之外它自身没有什么自己的特殊利益;在后者那里,国家完全是一个超阶级、相对独立的利益主体,它不仅具有自己的特殊利益而且成为特殊的利益集团,成为一个独立的统治阶级与剥削阶级。这样,就要求既承担重大社会职能与历史任务、又具有自己特殊利益的北洋军阀政府在如何承担社会职能与实现自身利益之间进行抉择。事实证明:在袁世凯当权的北洋军阀政府初期,它完全是拥兵自重,凭借其强大的军事实力对内逼清廷退位、逼孙中山交权,假借民主共和之名行独裁专制之实,对外投降帝国主义、出卖国家利益,依靠向外输送利益来维持其专制政权。袁世凯取代孙中山,表明重建政治权威体系的途径已由民主共和向以北洋武力为后盾的军阀政治转换。

---

① 王亚南:《中国官僚政治研究》,商务印书馆2010年版,第20—30页。

当然,这种转换有着中国近代化进程需要加强中央集权、建立强势政府来加速社会发展的客观背景,但最主要的是袁世凯本能地恐惧民主政治,希望通过发挥军阀政治的功能,来解决辛亥革命后存在的权力和权威危机问题。所以,他镇压"二次革命"及之后所采取的独裁措施,从本质上讲是对民主共和的反动,成为近代实施军阀政治的起点。袁世凯用北洋军的力量来改变共和体制、建立专制制度,切断了中国民主政治化的进程。其一,解散议会,消除制约行政权力的一切障碍。虽然北洋政府先后出台的五部宪法都以"三权分立"为基本原则,但袁世凯掌权后,解散国会、撤销国务院,废除《临时约法》,颁布《中华民国约法》,改内阁制为总统制,规定总统独揽一切权力且可无限连任,使新生的民主制度遭到破坏。设立参政院,代替立法院。参政院是大总统的最高咨询机关,其参政几乎全部来自大总统的特任、简任。参政院成立后,便宣布代行立法院职权。作为代行立法院开会时允许旁听,可作为大总统的咨询机关开会时,则不许旁听。袁还有意将组织立法院的事推得遥遥无期。这样,一切民主选举均不存在了,所有重要官职都改为"钦定",并美其名曰"以资简捷,而节经费"。其二,改变行政体制,用总统制取代内阁制。1914年5月1日《新约法》公布,《临时约法》被废除。《新约法》明显表现了集权于总统的特征:撤销国务院,设政事堂于总统府。政事堂直接隶属于总统府,是最高的行政中枢,"凡一切军国大事皆由政事堂议决施行",设国务卿一人,国务卿只能是"智囊"性质。各部总长除例行公事外,"一切均由国务卿审核,转呈总统定夺办理。"消除了总统与总理的权限之争。上述措施最终使行政各部都丧失了独立职能,达到了将行政权力集中于总统府,并最终集于总统一人的目的。其三,反对联邦制,解散各省议会,随后将民政长改为巡按使,使各省地方行政权力变为中央政府的派驻机构,各省都督一律裁撤,原先的都督改为将军名号,使其不再具有地方色彩。裁撤都督,收回对地方官员的任免权,实行军民分治。省置巡按使,道置道尹,县置县知事。巡按使一律由大总统任命,不许地方保荐。

北洋军阀统治时期,一方面民主共和已经成为大势所趋,另一方面专制独裁阴魂不散。孙中山领导的资产阶级民主派制定的《临时约法》确立了主权在民、三权分立的总原则,给中国带来了新的政权形式、新的价值判断体系和新的思想文化观念。但是,这并不意味着专制势力、专制观念及专制价值取向与清王朝一起消失。恰恰相反，这些专制的东西将在新的政治结构、权力结构和社会中顽强地存在。军阀时期作为一种特殊的过渡时期，是近代中国社会新旧两种因素相互交织而又激烈冲突的时期，这必然造成由旧质向新质的迈进和过渡的社会形态。北洋军阀政府审时度势，不愿意赤裸裸地实行专制统治，保留民主制度的一些条文，以此作为自己实行专权统治的合法装饰，这就使军阀时期的政治制度与传统专制制度有着明显差异。这主要表现在：其一，对主权在民原则的承认。尽管军阀们千方百计地用军事力量干涉和控制国家元首或行政首脑的产生，但军阀时期产生的宪法都承认"主权在民"的原则。其二，立法机关要经过"民选"产生。北洋军阀统治时期，尽管各阶段选举权有差异，但基本是由选举产生的。议员们受命于军阀集团（不是某一个人）来决定国家的大政方针。其三，维持立法机关的存在及职能。有无立法机关的形式存在，是政权是否得到"民意机关"合法认可的法律依据。作为民意的机关，国会除了通过立法确立国家根本法之外，还代表民意对国家的内政外交等大政方针行使一定权力。基于此，资产阶级民主派利用国会作为其向军阀斗争的场所。而且在军阀时期，除了段祺瑞的执政府和张作霖的陆海军大元帅府外，从制度上说，立法机关的职权一般不少于《临时约法》所各项的规定。第四，制定国家宪法，从形式上确定权力的有限性。立法机关要议定国家的根本大法和国家政权的组成方式。从制度上说，国家元首的产生一般要由立法机关选举，而不是世袭的；元首要服从立法机关代表民意制定的法律，元首的产生方式及其权限也要由立法机关确定。

随着北洋军阀政府的垮台，其军国体制也就灭亡了。然而，中华帝国专制制度并没有因为军国体制的崩溃而终结，而是以国民党党国体制的形式继续延续下来。因此，北洋军阀政府的军国体制就成为从古代帝王的家国体制向现代政党的党国体制转变的过渡形式，成为中国专制制度现代化转型的枢纽。

从历史发展来看，中国专制制度的发展过程经历了若干历史阶段，采取了若干形态；从专制性质来看，分为形式专制与实质专制两大阶段；从权力特征来看，可以分为集权专制与极权专制两大历史阶段；从国家形式来看，可分为酋国专制、王国专制、帝国专制与党国专制四个阶段；从历史过程来看，中国专制制度的历史发展经历了"史前阶段"（酋邦制

第八章 亚细亚生产方式的典型国家

度)、"形成阶段"(先秦时代)、"确立阶段"(秦汉帝制)、"完善阶段"(唐宋明清)与"现代阶段"(党国体制)五个历史阶段,在这五个历史阶段中,最关键、最具有决定意义的是秦朝统一建立专制帝制以及汉朝实行汉承秦制确立帝国专制体制。因此,中国四千多年专制历史是以秦制为核心、为典型的,在秦朝之前的史前阶段与夏商周三代的形成阶段是"先秦"阶段,在秦朝之后两千多年的完善发展阶段为"后秦"阶段。就此而言,中国四千多年皆为"秦制":在秦朝之前的一切专制制度皆为秦而生,在秦朝之后的一切专制制度皆由秦而来。在中国专制制度四千多年的历史发展过程中,有三个重大转折点与重要标志:一是从原始民主制度向专制制度的转折点——酋邦制度与王国制度;二是从形式专制向实质专制的转折点——商鞅变法与秦帝国建立;三是从集权专制向极权专制的转折点——北洋军阀军国体制与国民党党国体制的建立。在从家帝国专制向党帝国专制的历史转变过程中,还曾产生与存在过一个过渡性的专制国家形式,即北洋军阀的"军国"体制。然而,无论是远古时代的酋国、先秦时代的王国,还是后来的帝国、军国与党国,无一不是以"家"为载体、以血缘关系为纽带的"家国"专制制度,以国民党一党专政为特征的党国体制也是一种家国同构的专制制度:从横向来看,国民党党国体制是以蒋氏家族为核心、以有亲缘关系的蒋宋孔陈四大家族为主体的;从纵向来看,蒋家王朝先后经历了蒋介石、蒋经国两代帝王的家天下统治。国民党党国体制的基本结构是以作为总体党的国民党为领导核心,以国民党对国家与社会的全面统制为基本特征的"1 + n"的专制制度结构。从历史地位来看,国民党的党国体制既是中国专制制度从家国体制向党国体制发展的转折点,也是中国专制制度从传统形式向现代形式转变的过渡点;既是中国集权专制制度的历史终点,也是中国极权专制制度的历史起点。

从总体上来说,以形式专制为特征和以酋邦专制和王国专制为基本形式的先秦专制制度是中国专制制度的原生形态,以实质专制为特征、以帝国专制为基本形式的秦汉—明清专制制度是中国专制制度的次生阶段,以极权专制为特征、以党国专制为基本形式的现代专制是中国专制制度的再生形态。作为极权专制制度,党国专制是实质专制的高级阶段,是宗教专制的"科学"形式,是中国专制制度的最高形态,是东方专制制度的现代形式与最后阶段。

(五) 中国古代土地制度的历史多样性与本质统一性

关于中国古代土地制度的形式，长期流行着一种普遍性的观点——"私有制为主体、多种所有制并存论"。这一观点认为中国古代社会存在着国家所有制、地主所有制与农民所有制三种土地所有制形式。从表面上看，这种观点似乎是正确的。但从实质上来看，这种观点则是站不住脚的。笔者认为，研究中国古代土地所有制不仅要从现象出发，而且更应当透过现象看本质；不仅要看到中国土地所有制在存在形式上的多样性，而且应当运用一般与特殊相结合、共性与个性相统一的基本方法，科学地阐明中国各种具体形式所包含的共同的本质特征，揭示中国古代土地制度在本质上的统一性。

1. 中国古代土地制度存在形式的多样性

从现象形态来看，中国古代土地制度存在着多样性。各种土地制度不仅在历史上依次出现，而且在现实中呈现出多种土地制度并存的格局。

首先，以公社占有为基础、以井田制为基本形式的土地制度。在上古时代，中国土地所有制的典型形式是西周的"井田制"。西周时期，耕地阡陌纵横，形同"井"字，故称井田。井田制下的土地仍由农村公社占有，由隶属于公社的社员耕种。井田制分为八家为井而有公田、九夫为井而无公田两个系统。其中，八家为井而有公田，如《孟子·滕文公上》所载："方里而井，井九百亩。其中为公田，八家皆私百亩，同养公田。公事毕，然后敢治私事。"九夫为井而无公田，如《周礼·地官·小司徒》所载："乃经土地而井牧其田野，九夫为井，四井为邑，四邑为丘，四丘为甸，四甸为县，四县为都，以任地事而令贡赋，凡税敛之事。"因此，井田制就是"夫田制"，即按每一农夫平均分配土地进行耕种。井田制的基本原则是按夫平均分田，凡农夫分田皆相同。因此，井田制是在国家所有、公社占有的基础上均分土地的制度，是中国最早的均田制。国家是土地的所有者，公社与贵族是土地的占有者，社员是土地的使用者。从赋役制度来分析井田制的两个系统，夏、商时期八家为井而有公田，实行"贡""助"法；周代九夫为井而无公田，实行"彻"法。战国时期，以鲁国为代表的各诸侯国为增加收入，进行税制改革，规定无论公田、私田，一律按亩纳税，承认了私人占有土地的合法性。公元前361年，商鞅在秦国实施改革，主要内容有："废井田""开阡陌""民得买卖"，承认土地的私人占有，从而导致井田制彻底瓦解。

第八章 亚细亚生产方式的典型国家

其次，以私人占有为基础、以国家授田为基本特征的土地制度。自战国秦汉废除"井田制"，实行"名田制"与"均田制"。所谓名田制，就是国家对个人按其名分授田。起初，主要是以秦汉军功爵为基础的授田制度，按照爵位的高低来确定授田宅的多少。后来，商鞅变法秦国实行"除井田，开阡陌"，废止以"夫"为单位平均使用的土地制度，允许以私人名义占有土地。秦统一后颁布了"使黔首实其田"的命令，一是让全国有田的人登记其名并自报占有田地的实际数额，以便查清田亩数量，并为征收赋税确定数额。二是允许农民自行开垦荒地，充实其所应占有土地的数量。汉承秦制，西汉颁布"复故爵田宅诏"，在授田方面继续推行"名田制"，按照军功爵高低授田。名田制既承认了普通人基本的占田资格，也给有爵位人更多的占田权利。因此，"使黔首实其田"并不是实行土地私有制，而是承认土地私人占有，为国家行使所有权、按照占有土地之数量收取赋税和征派徭役提供依据。就其实质来说，这是土地国有制实现形式的改变，而不是土地国有制性质的改变。所谓均田制，就是按农民男女劳动人口平均授田的土地制度。起初，北魏"均田令"规定：男夫十五以上受露田四十亩，妇人二十亩。授桑田的规定是：男夫一人给田二十亩。授麻田的规定是：男夫授给麻田十亩，妇人五亩。政府所授土地，原则上都属于国家所有，其中露田的受田者到一定时候要交还国家；而桑田、麻田则为民人"世业"，这类土地可以"身终不还"。后来，后齐、隋、唐继续推行均田制，这实际上是历史上按人均分土地的"井田制"的复归。

再次，以地主占有为基础、以租佃制为基本形式的土地制度。在战国时期，中国开始形成了土地私人占有制度，一部分占有较多土地的人成为地主。地主所有制形成的途径有两个：一是政治途径，一些官僚与军功卓著者得到国家授予与奖赏的较多土地而成为地主。二是经济途径，一些富人以购买的方式获得较多土地而成为地主。地主一般不直接从事农业生产经营，而是把其土地分成小块租给无地或少地的农民耕种，向租地农民收取实物地租。一般说来，佃农向地主缴纳的地租率平均是百分之五十。有些人认为，地主从农民身上剥削地租即是其拥有土地所有权的具体表现。殊不知，地主在向农民收取地租后不仅要以赋税的形式上缴给国家而且要以其占有土地的数量为依据向国家缴纳赋税。因此，地主最终所获得的"地租"实际上是作为国家的代理人占有土地而从国家那里获得的"报酬"。因此，地主占有土地而获得"地租"只具有分赃的性质，并不意味着地主拥有土地的私人所有权。

最后，以农民占有为基础、以自耕制为基本形式的土地制度。在战国秦汉以后，中国产生了一些占有小块土地的自耕农。自耕农形成的来源主要有五：一是由于废除井田制，承认土地私人占有，政府把国家所有、农民耕种的份地授予农民，从而使农民占有一部分土地而成为自耕农。二是一些人因耕战有功获得少量土地而成为自耕农。三是一些人开垦了荒地而成为自耕农。四是因地主分家析产而从地主家庭中分化出一部分自耕农。这些"自耕农"或由国家组织移民迁徙开垦"官田荒地"，或由国家进行有组织的屯垦"官田荒地"后才占有土地。迁徙之民中有不少人成了"自耕农"。五是在战乱之后国家把许多"无主"的土地授予无地或少地的农民耕种。中国古代社会的自耕农是具有二重性的：一方面，他们是劳动者与被剥削者，在这一意义上，他们与佃农相同；另一方面，他们又是土地占有者，并根据其占有土地的多少向国家缴纳赋税，纳税的方式因而与地主相同。地主占有土地、农民与土地所有权分离是我国古代社会的常态，农民占有土地居于附属地位。

由此可见，中国古代土地制度形式是多种多样的，既有以农村公社占有为基础、以国家授田为特征的"公有制"，也有以私人占有为基础、以自由买卖为特征的"私有制"；既有以租佃制为特征的地主所有制，也有以自耕制为特征的农民所有制。各种土地所有制形式的主要区别有两点：一是土地占有者主体不同。中国古代的土地占有者既有农村公社、受封贵族，也有庶族地主、自耕农民。二是农民地位不同。其中自耕农地位较高，他们是土地占有者，拥有的自由最多；其次是国家授田的农民，他们对国家承担较多的赋税、徭役，拥有较少的自由；最后是地主所有制下的佃农，他们只是土地的耕种者，不仅直接受地主的压榨，而且还间接受国家的剥削，承担的义务最多，拥有的自由最少。

2. 中国古代土地制度本质规定的统一性

上述各种土地制度的共同点有两个方面：一是土地的耕种者或农业直接生产者相同。无论在何种土地所有制下，土地都是由以家庭为单位的农户经营，小农经济是中国古代以来普遍存在、长期延续的农业生产方式。二是土地的最终所有者相同。无论谁是土地占有者，国家都始终是土地的真正所有者，是最高地主；无论采取何种土地所有制形式，其

第八章 亚细亚生产方式的典型国家

实质都是国家所有制。因此,中国古代土地制度的多样性并不是土地所有制性质的多样性,而只是土地国有制实现形式的多样性。因此,中国古代土地制度在其本质规定上不是多样的,而是统一的——土地国有制。

从理论逻辑来说,土地所有权的本质特征在于土地所有者对于土地的排他性的垄断权利。马克思指出:"土地所有权的前提是,一些人垄断一定量的土地,把它当作排斥其他一切人的、只服从自己私人意志的领域。"[1] 如果中国古代以来存在着私有制,那么私人就必须拥有对土地的排他性的垄断权利;如果存在着多种不同的所有制,那么就必须存在各自独立、互相排斥的多种所有者。相反地,如果私人不拥有排他性、垄断性的土地所有权,无论他是否拥有土地占有权与使用权都不可能是土地私有制;如果国家拥有对土地的排他性的垄断权利,无论国家是否直接占有土地它都是土地所有者,土地所有制也就必然是国有制。在中国古代,各种土地所有制形式都具有一个基本共性:无论其占有主体是公社还是私人,都不具有对土地的排他性的所有权,都不能排斥国家对土地的最高所有权。各种所有制形式都不能排斥国家对土地的支配权与收益权,国家可以任意排斥、随意剥夺其他所有制主体的权利。在"普天之下,莫非王土"这一普遍规则的作用下,各种占有主体都要服从国家这一最高地主,只有国家才拥有土地垄断性的所有权。作为最高地主,国家始终拥有土地的最终所有权、绝对支配权与最大收益权。因此,中国古代土地所有制在其本质规定上具有内在的统一性,中国古代土地所有制的基本性质是完全相同并且是一脉相承的——国家所有制。中国古代国家所有的土地不仅包括国家直接占有的土地,而且包括其他各种主体所占有的土地。那种把土地国有制仅仅局限于国家直接占有土地进而把中国古代土地所有制说成是以私有制为主导的多种所有制形式并存的观点,是一种表面性的观点。这种观点完全是从现象出发,忽视了各种土地所有制形式在本质上的内在联系与统一性。"东方封建社会里存在着形式上是村社所有制的国家土地所有制,这是东方国家封建土地所有制具有的共同性,中国也不能例外,但是由于各自的具体历史条件不同,基于共同性而产生的差异性,亦自有其客观的存在。唯其如此,我们往

---

[1] 马克思:《资本论》第3卷,人民出版社2004年版,第695页。

往为这种差异性所迷惑,而不能从中认识到其中亚细亚形态的共同性。"①

从本质上看,中国古代只存在私人对土地的占有权与使用权而不存在私人所有权,只存在国家所有制而不存在私人所有制。尽管中国土地所有制形式是多样的,但其本质规定则是统一的——国家所有制。具体说来,中国古代土地所有制的统一性主要表现为三个方面:

第一,井田制、名田制与均田制下的土地所有制既不是公社所有制也不是贵族所有制、农民所有制,而是国家所有制。在原始社会末期,以血缘关系为纽带的氏族公社发展成为以地缘关系为特征的农村公社。在农村公社中,一方面实行土地公有制即公社所有制;另一方面,住宅与住宅周围的土地属于社员私有。一方面农民固定在"份地"上从事劳动;另一方面土地定期分配。这是一种兼有公有制因素与私有制因素的二重性农村公社。这种亚细亚农村公社是农村公社的原生形态,是人类社会走向文明社会的共同起点。由于不同的历史环境,亚细亚农村公社的土地公有制在不同地区产生了三种不同类型的演变形态:一是亚细亚古代的所有制形式;二是古典古代的所有制形式;三是日耳曼的所有制形式。同后两种所有制形式相比较,"亚细亚的所有制"不仅公有制程度最高,而且其中还存在着两种依附关系。一是个人对共同体的依附关系,"共同体是实体,而个人则不过是实体的附属物,或者是实体的纯粹天然的组成部分。"起初,是个人依附于公社这一共同体,后来则是个人连同公社一切依附于一个更高的共同体——国家,国家是实体,公社与个人都是国家的附庸。古代东方的国家是凌驾于所有这一切小的共同体之上的总合的统一体,国王是"共同体之父"。二是个人对土地的依附关系。既然个人是共同体的附属物而无法成为独立的实体,那么土地自然就是共同体所有而不为个人所私有。"在大多数亚细亚的基本形式中,凌驾于所有这一切小的共同体之上的总合的统一体表现为更高的所有者或唯一的所有者,实际的公社却只不过表现为世袭的占有者。"② 在井田制下,国王把原本属于农村公社所有的土地层层分封给诸侯、卿大夫及其子弟和臣属。周王对所封土地有予夺之权,各级受封的贵族对土地只有支配

---

① 黎子耀:《论中国封建社会的国家土地所有制——兼论封建社会自耕农的土地关系》,《浙江学刊》1963 年第 1 期。

② 《马克思恩格斯全集》第 46 卷,人民出版社 1998 年版,第 473—474 页。

第八章 亚细亚生产方式的典型国家

权而没有所有权,只能世代享用而不能转让与买卖,还要向国王缴纳贡赋。由此可见,进入文明社会之后,中国形成了"国家所有—公社占有—个人使用"的国有土地制度。以井田制为基本形式的中国古代土地所有制是形式上的公社所有制和实质上的国家所有制。"亚细亚形态的土地所有制,即从形式上说是村社所有制和从实质上说是国家所有制。"[①]在名田制与均田制下,无论是国家对军功者与贵族授田还是允许农民占田,不仅土地所有权都属于国家而不属于贵族与农民,而且受田者一般要向国家缴纳赋税、承担徭役。显然,中国古代并没有从土地公有制转变为土地私有制,而是从公社所有制转变为国家所有制。当西方社会已向私有制转化的时候,东方不仅仍然保持土地公有制,而且这种公有制还在此后极长的历史时期内以其"次生形态"——国家所有制的形式得以延续,形成了东方特有的亚细亚生产方式与社会形态。[②]

第二,租佃制下的土地所有制不是地主所有制,而是国家所有制。在中国,所谓"地主"并不是真正意义上的地主。这是因为,一方面,地主必须以所占有的土地数量为依据向国家缴纳租税、提供徭役。"地租的占有是土地所有权借以实现的经济形式"。[③] 既然地主占有的土地实质上是属于国家所有的,那么只有国家才是地租的获取者。佃农向地主缴纳地租,地主向国家缴纳赋税,这一事实表面上看赋税是从地租中分割出来的,是地租的转化物;从实质上来看,赋税本身就是国家通过"地主"而向耕种土地的佃农所征收的地租,是国家对佃农的剥削形式。国

[①] 黎子耀:《论中国封建社会的国家土地所有制——兼论封建社会自耕农的土地关系》,《浙江学刊》1963年第1期。

[②] 既然亚细亚生产方式孕育了成熟社会形态的萌芽,那么中国古代社会也应该与其有千丝万缕的联系,以亚细亚生产方式为坐标来考量中国社会就颇具可行性。中国远古炎黄时期实行土地公有,政治民主,实行禅让制。因此,炎黄时代属于亚细亚生产方式的原生形态。夏商实行井田制,出现了专制统治,这些符合亚细亚生产方式次生形态的特征。因此,夏商属于亚细亚生产方式的次生形态。秦汉至明清的生产关系、统治方式均与亚细亚生产方式的次生形态有相近之处。因此,秦汉至明清的中国古代社会仍属亚细亚生产方式的次生形态,不过是其升级版或完备形态(贺羡,2012)。中国是个典型的亚细亚生产方式的国家。中国古代的生产关系具有许多亚细亚的基本特征:首先,在中国古代不存在个人所有,只有个人占有;其次,个人对公社或国家来说,不是独立的,生产的范围限于自给自足,农业和手工业结合在一起;再次,在它的次生阶段,国家或皇帝是最高的所有者,而公社和个人都不是实际的所有者。最后,政治上表现为"东方专制制度"(李水兰:《马克思"亚细亚生产方式"理论与中国现代化建设模式的探索》,《闽西职业技术学院学报》2006年第1期)。

[③] 《资本论》第3卷,人民出版社2004年版,第714页。

家是真正拥有土地的地主,而"地主"则只是国家所有者的代理人或"管家","地主"所获得的收入实际上则是国家对地主为其管理土地所给予的报酬。因此,地主实际上是以国家所有者的代理人身份出现的,他们只起了真正的地租——赋税转缴人的作用。就其一致性而言,国家的赋税与地主的"地租"有共同的基础,它们都来源于佃农的剩余劳动;就其差别性而言,"地租"与赋税又处于彼此对立关系之中。这充分说明,一方面国家与地主共同压榨农民的经济关系;另一方面国家与地主之间存在着瓜分农民剩余劳动的矛盾。自唐中叶起,历代王朝越来越倾向于在"收益权"即赋税制度上做文章。所谓"本朝不立田制、不抑兼并",表示国家对土地的控制正是逐渐从直接占有土地和直接控制土地分配,转变为通过对土地收益进行绝对性支配而进行的间接控制。同时,地主土地占有权还要受到国家的剥夺。因此,存在私人占有、土地买卖与地主收租等绝不意味着存在土地私有制;土地国有制也绝不仅限于国家占有土地,它的实质在于国家对一切土地拥有绝对支配权与地租索取权。[①] 尽管国家允许地主占有土地,但在通常情况下只允许地主占有一定数量的土地,倘若超过允许的限度国家就要采取各种手段予以打击。从秦代迁天下数十万富户于关中,到历经许多朝代的抑兼并政策与土地"国有化"运动,打击的主要目标直指地主阶层。在私人土地权利可能任意为王朝没收、充"公"的条件下,加上负担的各种沉重赋役,地主所有权与土地私有制这一命题显然不存在事实上的合理性。地主对土地的占有、使用与买卖并不能表明其土地的地主所有制性质。有人认为,凡是以私人名义占有一定土地,同时又对农民进行剥削者,都是封建主。其中,对所占有的土地上的臣民(或耕种者)拥有政治统治权的是"领主",缺乏这种权利的则为"地主"。这种观点是不能成立的,因为它"完全混淆了土地占有与土地私有之间的界线,从而也就基本抹杀了土地国有制与土地私有制之间的社会经济形态的重大区别"。[②] 在传统的对中国社会的理解中,自秦至清的长达两千年的历史都是封建社会。但作为封建社会,私有制的存在应是一个前提和根本性的规定。但作为封建社

---

① 杨师群:《中国传统社会自耕农产权问题的考察——与西欧中世纪农民的比较研究》,《学术月刊》2003年第8期。
② 杨师群:《战国新兴地主阶级说质疑》,《社会科学战线》1993年第4期。

会，中国存在着私有者吗？传统的观点认为，中国古代社会的经济基础是地主经济，既然是地主经济，当然存在着私有制。但地主是土地的真正的和最终的所有者吗？不是！在中国几千年的古代社会，"普天之下，莫非王土"，这说明皇帝是最终的土地所有者。全国的大地主，他们的土地往往是靠皇帝的赏赐获得的，所以他们取得的是土地的占有权和使用权，而最终的所有权在皇帝手中。皇帝随时可以将之收回，一道旨意就可以使之倾家荡产。下边的中小地主往往通过金钱，通过暴力取得一些土地，但取得的还是土地的占有权，因为你无论花多大力气弄得的土地，皇帝的一道"圣旨"照样可以使你丧失殆尽。所以，在古代中国，不存在个人所有，只存在个人占有。皇帝控制着经济权，同时还直接掌握着政治权和军事权，从而控制着人的全部。人在皇帝面前没有独立人格，没有自我，每个人实际上都为皇帝而活着。[1]

第三，自耕制下的土地所有制不是农民所有制，而是国家所有制。在中国古代，所谓"自耕农"并不是具有土地所有权的自由农民。正如不存在地主土地私有制一样，中国古代也并不存在自耕农私有制。之所以如此，一是由中国自耕农的社会地位所决定的。在中国等东方国家，自耕农不拥有独立人格与自由权利，他们是作为国王或皇帝的"子民"而存在的。自耕农的这种社会依附性地位决定了他们不可能拥有独立的土地所有权，自耕农的土地关系属于国家土地所有制的范畴，他们所占有的土地是属于最高地主——国家的。"中国封建社会里国家土地所有制表现为两种形式：一种是公田的形式，屯田、营田、官田等属之；另一种是农民占田的形式，这类农民系指世袭占有土地的自耕农，我们不能作为自耕的土地所有者加以看待。"[2] 二是由国家对自耕农的剥削形态所决定的。在中国古代，国家之所以允许农民占有土地，其目的是利用农民来耕种这些土地，并以农民占有土地的数量为基础向其征收赋税和征调徭役。这种赋税与徭役实质上是国家这个最高地主向农民征收的实物地租与劳役地租。因此，自耕农向国家缴纳的赋税名义上是课税，实际

---

[1] 王松岭：《生产关系与政治结构的内在关系研究——马克思"亚细亚生产方式"思想解读》，《学术交流》2009年第11期。
[2] 黎子耀：《论中国封建社会的国家土地所有制——兼论封建社会自耕农的土地关系》，《浙江学刊》1963年第1期。

上则是地租。这种地租剥削关系的根源就是土地的国家所有制。不仅如此，国家向"自耕农"征收赋役的数量也和佃农向地主缴纳的田租大致相当。一般说来，自耕农向国家缴纳的赋税是什一税以至三十税一。但实际上自耕农所缴纳的赋税只是地租的一部分，国家对自耕农征收的地租以劳役地租为主。总体而言，国家以赋税与劳役形式占有农民的剩余劳动量至少占农民全部劳动量的百分之五十。这表明，"自耕农"所受的剥削程度与佃农是基本相同的。三是土地买卖不能说明中国古代社会自耕农具有土地所有权。中国古代社会里，农民所占有的土地有时被允许买卖，但农民的土地买卖只是土地的占有权的转让与使用权的流转，而不是土地所有权的转移。根据土地买卖的现象来证明自耕农具有土地所有权显然是不正确的。这充分表明，中国古代的自耕农完全不同于西方的自耕农。在西方，"自耕农的这种自由小块土地所有制形式，作为占统治地位的正常形式，一方面，在古典古代的极盛时期，形成社会的经济基础，另一方面，在现代各民族中，我们又发现它是封建土地所有制解体所产生的各种形式之一"。[①] 在中国，自耕农则始终是依附于国家的农民——国家佃农。正如著名学者王家范先生所指出的那样："这种'小私有'小农，本质上是为国家'打工'。……处境未必比佃农好多少，故暂且名之曰：'国家佃农'。国有产权对自耕农应得利益的维护（自耕农是中央集权统治的生命线和晴雨表），根本没有制度上的保障，正是一而再、再而三地造成君—民之间政治紧张的最深层根源。"[②]

综上所述，中国古代的多种土地制度，说到底是土地国有制的多种实现形式，而不是以土地私有制为主体的多种所有制。因此，在中国古代无论存在何种土地制度都既不能说明存在多种土地所有制，也不能说明中国古代存在土地私有制。中国古代土地所有制是存在形式的多样性与本质规定的一致性的统一；中国古代土地制度的变化，只是国有制实现形式的变化。无论土地制度如何变化多样，都不能改变中国土地所有制性质的统一性。总体而言，这两千年内，大一统体制内在的产权"国有"底气仍然或显或隐、或强或弱地在发挥其无所不在的能量。任何名

[①] 马克思：《资本论》第3卷，人民出版社2004年版，第911页。
[②] 王家范：《中国传统社会农业产权"国有"性质辩证》，《华东师范大学学报》1999年第3期。

正言顺的国有产权，都会受到各种形式的侵蚀，被"化公为私"；而任何看似私有的产权都会受到国家的限制，历经挣扎也仍然逃不脱私有产权不完全的困境。中国传统农业产权的"国有"性质，植根于政治强制度化与产权非制度化的体制环境，通过政治的、经济的一系列策略，在各个历史时期都表现得无处不在，根深蒂固。在中国传统社会，由于缺乏健全发育和法制保障的社会环境，私有产权的发展是不充分、不独立、不完全的。因此只有把产权问题放在整个历史运动中，对政治与经济的互动关系作动态的观察，才可能透过各种游移不定、反复摇摆的实际运作状态，力求准确地把握住中国传统经济结构的特点。[①]

（六）中国小农经济的历史形态

小农经济是农业领域中以小农户家庭为生产和消费单位，以农业与手工业结合为特征，以土地的小农户分散占有与个体劳动为基础的小生产方式。根据小农与土地关系的不同，小农经济区分为自耕农经济、佃农经济；根据其社会地位的不同，小农区分为自由农民与依附农。小农经济产生于原始社会末期，此后在全世界各种社会经济形态中长期存在。在中国，几千年来小农经济长期存在、延绵不绝。在漫长的历史进程中，中国的小农经济形式不仅始终居于主体地位，而且经历了不同的发展阶段，表现为多种不同的历史形态。系统梳理中国小农经济的各种历史形态，对于科学认识中国小农经济的本质，揭示其发展规律，实现小农经济的变革、构造现代农业经营形式，具有十分重要的理论与现实意义。

（1）远古时代农村公社"份田制"下原生的小农经济

在原始社会末期，世界各地基本上实现了从原始氏族公社向农村公社的转变，这是原始社会向阶级社会过渡的社会经济组织。农村公社亦称"农民公社""毗邻公社""地域公社"，简称"村社"。广义的农村公社包括农业公社、游牧公社、游猎公社等不同类型的公社组织；狭义的农村公社特指农业公社。农村公社中各家庭聚族而居，家庭的首领参加公社的管理机构。农村公社有共同地域、共同经济和共同的宗教祭祀活动。公社实行民主管理，由各家族的代表或民主推选的首领组成管理机构，处理日常事务，社员大会讨论决定公社重大问题。农村公社的基本特征是：第一，生产资料公有和私有并存，耕地、草地、牧场、森林等

---

① 参见王家范《中国传统社会农业产权辨析》，《史林》1999年第4期。

为公有，而生产工具、牲畜、农产品及房屋周围的小块土地为个体家庭私有；第二，土地既是公社所有的公田又是社员个人的份地；第三，土地分配给农民实行个体耕作，大型水利灌溉工程则由村社统一组织与管理。

在农村公社制度下，一方面实现了从原始公有制向公有制与私有制并存的二重所有制的转变，另一方面实现了土地由公社"公田共耕"向社员"份田私耕"的转变。这样，土地一方面是共同所有的"公地"，另一方面成为社员私人占有与分散耕种的"份地"，从而形成了以一家一户的家庭为生产组织形式的最早的小农经济，这是小农经济的原生形态。这种原始性的小农经济曾经广泛地存在于亚洲、欧洲、美洲与非洲等世界各个主要地区，是人类社会从原始社会向文明社会转变与过渡的一般形式。作为小农经济的原生形态与一般形式，这种农村公社"份田"制度下的小农经济具有小农生产方式的一般特征：其一，它以小农个体家庭为单位进行生产和消费。一方面，小农使用落后的手工工具，依靠手工劳动，长期沿用传统的农业生产技术与经验，在小块土地上用落后的手工工具进行分散经营，生产水平低下，抗灾力量弱，经济地位很不稳定。另一方面，小农的生产规模狭小，缺乏生产过程的分工、协作。马克思指出："在这种生产方式中，耕者不管是一个自由的土地所有者，还是一个隶属农民，总是独立地，作为单独的劳动者，同他的家人一起生产自己的生活资料。"[①] 恩格斯指出："我们这里所说的小农，是指小块土地的所有者或租佃者——尤其是所有者，这块土地既不大于他以自己全家的力量通常所能耕种的限度，也不小于足以养活他的家口的限度。"[②]"他们的生产方式不是使他们相互交往，而是使他们互相隔离。"[③] 小农不但要独立地完成农业生产的全过程，而且总是独立地经营与农业结合在一起的家庭工业。其二，它是自给自足的自然经济形式。小农生产方式属于自给自足的自然经济，排斥商品经济的发展。"每一个农户差不多都是自给自足的，都是自己生产自己的大部分消费品，因而他们取得生活

---

① 《资本论》第3卷，人民出版社2004年版，第911—912页。
② 《马克思恩格斯选集》第4卷，人民出版社1995年版，第486—487页。
③ 《马克思恩格斯选集》第1卷，人民出版社1995年版，第677页。

第八章 亚细亚生产方式的典型国家

资料多半是靠与自然交换，而不是靠与社会交往"。① "在印度和中国，小农业和家庭手工业的统一形成了生产方式的广阔基础"。② 其三，从其社会形式方面来看，这种小农生产方式是以劳动者对生产资料的所有权与占有权为基础的，劳动者表现为土地等生产资料的所有者。马克思指出："在这种生产方式中，土地的占有是劳动者对本人的劳动产品拥有所有权的一个条件。"③ 马克思把小农经济称为"生产者对劳动条件的所有权或占有权以及与此相适应的个体小生产"，④ 而把小农称为"自己拥有劳动条件的小生产者"。⑤ 可见，"劳动者实际上或名义上是他的劳动条件和产品的所有者"⑥ 是小农经济的主要特征之一。对于小农来说，土地是他的劳动得以自主实现的活动场所与他的资本的投资场所；土地所有权既是小农对其劳动产品拥有所有权的前提条件，也是小农及其家庭得以生存与发展的基础条件。这种拥有土地所有权的小农既包括真正拥有土地私有权的自由性小农，也包括在农奴制度以及其他形式的从属关系中存在的名义上拥有土地所有权的依附性小农。马克思强调指出："决不要忘记，甚至农奴，不仅是他们宅旁的小块土地的所有者（虽然是负有纳租义务的所有者），而且是公有地的共有者。"⑦

从这些特征来看，中国远古时代农村公社制度下的小农经济属于小农生产方式，具有小农生产方式的一般特征。同时，中国远古时代的小农经济不同于西方远古时代的小农经济，它有两个主要特征：其一，它始终以土地公有制为基础而没有导致公有制解体与土地私有制的产生，小农始终只拥有对土地的直接占有权与具体使用权而不拥有私人所有权。其二，它始终以共同体（公社）为主体而不是以农民个人为主体，农民个人表现为依附于公社共同体的附庸，个体农民始终是依附性的小农而没有从对共同体的依附中解放出来转变成为自由自耕农。作为中国小农经济的原生形态，这种农村公社"份田制"的小农经济是中国小农经济

---

① 《马克思恩格斯选集》第1卷，人民出版社1995年版，第677页。
② 《资本论》第3卷，人民出版社2004年版，第373页。
③ 同上书，第909页。
④ 《资本论》第1卷，人民出版社2004年版，第830页。
⑤ 《资本论》第3卷，人民出版社2004年版，第672页。
⑥ 同上书，第672—673页。
⑦ 《资本论》第1卷，人民出版社2004年版，第785页。

的一般形式，它体现了中国以土地公有制为基础的依附性小农经济的一般特征。作为中国小农经济的原生形态，这种农村公社"份田制"的小农经济也是小农经济的原始形式，它的生产技术是原始的，具有其落后性；其农业生产不是精耕细作的集约经营，而具有粗放性；其社会结构不是阶级对立关系，不存在剥削阶级与被剥削阶级。

（2）上古—中古时代国家"授田制"下次生的小农经济

农村公社既是原始社会的最后阶段，也是从原始社会演变为阶级社会的必然的过渡阶段。生产资料所有制的二重性决定了农村公社由原始社会向阶级社会过渡的必然性。马克思指出："农村公社既然是原生的社会形态的最后阶段，所以它同时也是向次生的形态过渡的阶段，即以公有制为基础的社会向以私有制为基础的社会过渡。"① 全世界各地普遍都经历了农村公社这一历史发展阶段。在西方，原始社会解体后，随着个体劳动、私有制与商品交换的发展，作为公社社员的小农不可避免地向贫富两极分化。商品货币经济渗入公社内部，把原来经济平等和社会平等的公社社员分化为贫困者和富有者。贫困破产者因负债沦落为债务奴隶，加上战争俘虏，形成了被压迫的奴隶阶级，为奴隶制的形成与发展提供了奴隶来源。古代希腊就是随着商品货币经济的发展，由农村公社进入奴隶制社会的典型。马克思说："小农经济和独立的手工业生产，一部分构成封建生产方式的基础，一部分在封建生产方式瓦解以后又和资本主义生产并存。同时，它们在原始的东方公有制解体以后，奴隶制真正支配生产以前，还构成古典社会全盛时期的经济基础。"② "自耕农的这种自由小块土地所有制形式：作为占统治地位的正常形式，一方面，在古典古代的极盛时期，形成社会的经济基础，另一方面，在现代各国，我们又发现它是封建土地所有制解体所产生的各种形式之一。"③

由于地理、气候与土壤等自然条件不同，世界各地的生产方式、社会形态与历史进程也必然不同。在亚洲及东方国家，由于特殊的自然条件形成了特殊的生产方式，使得传统的农村公社不仅没有被破坏反而还长期保存下来，但它不再是由原始社会向阶级社会发展的过渡性的社会

---

① 《马克思恩格斯全集》第19卷，人民出版社2004年版，第450页。
② 马克思：《资本论》第1卷，人民出版社2004年版，第971页。
③ 马克思：《资本论》第3卷，人民出版社2004年版，第909页。

第八章 亚细亚生产方式的典型国家

形态,已蜕变为依附于国家的附庸性公社组织。在这种国家控制下的公社组织里,耕地虽按传统实行定期重新分配,但土地所有权已被国家与国王所篡夺,社员以承担各种贡赋或劳役为代价,耕种公社分配的"份地"。再到后来,经过长期的历史发展,农村公社便从内容到形式都逐步消亡了。在中国远古时代的夏商周时期,以"井田制"形式实行土地国家所有制和国家"授田制"为基础的小农生产方式。所谓授田制,就是一种由国家掌握地权,并按一定标准将土地分配给个体农户耕种,直接向农户征收赋役的土地分配形式。国家授田制是建立在农业小生产者独立生产条件的成熟(铁制农具的出现及广泛应用)、国家政权和地权的集中(中央集权体制的确立以及由此产生的土地国有化)的基础之上,并围绕国家现实政治经济目的而推行的,因而带有鲜明的"国家权力主导"色彩。国家推行授田制的目的,是要建立一种既能够调动农民生产积极性,又便于国家直接管理的农业生产组织方式,以达到"驱民务农"和增加赋税收入的目的。在井田制,一方面划出一小部分土地作为国家的"公田",另一方面划出一大部分土地作为"私田"并以"份地"的形式把土地授给农民耕种。《诗·小雅·大田》所说的"雨我公田,遂及我私",表明公田和私田的并存。在国家"授田制"下,农业生产的直接承担者是农民。农民用自己的工具首先共同耕种"公田",然后才各自耕种其"私田";"公田"上的收获物归国家所有,"私田"上的收获物归农民所有。《孟子·滕文公篇》说:"公事毕,然后敢治私事",正是说明农民劳动先公田而后私田。在夏商时代,从事农业生产的小农被称为"众"和"小人",在周代称为"农人""庶人"或"庶民"。在夏商及后来的西周时期,小农经济依附于农村公社及其变体,这就决定了这种小农经济的不完整性。在井田制下,小农占有被称为"私田"的小块的份地,它构成当时小农经济的基础。这种份地的所有权本来是属于公社的,但现在则被国家及贵族领主所篡夺,农民只有实际占有权和使用权。农民的份地不仅是大体平均的,而且是不能出卖和让渡的,这就是所谓"田里不鬻"。李根蟠指出:"古希腊罗马的公社是在原始社会向阶级社会过渡期间解体的,这是自然发生的公社,公社解体后出现的是自由村社社员演变而来的自由小农。我国古代公社是春秋战国之际解体的,这时我国进入阶级社会已久,公社发生了质变,已打上剥削和压迫关系的深刻烙印,公社社员已不是自由身份的社员,公社瓦解后出现的自然是对封建国家存在严重依附关系的自耕农。"① 至此，中国的小农经营方式已初步形成。由此可见，中国在原始社会解体后既没有产生以小私有制为基础的自由小农，也没有在自由小农分化的基础上形成奴隶制生产方式。中国上古社会的夏商周时代不是以奴隶主阶级为统治阶级、以属于奴隶主的奴隶为直接生产者的奴隶社会，而是以土地国有制为基础、以君主专制制度为核心、以隶属于国家的依附小农为直接生产者的亚细亚生产方式占统治地位的社会形态——亚细亚社会。在夏商和西周时期，小农经营方式一般以父、子、孙三代父系大家庭构成社会基本生产单位，由父子兄弟协作进行生产。到战国时期，随着铁器、牛耕的广泛使用，个体劳动能力增强，生产规模缩小，实行一夫一妻制小家庭经营方式，农村的基本生产单位是"一夫治田百亩"的"五口之家"。至此，中国的亚细亚小农经济最终形成，它实现了一夫一妻的小规模家庭与小规模土地的紧密结合，采取单位耕地面积的人力集中投入和"耕织"结合的"集约化"生产模式。

从其性质来看，这种以国家"授田制"为基础、以农户分散占有与个体经营为特征的小农生产方式，是不同于西方小农经济的一种特殊形式。在西方，小农经济的典型形态是以小私有制为基础的自由自耕农。在中国等亚洲国家，小农经济的典型形态不是自耕农或佃农的小农经济，而是国家授田制的依附性小农经济。这种国家官僚制下的小农经济除具有小农经济的一般特征之外，也具有其固有特征：一是小农作为直接生产者，既不是耕种自己的私有土地，也不是租种地主的土地，而是耕种由国家授田的土地。这种小农具有特殊的社会性质，它既不是拥有土地私有权的自由，农民也不是没有人身自由的奴隶，而是依附于国家的附庸，是有较多人身自由的"普遍奴隶"，即隶属于国家并无偿为国家提供剩余产品的"隶农"。二是在国有制下小农经济的基础上，其剥削阶级不是奴隶主阶级、领主阶级或地主阶级，而是主权与所有权直接合一的国家官僚阶级，由此形成的社会主要矛盾既不是奴隶阶级与奴隶主阶级、农奴阶级与领主阶级的矛盾，也不是地主阶级与农民阶级的矛盾，而是国家官僚阶级与隶农阶级之间的矛盾。以专制帝王为首的"中国官僚阶层，或者换一个表现方式，中国的士大夫阶层，不是为了或者代表贵族

---

① 李根蟠：《中国小农经济的起源及其早期形态》，《中国经济史研究》1998年第1期。

第八章 亚细亚生产方式的典型国家

阶级利益,也不可能是为了或者代表资产阶级利益,他们有特殊利益。因为他们自己就是支配者阶级,自己就是一直同所谓'自由'农民处在对立者的地位"。①"当做一个社会的支配者阶级来看,中国官僚士大夫阶层是在充分运用或者分有皇帝的绝对支配权,这情形,固然最基本的要从他们对整个被剥削阶级的关系来解释,但同时也可由他们大小皇帝或大小官僚间分配既得权力的利害冲突关系来说明。"② 三是与这种小农经济相适应的政治制度是以君主制度与官僚集权为基本特征的东方专制主义制度。从其历史地位来看,这种国家"授田制"的小农经济,既是中国小农经济的次生形态与远古时代农村公社"份田制"小农经济的演变形式,也是中国小农经济的典型形式,它体现了几千年来中国小农经济的本质特征,是中国小农经济的一般形式,其后一系列小农经济是它的演变形式或再生形式。

(3) 中古—近代地主"租田制"下特殊的小农经济

在战国、秦汉以后,一方面国家"授田"下的小农经济仍然在一定时期、一定范围内继续存在;另一方面,又形成了新的小农经济形式,其中主要是地主"租田制"下以佃农为主体的小农经济。战国、秦汉以后,中国社会逐渐出现了地主所有制形式。一是由于国家王室力量与国王权力的削弱,贵族领主兼并与买卖土地而成为地主;二是一部分富裕的手工业与商业者购买土地而成为地主;三是在军功制下一些建立重要战功的人获得较多土地而成为地主。同时,井田制日益暴露出许多弊端,这既表现为"公田不治",又表现为没有足够的刺激效应促使农民去开垦荒地。战国时代,各国纷纷推行废弃井田制度的变革。所有这些,就使国家"公田制"就逐步被个人"私田制"所代替了。这些占有较多土地的地主把其占有的土地分成小块租给无地或少地的农民耕种,向他们收取地租。这样,原来以"井田制"形式存在的国家授田制下的小农经济就被地主租田制下"佃农"化的小农经济这一新的形式代替了。这种以土地地主所有、农民分散占有的"租田制"为基础的小农经济经营方式,是中国小农经济的继生形态与变异形式。

以佃农为主体的小农经济有其固有特征:一是它不是以农民自身

---

① 王亚南:《中国官僚政治研究》,商务印书馆 2010 年版,第 54 页。
② 同上书,第 55 页。

"份地"为基础，而是以地主的"租地"为基础的，佃农不是以"主人"的身份而是以"佃客"的身份来占有与使用土地的。因此农民改良土壤的积极性较低。二是其土地的剩余产品不是以赋税的形式交给作为"最高地主"的国家，而是直接以地租的形式交给地主，并且地租的数额（通常占总收获物的二分之一乃至三分之二以上）一般大大超过赋税的数额（通常是十分之一或"十五税一""三十税一"），因而佃农的生活更加贫困。三是地主既不是土地的真正所有者，也不能以地租的形式占有佃农的全部剩余产品，他们还要以占有土地的数量为基础向作为"最高地主"的国家缴纳租税合一的赋税。因此，从中古到近代以来的中国社会不是以地主阶级为统治阶级、以农民阶级与地主阶级的对立为主要矛盾的"封建社会"，而仍然是以国家官僚与隶农为两大对立阶级的亚细亚社会。与西欧的农奴相比，中国的佃农从未拥有固定份地，向地主缴纳的是实物地租，避免了比较原始的劳动地租；由于地主制下政治统治权与土地所有权的分离，以及土地可以买卖，地权经常转移，在大多数情况下佃农并未对地主形成固定的、世袭的人身依附关系，有较多的人身自由，并且这种依附关系在明清以后日趋松弛，佃农的劳动积极性较高。但与份地制下的农奴相比，佃农不仅在经济上缺乏保障，而且受剥削程度较高，在地主夺佃或改佃时又掠夺了佃农改良土壤与兴修水利等提高土地肥力的成果，妨碍了农民发展生产的积极性。作为中国小农经营方式的继生形态，这种以地主"租田制"为基础的小农经营方式，不是中国小农经济的一般形式，更不是中国小农经济的革新形式，而是中国小农经济在特殊历史条件下形成的一种变异形式或特殊形式。

（4）中古—近代自耕农"私田制"下继生的小农经济

自战国秦汉已降，特别是明清、民国以来，中国在地主租佃制普遍存在的同时，形成了数量较多的拥有小块土地的自耕农并逐步成为农民的主体。自耕农起初是由井田制下的农村公社成员直接转化而来。自耕小农的产生与发展，主要由于两个原因：一是铁农具的出现而带来的生产工具变革，铁制工具的普遍使用和推广使农民可以利用剩余劳动力开垦荒地从而获得小块"私有"土地。二是由于土地制度的变革，使农民有获得土地的可能。其一，战国以后一方面废除了井田制，使得原来由农民耕种的份田变成小农自己的"私田"；另一方面农民在原来份地之外大量开垦荒地而作为其"私田"，小农对土地的私人占有和使用得到了国家的承认和保证。个体农民从国家那里取得了对耕地长期而且固定的占有权与使用权,一家一户作为一个生产单位有了完整性、稳定性,具备了后来中国个体农民的基本特点。例如,晋国通过"赏众以田"的方式,以按亩征税的原则承认小农对土地产权的拥有。秦始皇"使黔首自实田",促进土地占有合法化,以自耕农为主体的小农得到进一步发展。其二,一些无地农民因军功获得少量田宅而成为占有小块土地的自耕农。其三,接受邻国的"招徕",或者"招徕"外人开垦土地,也是自耕农的来源之一。其四,在农民战争与改朝换代过程中,通过改变原有的土地关系,使广大无地少地农民获得了土地而成为自耕农。这些自耕农就是当时流行的"五口百亩之家",其基本特征有二:一是小规模家庭与小规模土地的紧密结合;二是农业生产上多采取"集约化"方式即单位耕地面积的人力集中投入和"耕织"结合的生产模式,它促进了精耕细作农业的发展。

这种以自耕农为主体的小农经济,除了具有小农经济的一般特征之外,还具有两大基本特征:一是这种自耕农并不真正拥有土地的所有权,而只是在国家最高所有权的前提下拥有土地占有权与使用权。作为国家编户制下的个体农民,自耕农只拥有相对独立的土地产权,虽然农民可以占有土地并可买卖,但土地最终属于国家所有,自耕农只有直接的占有权与永久的使用权。同地主一样,自耕农必须以占有土地的数量为基础向国家缴纳与地租合一的赋税。二是这种自耕农不是自由农民,他们虽然不依附于地主但却是国家的附庸,是依附于国家的"普遍奴隶"。从其社会地位来看,与西方的自由自耕农相比,中国的自耕农既不拥有完全意义与绝对保障的土地私有权也不拥有充分的自由;与西欧中世纪的农奴相比,中国的自耕农则有着较多的人身自由和较大的生产经营自主权。因此,所谓"自耕农"实质上只是隶属于国家的佃农,即国家"隶农"。对此,有学者指出:在古代中国的"编户齐民"制度中自耕农没有独立人格,他们是皇帝的"子民",他们的人身属于皇帝,没有身份自由。他们是为皇帝而生活、生产、供应劳役的,而不是为自己而生活和生产的。因此,尽管中国历史上曾经多次实行"均田制",甚至近代以来提出了"耕者有其田",但作为"编户"的农民历来都没有身份自由,他们同享有人身自由和对所使用土地的充分权益的自耕农是不能混为一谈的。① 从其历史地位看，这种自耕农"私田制"的小农经济既是中国小农经济的再生形态，也是历史上小农经济在新的历史条件下的续存形式。

综上所述，在中国几千年的历史长河中小农经济源远流长，世代相传，其形式变幻多样，既有其原生形态、次生形态与继生形态，也有其再生形态与复归形态；既有其原始形式又有其演变形式；既有其一般形式或典型形式又有其特殊形式或变异形式。概括起来说，自古以来中国的小农经济相继采取了农村公社"份田制"、国家"授田制"、地主"租田制"、农民"私田制"与农户"包田制"的小农经济五种形式。尽管中国小农经济的历史形态各异，但其基础与本质是基本相同的。从其基础来看，自古以来的中国小农经济都是以小农户分散的"占田制"为基础的；小农户分散的直接"占田制"又是以公社（集体）所有权、国家所有权、地主所有权与农民所有权等不同形式的土地所有权为前提的；归根结底，所有这一切都是以土地国有制为根据的，国家始终是土地的真正所有者，是最高的地主。小农户分散的直接"占田制"是小农经济的直接基础，土地国家所有制是小农经济的最终根源，各种不同性质的土地所有权则是联结集中的国家所有制与分散的农民占有制的中介环节。从其本质上看，自古以来中国的小农都只在名义上是他的劳动条件和产品的所有者，实际上都是直接依附于公社（集体）与地主、最终依附于国家的依附农，而不是拥有土地私有权的自由农民。从其历史发展来看，在中国几千年的历史进程中小农经济之所以反复轮回、经久不衰，不仅与小农经济自身属性与固有特征密切相关，而且是由占统治地位的生产方式、生产关系及其上层建筑所决定的。② 自古以来，中国小农经济长期存在的最深的奥秘就是不存在土地私有制，实行土地国有制：国家以控制土地所有权为基础、以专制型国家制度为依托对庞大而分散的农民群体实行分而治之，将农民牢牢地束缚在土地上，为其提供粮食、赋税与劳役。因此，以土地国有制与专制性国家制度为主要特征的亚细亚生产方式与社会制度是中国小农经济长期存在的根本原因，只要这种生产方

---

① 参见王毅《中国皇权社会赋税制度的专制性及其与宪政税制的根本区别》，《学术界》2004年第5期。

② 参见钟振《中国小农经济存在和发展的历史条件》，《财经科学》1982年第3期。

式与社会制度保持不变，以分散占有与个体经营为特征的小农经济就必然长期存在而不会为任何改朝换代的政治风暴所消解。

（七）"民国"——中国亚细亚生产方式的现代形式

亚细亚生产方式是东方及中国氏族社会解体以后所形成的特有的生产方式。在现代社会条件下，以孙中山和蒋介石为代表的国民党，打着"三民主义"的旗帜，以"国民革命"为手段，推翻清朝专制政府，结束北洋军阀统治，最终夺取国家政权，建立了新的国家——"中华民国"。然而，国民党统治集团并没有真正实现社会革命，没有真正建立以民权主义为核心、以私有财产和市场经济为基础的现代社会制度。恰恰相反，国民党统治集团建立了以党权为核心、以党国体制为主体、以国家经济垄断为基础的社会制度。近代以来，中国社会转型艰苦卓绝绝非偶然。以辛亥革命为重要拐点的近代中国社会转型之所以十分艰难，其主要原因就在于中国传统社会和传统文化自身的缺陷。这与缺乏民主法治传统息息相关，同北洋军阀一样，国民党也没真正树立民主法治观念，而把夺取政权与保政权放在第一位，从而导致战火连绵，而现代社会和政治制度建设却最终被抛诸脑后。[①]

如果光从经济发展速度看，南京国民政府时期（1927—1937）年均8%—9%，可谓不俗。考虑到在中间又恰逢世界经济大危机，则更为难得。可是，恰恰就在这时导致国民党统治坍塌的种子已经埋下。其原因在于国民党在制度选择上犯了一些致命的错误：（1）经济上向德国、苏联学习，重蹈大清帝国19世纪的覆辙，政府及官员热衷于直接或间接控制工矿企业和银行，形成庞大的控制国民经济命脉的官僚经济体系。（2）政治上抛弃民主，以国情特殊、国民素质低下为借口，建立了一个专制统治的全能政权。（3）执政党以先知先觉自居，实行"训政"，教化民众，抹杀政府与私人空间的界限；千方百计削弱民间社会，控制20世纪初逐步发展起来的各种公民社团，使之成为毫无独立性的工具；剥夺公民的结社自由，从而使公民的真正意愿无从表达，执政党失去牵制力量，走向毁灭之路。（4）蒋介石政府建立了史无前例的书报检查制度，取消言论、出版自由，舆论监督化为乌有，自由探讨成了厉禁，以言定罪，噤若寒蝉。国民党政府贿赂盛行，彻底腐败，政治、军事、经济、

---

① 参见袁伟时《近代中国转型之艰》，《学习博览》2011年第11期。

文化教育全面破产，都可从其制度结构中找到根源。① 很显然，国民党以党国专制制度与国家垄断制度为主要特征的国家，根本不是新型的、民主主义的国家，而是传统的、专制主义国家的现代形式，是中国几千年亚细亚生产方式的复辟，是中国亚细亚社会的再生形态。质言之，国民党的"民国"是以"主权在民"之名行君主专制之实的现代"君国社会"，它是中国亚细亚生产方式的现代形式。

1. 中国专制制度的历史飞跃与现代形式：国民党党国体制的建立

国民党的现代亚细亚生产方式首先表现为以"党国体制"为基本特征的现代专制制度。辛亥革命的胜利，结束了几千年家国体制的专制制度。随着北洋军阀政府的垮台，其军国体制也就灭亡了。然而，中华帝国专制制度并没有因此而终结，而是以国民党党国体制的形式得以再现、继续延续下来。因此，北洋军阀政府的军国体制就成为从古代帝王的家国体制向现代政党的党国体制转变的过渡形式，成为中国专制制度现代化转型的枢纽。国民党的党国专制体制，既是中国亚细亚生产方式复辟的关键因素与根本标志，也是中国现代亚细亚生产方式的核心要素与骨骼结构。要对中国亚细亚生产方式的复辟、中国现代亚细亚社会制度的建立进行分析，首先应当对国民党党国体制进行分析，这是对中国现代亚细亚生产方式研究的核心内容与首要任务。对此，我国学者已经高度重视并展开研究。例如，我国一位青年学者付春杨博士就对国民党专制制度及其党国体制进行了专门的科学研究。② 根据他的研究，我们可以全面、系统地了解国民党专制制度及其党国体制的性质与特征。从总体上看，国民党专制制度最主要的创新就是实现专制制度从家国体制、军国体制转变为党国体制——以一个全能的、专制的政党作为专制制度的核心。国民党专制制度的最大特色，就是一党专政和"以党治国"。

（1）党国体制的领导核心与组织基础——总体党

所谓党国体制，就是以作为总体党的国民党为核心的一整套现代专制政体。总体党是一种畸形的政党制度，其本质是一党凌驾于国家和法律之上、党国一体的极权专制制度，其特点是党在国之上、领袖在党之上。党国体制的基本特征就是一党专政，一个政党垄断国家政权，党的

---

① 参见袁伟时《二十世纪中国历史的启示》，《炎黄春秋》2005年第9期。
② 付春杨：《国民党党国体制：作为一种政体的研究》，武汉大学，博士学位论文，2006年。

第八章 亚细亚生产方式的典型国家

领袖对国家、对全民实行专制统治。党国体制的前提与主体，就是一个无所不能、无所不包的全能政党——总体党的存在。第一，总体党是履行崇高使命的神圣的党。执行特殊的公共职能是东方专制的物质基础，作为专制型政党的总体党也是以其所承担的伟大而神圣的历史使命为基础的。一般说来，总体党认为只有它才能拯救人民于水火之中，使人民脱离苦海，给予人民幸福，成为人民的救星；只有它才能领导经济发展、实现富国强兵，建设强大国家，实现伟大的民族复兴；只有它才能领导社会革命，实现历史进步，走向光明的未来。第二，总体党是代表全体人民的高尚的党。政党大致分为两大基本类型：有限党与总体党。所谓有限党，就是只代表某一阶级或集团利益、以选举活动和议会活动为参与政治的主要方式的政党。有限党有两种具体形态：一是内生的党，即源起于选举和议会的政党，表现为议会内的持相同或相似政见的议员团体；二是外生的党，即政党的主体主要是由一个已经存在的"院外"团体创立的政党，如由工会产生的工党。所谓总体党，就是自称代表全体人民利益或全社会总体利益、以全面掌握与行使国家与社会权力为进行政治活动的主要方式的政党。第三，总体党是掌握宇宙真理的科学的党。总体党宣称掌握世界的整体性理论，包括世界的本质、社会发展的规律、人的地位和使命等，并且把这样一套理论上升到信仰的高度，视这套理论为不可怀疑的真理。总体党有普世主义的特征，它声称自己信仰的"主义"乃是宇宙的真理，自己的主张符合社会发展的客观规律、代表了社会发展的正确方向，从而必然要求实行思想教育、精神灌输，保持思想一致、绝对信仰它坚信其并将非信仰者视为异端，对其要么坚决消灭之，要么进行思想教育同化之。总体党试图将这个整体的理论变成一种信仰，融入其成员和全体人民的日常生活之中。总体党在理念上的这一特征决定了它在其组织结构上也独具特色。总体党通常采取支部结构以至如纳粹党的"党卫军"的党军或民兵等军事化和准军事化结构，同时具有强制协调功能和中央集权特征。第四，总体党是采取宗教统治的神秘的党。在近代西方，总体党之所以产生主要是由于传统宗教组织的没落而宗教观念继续存在，为总体党的诞生准备了土壤。虽然宗教的形式衰落了，但人民大众宗教性的心理需要并未随之消亡。人们对于绝对的权威、对于思想的统一和精神的寄托有着永不消逝的需要。总体党恰恰能在这个方面为人们提供某种精神的家园和生命的归属感。因为它是

"神秘的""至善的""永远正确的",党的事业代表着犹如"上帝之城"般的人类的光明的未来。从客观实际来看,正是在传统的宗教思想最为深刻的俄国和德国,总体党取代传统宗教获得了最大的发展。总体党拥有对世界的一整套解释,它不仅解释权力的性质、特征、形式,而且解释整个的世界,全部的人类生活。第五,总体党是实行专制统治的极权的党。就其性质与特征来说,与对外承认社会民主、参与普选制度、议会民主制度与多党竞争,对内实行党内民主的有限党不同,总体党必然是专制主义政党。对外,它绝不承认社会民主,绝不承认普选制度、议会民主制度与多党竞争制度,它主张实行专制制度,全部国家权力集中于总体党。对内必须实行党内专制,绝不允许不同思想、不同派别存在,实行等级制度、独裁决策。具体说来,总体党之所以成为专制党主要有两方面原因:其一,总体党具有取得政权、建立专制制度的现实可能性。这是因为,一是总体党具有巨大的思想动员能力。总体党的口号往往描绘出一幅迷人的美好前景,因此在群众尤其是人数众多的下层群众中具有很强的鼓动性和号召力。二是总体党具有巨大的组织力量。总体党具有严密的组织,集权的结构,这一切都使其具有极强的行动能力;成员的忠诚和投入提升了组织的内聚力。三是总体党具有巨大的暴力工具。总体党领导下的民兵或党军则保证它在必要的时候可以依靠枪杆子说话、依靠枪杆子夺取政权。其二,总体党有实行专制的能力。一般来说,总体党在掌握政权后不仅始终牢牢地把握着军队的控制权,从而使总体党具有保证社会秩序坚固的暴力基础,而且控制了国家经济命脉和一切重要资源,这使总体党具有保证社会秩序的牢固的经济基础;总体党在意识形态的宣传与控制上容易获得成熟的经验,这有助于它在取得政权之后实施社会整合;总体党所建立的组织可以在掌握政权之后,借助国家的力量得到迅速的发展,这种发展又会反过来加强国家对社会的控制能力。总体党的基层组织广泛分布在各地区、各行业,严格抑制独立个人与独立派系的存在,不允许公开的反对意见,它拥有足够的力量和手段来消除一切叛逆的因素。

(2) 国民党的总体党特征

人类社会最早的总体党和党治国家是俄国布尔什维克党及其1917年建立的国家政权。布尔什维克认为它的理论反映了人类社会发展的规律,代表了人类的前进方向,从而建立了以一党专政为特征、以布尔什维克

第八章 亚细亚生产方式的典型国家

党为核心的苏维埃国家制度,这是人类社会第一个党国体制。党国体制的基本特征在于国家权力归属于党,国家权力的设置、组织和运行完全服从和服务于党的目标和利益。采取联俄政策的国民党,一方面获得苏俄大量经济军事援助,另一方面学习与沿用苏俄总体党的政党制度与一党专政、党政不分的党国体制。作为总体党,国民党的总体性特征包括两大方面,在对外关系方面,总体党的总特征有二:一是"党外无党"。总体党声称它所代表的不是某一个阶级或集团的利益和要求,而是代表全体人民的利益和要求,并且声称只有它自己是能够代表全体人民利益的唯一政党,除此以外不应当再有什么政党,如果出现了其他政党则必然是"非法的"政党——"异党"。国民党所制定的《建国大纲》和《训政时期约法》都在其第一条明确规定中国国民党的党义为国家的最高纲领。1928年国民党三大通过了《确定训政时期党政府人民行使政权治权之分际与方略案》,规定人民必须"服从拥护中国国民党始获得享受中华民国国民之权利"。这一规定包括三方面内容:第一,在实行"训政"的党治时期只应有国民党一个合法政党,如果服从拥护国民党就没有组织其他政党的必要,因此不应当有其他政党。第二,如果不服从不拥护国民党,那就无权享受包括自由结社权在内的国民权利,因而也就无法组织其他政党。从事实来看,在国民党统治时期,没有颁布过政党法也找不到有关政党制度,只有所谓"人民团体组织方案",人民团体为"农会、渔会、工会、商会、工商同业公会、学生会、妇女会、文化团体、宗教团体、公益团体、自由职业团体及其他经中央核准之人民团体",且人民团体"须接受党部之指导与协助及政府之监管"。第三,由于实行"党外无党"的政党制度,其他政党无法取得合法身份,没有明确的法律地位,只能借用人民团体的身份。随后,因抗战而开放党禁,只是事实上承认其他党派的存在而并没有赋予其在野党的身份。1947年底,中国的政党与政治集团已经达到60多个,但国民党仍然不愿将其视为合法的政治力量,在筹备"政协会议"时,中国共产党提出"党派会议"的名称,而国民党则认为只能称为"政治咨询会议",最后折中的结果才产生了"政治协商会议"的名号。二是"党外无事"。国民党包揽了国家、社会的一切事务、掌握国家与社会的一切权力,进行国家与社会的一切重大决策。总体党不仅要在纯政治领域取得绝对控制权,而且要在经济、社会、思想与文化等各个领域拥有控制权,它对个人的全部思想也作精神上的指导，它是一致的、封闭的、神圣的党。与有限党不同，总体党是一种在选举和议会体制之外的政党，它自信拥有一整套对于世界的正确认识，因此不仅寻求全面进入成员的个人生活，同时力图以一切手段（主要是非议会的）取得对政权的控制并以自身的理念改造社会。

在对内关系方面，国民党作为总体党的总特征有二：一是"党内无人"。一个人一旦加入了总体党，就完全丧失了个人的个性的独立存在，每个人就必须把个人自由、个人权利全部上缴，完全沦为党组织的驯服工具和党的领导人的奴隶。个人服从组织、下级服从上级、全党服从中央、中央服从领袖。总体党尽力将党员个人的全部活动包揽和组织起来，越俎代庖，全权代表全体党员掌握与行使一切权力。党员个人绝不能进行各种非组织活动，绝不能发表个人的观点。二是"党内无派"，总体党不是异质的党而是同质的党。总体党的所有成员不仅要服从党的纲领，阅读党的报刊，参加党的一些活动，按时缴纳党费，而且要严格遵守党的"铁的纪律"、完全服从党的领袖，完全与最高领袖保持一致，必须无条件服从最高领导者的权威，绝不能允许有不同派别存在。

（3）国民党党国体制的主要特征

孙逸仙、蒋中正学习苏俄党国体制的经验，在中国建立了以国民党为核心、以一党专政为特征的中国特色的党国体制。国民党党国体制的主要内容有五：一是在党与民的关系方面实行以党代民，国民党作为人民代表代替人民掌握国家主权；二是在党与法的关系方面实行以党制法，国民党操纵法律工具对全体人民实行法制；三是在党与政的关系方面实行以党统政，国民党作为领导核心全面控制各种国家机构；四是在党与军的关系上实行党指挥枪，国民党建立了党对军队拥有绝对领导权的党军制度；五是在党与领袖的关系上实行领袖专政，国民党建立了党的最高领袖独裁制度，形成了现代专制制度。

第一，以党代民——国民党代替人民掌握国家权力。

在国民党党国体制下，虽然在国体上声称实行民族、民权、民生的三民主义，实行主权在民，但在政体上实际所表现出来的却是主权在党的权力归属，国民党代替人民行使国家权力。全体国民在名义上是国家的主权者，实际上却只是被统治、规训和教育的对象。

国民党党义的至上性是维护党国体制合法性的体现，保证国民党党义的至上性，就是维护党国体制的合法性。国民党宣称："本党之主义即

第八章　亚细亚生产方式的典型国家

为全体人民要求之主义，本党之政策即为救国之不二政策，中国国民党即为中国全体民众之政党。"三民主义是国民党的党义，国民党的党义不仅写在《国民党总章》中，而且写在国家根本法中，《训政时期约法》序言即声明"国民政府本革命之三民主义、五权宪法，以建设中华民国"，明确将国民党的党义作为国家政治的最高原则。国民党的党义在法律文件中被赋予至高无上的地位，党义成为判断法律有效性的标准。国民党的党义成为全体人民的行为规范。按照孙中山五权宪法权能分治的理论，人民有权、政府有能，人民有四项政权：选举、罢免、创制、复决，政府有五项治权：立法、行政、司法、考试、监察，人民的权要控制政府的能，政府的能应为人民谋福利。孙中山的设想从出发点看并未离开人民主权。国民政府虽然实行党治，但国民党从未否认其所行使的权力的归属是全体国民。似乎党国体制并无悖于人民主权，但是事实并非如此。主权是一种在一定统治范围内的绝对的最高权力，在党国体制中，是党而不是人民拥有这样一种权力。首先，在党国体制中党作为高于人民"先知先觉"的先进分子应当掌握国家政权。按孙中山"先知先觉""后知后觉""不知不觉"三种人的划分，党的领袖自然是先知先觉者，党员至少是后知后觉者，而人民大众则主要是不知不觉者。先知先觉者是天然的领导者，后知后觉者是赞成者，不知不觉者只能也必须是实行者。既然如此，在革命时期拥有革命领导权的党在革命胜利后党必然掌握国家的政权。在党国体制中，党的执政地位来自革命历史，不需要面对民意的选择。党的角色是领导者，党的任务是领导国家，教育和训练民众。党不在人民之中，而在人民之上。其次，国民党对主权在党的事实上的自我肯定。汪精卫针对有人要求开放政权的呼声，理直气壮地说："国民党的政权，是费代价而来的，谁个不愿意，也须费点代价，想政府无故而拱让，是做不到的。"这很明显是"打江山者坐江山"的逻辑。这一言论充分说明在国民党内部完全认定国家政权属于党，形成了主权在党的观念。最后，实行党治是国民政府政治制度的根本特征。从1925年广州国民政府的组织法就明确了党治原则，尽管此后《国民政府组织法》经过多次修订，但是党治的基本特征则并未改变，即政府由党产生，对党负责。

　　国民党之所以在主权在民的名义下实行主权在党的党国体制，一个重要的理由就是它是人民的天然代表。国民党宣称是为人民谋福利的党，它自认为能最清楚地了解公共利益之所在，因此它要求人民将主权委托给它，由它来照看他们的利益。一方面，人民是不知不觉的，无法自己亲自掌握国家权力，需要由党来代表人民行使国家权力。在党国体制中，党是作为全体人民的代表者而成为国家权力的拥有者的。在党国体制的理念中，人民之所以需要代表，是因为他们虽然是国家的主人，一则由于人民智识的低下，无力掌握与行使国家权力；二则人民由于长期受欺压、受奴役，已经习惯了奴隶的地位，他们只知道听天由命，逆来顺受，在专制之下苟活，无心掌握与行使国家权力。国民党认为当国民的智识普遍低下时，他们尚不能担负起实行民主的职责，意识和能力的欠缺都排除了其独立行使主权的可能性，这就使人民需要代表成为必然。另一方面，在党国理念中，国民党之所以能够代表人民掌握国家权力，主要是由它的先进性所决定的，代表权的来源是先进性。国民党自认为它是一个肩负着改造社会、建设现代中国的历史责任的党，确信自身具有无可比拟的先进性。因为这种先进性，国民党宣称能够代表人民。首先，党纲具有无比的先进性。国民党相信三民主义不仅是国民党之党纲，同时也代表着人类进化的方向，是成就大同世界的必由之路。国民党认为，三民主义揭示了世界历史的发展方向，勾画了中华民族的光明前景，指出了革命和建设的必然道路。只要遵循三民主义的道路，中华民族就会繁荣昌盛，现代中国就会富强兴旺，全体国民就会幸福美满。由于视三民主义为一种绝对真理，国民党自己不会也不允许别人怀疑其先进性。其次，党员的先进性，相对于不知不觉的人民大众，国民党员具有不容置疑的先进性。孙中山自信，国民党人是由特殊材料制成的超人，他们具有常人所没有的先进思想与非凡能力。在推翻清朝政权的战斗中，在反对帝制复辟的斗争中，在打倒军阀、实现全国统一的北伐战争中，国民党都有过光荣的革命历史。这一切都使国民党一度成为国民拥戴的对象，使国民党员自认有资格代表全体人民。

在国民党党国体制下，人民的身份有二：一是作为整体存在的人民是名义上或抽象的主权所有者；二是在个体形式与具体实践中处于被统治、规训地位。《中华民国临时约法》规定"中华民国主权属于全体人民"。1925年国民党建立广州国民政府（后迁至武汉），1927年成立南京人民政府，主权在民的原则从未废止。1931年，国民党制定《中华民国训政时期约法》，也开宗明义地重申，中华民国主权属于全体人民。但是在党国体制下，人民实际上只拥有名义上的主权所有者的地位，他们并不享有真正的主权所有者的权利。从现实来看，人民主权不是公民主权。在党国体制的理念中，人民没有被作为单个的个体看待，而是作为整体而存在。人民是一个政治概念，民族、民权、民生的价值取向全都是作为整体的人民。因此，在党国体制中没有公民的概念、不承认个人的权利。在党国理念下，人民智识低下，需要接受教育和训练。党国的重要使命就是教育人民、动员人民。孙中山认为，人民富于奴性，丧失积极的精神，缺乏国家认同是造成中国积贫积弱、不能进步的主要原因之一，因此，要改变这种状况，就要改变国民人格中的负面因素。为了国家富强，民族兴盛，也为了实现民主，党国体制下的人民必须首先接受一种一元性的文化适应过程。这种适应是一种改造，改造的方式是教育、组织、训练、惩罚。教育是组织和训练的前提，目的在于培养人民对党国的认同。《中华民国训政时期约法》规定："三民主义为中华民国教育之根本原则。"各级学校的教材都要经过严格的审查以保证没有任何违反党义的地方。无论是工会、农会、妇女组织、青年组织，国民党都要在其中居于当然的领导地位。并且按照《国民党总章》的规定，党在各种群众组织中，要组成党团，以保证对群众团体的政治指导。各种群众组织的组成必须遵守政府颁布的规章，同时报请地方党部批准。这些群众组织是具有半官方性质的准政府组织，它们肩负着推行国民党和国民政府相关政策的职能，实际上附属于相应的政府机关，因而是国家权力的延伸。

第二，以党制法——国民党操纵法律工具对全体人民实行法制。

孟德斯鸠认为是否实行法治是区分共和政体和专制政体的界限，是判断政体性质的重要标尺。法治主要是原则和状态，即"任何人和组织的社会活动均受法律规则的约束"的原则和"在法律约束住了国家权利和政府后而使权利在人与人之间得到合理配置的社会状态"。法制则"主要是规则"，是国家法律规范的制度总和。法治是和民主联系在一起的，"法治是一种民主的政治制度模式"，法治存在于民主社会中，法制则可以存在于任何社会。在党国体制下，法制是重要的统治手段。党国体制有法制无法治，尽管国民党政权到 20 世纪 30 年代中期，以《六法全书》为主体的法制建设已经相当完备，形成了包括法典、法规和判例、解释例的法律体系。但是党国体制的法制只是执政党的意志的反映而非民主的产物，它维护的是党国体制的存在和价值。

在国民党党国体制下，国家法律只是党的政策工具。之所以如此，是因为：其一，尽管这些法律是由国民政府制定和颁布的，但它们都是在党的机关的主宰下制定的，各项法律的制定虽然经过了国民会议这样一个形式，但是国民会议的选举与运行完全控制在国民党手中。其二，党的机关拥有对根本法的绝对解释权，根本法不由国民政府司法院统一法令解释会议解释，司法院只有权解释普通法律，根本法均由党的机关负责解释。党制定和解释国家根本法，国家根本法的制定、修正和解释属于制宪权和修宪权，此权力原则上应由民意机关行使，但在党治时期，国民党实际拥有对根本法的制定、修正、解释权。例如《训政时期约法》规定："本约法之解释权，由中国国民党中央执行委员会行使之。"对《国民政府组织法》则径直由国民党中央根据党的决议予以修正。其三，这些法律的内容反映的是党的政纲、政策和决定。《训政时期约法》则不仅直接录入国民党中央制定的《训政纲领》，且对于孙中山亲手制定的《建国大纲》，包括三民主义的纲领、建国三时期的划分、中央地方关系原则等都在约法中有明确的体现。由于根本法受制于党的政策，导致其频繁的修正，党的政策以及党内的人事变动都会导致根本法的修正。其四，党凌驾于法律之上。党的党纲和重大政策具有根本法地位。党纲和重大政策具有根本法地位，党纲和重大政策对国家和人民有着普遍的约束力，并指导普通法律的立法，国家法律不能与党的政策相抵触，在法律和政策发生冲突的情况下必须根据政策修改法律。

第三，以党统政——国民党全面控制各种国家机构。

以党统政是"以党治国"理念的核心。孙中山指出，"革命未成功时，要以党为生命"，国民党的责任是建国；"成功后，仍绝对用党来维持"。孙中山还认为，西方的两党制或多党制弊端极大，主张中国应模仿十月革命后苏俄实行一党制，由中国国民党单独承担和治理中华民国的责任。1924年国民党改组的目的就是用党来统治国家，基于这一追求，国民党的组织建设的目的在于形成一个遍及全国，同时深入基层的网络体系。国民党全党自下而上分为五级，即区分部、区党部、县党部、省党部、最高党部。国民党是一个结合地域和职业分布的组织，它在区党部以上基本上按地域管理，而区分部和党团则实行职业管理。这样国民党的组织就基本上覆盖了全国。国民党党政关系之规范始见于国民党一大通过的《组织国民政府之必要提案》，其要点是"国民党当依此最小限度政纲为原则组织国民政府"，它明确了国民政府是实现国民党政纲的工具。国民党对政府的领导大体表现在三个方面，其一，政府由党产生。在政府人员任免上，军政时期，国民政府主席、委员均由中执委委任。国民党政府主要官吏由党任免，国民政府主席、副主席委员、五院院长，皆由国民党中央执行委员会产生。其二，国民政府之施政纲领及政策皆由国民党供给。国民党中政会拥有国家大政方针的最高决断权，包括立法原则、施政方针、施政大计、军政大计、财政计划等，这些必须首先由中政会议决后交国民政府执行。其三，国民政府接受党的指导监督，对党负责。1925年7月1日的《国民政府组织法》第一条规定："国民政府受中国国民党指导监督掌理全国政务。"1928年10月的《训政纲领》第五条规定："指导监督国民政府重大国务之施行由中国国民党中央执行委员会政治委员会行之。"中政会是国民党中央执行委员会设立的政治指导机关，国民政府接受中政会的指导监督，即是接受党的指导监督。"国民政府在实施训政计划与方案上，对中国国民党中央执行委员会政治会议负责。"训政期间，国民党对政府拥有绝对的领导权，其主要表现是国民党不仅有权制定国民政府的基本政策，而且有权监督国民政府执行这些政策，国民政府成为隶属于国民党的附庸。

第四，以党统军——党与军队直接结合。

在一般的政党制度下，政党与军事力量是隔离的。军事力量属于国家，政党只有通过竞选取得国家权力，才可能与军事力量发生联系。即使如此，政党对军队所行使的也只是国家权力而非政党自身的权力。总体党追求与军事力量的直接结合，"党军"是党国体制的一个重要特征。利用军事力量时期主要是兴中会对会党力量的利用。在与苏联的合作中，孙逸仙代表团在莫斯科重点考察了苏联的党军制度。在苏联的物资和人员的帮助下，孙中山建设党军的设想终于从黄埔军校的建立上迈出了第一步，按党代表制建立起来的黄埔学生军成为北伐的主力，并进而作为蒋介石主要依靠的武装力量成为国民党统一中国的决定性力量。从黄埔军校的建立，国民党党军制度开始形成。国民党的党军制度学习了苏联的经验，在军队中厉行政治教育，以三民主义为政治教育的原则。军队中设党代表，党代表在军队中为中国国民党之代表，党代表为所属军队之长官，其所发命令与指挥官同，所属人员须一律执行之。在党代表和军事指挥官的关系中,党代表不干涉指挥官之行政命令,但须副署之。军队中的命令及法令规则,非经党代表副署无效。可见,在党军制度中,党代表起着灌输革命精神,保证党的宗旨和政策方针在军队中的贯彻执行,同时制约军事指挥官的权力的作用。通过党代表制度,改变了军阀军队依靠宗法和人身关系实施控制的办法,试图建立一支用三民主义武装起来,并忠诚于革命政党的军事力量。为了建立党治国家,军事力量是不可缺少的基础,党拥有军队、统制军队,就成为一个基本原则与基本特征。

第五,领袖专政——国民党建立了党的领袖独裁制度。

在国民党党国体制下,对外党取代人民而成为实际的主权者,党完全操纵了国家的法律,党完全控制了国家机构,党拥有对军队的绝对领导权,最终使党成为一个全权、专制的党。在这个全权、专制的党内部,实行等级服从制度,个人服从组织、下级服从上级、全党服从中央,中央服从领袖。因此,党专制实际上是党的领袖个人专制。在国民党党国体制下,蒋介石拥有绝对权威、掌握绝对权力,成为取代皇帝的新的专制统治者。在组织结构与决策机制上,国民党在1924年改组的时候实行的是首长制与合议制结合的制度,国民党一大议决的党章保留了党的领袖制,但自孙中山逝世后则不设领袖,全面实行合议制。1938年国民党临时全国大会恢复领袖制度,设立党总裁,总裁代行总理之职权。大会选举蒋介石为国民党总裁,授权蒋介石"统一党政军之指挥,负抗战建国之大任"。这样蒋介石便取得了党内最高领袖地位,同时获得了对党政军统一指挥之权,蒋介石不仅取得了与孙中山地位相当的党的领袖地位,更获得了较之孙中山更大的党内独裁权力。总裁制的实行,确立了蒋在党内领袖独裁地位。1948年3月召开所谓"行宪国大"选举了总统、副总统并改国民政府为总统府。依该宪法总统享有前国民政府主席及国府委员会全部职权外更获取如下权力:紧急命令权;对五院重要人事任免权。依该宪法,总统对行政院院长,司法院正、副院长,考试院正、副院长及委员,监察院审订长等均操提名与任命之权,其他如行政院副院长与所属各部、会首长及其分管部、会之政务委员操任命之权。总之,新宪法赋予总统以五院重要人事任免之权,蒋介石通过这种人事任免权牢牢控制了五院。蒋介石以中国国民党的总裁,中华民国总统及中华民国陆海空军大元帅身份集党政军权于一身继续其战时形成的独裁权力。

第八章 亚细亚生产方式的典型国家

这不仅使其总统获得了较之从前更为集中巨大的权力，而且它以国家大法形式予以固定化、制度化，从而使总统蒋介石成为名副其实的中国专制独裁者。促成蒋个人集权独裁统治的原因是多方面的。就主观方面而言，强烈的权力欲望、不甘人后的倔强个性及专制落后的思想意识无疑对其专横独断的领导风格起了巨大的影响作用。中国传统的政治文化特征及当时社会发展的特殊历史环境是其中的一个主要因素。中国传统的政治文化，为蒋介石个人集权统治提供了绝好的环境氛围。蒋介石早年即接受中国传统儒学文化教育。学习期间，其所学亦多为军事及旧的中国儒学文化，而对西方先进的文化没有太多接触。受儒家的纲常伦理道德等传统文化影响，蒋介石形成了自己一套专制思想观念，对待民众他提出了一套以维护专制统治者利益的价值观念。20世纪二三十年代，当西方进步思想大量涌入中国时，蒋介石没能从中汲取合理的成分，而是在专制落后的传统儒教中寻找"治国理政"的"良方"。随着德意法西斯主义的兴起，蒋介石又把这种专制思想与法西斯主义的强权理论嫁接起来形成了其专制落后的思想体系，在这种思想指导下其统治只能是向着集权独裁方向发展。特殊的社会历史环境是蒋介石个人集权统治得以实现的又一重要原因。清朝覆灭，并未能给中国带来一个和平、统一、安宁的局面。1931年"九一八"事变后，面临亡国灭种的危险人们迫切需要一个强有力的中央政府和众望所归的领袖能够担当起领导人民抗击外敌的重担。在抗战时期，民众已不再要求蒋介石实行政治民主，而是对蒋介石个人权力的集中独裁有一种认同感，这种心理对蒋介石个人专制是极为有利的。由此可见，国民党专制制度产生的前提条件与俄国专制制度产生的前提条件具有高度相似性——二者都是以反对外来侵略为前提、以"军事专制主义"为基础特征的。

从总体上看，国民党党国体制是一种在现代政党形式下、以民主宪政为幌子，以"一个主义""一个政党""一个领袖"为核心的现代专制制度。作为现代专制制度，党国体制的主要特征在于：它实行以总体党为主体、以独裁领袖为核心的专制性国家制度。就其实质来说，国民党的党国体制与秦汉以来的帝国体制是因因相袭、一脉相承的。国民党党国体制是中国帝国专制制度的高级阶段，是中国专制制度的崭新形式。就其物质前提来说，国民党党国体制也是由国民党承担的特殊社会职能所决定的。当时，国民党政府所承担着许多重大的社会职能：一是结束专制，实现民主共和；二是结束分裂、消除内乱，实现全国统一与国内和平；三是抵御外敌，实现民族独立；四是全面推进工业化建设，实现国家现代化。然而，国民党用军政、训政等独裁专制的手段不仅未能最终实现民主共和，而且导致专制、腐败；用中央集权来实现政治统一，用军令、政令统一来限制地方割据势力不仅没有如愿以偿而且适得其反，党内四分五裂，党外四面楚歌，最终在内外势力夹击之下土崩瓦解。历史事件证明，人民让一个政党、一个政府来全权代表其利益、全面掌握国家权力、全面控制国家资源，集中力量办大事、驱外寇，就等于人们让猫来看鱼、让狼来护羊、以猛虎驱逐恶狼。党和国家的权贵们往往以履行重大职能为幌子，以一己私欲为动力，以掌握权力为目的，全面操弄国家政权，全面垄断国家财富，全面建立专制制度。

国民党的党国体制与历史上皇帝的家国体制在本质上是相同的：①二者都是专制，即最高权力没有制度性制约；②二者都是实质专制，即专制权力力图消除实际上的阻力与障碍；③二者都是宗教专制，即由具有神奇力量、承担神圣使命的神秘人物来掌握与行使国家最高权力。党专制与皇专制在形式上是不同的：①帝专制的主体是某一特定家族，而党专制的主体则是某一特定的全能政党。②帝专制的性质是以集权制度为基本特征、以中央集权、个人集权为具体形式的集权性专制，党专制的性质在于它是以极权统治为基本特征、以党和国家对所有经济、政治、社会与个人生活的全面控制与绝对控制为具体形式的极权性专制。③帝专制所借助的是以神仙、天意等为内容的"迷信宗教"，党专制所凭借的是以主义、真理为内容的"科学宗教"。④帝专制是东方传统性的专制制度，党专制是采取现代形式、融合西方元素的专制制度。⑤帝专制是公开、赤裸裸的专制制度，党专制是隐蔽的、具有极大欺骗性的专制制度。

从国家形式来看，党国体制仍然是一种帝国体制，其内部特征仍是幅员广大、人口众多且高度集权、专制独裁；对外仍然是泱泱大国，朝贡体系。党帝国与家帝国二者的共同点是：①二者都具有同构性组织，前者是家国同构，后者是党国同构。并且，党国也由几大家族控制，家党同构：党即是家，党魁即是家长。②二者都实行中央集权、个人独裁。③二者都谋求对外霸权。党帝国与皇帝国的区别是：①虽然二者都存在家国同构特征，但二者的血缘关系有所不同，皇帝国主要是由天然的血统关系来维系，党帝国则主要由政治的血统关系（"同志"关系）来维系。②皇帝国是家天下，党帝国是党天下。在党国体制下，作为总体党的某一神圣的政党取代作为帝王之家的某一黄金家族而成为全权的统治者，坐拥江山，垄断万物，统治万民，生杀予夺。

从其历史进程来看，孙中山最初提出中国革命须经过军政、训政、宪政三阶段，在军政、训政阶段由革命党组织政府，训练教导人民行使民权。"所谓训政者，即训练清朝之遗民，而成为民国之主人翁，以行此直接民权也。有训政为过渡时期，则人民无程度不足之忧也。"党治仅仅是革命的一个手段，目标是"民选之政府"，党要还政于民，实现人民民主。但是，国民党政权违背民权主义，以"训政"为名实行一党专政、特务统治、压制民权，把"训政"变成"驯政"，实质上是专制主义复辟。党国体制下的民主，徒具形式，人民的言论、思想、行动、组党等自由，深受限制。民主一旦加上革命，必然被革命所绑架；政党一旦具革命性，必然被权力所俘虏。这样，革命和政党就会离民主越来越遥远，最终就会南辕北辙、走向反面。政治动员型的革命必然会导致党治国家的兴起和党国体制的建立，在苏联如此，在中国亦然。随着国民革命军北伐完成，1928年国民政府宣布实行训政，中国政治转入了"党国"体制。国民党二十年的训政政治，既非民主，又以民主宪政为目标；有专制之实，又不能在理论上明示。这是一种名实脱节、自相矛盾的体制，在逻辑上是模糊的，在实践上是混乱的。民主不是民主，专制也不彻底。实践证明：民主与专制冰炭不同炉，"汉贼不两立"。对于国民党在大陆失败的原因，1948年时出任中央大学教授的吴世昌，曾对国民党体制有一个如下的评价："国民党之一党专政，无疑是模仿苏联的。不过国民党政纲规定训政以后有宪政，不像苏联的长期一党专政，是仍以民主政体为目的，训政不过是一段过程。但不幸这段过程太长，甜头太多，竟使它还没有走到目的地，便腐化起来。"事实确实如此，国民党主导的"党国"体制，在理念及实践层面上都存在着先天性的困境，在政治体制由传统向近代体制迈进的过程中不可能完成停留在意识形态的宣传教育上，而"以党治国"的利益诱惑不可避免地形成了党员"滥化"现象；"党国"体制对政治资源及物质利益的过度把持，必然会造就占据要津的既得利益集团，从而形成了体制改革尾大不掉的最大障碍，并渐渐淡忘"还政于民"的终极目标，最终成为政治腐化与社会动荡的根源，成为国民党政权在大陆垮台的根本原因。

2. 国民政府的土地国有制

实行土地国有制是亚细亚生产方式的一个典型特征。在国民党统治时期，表面上实行土地私有制而没有实行土地国有制，但实际上则不然。就其实质来说，国民党统治时期的土地所有制根本不是私人所有制而是国家所有制。国民党统治时期的土地国有制，一方面表现为在法律上对国家所有权的肯定与确认，另一方面表现为在经济上对国家所有权的承认与实现。

从法理上来说，包括土地在内的一切财产都具有排他性，即一定的财产或土地只能有一个所有者。对此，国民党统治时期的民法法典关于所有权的一般规定："所有人于法令限制之范围内，得自由使用、收益、处分其所有物，并排除他人之干涉。"（第765条）民法规定了以自然人和法人作为土地等财产的主体——私人所有权，规定土地等财产只有私人或法人作为唯一的所有者——单一主体。清末至民国北京政府时期，所有权立法的基本思想，是以私人享有土地所有权为原则，以国家占有无主地为补充。这一时期的中国公民，算是第一次真正在法律上享有了土地所有权。在民国南京政府时期，在民国民法典中一方面继续承认私人土地所有权，另一方面则在个人所有权之上还有国家所有权。国民党的土地法和宪法则对土地所有制作出了一种二重性的法律规定，即土地双层所有权——国家所有权与私人所有权。1930年《土地法》规定：一方面，全国土地属于国民全体即国家；另一方面人民可以依法取得所有权，成为土地私有者。1946年颁布的《土地法》第10条规定："中华民国领域内之土地，属于中华民国人民全体。其经人民依法取得所有权者，为私有土地。私有土地之所有权消灭者，为国有土地。"根据这些规定，可以说，民国南京政府时期的土地所有权的主体，既是个人，又是"全民"。1947年民国宪法对这种二重性的土地双层所有权予以确认。民国宪法第143条第1项规定："中华民国领土内之土地属于国民全体。人民依法取得之土地所有权，应受法律之保障与限制。私有土地应照价纳税。政府并得照价收买。"根据这些规定，可以说，民国南京政府时期的土地所有权的主体，既是个人，又是"全民"即国家。1947年《中华民国宪法》一方面确认全国土地属于全体国民，另一方面确认人民可以依法取得土地所有权，还提出私人土地所有权既应当受法律的保障又应当受到法律的限制。可见，土地所有权的主体既是"国民全体"又是个人，即"双层土地所有权"。在这种双层所有权结构中，国家所有权与私人所有权的存在不是并列的，其地位不是并重，而是纵向结合、主辅相依的。南京政府的土地所有权体系，规定国家所有权在效力上优先于个人所有权，这具体体现在政府可用收买的形式消灭个人土地所有权，而个人对这种收买没有抗辩能力。如果成文法在一个所有权之上，宣称还有另一个所有权，那么，下层的"所有权"是否还是所有权？民国南京政府的土地所有权体系，可以假设一个生活实例加以对应。比如，某甲花10000元钱买了一间房子，按照所有权的定义，他本来可以任意处分这间房子。但假设某乙说，他对这间房子享有高于甲的所有权。表现在：（1）如果某甲住这间房子，必须给某乙缴纳租金；（2）如果某甲以20000元钱卖掉房子，赚到的10000元钱归某乙；（3）无论何时，某乙可用10000元钱买下房子。这样，某甲对这间房子的权利还算是所有权吗？很显然，所谓私人的"下层所有权"必然是虚假的，它只是被冠以了"所有权"这样的名称，而不具备所有权的实质。因此，在民国双层土地所有权结构中，国家所有权作为土地的上级权，是土地最终归属与绝对支配的权能；作为土地的下级权，私人所有权则为土地的直接占有、具体使用和获得收益的权能。因此，在国民党法律规定的土地双层所有权结构中，国家所有权是真正的所有权，私人所拥有的只是占有权、使用权。因此，私人所有权只有所有权之名，而无所有权之实。国民党法律所规定的土地所有制是国家所有制，而不是私人所有制。国民党统治时期的土地所有制表面上是私有制，实质上是国有制。这是因为，国民党及其国家的本意和目标是实行土地公有制，即国有制，这是迫于社会环境不得已才肯定私人所有权、承认私有制。孙中山的所谓"耕者有其田"，不是让农民成为土地之主，只是让农民有地可耕，这是承认农民土地占有权与使用权，而不承认农民土地所有权。1946年国民党"国民大会"代表讨论民国宪法草案时，就有代表明确提出应废除土地所有权，收回私人土地，实行彻底的土地国有制。如焦易堂等22人提案："国父中山先生高瞻远瞩，早已提出平均地权之主张，未能切实推行，以致土地问题，日趋严重。"故提出具体办法为："一、下令全国土地一律收为国有，废除已往私有制度，重新分配。二、计丁授田，即按其人口授田亩，以实现'耕者有其田'之理想。"［《第一届国民大会第一次会议提案原文》（第1

册),国民大会秘书处印,第35号,第1页] 罗大凡等36人提案:"或径直了当,将土地收归国有,平均分配,立即实现总理耕者有其田之土地政策","由政府发行土地债券,收买地主之所有土地权证。"[《第一届国民大会第一次会议提案原文》(第3册),国民大会秘书处印,第130号,第1页] 也有代表提出:"然考民生主义,并不废除私有财产权,该原条所谓限制之,保护之,划做双方之合理规范,宁不允当。"["钟代表伯毅对基本国策章之意见",《国民大会代表对于〈中华国宪法草案〉意见会编》(下册),国民大会秘书处印,第20页]

由此可见,民国宪法第143条第1项关于双层土地所有权的规定,是在当时的历史背景下调和多方意见而形成的一个较为折中的条文。它既没有走向彻底的国有制,又没有建立真正的私有制。因此,这个条文的最终出台更加接近了孙中山所提出的"耕者有其田""土地涨价归公"与"国家可随时照价收买"的理想目标与制度设计。

从历史渊源来看,国民党设计的"双层土地所有权"深受传统中国土地权利观念与土地制度的影响。因为,自夏商周以来,中国土地权利的结构一直是"双层"或"多层"的。夏商周所实行的双层土地所有权结构,是国王拥有最高所有权,诸侯与士大夫拥有直接所有权,村社拥有占有权。战国秦汉实行土地国家所有、私人占有,国家为"最高地主"拥有所有权,地主与自耕农作为私人所有者拥有占有权。对于民国土地所有权结构与中国历史上传统土地所有权结构之间的内在联系,民国学者已有许多阐释。民国学者孟普庆认为:"所谓土地属于国民全体者,乃为国民全体有土地之上级权。在昔全国土地,多为君主所有。所谓'普天之下,莫非王土',故惟君主有土地上级权。……现今号称民国,主权乃属于全体国民。以全体国民代替君主地位,于理尚无不通。……盖国民党对于土地政策,其最后目的,本为确定土地公有制,惟以须适应社会环境,不得不于法律上维持土地私有制之形式。"[1] 孟普庆这一阐释可谓一针见血,揭示了中国"双层土地所有权"的历史延续性,道破了国民党土地所有制的本质。我国当代法学家俞江先生不仅专门分析了民国土地双层所有权问题,而且具体分析了民国土地双层所有权结构与中国历史上传统土地产权结构之间的密切联系。"中国古代私人的土地权利在

---

[1] 孟普庆:《中国土地法论》,南京市救济院,1933年。

第八章　亚细亚生产方式的典型国家　　　　　　　　　　　　245

各方面都接近今天的所有权，但惟有一点不同，那就是不能对抗皇帝或国家的赋税徭役。用今天的话说，就是私人财产权无法对抗公权力。如果可以忽略这一点的话，在不严格的意义上，可以说'双层土地所有权'是中国延续了两千多年的传统。如果了解这一传统，说孙中山提出的'平均地权'是受到最新的社会主义思潮的影响，毋宁说，是因为他没有觉得'双层所有权'结构有何不妥，才毫无心理障碍地主张国家可以'随时照价收买'私人土地，这种主张其实就是中国制度和思想传统的现代版。"①

我国当代青年法学学者陈云朝博士也分析了南京国民政府时期的土地所有权问题。他也认为，尽管南京国民政府既没有绝对承认土地私有也没有绝对承认土地公有，而是在地权结构上采取了"双层土地所有权"的制度设计，但民国法律所规定的这种双层土地所有权结构在现实中有着它自身的演进逻辑和客观的存在形式。首先，虽然法律规定国民全体对全国领域内的土地享有所有，但抽象的"国民全体"只是"国家"的代名词，全体国民实际上就是国家所有。进一步说，国家也是抽象的主体，在现实中则是由各级政府作为国家所有者、掌握与行使国家所有权。例如，1946年民国《土地法》第4条就明确规定："本法所称公有土地，为国有土地、省有土地、市县有土地或乡镇有之土地。"可见，所谓的公有土地，已经通过法律特定化为各级政府所有。按此逻辑继续推演下去，在双层土地所有权的制度设计下，人民依法取得的土地所有权仅仅具有使用和收益的权能，而土地最终支配的权能即真正的所有权则归于国家即各级政府手中。②

国民党政府在法律上表面承认私人土地所有权，但依据所谓"私法社会化"的原则在法律上对私人土地所有权做出了种种限制。民国时期的土地所有权立法，本应更注重个人权利观念的张扬，以"所有权绝对"为立法基本原则。然而由于立法中有意强调所有权"负有义务"，对土地所有权的规定彰显了其"受限制"的一面，而对土地所有权最本质的一

---

①　俞江：《中国民法典诞生百年祭——以财产制为中心考察民法移植的两条主线》，《政法论坛》2011年第4期。
②　参见陈云朝《论南京国民政府时期的土地所有权》，《中北大学学报》（社会科学版）2014年第4期。

面"绝对性、排他性"严重忽略。民国法律在私有土地之最高额与土地所有权移转等方面规定了严格限制。一是限制私有土地的面积。为了实现孙中山平均地权的理想，民国政府限制私人拥有大额土地面积。1930年《土地法》第14条规定："地方政府对于私有土地，得斟酌地方需要、土地种类及土地性质三项情形，分别限制个人或团体所有土地面积之最高额，但应经中央地政机关之核定。"此条没有给出具体的土地面积最高额，而是明确加以限制。具体规定为："私有土地，以一家耕作能力及生活为标准，定其最高额，若非其一家能力所耕作，又非一家生活所必需之土地，及无使其私有之必要。"对于超过最高额土地之部分，还规定了强制出卖的办法。二是对土地移转的限制。按照现代所有权理论，所有权人对其土地有自由使用、收益、处分的权利。土地权利的移转、设定负担和租赁是所有权自由的表现。但这样的土地权利及自由在民国南京政府时期是不存在的。三是对土地使用的限制。1930年《土地法》对土地使用的限制可分为：其一，积极限制。其第142、143条规定："土地，得就国家经济政策，地方需要情形及其所能供使用之性质，编为各种使用地。凡编为某种使用地之土地，不得供其他用途之使用。但经地政机关核准得暂为他种使用者，不在此限。"其二，消极限制。如第155条规定："繁盛区域内之空地，市政府得斟酌地方需要情形，规定2年以上之建筑期限，遇规定期限不建筑者，得准许用土地人请求征收其全部或一部。"第208条规定："编为农地之私有荒地，应由主管地政机关限令其所有权人于一定期间内，开垦或耕作，逾期而不为开垦或耕作者，得由需用土地人依法呈请征收之。"这样，私人所有权从本来绝对无限的权利转变为相对有限的权利。

国民党统治时期土地国有制不仅在法律上予以确认与保障，而且使之在经济上得以实现或体现，具体表现在以下三方面。

（1）国家向土地占有者征收田赋及其附加税。民国以前，农业税称田赋。清朝田赋，按亩分等定税，均以粮食折征银两，土地所有者向"粮房"缴纳田赋。超期未纳的，由粮差到各地催收，加收罚金。从乾隆元年至光绪三十四年（1736—1908），田赋征收多次更迭，除征地丁银、民米外，加派捐银、田赋银又加派津贴银，田赋加倍征收。民国初期，田赋沿用清制，是财政收入的主要来源，列为国税，1912年到1927年期间的北洋政府统治时期，主要承袭了清朝的地丁、酒粮、租课土地税、

第八章 亚细亚生产方式的典型国家

附加四大类，另外还有杂徭、杂税等。从1927年到1948年为国民党政府时期，农业税包括田赋、附加、预征等，实行三征即田赋征实、田赋征购、田赋征借。田赋附加和三征，超过田赋正税数倍，农民不堪重负。

田赋征收对象及其征收原则——就田问赋，稽户征粮：以占有土地为依据、以占有土地数量为标准、以户为单位征收田赋。民国31年（1942年），办理土地陈报。在清丈土地时，按照山川地形，逐地块丈量绘图，依地户登记造册。土地分为水、旱、山地三等；水地又分为上川、中川、下川；旱地分上土、中土、下土；山地分上山、中山、下山，共三等九级。田赋依据清查新册征收，粮户纳粮多少，依土地等级而定。政府对田赋推收进行整顿，清查逃避田赋的土地，使土地有所归属，扩大了田赋的税基，既使应税田亩有所增加，也使田赋的负担趋于平衡。民国时期土地占有状况是地主、富农占总户数的9.43%，占总人口的11.55%，占土地总数的50.64%；其他阶层（中农、贫农、雇农等）占总户数的90.57%，占总人口的88.45%，只占土地总数的49.36%。佃农约占全国农民总数的37.19%；佃耕面积占耕地面积的30.72%。田赋征收的主要对象是大土地占有者（地主、富农），其次是自耕农、半自耕农（中农）。

田赋附加——国民政府初征收田赋正税外还征收许多附加税。田赋附加税归地方政府，其数额一般与正税相当，其名目繁多：有地方行政附加、教育附加、保甲附加、农户摊款、地丁摊款、公安捐、自治捐、驻军给养捐等。

田赋征实——抗战时期，田赋制度发生了很大的变化，国民政府先后实行了田赋"三征"，即田赋征实、田赋征购、田赋征借。国民政府将田赋征收权收归中央，并实行征实——直接征收粮食。税率为20%左右。自耕农的田赋及附加负担高达农田产量的31%。佃农的地租占农田产量的50%，其中25%为地主应缴赋税，25%为地主实际地租。各地正附税占农产总收入的20%左右，按作物收入的20%估算各年田赋及附加税额。田赋由业主负担，田赋附加则或东佃各半或全部由佃户负担。

（2）征收地价税与土地增值税。国民政府根据孙中山的地价税思想，向土地占有者征收地价税与土地增值税。该政策内容：①核定地价（土地价格由地主自行申报）；②政府照价征收百分之一的地价税，并可随时照价收买土地（这是为了防止地主低报地价）；③土地涨价归公，这是实现土地国有化的明显标志。土地增值税的征收则可以把由于社会进步带来的土地增值收益拿到国家手中。

（3）强行征地。按照有关规定，民国政府对所有土地均可以强制征收。其中，对于自耕农的零星土地按照一般补偿标准征收，对于占有较多土地、收取地租的地主，一百亩之内依法征收，一百亩至二百亩则按半价征收，在二百至三百亩以内按照以四分之一价格征收，三百亩以外的土地则予以无偿征收。征收土地的价格按照国家地政机关所定标准地价额在其20%范围内浮动，征收土地价格的支付方式由地方将其折合为农产物而以土地债券分年补偿，其偿付期限最多可达到15年。

3. 国民党国家垄断的经济体制

国民党政府不仅在农业领域以土地所有制的形式实行土地国有制，而且在工商业与金融领域全面实行国家经济垄断，由政府控制的国有企业全面垄断主要经济资源与重要产业部门。20世纪30年代发生的世界经济危机使国家统制经济及计划经济思潮在国际上崛起，国民政府也深受其影响。蒋介石欣赏纳粹德国的"统制经济"，行政院副院长兼财政部长宋子文心仪苏联的"计划经济"。"九一八"事变后，随着战时体制的建立，国民政府重点发展国营企业、开始实行国家经济垄断。1934年，原来主要行使经济规划、协调功能的"国防设计委员会"改组为资源委员会，直接创办大量国营企业，全权组织与集中管理全国工业建设，强力推行重工业建设计划，成为国家经济垄断的职能部门。

资源委员会的基本职能主要有三个方面：（1）创办及管理经营基本工业；（2）开发及管理经营重要矿业；（3）创办及管理经营动力事业。资源委员会下辖的企业，根据经营范围不同，可分为工业、矿业、电业和特矿贸易四部分。根据资本来源，又可分为资源委员会独资、与中央部委合资、与各省合资、与民营资本合资。资源委员会建设资金大部分由政府划拨，其所有权主体就是国家，代表政府的资源委员会就是支配权主体，因此资源委员会所属实质就是国家所有制企业。作为国家所有制企业，它首先要服从国家的政治需要，然后才服从经济法则。因此，一方面资源委员会下属的每个企业都是一个独立的经济实体；另一方面各个企业通过资源委员会这个核心而联系到一起，成为一种经济联合体。因此，就其实质来讲资源委员会就是一个规模巨大的企业集团。资源委员会由初创阶段的20余家企业，经过八年抗战发展成为拥有121家工矿企业，6万余名职工的大型企业联合体。到抗战胜利前夕，资委会所属企业已经达到131个，抗战胜利后裁并了部分企业，同时又由军政部、经济部等机构接收了一些企业，至1945年底，资委会共有附属企业125个，其中独资经营者70个，投资并主办者38个，投资不主办者17个；以上企业中生产性企业110个，矿产管理、贸易及其他非生产性机构15个。抗日战争时期，资委会所属企业的职工也大幅度增加，在1943年的高峰时期，资委会的职员达到12800余人，工人7万余人，上述均不包括资委会所控制的钨、锑、锡、汞各业的工人，在生产鼎盛时期这些行业仅矿工就有10万人左右。抗战期间国民党国家垄断资本在交通运输业的发展是比较迅速的，民营资本在交通运输业的活动范围越来越小，1936年民营资本近代交通运输业总所得占全国的比重尚近30%，抗战期间这一比重逐年下降。1939年，国民党五中全会正式确立国营工业的中心地位后，政府片面扶持国营工业，国家资本入侵到面粉、火柴、纺织、电力、交通等民间资本的传统领地，并迅速占据优势。到抗战后期，国家资本和官僚资本已处于压倒性优势。战后民营工业资本仅恢复到战前的78.6%，国家资本及官僚资本至战前增长了2倍，形成了"国进民退"的基本格局。到1945年，民营资本近代交通运输业总所得在后方只占8%，而国民党国家资本的近代交通运输业总所得占后方的比重却高达92%。

资源委员会企业是在国家权力与行政力量的推动下建立和运行的，因而资源委员会具有超经济强制力量。作为国家经济垄断的组织形式，资源委员会的产生与存在除了这个历史上官营经济垄断传统的深刻影响之外，其直接原因是在当时我国面临险恶的国际国内形势下，国家承担着发展经济、支持战争的重要职能，如果没有国家的超经济强制与全面经济垄断，就很难履行这些职能。然而，资源委员会的产生和发展使国民党国家垄断资本不断膨胀和发展，日益加剧了现代中国社会的各种矛盾，使得买办的、垄断的生产关系与社会化生产力之间的矛盾与冲突不断加剧。国民党国家垄断资本不仅剥削广大劳动者，也严重侵害了中小资产阶级的利益，从而大大激化了社会矛盾。这场"国进民退"的后果，是民营工厂大批倒闭，工人失业；迅速膨胀的国营企业腐败滋生，效益低下，出现泡沫化。社会通胀失控，物价飞涨，政府税收锐减。等到国民政府意识到危机，出于扩充税源等考虑，试图改推"国营事业民营化"来补救时，大错已经铸成，民营资本已衰败到无力接盘，使这一方案最终落空。国营企业腐败，民营企业衰败，是党国体制所无法克服的严重弊端，成为导致国民党政权在大陆倾覆的一个重要因素。

总之，国民党及其政府虽然在经济建设方面取得了一些成就，但它并没有真正发展以私有制为基础的民营经济。在农业方面，国民党不仅没有提出要承认与保护土地私有制，而且在"平均地权"与"耕者有其田"的口号下，推行土地国有制。国民党"一大"宣言，在理论纲领《国民党之主义》中规定"私人所有土地，由地主估价呈报政府，国家就价征税，并于必要时依报价收买之"，宣告"国民党之主张，则以为农民之缺田地沦为佃户者，国家当给以土地，资其耕种，许诺土地国有后，准备授田给贫苦农民耕种"。孙中山时期国民党所主张的是土地国家所有，分给农民使用。尽管孙中山并没有明确区分土地的使用权和所有权，没有明确指出土地是归农民所有还是仅仅归农民使用，但从孙中山这时的思想脉络上看他所提出的"耕者有其田"，是指耕者有其使用之田，而不是土地归耕者所有。第一，孙中山早年曾提出过"平均地权"的土地纲领，其具体内容是核定地价，国家按土地价格收税，国家就价征税，土地涨价归公，并于必要时依报价收买土地，这实质上是实行土地国有制。这也证明了孙中山是主张实行土地国有制的。第二，孙中山主张向苏联学习实行土地国有、农民使用。他认为，俄国改良农业政治之后便推翻一般大地主，把全国的田地都分到一般农民手中，让耕者有其田，耕者有了田，只对国家纳税，没有地主来收租，这是一种最公平的办法。俄国十月革命后实行的是土地国有、分给农民使用的政策，孙中山要仿效俄国的办法来解决土地问题，可见他是主张土地国有、分给农民使用的。孙中山的"耕者有其田"，就是把地主土地所有权交给国家，或者说使土地国有化。国民党"一大"宣言中也明确写道："私人所有土地，由地主估价呈报政府，国家就价征税，并于必要时依报价收买之，此则平均地权之要旨也。"因此，孙中山与国民党通过"核定地价，涨价归公"办法实行的"耕者有其田"的政策，不仅仅是把土地从大地主手中夺回转交给农民私有，也是彻底废除土地的私有制度，代之以国有或公有的主张，是彻头彻尾的土地国有制主张。在工商业方面，凭借国家权力操纵国民经济，压制民营工商业。所谓"官僚资本主义""官僚资产阶级"实质上是亚细亚古中国"官营经济""官商"的现代翻版。因此，国民党搞的不是私有制的资本主义经济，而是亚细亚生产方式的国营经济。

从总体上看，国民党及其政府建立了党国专制制度、剥夺人民自由权利，操控土地所有权、垄断国家经济命脉，在政治上实行专制统治、压迫人民，在经济上发展官僚资本、抑制民营经济。因此，以蒋介石为代表的国民党的党国体制具有鲜明的亚细亚生产方式的特征，是亚细亚生产方式在现代中国的再现。区别只在于：东方古代王国奴隶制与帝国奴隶制都是公开的普遍奴隶制，而以蒋介石为代表的党国奴隶制的现代奴隶制则是打着"三民主义"旗号、以"中华民国"形式粉墨登场的，因而是一种伪装的、隐蔽的新型国家奴隶制。这种隐蔽形态的党国奴隶制是东方国家奴隶制的现代形态与高级形式。

三　俄国：亚细亚生产方式的一般特征与俄国特色

（一）俄国亚细亚生产方式的一般特征

马克思以及西方思想家主要是根据中国和印度来概括亚细亚社会特征的。俄国本来是一个欧洲国家，其自然条件和生产力状况同亚洲社会有诸多不同之处。然而，从其社会结构来看，俄国却是一个亚细亚国家。确切地说，俄国社会属于半亚细亚的或半东方的社会。恩格斯指出，从印度到俄国的孤立的村社，是东方专制主义基础。除马克思、恩格斯之外，很多思想家也把俄国归为实质上的亚细亚社会和东方社会。在俄国，普列汉诺夫最早接受了亚细亚生产方式的概念，并把它应用于俄国。从总体上来看，自古以来俄国的社会结构都是建立在亚细亚生产方式基础之上的，俄国社会的发展都是在亚细亚生产方式运动规律的支配下发展延续的。在长期的历史发展过程中，俄国同欧洲欧国家虽有多方面的接触，但始终没有改变其社会的基本结构与主要特征。即使彼得大帝所进行的惊天动地的西化运动，也只是引进了许多西欧的先进机器和军事设备，而没有触动俄国的社会结构。

作为一个本质上的亚细亚国家，俄国始终具有亚细亚生产方式的基本特征，如长期存在的村社制度、始终存在专制主义制度与土地国有制与自然经济。

（1）同其他亚细亚生产方式的国家一样，大量存在的村社构成其专制主义的社会基础。18世纪末19世纪初，俄国尽管也进入了新旧交替的激烈的历史变迁时期,但它的村社仍旧在全国范围内存在。直到20世纪初,它的村社仍旧是占统治地位的基层组织。这种村社的存在,以及它的所有制特点及它的散漫性、孤立性、野蛮性,它的手工业和农业结合的自然经济特点等,必然表现为国家政权上的专制主义。俄国村社存在时间之久,影响之大是其他国家所没有的。

(2)在政治上,俄国始终存在专制主义制度,即国家最高权力属于君主一人,不存在其他有效的监督和制约形式,沙皇掌握行政、立法、司法诸权,拥有生杀予夺的权力。沙皇一直拥有专制权力并运用官僚主义的国家机构统治俄国,并不断地赋予它以新的形式。

(3)俄国始终保持土地国有制与自然经济。1861年的俄国农奴制改革,虽然出现了不同程度的土地私有制,但总体上国家仍然是最高的所有者,可以随时对土地调节、定期均分。在这种情况下,村社社员由于对土地的依赖性,因而不能脱离土地从事其他行业,最多只能发展一些与农业密切结合的手工业。由于专制国家的力量强大,市场力量从未在俄国产生足够的影响。工业生产的目的也是服务于国家的,国家是它的主要消费者,基本上用于军事需要,而且大多数工业实质上是由国家操纵或受其保护的。

(二)亚细亚生产方式的俄国特色:军事专制主义

作为一个特殊的亚细亚国家,俄国亚细亚生产方式具有自己的固有特征。这就是俄国的专制主义不是起源于国家对大规模水利工程的控制,而是起源于大规模军事与国防工程的控制。从地理位置上看,俄国处在欧洲和亚洲之间,夹在定居的民族和游牧的民族之间,没有固定的边界线。它的东方边界处在游牧生存圈内,剽悍的游牧民族经过生存圈对它进行骚扰。而西部地区则受到北欧人的不断入侵。13世纪蒙古人的入侵,更给俄国造成了巨大的损害、产生了深刻的影响。15世纪以后,新兴的俄罗斯国家虽然摆脱了蒙古人的统治,但还是不断受到喀山汗国以及西方瑞典人、波兰人、立陶宛人和日耳曼人的侵扰。异族的不断入侵,必然激起俄罗斯人的极力反抗,因此,直到19世纪,战争一直是大多数沙皇的最主要事情。而为了有效地抵御这种入侵,整个社会就必须统一起来,集中全国的人力和物力以发展全国的军事事业,以至于到彼得时期,俄国虽然比法国贫穷得多,人口仅是它的2/3,但两国的军事力量却几乎是相等的。战争依靠组织起来的统一力量,而这种力量的组织和统一必须依赖于中央政府的权威,这样,产生于军事战争的公共工程便形成了

第八章 亚细亚生产方式的典型国家

俄国的专制主义及其官僚主义。只有建立强大的专制制度以及从上到下的一整套官僚体制，才能取得军事行动的胜利。因此，俄国专制主义的具体形式是军事专制主义，而不是治水专制主义。相反，在西方既不存在由国家集中组织的治水工程，也不存需要国家集中力量抵御外敌侵略的任务，因而不存在产生绝对专制主义的客观前提。正如顾准先生所说："希腊人的特殊环境，使他们无须组成统一的民族国家来抵御外族，他们组成一个一个城邦，他们的政治基本上是民主的，当然是贵族中的民主。有过所谓僭主政治，有过斯巴达那样的特殊类型的尚武的集权国家，但从未建成同时代埃及、波斯那样的绝对专制主义的国家。"[①]

尽管以军事专制主义为基本特征的俄国专制制度不同于以治水专制主义为基本特征的中国专制制度，但俄国军事专制主义的特征仍然具有治水专制模式所体现的亚细亚专制主义的本质特征——建立在全面干涉的超级国家职能基础之上的东方专制主义制度。这种专制制度是后来俄国以及苏联现代专制主义的历史基础。俄国专制制度是东方专制制度的普遍本质与俄国特殊形式的统一，是具有俄国特色的东方专制主义。这也充分说明，东方专制主义既以治水为基础、以治水为典型，又不仅限于治水专制模式这种特殊形式。换言之，治水专制模式具有二重性质：一方面治水专制模式体现东方专制主义的基本性质，成为东方专制主义的一般形式；另一方面治水专制模式又是东方专制主义的具体形态与特殊形式。对此，我们应当运用"具体—抽象—具体"的分析方法来分析东方专制主义的本质特征与具体形式。首先，从具体到抽象。从治水模式这一具体形式出发，揭示治水模式的本质规定：以全面干涉的超级国家职能为基础的东方专制制度；其次，再从抽象到具体。从治水专制模式的本质规定出发，认识与分析东方专制制度的各种具体形式。因此，亚细亚生产方式可以区分为强变体与弱变体两种形态，前者是有机的专制社会，其物质基础主要是明显具有集中化倾向的农业灌溉设施，如中国、埃及等国；后者是机械的专制社会，其基础主要是仍然具有集中化倾向的宗教职能与军事职能等，如俄国。[②]

[①] 顾准：《资本的原始积累和资本主义的发展》，载《顾准文集》，中国市场出版社 2007 年版，第 208 页。

[②] 参见［意］翁贝托·梅洛蒂《马克思与第三世界》，商务印书馆 1981 年版，第 87 页。

第三篇

东方社会的基本性质与运动规律性

第九章　东方社会形态的特殊性质

　　所谓东方社会，有双重含义：作为地理概念，东方社会指处于地球东半部的亚洲国家和传统的斯拉夫国家，以同西欧为主的西方国家相对应；作为经济政治概念，东方社会指处于前资本主义发展阶段的民族或国家，以同近现代资本主义社会相对应。马克思所讲的东方社会主要是从经济、政治角度来界定的东方社会。由于东方社会特别是其土地公有制的典型在亚洲的印度和中国，所以，马克思又称东方社会为"亚洲式""亚细亚式"的社会，并认为中国是东方社会的活的化石，体现着一切东方社会及其运动的共同特征。俄国在地理上向欧洲伸展，其斯拉夫文化具有欧洲渊源，从经济政治发展的角度看俄国属于东方社会。因此，马克思既把俄国称为"半东方""半亚细亚"国家，又把它归为东方国家。在马克思的著作中涉及"东方社会"时，一般以中国、印度、俄国为蓝本。马克思在《不列颠在印度统治的未来结果》一文中首次提出"亚洲式的社会"的概念，后在《〈政治经济学批判〉导言》中又明确提出"东方社会"这一概念。很显然，以印度、中国和俄国为代表的东方社会是一种不同于以英国、法国与德国为代表的西方社会的特殊社会形态。问题在于：东方社会与西方社会的差别是形式上的差别还是性质上的差别？东方社会是什么性质的社会形态？具体来说，作为前资本主义的东方社会是不是同西方古代社会相同的奴隶社会与封建社会？如果不是，那么东方社会到底是什么社会？围绕这一问题，形成了两大主要观点，一种观点认为东方社会是同西方古代社会完全相同的社会形态：奴隶社会与封建社会；另一种观点认为东方社会不同于西方社会，东方国家只存在封建社会而不存在奴隶社会。这两种观点分歧的焦点在于：东方国家是否存在奴隶社会？自原始社会解体到近代东方社会形态的性质是什么？对此，笔者认为：同西方国家一样，原始社会解体后东方国家也进入了奴隶社会；与西方社会不同，东方奴隶社会不仅采取了特殊的存在形式而表现为一种特殊形态的奴隶社会，而且自古以来一直存在而没有实现从奴隶社会向封建社会以及资本主义社会的历史变革。

一 东方社会与西方社会有着重大差别

在原始社会解体后，人类社会便进入了文明社会或阶级社会。按照传统社会主义政治经济学的观点，东方社会不仅与西方社会一样进入了奴隶社会，而且东方奴隶社会与西方奴隶社会的主要特征是基本相同的：①从其来源看，奴隶分为战俘奴隶与债务奴隶两大类型；②从其地位看，奴隶毫无人身自由，奴隶主可以自由买卖奴隶与任意地杀死奴隶；③从其生产资料所有制来看，奴隶制占有全部生产资料并完全占有奴隶，奴隶只是奴隶主的财产和"会说话的工具"；④从其劳动方式看，奴隶主用皮鞭、棍棒强制奴隶进行繁重的集体劳动；⑤从剥削方式看，奴隶主直接占有奴隶的全部劳动产品，只给奴隶很少的生活资料以维持其生存。很明显，这种观点是照搬"五种生产方式"理论，以西方特别是欧洲古代社会形态的基本特征为依据的。事实证明，在原始社会解体后，东方社会并不是按照与西方社会相同的路径进入了完全相同的社会形态，而是在特殊的历史环境下经由特殊的发展路径进入了与西方古代社会有着许多重大差别的古代社会，形成了与西方社会不同的社会形态。东方社会理论是马克思社会形态理论的主要组成部分。早在马克思之前，西方许多学者和文献就发表了许多关于东方社会的理论、思想，他们认为东方社会与西方社会迥然不同，它是一个"神秘社会""专制社会"与"停滞社会"。古希腊著名哲学家、思想家亚里士多德在其《政治学》一书中为人们勾勒出东方社会"专制"与"奴性"的基本形象；法国启蒙思想家孟德斯鸠依据其地理社会学理论推断东方社会是在"崇山相隔、大海相阻"的地球的那一端的神秘世界；德国古典哲学家黑格尔在其《历史哲学》一书中以中国、印度和波斯等国为例对东方社会的专制、经济和文化等状况做了详细分析，黑格尔指出东方是人类文明的摇篮和发源地，东方国家"不仅都属专制政体，而且是恶劣的暴君政治的舞台"。

马克思的社会历史理论包括两个部分，一是西方社会理论，二是东方社会理论。所谓西方社会理论，主要以英、法、德三国为背景，以欧

第九章 东方社会形态的特殊性质

洲特别是西欧的历史发展与现实资本主义状况为依据、以未来向共产主义过渡为归依的全面系统的社会发展理论。所谓东方社会理论，它是相对于西方社会理论而言的，主要以占全世界人口绝大多数国家和地区的东方世界为背景，以印度、中国与俄国三国为典型，以东方社会的历史进程、现实状况与发展趋势为内容的理论。早在19世纪50年代，马克思就开始探讨东方社会问题。在这一时期，马克思提出了"亚洲式社会"的概念，并初步断言"亚洲式社会"是一种在经济制度、社会结构和发展过程等方面都与西方社会截然不同的社会类型。从19世纪50年代中期开始，马克思致力于对资本主义社会的起源、地租、商业、高利贷等问题的研究，同时多方面地涉及对东方社会经济、政治等现象的论述，并且明确提出了人类历史的分期，发现了"亚细亚生产方式"，揭示人类原始公社制度的发展方向可以有三种前途，即东方形式（以及与东方形式有密切关联的斯拉夫形式）、古代形式、日耳曼形式。对于东方社会形态，马克思除了从地理概念上将其归结为"亚洲式社会"外，主要从经济学和历史学的角度加以深刻论证，认为亚细亚所有制形式是人类历史上曾经普遍建立，而后在西方社会消失殆尽、在东方社会却一直保存到现代，从而成为一种同资本主义社会并存的社会形态。可见，马克思在对东方社会的论述中，一直视以亚细亚生产方式为主要特征的东方社会是一种不同于西方社会的特殊社会形态。

马克思、恩格斯清楚地看到并明确地指出了东方社会所固有的一些典型特征：东方各国人民一方面在专制国家制度与土地国有制下生产、生活；另一方面，他们又因农业与手工业的结合而聚居在各个分散、孤立的村社之中。这样就形成了东方社会特有的专制国家、土地公有和农村公社三位一体的特征。在这三位一体的紧密结合中，国家集中管理灌溉等公共工程是前提，专制国家制度是核心，村社制度是基础，土地国有制是结果。农村公社是社会基本的组织形式，它既负责分配土地，是土地的实际占有者，又是社会的基本单位，在它身上体现出东方社会的一系列典型的特征：从内部来看，作为公社成员的个人对公社来说不是独立的，个人受公社的土地及传统法规的制约。从公社外部关系来说，一方面公社对国家来说是不独立的，公社受国家权力与法律的控制与制约；另一方面各个公社之间彼此隔绝，缺少联系，社会分解为许多模样相同而互不联系的原子，各个公社相互间这种完全隔绝的状态，在全国造成虽然相同但绝非共同的利益，这就是东方专制制度的自然基础。农村公社的这些特征表现了东方社会的极端落后性，然而正是这种落后性成了它具有顽强生命力的源泉。亚细亚生产方式之所以能够长期存在甚至伴随了整个欧洲奴隶社会和封建社会漫长的历史，其基本原因就在于它存在着以土地国有制为基础的内外封闭的村社制度。对村社来说，不论朝代怎样更迭它始终顽强地维护自己，不受外界变化的影响。这种顽强的生命力鲜明地表现了东方社会发展的缓慢性和停滞性，这正是东方社会的又一重要特征。东方社会的这些特征说明东方社会是与西方社会完全不同的社会形态。西方社会在原始社会解体后按照"世界历史"的逻辑从原始社会开始依次走完了奴隶社会、封建社会，而后进入资本主义社会。而东方国家在原始社会解体后仍然保留着人类社会原生形态某些特征，在此基础上形成了以专制国家、土地公有和农村公社三位一体为基本特征的特殊的社会形态——亚细亚社会。这种特殊的东方社会形态自原始社会解体一直延续到20世纪。因此，在马克思、恩格斯看来，东方社会不仅是专制社会、村社社会与国有制社会，而且是封闭社会、停滞社会。这就充分表明，东方社会是人类历史上一种特殊的社会形态。因此，魏特夫指出，中国传统社会从母系社会开始到20世纪为止，并没有正儿八经经历过所谓的奴隶制、封建制和资本主义，而一直是以东方专制主义为特征的亚细亚生产方式。这种中国式的东方专制主义社会的特征有以下几点：第一，这种社会是一种"水利社会"（Hydraulic Society），也就是说，中国的水利工程十分艰巨，所以必须有劳动力、生产资料、科学技术和管理体系的高度集中才能完成这些水利工程，如大禹治水等；第二，正因为这种高度的集中，造成政治权力的集中和专制，所以中国社会一直就是专制；第三，正是这种君主制造成生产资料，如土地、江河等，完全归皇帝所有，真正的土地私有没有出现；第四，东方社会只有皇帝控制下的贵族与官僚，并没有相对独立的贵族阶级；第五，东方社会的政府对国家的经济实行垄断；第六，东方社会没有法律，专制君主的意志就是法律；第七，东方社会的专制特点具有十分强烈的稳固性。

马克思以亚细亚生产方式理论为基础、以资本主义制度作为分界线，科学论述了非资本主义制度东方社会的特殊性。这一特殊性表明：东方古代社会同西方社会有两大重要区别：一是东方古代社会实行土地国有制而不存在私有制；二是东方社会是国家制度决定土地所有制及生产方式的性质，而不是土地所有制及生产方式决定国家制度的性质。这两大差别表明：东方社会不是私有制社会，而是国有制社会；东方社会不是奴隶主与封建领主占统治地位的经济权利主导型社会，而是国王、皇帝及贵族、官僚占统治地位的政治权力主导型社会。按照马克思、恩格斯的观点，东方社会之所以没有达到土地私有制，其主要原因有二：一是东方社会的地理环境及其生产方式所致。由于气候和土壤的性质，造成人工灌溉成为东方社会农村生产的第一个条件，个人、村社无法承担这一任务，只能由国家来完成。二是东方社会的文明程度，包括生产、交往水平过低。马克思指出："节省用水和共同用水是基本的要求，这种要求，在西方，例如在弗兰德和意大利，曾使私人企业家结成自愿的联合；但是在东方，由于文明程度太低，幅员太大，不能产生自愿的联合，所以就迫切需要中央集权的政府来干预。"

根据西方学者和马克思、恩格斯对东方社会主要特征的分析，结合东方国家古代社会的客观实际，我们可以十分清楚地看到：古代东方社会与西方社会有着许多重要差别，在东方国家既不存在西方那种以战俘奴隶与债务奴隶为主体，以奴隶毫无人身自由、只是"会说话的工具"为特征的奴隶社会，也不存在以"封土建国"为基础、以领主制与农奴制为特征的封建社会。因此，笔者认为东方古代社会与西方古代社会是不同的，东方国家既不存在西方那样的"奴隶社会"，也不存在什么"封建社会"。那种照搬"五种生产方式"理论、套用西方社会形态模式来解释东方古代社会性质的做法是错误的，其观点是站不住脚的。

二 东方古代社会本质上是与西方相同的社会形态——奴隶制社会

从现象上看，古代东方社会与西方古代社会有着重大差别，但从本质上看古代东方社会与西方古代社会则具有相同的性质，它们是相同的人类古代社会形态——奴隶社会。东方社会的性质问题，一直是理论界研究的重大课题。古代东方社会是奴隶社会，还是封建社会，抑或别的社会形态？这个问题的重要性不仅是古代东方社会形态本身的问题，而且关系到如何认识马克思主义社会形态与历史发展规律理论这一重大问题。马克思恩格斯认为，古代东方与希腊、罗马等奴隶制国家的历史，是统一而不可分的人类奴隶社会的历史。所有这些国家的古代生产方式与社会形态在本质上是同一的。当然，古代东方与希腊、罗马之间及古代东方各国奴隶制社会的具体形式与历史发展过程，又是不相同的。因此，要阐明古代东方社会的基本性质及其主要特征，我们必须既要把握东西方古代社会性质的一致性，又要分析东西方古代社会形态的差别性，必须在统一性与差别性两个方面的内在结合上进行研究。如果把其中某一方面夸大或缩小，或把两个方面割裂开来、对立起来，把古代东方社会历史绝对化、简单化，都会妨碍对东方古代社会及其发展规律的科学认识。

劳动者与生产资料的特殊结合方式，是划分社会形态的根本标准。所谓奴隶社会，就是以奴隶为主要直接生产者、实行奴隶与生产资料相结合的社会形态，奴隶社会必须是以奴隶社会生产为主要生产方式的社会。问题在于，如何判断直接生产者是不是奴隶，或者劳动者是否具有奴隶的属性。因此，要判断某一社会是不是奴隶社会，不仅要对奴隶社会的概念有一个基本的定义，而且要对奴隶的概念有一个基本的定义。只有在对奴隶及奴隶社会概念有了清晰的认识的基础上才能够对东方古代社会的性质进行研究和分析。

长期以来，人们一直认为只有可以被主人随意杀死、自由买卖与残酷驱使的人，才是奴隶，只有这样的奴隶作为劳动者主体的社会才是奴隶社会。相反，在中国等东方国家从事农业生产的"众"即当时的村社成员或个体农民，其身份不是奴隶，因此东方社会不是奴隶社会。这种观点是很值得质疑的。应当看到：杀死奴隶或者买卖奴隶，并不是奴隶主获得奴隶的目的，占有奴隶并利用奴隶劳动来为其创造财富才是目的。并且，奴隶主之所以能够任意杀死奴隶与买卖奴隶也完全是因为他占有奴隶，奴隶是他的财产。因此，判断奴隶的关键在于是否存在人身占有而不在于是否可以买卖、杀死奴隶。这种观点的主要问题在于它只是从现象上来看某人或某些人是否为奴隶，以是否可以自由买卖与随意杀死某人或某些人、是否用皮鞭或棍棒驱使他人劳动并在夜间用铁链锁上等具体现象为标准来判断某人或某些人是否为奴隶。这种观点的错误主要是没有从本质上来判断一个人是否为奴隶、一个社会是否为奴隶社会。

第九章 东方社会形态的特殊性质

从本质上说，所谓奴隶就是被强制、受奴役而不自由的人。而某个人或某些人之所以不自由主要是因为其人身被他人占有，他的人身已经不属于自己了，他已经成为他人的附庸、财产或工具了。因此，对于奴隶与奴隶制度来说，不自由是其本质，人身被占有是其关键。说到底，奴隶是人身被占有、不自由的人。奴隶制度，就是存在人身占有关系、不自由的社会制度。从现象上看，这种不自由而沦为他人附庸的奴隶分为狭义与广义两种类型。从狭义上说，奴隶就是其人身为他人占有与强制而没有人身自由、为其无偿劳动并可以被其任意买卖或杀死的人；从广义上说，奴隶是一切以人身占有关系为基础而被他人或团体奴役、剥削的人。亚里士多德指出，自由有四项基本特征：独立的身份、个人的不可侵犯、经济活动自由和不受限制的行动权利；奴隶就是缺失这四项属性的人。因此，奴隶是被剥夺了人身自由、经济自由、政治自由与思想自由等基本自由权的人。卢梭认为"强力造出了最初的奴隶"。孟德斯鸠在《论法的精神》中指出，所谓奴隶制，就是建立一个人对另一个人特有的支配权，使前者成为后者的生命与财产的绝对主人。奴役的方式有两种：对物的奴役和对人的奴役。对物的奴役就是使奴隶依附于土地。最混乱的奴役制则是同时实行对物和对人的奴役制。占有奴隶并对奴隶实行强制的人就是奴隶主。奴隶主有私人奴隶主与国家奴隶主两种类型。一般说来，私人奴隶主就是凭借占有土地、通过债权与买卖等经济方式而占有奴隶的个人；国家奴隶主就是凭借国家权力、运用暴力等政治方式而占有人民并使之成为其奴隶的国家统治者。东方国家的"普天之下，莫非王土；率土之滨，莫非王臣"，土地为国家所有，贵族、神庙、功臣所得到的土地，带有王"赐"的性质。在古汉语里，"臣"字本意就是奴隶。(1) 象形。甲骨文字形，像一只竖立的眼睛形。人在低头时，眼睛即处于竖立的位置，字形正表示了俯首屈从之意。(2) 同本义 [male slave] 臣，事君者也。像屈服之形。(3) 国君所统属的众民 [subject]。如：臣庶（臣民），臣姓（群臣百姓）。因此，我们应当确立正确的奴隶概念与奴隶社会观。应当明确：奴隶是不自由而被强制、在他人的奴役下从事劳动而受其剥削的人，奴隶的实质在于他是不自由的人。从不自由的程度来说，奴隶分为两种类型——完全不自由的人和基本不自由的人。奴隶制，是不自由的制度，奴隶制的本质在于奴役与强制。从其奴役的程度上说，奴隶制分为两大类型——发达的奴隶制与不发达的奴隶制。所谓发达的奴隶制，就是奴隶是完全不自由的人，其人数相对较少，其形式较为残酷。所谓不发达的奴隶制，其奴隶虽有一定自由但基本上是不自由的人，其人数较多，其形式较为温和。我们应当从本质上判断是不是奴隶和奴隶制度，而不能从形式上来判断；应当以一般特征为标准来判断是不是奴隶和奴隶制度，而不能以某种特殊形式为标准来判断。奴隶社会就是采取生产资料与奴隶即人身被占有、行动被奴役而不自由的劳动者结合方式的社会形态。因此，归根结底我们应当以劳动者是否拥有自由及其自由度大小这个标准来判断人类政治经济制度的性质，划分人类历史上不同的社会形态。凡是能够保障个人基本自由权的政治经济制度的社会，即为自由社会；凡是剥夺人的基本自由权的政治经济制度的社会，即为奴隶社会。就此而论，迄今为止人类阶级社会形态只有三种：实行奴役制度的奴隶社会、实行自由制度的资本主义社会与作为这两种社会形态中间状态与过渡形式的封建社会。恩格斯在《家庭、私有制和国家的起源》一书中明确地指出，人类文明产生以来存在三大奴役形式："奴隶制是古代世界所固有的第一个剥削形式；继之而来的是中世纪的农奴制和近代的雇佣劳动制。"在此，马克思、恩格斯就是以自由与奴役及其关系作为划分人类社会形态的根本依据。

我们不仅要看到东方国家与西方国家古代社会形态的重要区别，而且也要看到东方国家与西方国家古代社会制度的共同特征。二者在社会制度上的共同特征在于它们都是以人身占有与奴役关系为基础的社会制度——奴隶制。奴隶制的一般特征在于：作为奴隶，劳动者不仅要用别人的生产条件从事劳动，而且其人身也为他人占有而不是独立的、为他人所奴役而不是自由的。对此，马克思指出："奴隶要用别人的生产条件从事劳动，并且不是独立的。所以这里必须有人身的依附关系，必须有不管什么程度的人身不自由和人身作为土地的附属物对土地的依附，必须有本来意义的依附制度。"[①] 在这里，马克思提出了这样两个基本观点：一是奴隶制的本质特征在于劳动者对他人的人身的依附关系以及对土地的依附关系，其中人身的依附关系是对土地的依附关系的前提与根源。二是亚细亚古代与欧洲古典古代都存在着人身依附关系以及劳动者对土地的依附关系，因而都属于奴隶制的范畴。因此，东方古代社会虽然在

---

① 马克思：《资本论》第3卷，人民出版社2004年版，第894页。

第九章　东方社会形态的特殊性质

形式上不同于西方奴隶社会，但在本质上则是与西方奴隶社会相同的。

苏联某些史学家否定古代东方是奴隶社会，他们的主要论据是：第一，东方的奴隶人数少于农民人数，奴隶不是东方社会的基本阶级，农民才是东方社会的基本阶级。第二，东方的奴隶主要是用于主人的家内服役，很少用于生产劳动，因此东方的奴隶劳动未构成社会经济的基础，他们创造的财富未能成为社会的重要财富。第三，古代东方的社会结构的基础是公社，古代东方的剥削阶级是以剥削农村公社的农民为主，提供主要剩余劳动的不是奴隶，而是公社的农民。第四，古代东方存在土地租佃制，土地租佃制的存在便是封建制的重要证据。根据上述几点理由，他们得出结论：东方国家占统治地位的社会形态不是奴隶占有制生产方式，奴隶占有制并非人类社会第一个对抗性的社会形态，只有在地中海沿岸的一些民族奴隶制才发展成经济关系中的统治形式。这种观点不仅否定了东方古代社会的奴隶制性质，而且否定了奴隶社会是人类进入文明社会或阶级社会的第一种社会形态，否定了奴隶社会是人类社会发展的必经阶段。从理论上说，这种观点同马克思、恩格斯的有关论述是相悖的。恩格斯在《反杜林论》中明确提出了"奴隶制、农奴制或依附农奴制、雇佣劳动制"几种生产方式。在马克思、恩格斯看来，不仅西方古代社会是奴隶社会，而且东方古代社会也是奴隶制社会。恩格斯明确地指出："在亚细亚的古代和古典时代，阶级压迫的主要形式是奴隶制，也就是说，群众不仅被剥夺了土地，甚至连他们的人身也被占有。"[①]

从客观实际来看，古代东方是世界上最先进入阶级社会的地区，尽管后来其奴隶制不发达，但它们还是奴隶社会。之所以如此，是因为古代东方社会不仅符合奴隶制的本质规定，而且具有奴隶社会的基本特征：

第一，在古代东方国家，奴隶人数不是很少而是很多，奴隶构成了古代东方社会的主要直接生产者与基本阶级。古代东方的奴隶制没有古希腊和古罗马的奴隶制那么发达，完全失去人身自由的奴隶人数在全国人口总数中所占的比例较古希腊和古罗马小；在古代东方各国，虽然狭义上的奴隶即与古希腊、古罗马的奴隶相同的奴隶比农民少得多，但广义上的奴隶即隶属于国家、为国家所奴役的奴隶（"农民"）确比西方社会的奴隶多得多，这是无可否认的客观事实。换言之，在如何判定何为

---

① 《马克思恩格斯选集》第 4 卷，人民出版社 1995 年版，第 391 页。

奴隶、如何认定何为奴隶社会时，我们应当破除"欧洲中心论"，摒弃只以狭义奴隶与古希腊奴隶社会为依据来判断东方古代社会是否奴隶社会的传统做法，根据马克思的"普遍奴隶"的理论，认定古代东方国家的农民是"普遍奴隶"，古代东方社会属于奴隶社会的范畴。古代东方的奴隶制之所以没有古希腊和古罗马那么发达，其原因在于，一是古代东方的阶级社会是在铜器和青铜器的生产力水平上发展起来的，进入铁器时代已经是奴隶制的后期。古希腊和古罗马则不然，它们的奴隶社会是在铁器广泛使用基础上发生的，生产力水平比古代东方高得多，因而奴隶制发达。二是希腊和罗马地处有利于商品经济发展的地中海，商品经济比较发达，而东方国家的商品经济极不发达，自然经济长期占统治地位。古代东方奴隶劳动构成了社会经济基础的主体部分，他们创造的财富构成了社会财富的主要部分。从狭义上看，古代东方的奴隶主要是用于非生产性的家内服役劳动；从广义上看，古代东方的奴隶主要是用于生产性的农业劳动。古代东方国家的统治者经常向外发动战争的主要目的就是掠夺财物和人口，占有大量人口为其奴役进行农业生产。在国家统治者看来，成年人口的价值就在于从事"耕战"：平时为民，为国家耕种土地、缴纳租税；战时为兵，为国家提供兵役、从事战争。因此，在东方国家从事生产劳动的奴隶比非生产性服役的奴隶多得多，国家奴役下的生产奴隶占人口大多数，因而构成农业生产的主体，构成社会的基本阶级。

第二，古代东方的国家统治阶级对农民的剥削方式是奴隶制性质的残酷剥削。古代东方各国的农民占人口的大多数，他们遭到国家统治阶级征收"租税"形式的残酷剥削，大量的剩余产品和剩余劳动被统治阶级占有。古代东方的国家统治阶级通过多种途径对农民实行剥削。其中，君主专制的国家主要是向农民征收各种赋税，用以建立军队和维持官僚机构。除此之外，君主专制的国家经常大量地向农民征调劳役。国家无偿地征调农民去修建王宫、卫城、王陵以及运河、大道。但可否因此就说古代东方社会不是奴隶社会而是封建社会呢？显然是不能的。因为这种剥削不是封建性质的剥削，而是奴隶制性质的剥削。古代东方的土地所有制是属于国家奴隶制的土地所有制，土地是国家统治阶级所有的。在法权上，专制君主是全国土地的最高所有者，君主或者把土地直接分授给农民耕种，直接向农民征收租税与劳役；或者将大量土地赏赐给王室、贵族、达官、寺庙，甚至官兵，这些人再把所占土地以租佃方式交由少地或无地的农民耕种，代表国家向农民收取租税。这种剥削方式同领主出租土地给农民耕种、让农民从事徭役劳动的封建剥削方式是完全不同的。因此，东方古代的"租佃制"是奴隶制性质的剥削方式而不是封建制的剥削方式。在国家奴隶制生产关系占统治地位的社会里，对农民的剥削必然具有奴隶制的性质。马克思称古代东方社会是"普遍奴隶制"，就十分深刻地揭示了东方古代剥削制度的实质。在古代东方国家，实际耕种土地的是个体农民，不是狭义上的奴隶，但由于他们人身隶属于国家并遭受到国家统治阶级各种残酷的剥削和压迫，因而实际上是处于奴隶的地位。由此可见，在古代东方社会，占统治地位和起主导作用的生产关系是奴隶制生产关系，国家统治阶级对农民的剥削是属于奴隶制剥削的性质。

第三，奴隶制生产方式是原始生产方式解体后人类进入文明时代的第一种生产方式，奴隶社会是人类社会发展的必经阶段。苏联某些史学家之所以否定人类社会必然经过奴隶社会，其主要原因在于他们混淆了两种不同意义的奴隶制，以狭义的奴隶制作为判断某一社会是否奴隶社会、人类社会是否必然经过奴隶社会的根本依据。他们认为古希腊部分城邦和古罗马的意大利半岛、西西里岛由于地中海区域特别有利于工商业经济发展，所以发展了奴隶制，古代东方缺乏这种地理条件所以奴隶制发展不起来，不经过奴隶制阶段。还认为奴隶制国家在古代世界只占少数，非奴隶制国家占多数，因此经过奴隶制阶段是特殊规律，不经过奴隶制阶段是普遍规律。所以奴隶社会不是人类社会的必经阶段。马克思主义经典作家认为奴隶社会在古代世界是普遍性的，它是人类社会发展的必经阶段。他们揭示出生产关系必须与生产力发展的水平和性质相适应的社会发展规律，并以这个规律阐明了奴隶制代替原始公社制的必然规律性。恩格斯指出："奴隶制是古希腊罗马时代世界所固有的第一个剥削形式；继之而来的是中世纪的农奴制和近代的雇佣劳动制。这就是文明时代的三大时期所特有的三大奴役形式；公开的而近来是隐蔽的奴隶制始终伴随着文明时代。"[1] 古代东方国家在社会发展形态上与古希腊、古罗马有很大的差异，它们各自有许多特点，但是古代东方国家和古希

---

[1] 《马克思恩格斯选集》第4卷，人民出版社1995年版，第176页。

腊、古罗马都是奴隶社会。由此可见，马克思主义经典作家关于奴隶社会的学说是完全正确的。根据马克思三大社会形态理论，第一大社会形态是以人身依附关系为基础的社会形态。在西方，人身依附关系先后采取了两种基本形式：先是主要以人身占有为基础的奴隶对奴隶主的依附关系，后是主要以土地占有为基础的农奴对领主阶级的依附关系。与此相适应，西方第一大社会形态也表现为两种形态：先是"奴主阶级"占统治地位的国家奴隶制社会，后是"领主阶级"占统治地位的封建社会。在东方，人身依附关系则一直是以人身占有与土地占有的双重占有为基础的农民对国家的依附关系。与此相适应，东方第一大社会形态一直是"国主阶级"占统治地位的国家奴隶制社会。当然，几千年来东方奴隶社会也不是一成不变的，而是自我发展、自我完善的。就中国来说，国家统治者占统治地位的奴隶制社会在夏、商、周三代表现为以公社经济为基础、以分封制为特征的国家奴隶制社会，在战国、秦汉以来则发展为以地主经济为基础、以中央集权制为特征的国家奴隶制社会。因此，中国古代社会的依附关系采取了间接的表现形式，先是以农村公社为媒介的农民对国家的依附关系，后是以地主为媒介的农民对国家的依附关系。由此看来，中国古代的地主经济并不构成一种独立的生产方式与社会形态，它同公社经济一样只是国家经济的附庸，只是国家用来奴役与剥削农民的工具。进而言之，战国、秦汉以来的中国社会不是以地主所有制为基础、以地主阶级专政为特征的封建社会，而是以土地国有制为基础、以君主专制与贵族、官僚制度为特征的国家奴隶社会。一般说来，原始社会末期的农村公社既是原生的社会形态的最后阶段，也是向次生的社会形态过渡的阶段。不同的是，在西方，次生的形态包括建立在奴隶制上和农奴制上的一系列社会；在东方，次生的形态仅仅包括建立普遍奴隶制上的国有制社会。按照马克思与 R. 琼斯、J. S. 穆勒、亚当·斯密的说法，属于"亚细亚"社会的中国，与"半亚细亚"社会的俄国，由于文明进程、生产方式与社会转型方式"特殊"，政治权威与国家机器自古具有超常的统治力，经济、文化均受制于政治。私有财产始终处于软弱地位，虽然也存在土地私人占有，国家却是真正的地主。虽然形成分散的小农经济，但政府却是最大的公共工程部门。以集权君主为代表的政治权威，享有极大的自觉性自由，对臣民的财产乃至人身权利，具有

"最高"支配权,这是一种"普遍奴隶制"。①

三 东方奴隶社会具有不同于西方奴隶社会的固有特征

在东西方奴隶制社会之间关系的问题上,苏联学术界存在两种基本观点,即奴隶制社会发展的两阶段论和两类型论,从而形成古代世界历史研究中的两个学派。这两个学派先后于 20 世纪 30 年代和 50 年代在苏联学术界产生,对我国史学界的影响较大。"两阶段论"形成于 30 年代,它把古代奴隶制的社会划分为两个阶段:古代东方是早期的、不发达的奴隶制社会,古代希腊罗马是发达的奴隶制社会。在古代东方各国,在氏族制度的废墟之上产生了奴隶制社会,但是这个社会里,奴隶制度并没有达到像在古希腊和罗马那样巨大的充分的发展。"两类型论"产生于 50 年代,它是针对两阶段论而提出来的,它把古代奴隶社会划分为古代东方和古代希腊罗马两种发展道路不同的类型。从 40 年代到 50 年代初,在苏联世界古代历史的研究中,"两阶段论"占据了统治地位,但随着古代世界历史研究的深入,两阶段论的模式和越来越多的新发现的史料相冲突。于是在 50 年代,开始有人对两阶段论提出怀疑和批评。系统地论述两类型论的是久梅涅夫。1957 年,久梅涅夫发表了《近东和古典世界》一文,全面阐述了两类型论。他认为,古代东方和古代希腊罗马在社会制度及命运上的差异,不能归结为发展阶段的先后,而是发展道路本身的不同。他指出:在古代东方和古代西方奴隶制社会的历史上,我们看到的不是奴隶制的两个连续发展阶段,而是各具特点的两种奴隶制社会类型。笔者同意"两类型论",认为虽然东西方古代社会都是奴隶社会,但它们却有着许多重大差别;虽然东西方奴隶社会有着重大差别,但二者的根本差别不在于其发展程度和发展阶段的差别,而在于它们是两种不同类型的奴隶社会。奴隶制形态可分以希腊、罗马为代表的西方型奴隶制,以远东、中东、近东文明古国为代表的东方型奴隶制。马克思不仅明确肯定了东方社会的"奴隶制"性质,而且分析了东方奴隶制与西

---

① 参见黄军甫《斯大林主义的根源及其当代意义》,《俄罗斯研究》2004 年第 2 期。

方奴隶制这两种不同类型的奴隶制的主要区别，阐明了东方奴隶制的固有特征。理论分析与实践经验充分证明：东方奴隶社会一方面具有奴隶制社会的一般性质；另一方面具有东方奴隶制社会的独有特征。换言之，东方社会不仅是奴隶制社会，而且是东方特色的奴隶社会。

1. 东方奴隶制是"农奴制"——东方社会奴隶的主体是依附性小农

在奴隶社会中，基本的阶级是奴隶主和奴隶阶级。奴隶主是统治阶级，奴隶是被统治阶级。与西方古代社会不同，古代东方社会的奴隶阶级主要不是由完全为他人占有、完全不自由的狭义奴隶所构成，而是由广大实际受奴役、基本不自由的农民及手工业者等广义奴隶所构成。在古代东方社会，狭义奴隶只占少数，奴隶阶级主要由隶属于国家而为国家所奴役的依附农民构成，遭受奴隶制奴役与剥削的农民构成直接生产者和奴隶阶级的主体。换言之，处于依附关系与奴役状态下的依附性小农是东方国家奴隶阶级的主体。东方国家的小农经济最早产生于原始社会末期，当时包括以中国、印度为代表的亚洲地区在内的世界各地基本上实现了从原始氏族公社向农村公社的转变，这是原始社会向阶级社会过渡的社会经济组织。在农村公社制度下，一方面实现了从原始公有制向公有制与私有制并存的二重所有制的转变；另一方面实现了土地由集体"共耕"向家庭"私耕"的转变。这样，农村公社的"公田共耕"制度就被"公田私耕"制度所代替了。这样，土地一方面是共同所有的"公地"；另一方面成为社员私人占有与分散耕种的"份地"，从而形成了以一家一户的小农经济，这是东方乃至世界最早的小农经济。

在西方社会，原始社会解体后产生了土地私有制，使得原来兼有公有制与私有制二重因素的农村公社不复存在，原来依附于农村公社的小农经济转变为以土地私有制为基础的独立的自由小农经济。在中国以及印度等东方国家，土地私有制没有产生，公社仍然存在，只是在公社这个共同体的基础上又形成了一个更高的共同体——国家，土地所有制由公社所有制转变为公社占有制基础上的国家所有制。在这种新型的公有制下，国家成为土地真正的所有者、最高的所有者，公社只是直接占有者，小农只是具体使用者。因此，东方的原始性小农经济在原始社会解体后并没有成为独立的自由自耕农小农经济，也没有在土地私有制基础上通过小农两极分化而产生奴隶制经济，而是在土地国有制的基础上发展成为依附于国家的小农经济，这是东方古典型国家依附性小农经济。

第九章 东方社会形态的特殊性质

这是一种不同于西方古典古代小农经济的一种特殊的小农经济。因此，中国、印度等东方国家古代的小农不同于西方古典古代农业劳动者，他们既不是狭义的奴隶也不是自由的农民，而是依附于国家、为国家所奴役的依附性农民。作为小农经济的次生形态，这种国家奴隶制小农经济不仅是东方社会特有的小农经济，而且是东方奴隶制小农经济的典型形式。

2. 东方奴隶制是"普奴制"——东方奴隶制是马克思所说的普遍奴隶制

与西方奴隶制相比，东方国家的奴隶制是一种不发达的奴隶制。表面看来，东方缺少类似于古希腊、罗马那种"会说话的工具"似的奴隶，而且较少使用奴隶生产。其实，东方不仅不是较少使用奴隶生产，而是使用奴隶规模之巨、范围之广远超西方。东方奴隶制的一个显著特征在于它不是只有一部分人沦为奴隶而是"人皆为奴"："普天之下，莫非王土；率土之滨，莫非王臣（奴）。"因此，马克思把东方奴隶制称为"普遍奴隶制"。东方普遍奴隶制有两个基本特征：（1）东方奴隶制不是一种明确的法律制度，而是一种普遍的奴役状态。在东方国家，既没有公民或自由民的法律概念，也没有平民与奴隶的区分。广大农民尽管不是古罗马那样的狭义奴隶，但也绝不是公民或自由民，没有取得法律上与经济的独立地位，而是处于一种普遍的奴役状态，一切个人都成为依附于君主及国家的奴隶。（2）东方奴隶制度是一种不发达的奴隶制。在东方的普遍奴隶制下，虽然人人都不是奴隶，但又人人都是奴隶。在这里，奴隶制的质量不足由奴隶的数量来补充。这种不发达的奴隶制表现在：一是奴役程度不够深，个体农民尚有一定人身自由；二是商品经济不发达，没有出现买卖奴隶的普遍现象。因此，说在东方国家没有发达的奴隶制并不是说东方国家奴隶数量少，更不是说东方国家的人民所处的状况比较优越，而是说东方国家的人民处在一种奴役关系之下和奴隶状态之中。在古代东方国家，虽然像古希腊、罗马那样完全丧失人身自由的奴隶数量不多，而且没有成为直接的生产者，作为生产的主要承担者的是广大的公社社员；但这些公社社员已经不是原始公社中具有公社权利、不受剥削和压迫的公社成员，而是处于专制统治者绝对统治下、负担着沉重的实物贡赋和徭役劳动的被压迫者和被剥削者。所以马克思把古代东方的这种奴隶制称为"尽人皆是的奴隶制""东方的普遍奴隶制"。①"自由民和奴隶的范围,不见于波斯、埃及、巴比伦、中国;黑格尔把东方的制度称做普遍奴隶制,即王或帝一个人是自由的,其他,连大臣也不自由——比如,绛侯周勃随便就被下了狱,高帝'把他的问题弄清楚'了,又出来当丞相了,这在深具自由民概念的西方是办不到的。"②

3. 东方奴隶制是"隶奴制"——东方国家的奴隶类似于古罗马后期的隶农

如果说东西方奴隶制在形式上有什么相同之处的话,那么东方奴隶制类似于西方古代的"隶农制"。隶农制产生于公元1—2世纪,它既是奴隶制瓦解的产物,也是自由小农破产的结果。在奴隶社会末期,由于奴隶阶级的反抗和奴隶主庄园的衰落,占有大片土地的奴隶主将土地分成小块,租给奴隶或农民耕种,收取地租,并强迫其服劳役。这些承租土地的奴隶或农民就是隶农,这种剥削方式就称为隶农制。隶农的人身与社会地位介于自耕农和奴隶之间,类似于中世纪早期封建庄园中的农奴(阎世成,1979)。从人身关系来看,隶农是大土地所有者的依附者。早在公元3世纪,大土地占有者已企图束缚自由的土地承租人。到4世纪后,这种情况进一步发展。如君士坦丁法令,即曾正式把隶农固着在土地上。按罗马法,自由迁移权是自由民的重要标志之一,剥夺他人的迁移权,实际在法律上已不承认他是自由人了,而承认土地所有者对他人的人身占有了。就其对土地关系而言,隶农已不是他的份地占有者。从土地关系来看,隶农只有土地的使用权而没有占有权与所有权。4世纪罗马法律规定不论隶农耕种土地多久,他对这土地只有使用权,而不能取得占有权。法律还规定隶农不得把土地传给子女。所以隶农对所耕土地世代相传,并没有使隶农对土地占有完全稳固起来。如383年颁布的法令中,就规定如有取得世袭地产的人,可以把地产上原有的隶农赶走而代以自己的奴隶与隶农。可见在隶农制度下,隶农虽被束缚于土地上,但是并不是他所耕种土地的占有者,甚至对其耕种的使用权也不稳固。从其负担的义务来看,隶农既要按土地产品分成的习惯来向土地所有者缴

---

① 参见吴泽《东方社会经济形态史论》,上海人民出版社1993年版,第162页。
② 顾准:《统一的专制帝国、奴隶制、亚细亚生产方式及战争》,载《顾准文集》,中国市场出版社2007年版,第188页。

纳代役租、服劳役，也要向国家捐税、担负国家义务等。从其政治与社会地位来看，隶农的政治权利逐渐受到种种限制，最终将其排斥于自由公民之外。隶农不仅被剥夺迁移自由，而且被剥夺其他公民权利，如不得担任国家公职，未得主人许可不得充当僧侣，不得在自由城市中担任任何职位等。这时，国家不再把隶农看作独立的纳税人，而由他们所隶属的地主向他们征收后再交给国家。隶农在司法方面的权利也受到限制。他们只能在主人许可条件下，才能向法庭提起民事诉讼，他们还被禁止在民事案件上对自己主人起诉。大地主或国家管理人对隶农行使惩罚与裁判权的现象越来越超过法律规定，甚至私设监狱监禁隶农。土地所有者逐渐剥夺隶农的自由公民权利，以加强隶农对他的人身依附关系。这样，就使得土地所有者由隶农的"保护人"而成为隶农的"主人"了。这说明隶农对土地所有者依附关系逐渐加深了。在希腊城邦奴隶制下奴隶在监工的监视下劳动，不具备支配自己行为的权利。在东方奴隶制下，国家拥有全国土地的所有权并通过农村公社来实现这种所有权，村社拥有占有权，农民拥有使用权，农民有一定的独立支配自己行为的权利。这种在土地国有制下劳动的农民，是相当于奴隶的农民，其地位类似于古代罗马时期的"隶奴"。在罗马，"隶农"是奴隶主大地产上的小佃农，恩格斯称他们是中世纪农奴的先驱，而不是农奴，隶农也是一无所有的，在这一点上，他实际上和奴隶一样，但他是个体生产，单独经营，在这方面他又类似于农奴，所以他是中间形态。在东方国家，农民表面上处于半奴隶半农民的地位，实质上则是国家的奴隶。因此，就其本质而言，东方社会是奴隶制；就其形式而言，东方奴隶制是隶奴制。如果说隶奴制只是西方奴隶制的特殊形式、是西方奴隶制解体而走向封建制的过渡形式，那么隶奴制则是东方奴隶制的一般形式，是东方奴隶制长期存在的常态形式。

4. 东方奴隶制是"社奴制"——东方奴隶制是以村社为中介的间接奴隶制

如果说西方奴隶制是奴隶主直接占有奴隶、直接奴役奴隶的直接奴隶制，那么东方奴隶制则是奴隶主假手于人、通过某种中介组织来占有奴隶、奴役奴隶的间接奴隶制。从东方社会奴隶制自古至今存在发展的客观实际来看，这个中介组织就是村社：开始是原始社会遗留下来的农村公社，后来是乡绅控制的宗法村社。自原始社会解体后，农村公社长期残留于各个社会形态及其发展阶段中。在东方国家中，这种村社组织对于普遍奴隶制的实现起着重大的作用。这是因为，在东方普遍奴隶制下，所有的人民都是奴隶，但国家要直接奴役千千万万分散的奴隶，既是不可能的也是不必要的。之所以不可能，主要是因为国家无法直接面对千千万万分散的个体奴隶，无法直接对千千万万分散的个体奴隶进行有效控制与监督；之所以不必要，主要是因为国家直接控制与监督千千万万分散的个体奴隶的控制成本与监督成本过高，从而大大降低其奴隶制的收益。这样，国家就需要有一个中介或帮手来实现对千千万万分散的个体奴隶的控制与监督，这个"伟大"的使命自然就落到了村社组织的肩上。这是因为，村社组织不仅距离个体农民最近而且同个体农民有着天然的密切联系。因此，利用村社组织来控制与监督分散的小农就既是可能的也是必要的了。这不仅可以实现对广大个体农民的有效控制与有力监督，而且可以大大减少控制成本与监督成本。从中国来看，由于幅员广大、人口众多，专制国家往往难以直接控制乡村与小农，它需要乡绅势力的支持，得到他们的妥协、合作与帮助。而这些乡绅在他们所生活的地区内依托历史上遗留的农村公社的形式，以地缘或血缘作为结合纽带，形成一个有力的乡绅集团。在专制政权的扶植与利用之下，这些村社残余势力获得较大的合法权力以统治人民。在村社组织中，乡绅集团全面干涉乡村经济生活。同时，中国乡绅集团对于财产权外移也进行干涉，并限制人口的自由迁徙。中国奴隶社会之所以能够长期存在，富有生命力，能够抵住无数次强大的农民起义的袭击而始终立于不败之地，尽管某一个王朝倒塌下去但专制社会结构却始终不变，奴隶制的生产方式和生活方式依然如故，其重要原因之一就是中国的专制统治阶级善于利用村社制这种历史残留物，善于吸收、扶植乡绅势力对广大农民进行统治、奴役与剥削。

从俄国来看，村社历来是俄国农民的"自治机构"，是农村的基本组织细胞，是农民生产和生活的主要场所。俄国农民将村社叫作"米尔"，村社就是他们的整个世界。对于大多数农民来说，可能终身都不曾离开过村社，不管是生老病死还是婚丧嫁娶都是在村社内度过的，一般不会与外界发生联系。原始社会晚期是奴隶制度萌芽、形成的时期。农民的奴隶化本质上是村社的奴隶化。在使农民奴隶化的过程中，为了便于统治与剥削，国家不仅全面保留了原有的公社以作为统治农民的中介形式，而且在获得新领地后恢复或创建许多新的村社组织。农民的奴隶化是通过剥夺农民的自由迁徙权、将其固着在村社之中来实现的。这样，农民向外流动的管道被堵死，村社成为他们的唯一依靠。农民若逃亡异地，根据连环保原则，村社及其成员都有责任将其追回，而逃亡农民当受到严厉处罚，常被处以鞭刑。在俄国，农村公社尽管履行着管理职能，但长期不被国家承认是行政区划单位，没有国家行政机关的职权，因此村社无权独立自主地做出乡村经济社会发展的重大决策，无权独立自主地同外界打交道。村社的封闭性造成即便是相邻村社之间也是老死不相往来的局面。尽管村社内部大家强调集体主义的原则和团结一致的精神，但各村社之间由于缺乏联系和沟通，因而无法建立起共同的利益目标，无法形成有效的社会合力。农村的道路无人出面整修和加宽，遍布俄罗斯乡村大地的是羊肠小道。这种孤立的、与世隔绝的宗法制村社是俄国专制制度产生和存在的社会基础。正如恩格斯所指出的："各个公社相互间这种完全隔绝的状态，在全国造成虽然相同但绝非共同的利益，这就是东方专制制度的自然基础。从印度到俄国，凡是这种公社形态占优势的地方，它总是产生这种专制制度，总是在这种专制制度中找到自己的补充。不仅一般的俄罗斯国家，并且连它的特殊形式即沙皇专制制度，都不是悬在空中，而是俄国社会条件的必然和合乎逻辑的产物。"[①] 村社内部农民对宗法制权势的畏惧和对"米尔"的依赖所形成的顺从意识和皇权主义心理，使得他们面对专制统治的压迫而不敢奋起反抗，这就为沙皇专制制度的长期存在创造了条件。

5. 东方奴隶制是"温奴制"——东方奴隶制是仁慈形式的温和奴隶制

同西方奴隶制相比，东方奴隶制不仅具有普遍性、间接性，而且还具有温和性或仁慈性。首先，从奴役广大人民的动机与目的来看，东方奴隶制度是仁慈的而不是丑恶的。起初，由于东方国家处于干旱和半干旱地区，只有利用治水的方法，进行灌溉以克服供水的不足与不调，农业生产才能顺利和有效地进行下去。而像治水这样的大型工程既需要大量的物资供应也需要大规模的协作，由于东方文明程度太低，各个村社彼此孤立隔绝，只能国家来承担这些大型工程，对大规模协作进行组织

---

① 《马克思恩格斯全集》第18卷，人民出版社1964年版，第618页。

与管理。在国家承担治水工程的条件下，大规模协作客观上需要有严格的纪律、严明的从属关系和强有力的集中领导和集权管理。这样，便出现了"仁慈的形式、暴虐的实质"的"治水专制主义"，即东方专制主义。聚族而居的东方奴隶们，虽然要忍受残酷的奴役与沉重的剥削，但毕竟还拥有婚姻权、家庭权，多少还有点人身保证和自由。在印度，农村公社是由本瓦尔那公会管理的；在中国，宗法制下的族长拥有决定本族事务的权力。虽然也还存在不平等，却与西方皮鞭、死亡强制下的奴隶生产、生活相比不啻天壤之别。东方大多数奴隶的生活相比西方奴隶要宽和得多。曾在孔雀帝国做使节的美伽斯提尼错误地记载道："所有印度人都是自由民，连一个奴隶都没有。"其实，他不知道在印度和东方国家所有的人都是奴隶，只不过是东方奴隶的境况较为宽和而已。在东方奴隶社会，专制统治者大多打着"为民造福"和"为民请命"的旗号，大都把自己作为人民的"君父"、把人民作为自己的"子民"，大都宣称"爱民如子"，大都以实现"人民福祉"、提高人民生活水平为目标。这样，就使得东方奴隶制表现为一种仁慈的、温和的奴隶制。其次，从奴役人民的手段与方式上来看，东方奴隶制国家对广大奴隶进行控制的主要手段不靠皮鞭、棍棒与刀枪，而主要依靠思想灌输和舆论引导，从而使广大人民生活在美好幸福的"楚门世界"里。再次，从结果与结局来看，东方奴隶制国家千方百计地实现人民基本的温饱、生活的安宁。最后，东方奴隶制国家的统治者既有制造仁慈形象的主观动机，也更具有制造仁慈形象的便利条件。例如，中国古代政治生活中另一种极其常见的"虚有德色"即"容色自矜为恩德"的情形，是历代王朝的执政者们有关"德"的虚伪的宣传和拙劣的表演。即使是历史上的"英德之主""圣德之主"，在有真正实效的德政之外，也喜好妄自夸饰的"德"的包装。同时，正如有的西方史学家所指出的那样，在中国古代，"国家的主宰们由于掌握着极权力量，所以很容易维持最适合统治者的宣传条件。""专制者可能把他们的政权描述为仁慈的政权，但是实际上，即使在最顺利的情况下，他们也总是力求达到对自己最适宜的、而不是对人民最适宜的理性条件。"这种政治体制的特征，"是仁慈的形式和暴虐的实质"。① 所谓"仁慈的形式",就是专制统治者"把他们的政权描述为仁慈的政权"的宣传,其实这是一种"德色"、一种"仁慈神话"。这是因为,专制统治者认识到,在东方社会"管理国家的最佳方法,不是西方的奴隶制,而是中国的礼制,即通过'以和为贵'的方法,最大限度地保持家庭并以家庭为基础实现全国的集权统一"。② 所有这些,表明东方奴隶制不是赤裸裸的残酷奴役而是充满温情的柔性奴役,使东方奴隶制成为一种温和的奴隶制。

6. 东方奴隶制是"两奴制"——东方奴隶具有两种状态、两种形式

对于名为平民实为奴隶的东方国家的广大人民来说,国家兴衰、政权更替与社会治乱没有什么实质性意义,因为这些变动始终不会改变广大人民的奴隶地位。在战争与社会动乱时期,广大人民固然是首当其冲、身受其害,苦不堪言;而和平时期、繁荣盛世时期又当如何呢?仍然是被奴役、受剥削,不堪其苦。正所谓:"兴,百姓苦;亡,百姓苦。"之所以如此,无论怎样改朝换代,如何改革革命,广大人民始终是奴隶。对此,鲁迅先生一针见血地指出:"中国人向来没有争到过'人'的价格,至多不过是奴隶,到现在还是如此。实际上,国人一直对于两种时代的循环中。一,想做奴隶而不得的时代;二,暂时坐稳了奴隶的时代。"所谓"想做奴隶而不得的时代",就是指因为战争的爆发、朝代的更换,这时身为奴隶的平民百姓无法"正常"生活了,甚至生命也没有保障了;所谓"暂时坐稳了奴隶的时代",就是指专制社会的"太平盛世",人民可以安稳生活、衣食无忧,不必担心战乱会影响到自己头上。然而,无论哪个时代、哪种境遇,人民始终是奴隶。套用古人的话:兴,百姓奴;亡,百姓奴。在这种始终如一的奴隶制下,人民只有两种选择:要么千方百计地坐稳、做好奴隶;要么铤而走险,聚众起义,舍得一身剐,誓把皇帝拉下马。东方奴隶制的具体形式,除了公开专横的"帝国奴隶制"之外,还有一种隐蔽的、仁慈的形式——"民国奴隶制",如前文所述,以蒋介石为代表的所谓"中华民国"就是这种名为民国实则帝

---

① [美]魏特夫:《东方专制主义:对于集权力量的比较研究》,中国社会科学出版社1989年版,第133—134页。

② 孙承叔:《打开东方社会秘密的钥匙——亚细亚生产方式与当代社会主义》,东方出版中心2000年版,第231页。

国的隐蔽的东方奴隶制。这充分表明：东方社会既不是古希腊、古罗马那样的奴隶社会，也不是欧洲中世纪的封建社会，而是一种以国家为主体、以东方专制制度为核心、以普遍奴隶制为基本特征的特殊社会形态——国家奴隶制社会。

四 东方奴隶制社会的本质特征在于它是国家奴隶制

东方奴隶社会与西方奴隶社会确实存在许许多多的差别，但最主要的差别是什么？从上述特征我们可以十分清楚地看到：东方奴隶制不是一部分奴隶对奴隶主个人的依附关系，而是所有的个人对国家的依附关系，即一切臣民对专制君主的依附关系，这是一种特殊的奴隶制——国家奴隶制。东方奴隶社会与西方奴隶社会的根本区别在于：西方奴隶社会是以私有制为基础、以私人占有奴隶为核心的私人奴隶制社会；东方奴隶社会则是以国有制为基础、以国家占有奴隶为核心的国家奴隶制社会。简言之，东方奴隶社会是国家奴隶社会。古埃及的社会制度就是君主专制与中央集权的国家奴隶制，农民被固定在土地上，一切行动听国家官僚和最高领袖法老的指挥，所以才有金字塔这样的浩大工程。中国秦朝的社会制度与古埃及的国家奴隶制相同，所以才有了万里长城这样宏伟壮观的工程。古中国与古埃及的奴隶制的区别只在于可以实行土地买卖，但无论怎样买卖土地仍然属于国家所有、皇帝所有。东方专制王权及国家强权高高在上，任意奴役与剥削人民，从而使东方人民只能作为国家奴隶而存在。在东方，国家成为全国最高的土地所有者，国王是国家的代表和具体体现者，因而国王就成为全国土地财产的唯一的最高所有者，他也是全国政权的唯一的、最高的支配者。一切居民都成为他的奴隶和仆从，而他本人则高高在上，君临天下，统治一切。这样，就形成了专制主义的君主制国家形态。如古代埃及国王把全国土地看成自己的财产，把人民看成自己的奴仆，一切行政、军事、司法权力都集中在自己手中，国王有至高无上的权力，并且被视为神圣不可侵犯。古巴比伦王国也是如此。这种农村公社成员的社会身份在实质上也是奴隶，但他不是任何私人的奴隶，而是国王及其国家的奴隶。从社会组织方面

第九章 东方社会形态的特殊性质

来看,在东方国家进入阶级社会初期,农村公社普遍存在,但这时农村公社已经失去独立性沦为国家的附庸。在古代东方奴隶制国家中,它执行国家的命令,成为社会的基层组织单位。从经济关系方面看,作为直接生产者的农村公社成员实质上是国王的奴隶。在古代东方社会中,剥削和奴役的对象,主要是农村公社的成员。农村公社成员是社会生产的主要担当者。农村公社成员也可以从公社分得一份土地,并且可以同自己的家庭一起,独立地在分配给他的份地上从事劳动。但是,他对自己的份地并没有所有权,土地的最高的和唯一的所有权属于国王,国王不仅占有土地,而且有权支配公社成员本身。国王有权通过赋税和徭役无偿地占有公社成员所提供的剩余生产物和剩余劳动,对公社成员进行剥削和奴役。如在古巴比伦王国,国王还规定用连环保的办法将公社成员严密地组织起来,以便于向他们征税和征役,这些公社成员,并没有人身自由,他们实质上都是国王的奴隶。从政治制度方面来看,古代东方奴隶制的国家形式不是私人奴隶主阶级专政,而是君主专制制度。在东方,国王是国家的代表和具体体现者,是全国政权的唯一的、最高的支配者。一切居民都成为他的奴隶和仆从,而他本人则高高在上,君临天下,统治一切。这样,就形成了专制主义的君主制国家形态。如古代埃及国王把全国土地看成自己的财产,把人民看成自己的奴仆,一切行政、军事、司法权力都集中在自己手中,国王有至高无上的权力,并且被视为神圣不可侵犯。古巴比伦王国也是如此。[①] 我国著名思想家顾准先生指出,马克思的"亚细亚"或"东方",是大陆务农的领土王国或帝国。那些领土王国或帝国,王朝的威力所寄,在于农民的贡赋和"徭役—兵役",这和滨海的工商业城邦,国家的威力所寄是海上贸易和海军是不一样的。这些国家的最大要求是"教民耕战",耕战的民绝对从属于王朝。你说他是奴隶吗?有功可以授爵。你说他是自由民吗?他又绝不如古希腊罗马的公民那样,凡执干戈以卫社稷的就有参政的权利。他没有"政权",只是有战功可以授爵。他对他所耕种的土地没有绝对的所有权,"普天之下,莫非王土",他的一切财产,王朝随时可以征发。他的产品,甚至不能自由出售。中国很早就有盐铁专卖,埃及的榨油是王朝专利的。

[①] 参见孙健《亚细亚生产方式是古代东方奴隶制》,《经济理论与经济管理》1981年第3期。

在这种情形下，拿西方的"自由民"和"奴隶"的范畴来对待这种"赋役农民"是格格不入的。①

从逻辑上说，东方奴隶社会之所以是普遍奴隶制社会、农民奴隶制社会、隶奴制奴隶社会、村社奴隶制社会与温和奴隶制社会，归根结底是因为东方奴隶社会是以国有制为基础、以国家占有奴隶为核心的国家奴隶制社会。是谁把全体人民都变成了奴隶？是国家。因为只有专制国家才能占有全部土地和全体人民、建立普遍奴隶制，只有国家才能奴役与剥削所有的农民、形成"农奴制"。是谁使东方奴隶制具有温和性？是国家。因为只有专制而虚伪的国家统治者才需要以仁慈的面孔和温和的形式对广大人民进行奴隶制的奴役与剥削。是谁使村社成为自己的"傀儡"和"木偶"并通过村社而奴役广大人民？是国家。因为只有专制国家，才能有效控制千千万万个孤立的村社组织，使村社组织成为国家奴隶制的帮凶、工具和同谋。是谁决定了人民能否坐稳奴隶？是国家。因为只有专制国家才拥有对广大人民生杀予夺的绝对权力、才有决定人民生死祸福的无边魔力，只有专制国家政权的兴衰存亡才导致广大人民时而坐稳了奴隶时而想做奴隶而不得。是谁导致东方一直是奴隶社会而没有发展到封建社会、资本主义社会？是国家。因为只有为维护专制性、垄断性国家权力的勃勃野心才产生了阻碍社会变革历史发展的强大动力，也只有国家这个庞然大物才有力量阻碍历史车轮的前进。国家专制制度与国家所有制是东方国家奴隶制的两大支柱，其中国家专制制度是最重要的、起决定作用的因素，国家是凭借其专制的权力来占有全部土地与全体人民的。因此，东方专制主义的国家制度是东方奴隶制社会的根本特征，东方专制主义国家的统治者是东方社会的奴隶主，东方专制主义的国家权力是维系东方奴隶制度的核心力量、是阻碍东方社会历史发展的根本障碍。因此，东方奴隶社会的根本特征不在于普遍奴隶制、村社奴隶制与温和奴隶制，而在于国家奴隶制。"国奴制"是东方奴隶社会的本质规定，"国奴论"是笔者关于东方社会与东方奴隶制理论的核心观点。

从历史上来看，东方奴隶制最初就是在国家公共职能、国家专制权力与国家所有制的基础上形成的。之所以如此，主要是由东方社会进入

---

① 参见顾准《统一的专制帝国、奴隶制、亚细亚生产方式及战争》，载《顾准文集》，中国市场出版社 2007 年版，第 189 页。

第九章　东方社会形态的特殊性质

文明社会时所面临的历史环境和所采取的基本途径决定的。从人类进入奴隶社会的历史进程来看，大体上有两种途径：一是西方社会的革命道路；二是东方社会的改良道路。前者是以公社制度的解体、私有制的建立与个人自由的实现为基本特征；后者以公社的续存、公有制的升级与国家专制制度的建立为基本特征。具体说来，从原始社会向文明社会转变过程来说，人类文明产生的路径各不相同，必然会产生各种不同的社会形态。我国著名学者侯外庐先生认为，中国文明社会产生的路径明显地不同于西方。由于氏族血缘关系的遗存，中国在从原始社会走向文明社会的过程中，保留旧有氏族血缘关系去建立国家组织，"周虽旧邦，其命维新"。关于中国古代文明路径，侯先生用恩格斯家族、财产、国家三项内容作为文明路径的指标，指出西方"古典的古代"就是从家族到私产再到国家，国家代替了家族；而亚细亚的古代则是从家族直接到国家，国家混合在家族里面，国家所有制取代公社所有制。古代中国与古希腊、罗马文明所走的两种不同的路径奠定了以后中西文明发展的历史轨迹和"路线图"，是中西两种文明形态发展的源头。中西文明产生的路径不同，形成并决定了中西古代社会形态的差异。中国在文明起点上表现出重视道德论、政治论、人生论的贤人作风，古希腊、罗马则表现出注重自然的哲人的智者气象。前者形成"人惟求旧，器惟求新"的"君子世界"，后者则形成"人惟求新，器惟求新"的"市民社会"。美国华裔学者张光直先生在一部名为《连续与破裂》的著作中论述了古代文明起源的问题。他指出，世界文明的起源（即从野蛮到文明的过渡）有两种不同的道路：以古希腊、罗马为代表的欧洲的西方的道路是一种断裂的道路，以中国为代表的道路是一种连续的道路。中国文明社会产生的路径与西方完全不一样，由此形成的古代文明社会也必然具有其特殊性。在从原始社会向文明社会转变的过程中，东方社会走了一条不同于西方社会的具体发展道路：西方社会农村公社公有制解体被私有制所取代，从而形成了以私人所有制为基础的私人奴隶社会；而在东方国家，公社所有制在国家的控制下长期延续下来，形成了以国家所有制为基础、以国家专制统治者为主体的国家奴隶制社会。

具体来说，人类从无阶级社会向阶级社会过渡的两条途径是：其一，随着劳动生产率的提高，剩余产品出现了，产生了利用奴隶劳动的需求，战争提供了这种奴隶劳动者，原来的氏族首领就成为奴隶主，这是西方社会产生阶级的一般道路。其二，除了战俘之外，奴隶还有另一个重要来源，即债务奴隶，原来氏族成员因还不起债务而沦为奴隶。除了奴隶主与奴隶之外，社会上还存在着以个体农民与手工业者为主体的大量的自由民。东方奴隶制国家的产生有着自己特殊的道路。马克思、恩格斯认为，国家是由管理公共事务的社会职能转化而来的，国家首先是执行社会公共事务的职能的机构。在东方国家，农村公社的管理公共事务的职能演变为国家政治统治的职能，社会的公仆逐步变为社会的主人。这样，东方社会就产生了两大对立阶级：作为国家统治者的奴隶主阶级和作为国家"子民"的奴隶阶级。由此可见，东方奴隶社会形成的特殊途径：在西方，私有原则战胜了集体原则，经由"私有化"途径进入了私人奴隶制社会；在东方，则是集体原则战胜了私有原则，经由"国有化"途径进入了国家奴隶制社会。东方国家阶级产生的道路完全不同于西方，它不是在私有制基础上由于战争与债务原因而产生奴隶主阶级与奴隶阶级，而是在国有制基础上由于国家公共职能与专制统治原因而产生奴隶主阶级（"国主阶级"）与奴隶阶级（"国奴阶级"）。在西方，在私人奴隶主、自由民与奴隶的社会基础上形成了以奴隶主阶级为领导核心的民主型国家制度；在东方，在国家奴隶主专制统治和国家所有制的基础上形成了对广大奴隶实行全面专政的专制型国家制度。"从普遍性与特殊性的双向视角透视亚细亚生产方式，农村公社实际上构成了东西方社会共同的起点，而东西方历史最初的差异即源于公社不同的历史命运。在西方的历史发展中，农村公社解体了；东方社会由于特殊的历史环境，在农村公社的基础上建立起了亚细亚生产方式，农村公社也从自由价值的体现而异化为一种奴役性关系。"[①] "马、恩的论述是指东西两半球，但对欧、亚两地的原始社会来说，也是如此。换一句话说，欧洲与东方的原始社会后期，同样存在明显的差别，并导致各自循着自己独特的道路发展。那么，这两条道路具体有哪些不同呢？首先，希腊、罗马的奴隶制是在使用铁工具基础上建立起来的，而古代东方则是以青铜器为基础步入文明时代的。有人据此认为，希腊、罗马的奴隶制是典型的、发达的，而古代东方的奴隶制是早熟的、不发达的。我们认为，这是不正确的。

[①] 牛方玉：《在自由和奴役之间——试析马克思晚年对亚细亚生产方式理论的重新定位》，《理论学刊》2005 年第 9 期。

第九章 东方社会形态的特殊性质

因为'生产青铜,这接近于冶炼铁矿的技能'。其次,在生产上,希腊、罗马是经过三次社会大分工进入阶级社会的;但在古代东方,虽有程度不等的社会分工,却始终未达到农业、牧业、手工业明显分离的程度。最后,希腊、罗马是沿着城邦的道路走入阶级社会的,而古代东方却是城乡的统一。由此表明,希腊、罗马与古代东方进入阶级社会的具体道路是不尽相同的。原始社会后期的明显差别,继之以各自不同的发展道路,其结果势必形成两种不同类型的奴隶制。马克思很早就认为,在古代奴隶制外,还存在东方普遍奴隶制。他说:'在奴隶制、农奴制等等之下,劳动者本身表现为服务于某一第三者个人或共同体的自然生产条件之一。'这不适用于例如东方的普遍奴隶制;这仅仅是从欧洲的观点来看的十分清楚,在马克思看来,存在两种形式截然不同的奴隶制:一种是希腊、罗马式的奴隶制,另一种是以印度、中国为代表的古代东方的'普遍奴隶制'。从马克思、恩格斯的联系古代东方实际的论述中,可以看出,古代东方奴隶社会的基本特征是:(1)土地名义上是归公社所有或占有,实质上是国有或王有;(2)广大劳动者名义上是公社成员,实际上是国家或国王的奴隶;(3)以血缘和政治地位划分政治等级;(4)专制主义政体。进入封建社会后,土地国有、农民使用、宗法或种姓制度、专制政体等,都被封建统治所袭用,并有所发展。因此,只有阐明古代东方奴隶制的基本特征,才能确切区别封建残余与奴隶制残余的界限,免得混淆不清。"[①]

我国老一辈学者孙健先生专门全面地分析了中国与西方奴隶制的关系。他指出,作为奴隶制度,中国的奴隶制与西方古代奴隶制在本质上是相同的,但是在形式上,两者却完全不同。中国的奴隶制属于古代东方奴隶制类型。根据他的分析,中国奴隶制与西方奴隶制的区别主要有五个方面:第一,奴隶社会的生产单位不同。中国奴隶社会的生产单位是自给自足的农村公社以及公社中的个体社员;古希腊、罗马是以商品生产为目标的私人大奴隶主的农庄和作坊,二者是完全不同的。第二,奴隶社会中土地制度和剥削关系不同。在古希腊、罗马奴隶社会中,私人大奴隶主占有生产资料和占有生产劳动者奴隶本身。土地早已成为私有财产并主要为奴隶主占有。这些私人奴隶主在归他们所有的土地上组

---

① 王治功:《关于两种奴隶制的几个问题》,《汕头大学学报》1985年第4期。

织了大的庄园（农庄），使用大批奴隶进行生产。在中国奴隶社会中，剥削关系不是通过私人奴隶主的庄园和作坊中使用和剥削大批奴隶进行集体劳动来实现的，而主要是通过农村公社中井田制土地制度下剥削农村公社成员的劳动来实现的。在中国奴隶社会时期，基本上没有出现土地私有制的情况。土地是归国王所有，所谓"普天之下，莫非王土"就是这种情况的反映。没有土地私有制，也没有土地买卖的情况发生。因为土地私有制没有发展起来，所以农村公社普遍存在，并且是社会生产和社会组织的基本单位。第三，奴隶社会中主要生产者的社会身份不同。在西欧，主要生产者是奴隶主可以任意屠杀和买卖的奴隶；在中国，则是农村公社成员，当然，这种农村公社成员的社会身份在实质上也是奴隶（国王的奴隶）。中国奴隶社会的主要生产者，在商朝是众或众人，在西周是庶人，他们的社会身份都是农村公社成员。他们可以从公社分得一份土地，并且可以同自己的家庭一起，独立地在分配给他的份地上从事劳动。不过，他们对份地并没有所有权，他们在王或王的官吏（包括农村公社的管理人）的直接命令和监督下耕种公田，无偿地为统治者提供剩余劳动。他们还要为王室服其他劳役和缴纳贡赋，所受剥削和压迫十分沉重。此外，他们还不得擅自离开土地，所谓"死徙无出乡"，不能自由迁徙，所以身份极不自由，实质上是国王的奴隶。国王不仅通过赋税和徭役等形式无偿占有他们的剩余劳动和剩余产品，而且还有权占有他们的人身。第四，手工业生产和交换的关系不同。在古希腊、罗马奴隶社会中，手工业比较发达，使用大批奴隶进行生产的私人奴隶主作坊是手工业生产的主要形式。除此以外，还有为数众多的个体手工业生产。在交换关系方面，也比较发达。当时不仅有国内贸易，而且海外贸易也比较发达。手工业生产的主要目的是交换。中国奴隶社会中的手工业则不同，它主要是官府手工业，这种手工业生产也是使用奴隶劳动，但为官府所控制。另外，农村公社中与农业相结合的家庭手工业占有很大比重，单独的私人个体手工业比较少，大的私人奴隶主的手工业作坊更没有发现。第五，中国奴隶社会的政治形式也与古希腊、罗马奴隶社会的不同。在古希腊、罗马奴隶社会中，由于私人工商业和农业比较发达，私人奴隶主拥有很大的经济力量和政治力量，所以，古希腊、罗马奴隶社会中的国家是私人奴隶主阶级的国家。又因为这些大的奴隶主彼此间都拥有强大的力量，没有也不可能有由某一个奴隶主掌握国家的最高权力并进行专制统治的情况，所以国家的形式就只能是奴隶主阶级的民主制国家，而不可能形成专制君主制国家。比如，在雅典，公元前599年，国家的最高权力机关是人民大会，另外还有四百人会议为执行机关。后来进行改革，选出五百人组成政权机关，但最高权力机构，仍为人民大会。人民大会拥有最后一级的管理权，没有总揽执行权力的最高官员。在中国则不同。在中国奴隶社会中，没有形成土地私有制，没有出现拥有庞大经济力量的大的私人奴隶主，农村公社长期地保留下来，国王是全国最高的土地所有者，因而也是国家政权的唯一支配者。国王有至高无上的权力，实行君主专制制度。在商朝，商王不仅拥有全国土地的最高所有权，而且也是全国政权的最高的和唯一的支配者，一切居民都是他的奴隶。他高高在上，君临万民，统治一切。如商王就总是自称为"余一人"或"予一人"，表示他是至高无上的，唯我独尊。商王还认为自己是上帝在人间的代表，所以在商王朝的后期，商王也自称"帝"。到西周时，国王的权力更大。到春秋战国时期，王权衰落，但到秦王朝统一天下后，又建立起封建主义的中央集权专制政权。所以中国奴隶社会中的政治形式是专制主义政权，它与古希腊、罗马奴隶社会的奴隶主的民主制国家是不同的。[1]

五 东方国家奴隶制具有完整的内容结构与制度体系

从客观现实来看，东方奴隶制社会具有完整的内容结构与系统的制度体系。

首先，东方国有奴隶制具有自己特殊的完善的国家制度。雅典民主政治的基本特征是全体公民是统治者，参与政治，集体掌握国家最高权力；公民集体内部相对平等；法律至上。雅典民主是"成年男性公民当家作主"的政治制度，民主对妇女、外邦人、广大奴隶而言。第一，主权在民，平民政体。组成城邦国家的公民不论他们的出身、地位和职务有多么不同，在社会地位上都是平等的。除奴隶、外族人、被流放的人

---

[1] 参见孙健《中国奴隶制经济制度的特征》，《人文杂志》1986年第1期。

和妇女以外，全体公民直接管理国家。亚里士多德说："雅典平民政治的本质特征是平民群众必须具有最高权力；政事裁决于大多数人的意志；大多数人的意志就是正义。"雅典公民对官员和法律具有实际控制权，他们通过法院实现这一权力。法院是属于全体公民的。法院的任何成员，都向年满30岁以上的公民开放，总共有6000名陪审员，每年选举产生，然后抽签分派到各个法院行使职权。主权在民还表现为"轮番执政"。雅典政治向全体公民开放，官职不再受财富和门第限制。雅典人有这样一种观念：既然每个公民都是自由的，那么任何人就不应受他人统治，因此应当人人轮番当统治者和被统治者。第二，权力制约，官员罢免。公民以集会方式直接决定有关法律和政策的事务。城邦的每个自由人都是公民，公共事务由他们选举出来的执政官主持，由全体公民组成的公民大会议直接民主表决的方式决定城邦的重大事务。亚里士多德指出：一切政体都有三个要素：议事机能、行政机能、审判机能。在雅典人看来，在平等人民组成的城邦中，以一人高高凌驾于全邦人民之上，是不合乎自然的。如果某行政官权势太大，就可能危害国家，公民就以在每年举行一次的秘密投票中把他驱逐出境。第三，法律至上，法治国家。亚里士多德说，如果让一个个人来统治国家就在政治中混入了兽性的因素。雅典人认为，无视法律的专制政体是最坏的政体。雅典严格实行法治，绝禁人治。官员必须公正、依法从政，包括十大将军这样的高级官员，如果谋私触犯法律也要被流放、处死。第四，公民意识，民主参政。关心国家，参与政治，轮流执政，是雅典人心中神圣的事。公民的参与并不局限于集会，还包括积极参与城市的管理。每个公民可以通过抽签，担任一定的官职。可以通过公民大会、法庭等机构，亲自参加国家大事的管理。雅典，作为希腊诸城邦民主政体的典范，成为人类民主的发祥之地和人类民主思想的摇篮，对世界各国影响深远。相反，在东方国家则普遍实行专制主义政体。东方专制制度有六大特征：第一，公共工程，全能政府。在东方国家，大型公共工程成为经济社会生活的必要条件，由于文明程度太低，这些大型公共工程一般由政府承担。因此，东方国家具有全面控制经济与社会的职能，从而形成"国强民弱"的社会分工体系。在东方，政府总共有三个部门：财政、军事和公共工程。第二，专制统治，国主民权。由于国家承担大型公共工程，必然要求权力高度集中，权力集中导致君主专制和中央集权，全国人民无条件地服从君主

第九章 东方社会形态的特殊性质

统治,导致"率土之滨,莫非王臣",从而形成"国主民奴"的国家奴隶制的政治制度。第三,东方社会没有独立的立法机关与司法机构,专制君主的意志就是法律,言出法随,完全人治。第四,权力集中与君主专制导致"普天之下,莫非王土",生产资料完全国有,从而形成"国有民无"的所有制形式。第五,东方国家对一切重要经济部门与重要经济活动实行全面垄断与管制。第六,东方社会只有君主控制下的贵族与官僚阶级,没有独立的贵族阶级,更没有自由的平民阶级,没有任何社会的或中间的力量制约国家统治者的专制权力。当非国家的社会力量不能制约国家机构时,它就必然成为一个专制国家了;当国家机构的内部力量不能制约最高执政者,他就成为独裁者了。专制制度就是实行政治垄断、经济垄断与文化垄断的全面垄断的社会制度。俄罗斯共产党总书记久加诺夫指出,苏共垮台与苏联解体的根本原因在于它实行"三垄断制度",即垄断真理的文化制度、垄断权力的专制制度,垄断财产的经济制度。在东方专制制度下,一方面是极权,即不受限制的国家权力;另一方面是奴役,即无条件服从的社会公众。

其次,东方国有奴隶制具有自己特殊的完整的生产方式。根据马克思、恩格斯和许多东西方学者的观点,东方社会不同于西方社会的显著特征不仅在于它实行了一种不同于西方古代民主制度的东方专制主义政治制度,而且在原始社会生产方式之后没有产生西方社会那种以私有制为基础的生产方式,而是产生了以土地公有制为基础的亚细亚生产方式。对于这种"五种生产方式"之外的特殊生产方式,马克思、恩格斯和东西方学者给予了大量关注与较多论述。人们普遍认为:东方社会的亚细亚生产方式不同于西方社会生产方式,它不是私有经济、庄园经济与商品经济,它的显著特征在于:它是专制制度下的公有经济、小农经济与自然经济。然而,亚细亚生产方式与西方社会生产方式的本质区别是什么?换言之,亚细亚生产方式与西方社会生产方式存在许多重大差别的根本原因是什么?人们关注较少,鲜有论述。对此,笔者认为,正像东方奴隶制本质上是国家奴隶制一样,东方社会的亚细亚生产方式本质上是国家主义生产方式。换言之,东方社会形态之所以是国家奴隶制社会,其根源就在于东方社会的国家主义生产方式。东方专制制度不是作为生产资料私人所有者的奴隶主对其占有的若干奴隶的专制,不是封建领主对依附于他们的农奴的专制,也不是工厂主在他的私人法典里所实行的对雇佣工人的专制，而是国主即作为国家权力垄断者的君主对全国人民的专制。土地公有制，无论采取什么实现形式、占有方式与经营方式，归根结底是国家所有制，国家是最高地主。中国古代土地由国家即帝王所有，大大小小的贵族与官僚"地主"以及民间"地主"和"自耕农"只有土地具体使用权、直接占有权，而没有最终所有权。这完全是因为君主与国家政权极其强大、牢牢控制人民与土地的结果。虽有些学者竭力证明中国很早就出现了土地私有制，土地买卖盛行，但谁都无法否认"普天之下，莫非王土；率土之滨，莫非王臣"的基本制度及其巨大作用，无法否认皇帝及官府对土地的控制权、主要收益权和最终决定权。否则，便不能解释中国历史上抑豪强、抑兼并的反复展演，不能解释抄家、籍没的频繁发生。其效果都是"邑里无营利之家，野泽无兼并之民"。不论何人占有多少土地，只要王朝一道法令，都必须听任处置。侯外庐先生指出，以土地为主、以其他产业为副的国有财产形态，一直是中国古代社会的主要所有制形式。所有的土地都是皇帝及其国家的，无论任何人占有土地，皇帝及国家可以随时剥夺这些占有者的财产、土地甚至生命。所以，东方古代社会始终没有形成古代西方社会的那种"风能进，雨能进，国王不能进"的私有财产尤其土地的私人所有权。西方私人所有权的基本特征包括财产的绝对性、排他性与永久性。相比之下，古代东方人民从未获得对土地等财产的绝对性、排他性和永久性权利。东方国家的立法从未赋予私人对土地等财产享有"排斥其他一切人，只服从自己个人的意志"的权利。国家，只有国家，才是全部土地的所有者。东方社会之所以长期地、普遍地存在小农经济，小农之所以长期地、普遍地处于依附地位，归根结底是因为国家需要分散的、弱小的小农作为其奴役对象与剥削对象，作为其专制制度的社会基础。东方国家的小农不是西方的那种自由农民，而是隶属于国家、为国家所奴役与剥削的小农，是作为国家奴隶的小农。东方社会之所以长期实行自然经济而没有发展成为商品经济，主要是因为东方国家在土地等重要资源国有制的基础上，以创造更多使用价值以满足国家统治者与剥削者奢侈腐化生活需要为目的、以剩余产品形式占有劳动者的剩余劳动为基本的剥削形式。因此，亚细亚生产方式的本质特征在于：它是在国家专制制度下、以国有制为基础的小农经济与自然经济为基本特征的国家主义生产方式。

再次，东方国有奴隶制具有自己特殊的系统的生产关系。在西方社

第九章　东方社会形态的特殊性质

会中，私人奴隶制与封建主在自己的庄园里实行对奴隶与农奴的专制式管理，他们或者直接占有奴隶的全部劳动产品，或者对农奴实行无偿的劳役剥削。在东方国家里，作为奴隶主的国家，一方面对整个社会经济活动实行强制、管制式的集权管理；另一方面对农民与手工业者的日常生产经营活动不予干预，宏观上管住、管好，微观上放开、放活。在剥削方式方面，东方国家普遍对农民实行租税合一的残酷剥削，作为国家的奴隶，农民既要向国家缴纳田赋，还要为国家承担劳役。"国家体制式的社会生产关系其一切行为均具有普遍性，无远弗届，无时不在。国家体制式的社会生产关系具有普遍强暴性，其运作并不纯粹依靠经济原则，而是靠国家权力支撑，赖行政命令运筹。它的一切经济索求指标都是有求必取、取而必足，即所谓'朝令而暮得'。国家体制式的社会生产关系以追求国家财利最大化为目标，因而具有普遍掠夺性。在这个国家体制式的社会生产关系图式中，管理者皆为国家权力人。权力人的权力寻租成为普遍行为。权力转变为财富的原则乃万古不替之铁律。贪污、盗窃、贿赂、假公济私成为公开的国家制度。国家体制式的社会生产关系系统庞大，最易失控，自身缺乏有效免疫系统，一染病毒便极易造成全系统崩溃，产生体制性的周期震荡与倾颓颠覆，循环轮回不已。"[①]

最后，东方国家奴隶制具有自己特殊的阶级结构。所谓阶级，就是这样一些集团，由于它们在社会经济政治结构中所处的地位的不同，其中一个集团能够占有另一个集团的劳动。传统理论认为，与西方社会一样，东方古代社会的阶级结构也先是奴隶主阶级与奴隶阶级，后来转变为领主（地主）阶级与农奴（农民）阶级。然而，从东方古代社会的客观实际来看，并非如此。如上所述，在东方国家根本没有产生以土地私有制的奴隶主与封建主阶级，也没有作为"会说话的工具"的奴隶阶级和耕种领主分配份地的农奴阶级。东方国家一直只存在两大集团：一是以君主为首、以贵族集团或官僚集团为主体的国家统治阶级——"国主阶级"；二是以作为国家奴隶的广大人民为主体的被统治阶级——"国奴阶级"。其中，国主阶级先是凭借其国家权力占有全部生产资料，后是凭借其占有的生产资料占有"国奴阶级"的剩余劳动。"亚细亚社会的经济

[①] 张金光：《关于中国古代（周至清）社会形态问题的新思维》，《文史哲》2010年第5期。

基础产生了它特有的阶级结构，即士、农、工、商。以皇帝为首领的官僚和以村社为基础的农民构成主要阶级。"[1] "研究中国历史，传统的方法总是企图在一个社会平面中寻求基础关系社会坐标中轴线。我称之为平面坐标体系。这个社会体系是从民间寻求社会生产关系中的剥削关系及被剥削阶级。其路径必然是拿着显微镜去找奴隶或农奴。这种关系找到之后，就让它来决定其上层建筑、国家形态，国家就代表那个主导阶级，于是就认定为某种社会。在这个社会坐标体系中，国家只不过是一种上层建筑，它只是为基础服务，于是国家跟社会，官跟民之间成了一种间接关系，一种次要的关系，国家的面目必须通过民间阶级关系才能折射出来。此并不符合中国的历史实际。现在必须另辟蹊径。我采取另一种新的社会历史坐标体系，以之来观察、认知、分析和解释中国古代社会历史。这个社会形态新坐标体系的特点是：由传统的二维关系调整为三维关系，由平面关系调整为立体关系，由左右关系调整为上下关系，横向关系调整为纵向关系，民间关系调整为官民关系，由社会间关系调整为国家对社会间关系。官民关系，国家与社会的关系，构成新坐标体系的中轴线，民间、社会、国家、民族其盛衰荣辱皆赖之，是其同一个原因。二维构成平面，三维构成立体，社会是立体的，而不是平面化的。传统的方法恰恰略去了国家权力这个在中国社会历史中最重要的、决定性的维度。在中国历史上，国家权力这一维度是维中之维，纲中之纲，国家权力决定一切，支配一切。在中国不是民间社会决定国家，而是国家权力塑造社会，国家权力、意志、体制支配、决定社会面貌，应以国家与社会间的关系，简言之曰官民对立关系来观察、认知、表达、叙述中国古代社会历史。如此才能说明中国古代社会历史的本质属性。我们必须确立如下观点：官民二元对立是中国古代社会阶级结构的基本格局。它不仅是中国古代官社经济体制下的社会阶级结构的基本格局，而且是此后数千年中国社会之社会阶级结构坐标中轴线。官民之间，除政治上统治与被统治的关系之外，还是一种经济关系，是剥削与被剥削的关系，也就是说，它是以土地国有制、国家权力、政治统治为基础建立起来的社会生产关系。这种生产关系是国家体制式社会生产关系或曰权力型社

---

[1] 钱宪民：《中国古代社会结构的亚细亚特征：传统文化的基础》，《探索与争鸣》1992年第6期。

第九章　东方社会形态的特殊性质

会生产关系。这种生产关系比之民间社会的任何经济关系都具有无与伦比的稳定性、凝固性、恶劣性、暴力性。这一对生产关系，在时、空两个维度上比之民间的任何生产关系都具有无与伦比的广泛性和普遍意义，此乃是中国社会的历史基因。三千年间，这一生产关系总是以不同形式重塑着中国社会历史，万变而不离其宗。"①

因此，东方国家存在的阶级结构，不是以私有制为基础、以民间的奴役与剥削关系为主要特征的阶级结构，而是以国有制为基础、以国王以及国家对人民的奴役与剥削为基本特征的阶级结构，即以君主为首的国家统治阶级和作为国家奴隶的广大人民，前者可称为"国主阶级"，后者可称为"国奴阶级"。从其产生条件与划分标准来看，东方国家的国主阶级与国奴阶级，是以专制的国家制度与土地国有制为基础、以国家主权者对广大人民的奴役与剥削为基本标志的两大对立阶级。从其存在形式来看，东方国家的国主阶级表现为以君主为首的贵族阶级或官僚阶级。与西方社会剥削阶级相比，东方国家奴隶主阶级的显著特征有三：（1）从其来源看，东方国主阶级所赖以形成的基本前提与主要条件不是对经济资源的垄断而是对国家权力的垄断。或者说，它对生产资料的所有权不是来自其经济行为与经济权利，而是来自其政治行为与政治权力。（2）从其性质看，东方国主阶级本质上不是拥有生产资料私人所有权的"资产阶级"，而是拥有国家权力的"权力阶级"。（3）从其历史地位看，东方国主阶级是五千年来东方社会唯一的剥削阶级，东方社会根本没有像西方社会那样从奴隶社会发展为封建社会，再由封建社会发展为资本主义社会，因而东方国家的剥削阶级也就根本没有像西方社会那样从奴隶主阶级转变为封建主阶级，再由封建主阶级转变为资产阶级。因此，那种认为中国在战国、秦汉以后新兴地主阶级代替奴隶主阶级而成为新的剥削阶级与统治阶级的观点是完全错误的。我国著名思想家顾准先生明确指出："我国古代和任何东方国家，阶级和阶级斗争是存在着的，而且是十分深刻的。然而专制主义政治有一点显然完全不同于城邦政治：那里不许可社会的各个阶层组成为政治上的各个阶级，那里没有以其政纲体现与代表不同阶级的利益的政党或政派。专制主义政体自以为'抚

---

① 张金光：《关于中国古代（周至清）社会形态问题的新思维》，《文史哲》2010 年第 5 期。

民如抚赤子',亦即一切阶级无论其利害如何不同,均被视为皇帝的子民,皇帝自命为一视同仁地照顾他们的利益,不许结党,不许发表不同于皇帝的政见,不许干预皇帝的施政。事实上,皇朝一方面残酷地剥削人民,成为人民利益的最大的敌对者,一方面,皇帝的庞大的官僚机构又每日每时在产生出来新的贵族阶级,帮助皇帝剥削与统治。这样,皇朝政权机器官僚机构自己处于敌对阶级中的一方,而又讳言阶级,严禁结党,阶级斗争就只好采取骚动、暴动、农民战争和皇朝更迭的形态。在这种状况下,阶级政治的城邦制度的一切现象当然不会出现,皇朝政权也就决不是什么凌驾于敌对诸阶级之上,不使各阶级之间胜负不决的斗争弄到两败俱伤,使社会得以持续下去的一切暂时现象了。"①

如果说,东方社会的剥削阶级曾经发生了什么变化,那也只是在特定历史条件下东方国主阶级存在形式的变化,而绝不是由国主阶级转变为其他的剥削阶级与统治阶级。20世纪50年代,前南斯拉夫副总统吉拉斯在《新阶级》("对共产主义制度的分析")一书中,把苏联等国家拥有政治经济特权而奴役与剥削人民的党政官僚集团称为"新阶级",认为官僚阶级是一个不同于以往剥削阶级的新的剥削阶级。在资本主义不发达、工业化程度很低,按马克思的理论不具备实行社会主义的俄国,在列宁的领导下,用暴力推翻了刚刚建立的资产阶级政府,建立了苏维埃制度。从落后国家蜕化出来的"社会主义",急于推行工业化,必然要求集中一切资源。于是,新政权把工业财产及土地收归国有,不仅资本家甚至手工业者、小商人和农民的财产也不能幸免。新阶级出现于列宁时代,在斯大林时期成熟。新阶级既可任意支配和拥有全国的财富,又不用为这些财产负责,使他们挥霍起来更加肆无忌惮。这个新阶级虽然像资产阶级一样贪婪,但它并无资产阶级所具有的朴素和节俭的美德;这个新阶级像贵族阶级一样排斥异己,但它没有贵族阶级的文明教养和骑士风格。根据吉拉斯的论述,结合苏联等共产国家的客观实际,我们可以清楚地看到:这个新阶级是官僚化的剥削阶级而不是平民化的剥削阶级。这个新阶级之所以形成并作为一个阶级,主要在于它所处的特殊地位及其与其他阶级之间的特殊关系。首先,这个新阶级的主体垄断了国

---

① 顾准:《雅典民主的确立与城邦制度的最后完成》,载《顾准文集》,中国市场出版社2007年版,第110页。

第九章 东方社会形态的特殊性质

家权力；其次，官僚统治集团凭借其国家权力以各种方式剥夺了全体人民的生产资料占有权，以"国家"和"集体"名义成为全部生产资料的所有者；最后，官僚统治集团凭借其生产资料所有权而成为生产过程的管理者与指挥者，拥有生产过程的分配权与生产成果的分配权，对广大劳动者进行奴役与剥削，从而成为新的剥削阶级。

吉拉斯的"新阶级"理论的科学价值在于：一是他运用马克思主义经济学的方法，从生产资料所有制入手，根据人们对生产资料的关系和人们在生产过程中所处的地位及其相互关系来分析苏联党的官僚集团即政治官僚集团作为新的统治阶级与剥削阶级的本质。二是他看到并分析了这个新阶级产生的来源、运用其所有权进行奴役与剥削的特殊方式，指出新阶级不同于旧阶级的鲜明特征在于它是通过掌握国家权力而获得与行使生产资料所有权的。吉拉斯的"新阶级"理论的政治意义在于：新阶级理论彻底揭开了新型官僚阶级的假面具，使人们认清了它的真面目，揭示了现代官僚阶级的本质。然而，吉拉斯把东方官僚阶级同西方社会的剥削阶级联系在一起，把它看作是在贵族阶级、资产阶级等以往旧阶级之后产生的"新阶级"，这完全是一个误解。其实，东方国家的官僚阶级绝不是什么"新阶级"，而是业已存在几千年的"旧阶级"，它不仅是先于西方社会奴隶主阶级、封建贵族阶级与资产阶级而出现的剥削阶级与统治阶级，而且在五千年的漫长历史中在印度、中国与俄国等广大东方国家长期存在因而成为人类社会历史最长、资格最老的剥削阶级。以苏联特权阶层为代表的官僚阶级，充其量只是历史上东方社会以官僚集团为主体的国家奴隶主阶级在新的历史条件下以新的存在形式的再现。因此，如果说这个官僚阶级是"新阶级"，充其量只是东方社会历史上古老的官僚阶级的再生形式。苏联解体，是因为它违反了人民的意志，因为国家垄断了政治、垄断了经济、垄断了真理。政治上，苏联挂着无产阶级民主的招牌，实际上，无产阶级和人民既无权选举国家领导者，也无权监督国家领导者。苏联官僚集团牢牢地控制了从中央到地方的每一分权力，人民只能乖乖地劳动，做一个任由领导摆布的顺民。而官僚却拥有各种特权，如不受人民监督，有豪华别墅，有特供商品，他们贪污受贿，欺压百姓，个人财产不用公示于众，他们只要对上级负责，不需对人民负责，他们不了解人民的疾苦，不关心人民的生活，高高在上，过着养尊处优的生活。

这样看来，东方社会的主要矛盾根本不是什么"奴隶主阶级"与"奴隶阶级"、"地主阶级"与"农民阶级"的矛盾，而是国主阶级与国奴阶级的矛盾，即"官民矛盾"。因此，东方社会根本没有什么拥有土地并掌握国家政权的"地主阶级"，所谓"地主"至多只是土地的占有者而不是土地的所有者。国家，只有国家，才是全部土地的所有者。如果说东方社会真的有奴隶主阶级，那么这个奴隶主阶级不是别人，而是作为垄断国家权力的君主与贵族、官僚集团的权贵阶级。"亚细亚阶级结构有别于其它结构。"[1] "国家官员、官僚、官吏、军人——这些人构成了亚细亚制度的真正特权阶级。"[2] 作为国家统治阶级，国主阶级或权贵阶级不仅是东方社会的统治阶级与剥削阶级，而且是阻碍生产力发展、阻碍历史前进的腐朽阶级。

综上所述，在原始社会解体后东西方都进入了奴隶制社会，都是以阶级剥削与阶级统治为基本特征的阶级社会。然而，东方的奴隶社会不同于西方的奴隶社会，东方奴隶制不仅具有同西方奴隶制不同的社会性质，而且具有与西方奴隶社会不同的历史地位。东方国家的社会历史不是按照西方社会"五种生产方式"的模式发展的，东方奴隶社会是按照自己特殊的路径演进的。东方奴隶社会始终没有转变为封建社会与资本主义社会，而国家奴隶制社会成为东方国家唯一的社会形态。就其实质来说，东方社会是以亚细亚生产方式为基础的国家奴隶制社会。

六　国家奴隶制社会是东方自古以来唯一的社会形态

东方奴隶社会与西方奴隶社会的最大区别，就是西方奴隶社会不仅创造了灿烂的物质文明与文化成果，而且还由此发展为封建社会、资本主义社会，创造了先进的工业文明。反观东方，在几千年的漫长时间里始终没有从奴隶制继续前进，没有进入封建社会，更没有进入资本主义社会。首先，以君主专制为核心的东方专制主义制度几千年来在东方国

---

[1] ［意］翁贝托·梅洛蒂：《马克思与第三世界》，商务印书馆1981年版，第71页。
[2] 同上书，第72页。

第九章 东方社会形态的特殊性质

家一直存在。无论是在印度、中国、俄国还是在其他绝大多数东方国家不仅始终没有废除君主专制制度，而且使这种东方专制主义制度得到不断强化。在东方国家。一直没有产生新兴的封建主阶级，更没有出现封建主阶级发动革命推翻以君主专制、中央集权与官僚制度为特征的专制制度而建立以封土建国、领主制度为特征的封建制度。甚至到了现代，中国、朝鲜与越南等东方国家还在延续与强化以君主专制、中央集权与官僚制度为特征的东方专制制度。其次，以土地国有制、国家经济垄断与行政管制为特征的东方奴隶制经济制度几千年来在东方国家一直存在。关于中国及东方土地所有制性质问题，一些人认为在中国自夏商至春秋时期实行的是土地国有制，但自战国、秦汉以来国有制瓦解了、私有制形成并发展起来。在几千年里，东方专制国家不仅始终承担大型水利工程，而且对盐、铁与主要手工业等重要经济部门一直实行垄断经营。最后，以人身占有、被强制、奴役与剥削为特征的依附性小农经济几千年来在东方国家一直存在。东方国家在原始社会解体后原始性小农经济并没有成为独立的自由自耕农小农经济，也没有在土地私有制基础上通过小农两极分化而产生奴隶制经济，而是在土地国有制的基础上发展成为依附于国家的小农经济，即古典型国家依附性小农经济。这是一种不同于西方古典古代小农经济的特殊的小农经济。东方国家的小农不同于西方古典古代农业劳动者，他们既不是西方那样的奴隶也不是自由民，而是依附于国家、类似于古罗马"隶农"那样的依附性农民，属于东方特色的奴隶。作为东方国家小农经济的次生形态，这种国家奴隶制小农经济在东方社会几千年的历史不仅一直存在，而且其规模越来越大。例如，在中国几千年的历史进程中，国家奴隶制小农经济先后采取了以"井田制"下耕种份地的小农经济、"占田制"与"均田制"下国家授田的小农经济、"租田制"下"佃农"的小农经济与"自耕农"小农经济等多种历史形态。无论在哪种小农经济形式下，耕种土地的个体农民始终是君主与国家所拥有并奴役的"子民"，始终要以"租税合一"与"以租代税"等各种方式和不同形式向国家缴纳"皇粮国税"，并为国家无偿地承担各种繁重的劳役。一句话，几千年来东方国家的依附性小农一直存在，东方国家的依附性小农一直是国家的奴隶。

苏联与中国有些人照搬西方社会发展历史模式，把东方国家社会历史发展进程也纳入"五种生产方式"的模子里去，认为东方社会在历史上也从奴隶社会转变为封建社会。例如，传统社会主义历史学、经济学一致认为中国在战国时期开始从奴隶社会向封建社会转变，其主要标志有二：其一，新兴地主阶级发展起来并开始夺取与掌握国家权力，推行变法运动，废除奴隶主贵族特权，建立地主阶级专政的国家制度。其二，在经济上废除以井田制为代表的奴隶主阶级的国家所有制，建立地主阶级的土地私有制。实际上，客观事实绝不是这样的。从政治上来说，商鞅变法不仅没有削弱与废除君主专制制度，而且进一步强化了这种专制制度。商鞅变法的主要内容是废分封、行郡县，实行中央集权的制度，废除了诸侯等贵族所拥有的行政权、军事权与土地占有权、收益权等特权。在土地制度上，中国中古时代不存在领主所有制、庄园制与农奴制等封建经济制度。国有制否定论与私有制主体论者的主要事实依据，一是战国时期以鲁国为代表实行"初税亩"，规定不论公田、私田，一律按亩而税，这表明各国已经放弃土地国有的井田制，承认了土地私有制。二是战国时期商鞅变法，"改帝王之制，除井田，民得买卖"，这标志着占统治地位的井田制宣告结束，土地私有制已经形成。三是公元前216年秦政府颁布命令："使黔首自实田"，私有土地得到了封建政权的确认和保护。实际上，这些改革措施只是国家行使土地所有权具体形式的变化，即由公社占有、国家占有方式转变为私人占有方式，国家由直接控制土地分配转变为最终收取土地赋税。换言之，国家"不对土地的占有进行制度安排，而只是通过实行履亩而税，来确定国家对土地的所有权"。[①]实际上，这些改革措施只是土地国有制实现形式的改变，而绝不是土地国有制基本性质的改变。战国秦汉以来，由于各种原因产生了占有较多土地的"地主"，但地主只拥有占有权而不拥有土地所有权，只有国家才是真正的地主。这是因为：（1）地主的主要成员是作为王侯将相及地方官员的官僚地主，官僚地主占有土地的数目远比一般的庶族地主多，他们由于拥有各种特权而通过非经济途径攫取田产。因此，地主阶层的形成主要是国家权力分配的产物，并非社会经济发展的结果。就身份而言，官僚地主只是国家王权的奴才，而不是独立于国家权力之外的经济主体；就其权利内容而言，官僚地主在国家机构的政治地位是最重要的，土地经济剥削只是其官位的附加值，土地等私人财产得不到法律的有效保护。

[①] 程念祺：《论中国古代土地国有制基础的不稳定性》，《史林》1998年第2期。

第九章 东方社会形态的特殊性质

因此,官僚地主并不是土地私有者,其土地权利只是占有权而不是所有权;就社会地位而言,官僚地主只是依附于君主的国家官僚阶级的成员,而不是独立的土地所有者阶级。(2)至于占有一定土地的庶族地主,他们也是皇帝的"臣民",由于没有政治地位与权势,庶族地主所占有的土地更没有保障,很容易为国家所剥夺或为官僚地主所兼并。因此,庶族地主也难以构成一个拥有土地所有权的私有者阶级。(3)所有的"地主"都不是封土建国的封建领主,他们既没有独立的行政权、司法权与土地所有权,也没有建立领主庄园、驱使农奴为其提供劳役。无论是官僚地主还是庶族地主,都不是像欧洲封建领主那样的独立政治主体与土地所有者。因此,中国中古时代并不存在像在欧洲封建主那样的领主阶级,其土地所有制也不是封建所有制,而是国家所有制。以皇帝为首的国家是生产条件(土地与劳动者)的所有者,依附农民是直接生产者。劳动者与土地等生产资料的结合既不是以封建领主为中介,也不是以"地主"为中介,而是以国家为中介而结合起来的。用官僚与富人占有土地的事实来说明中国中古时代存在一个地主阶级,并把其说成为"封建地主阶级",以此来说明中国中古时代的社会形态是封建社会的观点,无疑是一种张冠李戴、牵强附会的观点。再从劳动者方面来看,战国秦汉以来实际耕种土地的农民也不是分得一小块"份地"并在领主庄园进行集体劳动的农奴,而是耕种国家授田或地主租田的个体小农。那种把国家授田制与地主租佃制下的小农等同于依附于封建领主的农奴的观点,也有一种是李代桃僵、十分荒谬的理论。战国、秦汉以来中国社会的阶级结构不是封建领主(地主)与农奴(农民)以及自由自耕农三大阶级,而仍然是作为国家主人的官僚阶级与作为国家奴隶的依附农民两大阶级,所谓"地主"要么是作为国家官僚阶级的成员的官僚地主,要么是作为依附农民阶级成员的庶族地主。东方社会根本不存在拥有土地私有权的独立的地主阶级,更没有掌握国家政权而作为统治阶级的地主阶级。中国中古社会的主要矛盾,不是领主(地主)与农奴(农民)之间的矛盾,而仍然是国家官僚阶级与依附农民阶级之间的矛盾。

因此,以商鞅变法为代表的变法运动绝不是从奴隶制度转向封建制度的"革命运动",而是分封制的国家奴隶制转向中央集权制的国家奴隶制的"集权运动"。

"商鞅变法仅仅是一场在奴隶制度内部进行的改革运动,它不仅没有废除秦国的奴隶制度,反而是充分利用奴隶制度,把秦国的奴隶制度推进到了一个新阶段。""商鞅变法就决非是一场旨在否定奴隶制,而是一场将秦国的奴隶制推进到一个崭新阶段的革新运动。"[1] 作为商鞅变法的胜利成果,秦朝大一统专制制度绝不是封建制度而是典型的国家奴隶制度,是带有残暴血腥和恐怖等浓郁东方特色的奴隶制度。汉承秦制,后承汉制。自秦汉以来,中国所实行的社会制度一直是秦朝所确立的专制制度。谭嗣同分析了中国社会历史的最大奥秘在于"秦制"二字,自秦汉以降,中国"两千年皆秦制"。这就是说,中古时代以来中国社会制度的基本框架是秦朝所确立的。两千多年来,尽管不停地改朝换代,实际上是换汤不换药,自秦以后各个王朝都不过是秦朝的翻版与再现。从上层建筑看,始终是君主专制的国家制度;从经济基础看,始终是国家控制下的小农经济与自然经济。在上百次的农民起义与激烈的社会动荡中,以秦制为代表的东方奴隶制不仅始终存在,而且不断发展、不断强化,不断升级,到明清时期中国古代的东方奴隶制达到了顶峰。

从总体上看,几千年来,东方社会根本没有像西方社会那样经历了不同社会形态的社会变革与历史进步,而是始终停滞于奴隶制社会,奴隶社会成为东方国家唯一的社会形态。这正是东方尽管是人类文明的发源地而后来长期处于落后状态的根本原因,同时也是中国近代没有实现工业化、至今仍然没有成为现代国家的根本原因。简言之,奴隶创造不了历史,历史也不是奴隶主创造的。因此,从其本质上看东方奴隶制几千年来一直存在着,从其过程上看东方奴隶制表现为王朝更替、循环往复的运动规律。

七 东方国家奴隶社会采取了多种不同的历史形式

作为奴隶制度,东方的奴隶制与西方古代奴隶制在本质上是相同的,但是在形式上,两者却完全不同。中国的奴隶制属于古代东方奴隶制类型,它具有与西方希腊罗马奴隶制完全不同的特征。

---

[1] 于琨奇:《商鞅变法性质之再探讨》,《安徽师范大学学报》1984年第3期。

第九章 东方社会形态的特殊性质

以中国为例,东方国家奴隶社会先后采取了两种基本形式:王国奴隶社会与帝国奴隶社会。所谓王国奴隶社会,就是以国王为代表、以王国的国家形态为载体的奴隶社会;所谓帝国奴隶社会,就是以皇帝为代表、以帝国的国家形态为载体的奴隶社会。前者如夏商周三朝的上古国家奴隶制社会,后者为战国、秦汉的中古时代至近现代的国家奴隶制社会。王国奴隶社会与帝国奴隶社会的共同点在于二者都是以君主专制为核心、以国家所有制为基础的国家奴隶制。二者的主要区别有四:一是君主专制权力状况不同。在王国奴隶社会,国王的专制权力不仅其强度与力度相对较弱,而且还要为诸侯等封侯分权,君主只掌握中央政府的权力,地方权力则由诸侯等封侯按封地分别掌握。在帝国奴隶社会,国王的专制权力不仅其强度与力度很强,而且还不存在任何分权,君主全面掌握了从中央到地方的一切国家权力。二是国家体制不同。在王国奴隶社会,采取分封制的国家"联邦式"国家结构;在帝国奴隶社会,采取了中央集权的"极权式"的国家结构。三是广大人民的奴隶地位与受奴役程度不同。在王国奴隶社会,广大人民尚有一定自由空间,特别是西周"国人"中的广大劳动者尚有一定政治权利;在帝国奴隶社会,广大人民在经济、政治与文化等各方面完全丧失了任何自由与权利,彻底地成为皇帝及国家的奴隶。四是国家领土范围与人民数量不同。在王国奴隶社会,国家规模一般较小,"小国寡民"是其主要特点;在帝国奴隶社会,国家规模很大,"地广民众"其主要特点。从秦始皇的大秦帝国开始,中国的帝国奴隶制社会一直存在,先后采取了三种不同的历史形态:一是以皇帝家族统治为基本特征的家国型帝国奴隶制社会,从大秦帝国到大清帝国莫不如此;二是以大军阀势力统治为基本特征的军国型帝国奴隶制社会,历史上大军阀与清末民初以袁世凯为代表的北洋军阀政府就是如此;三是以政党统治为基本特征的党国型帝国奴隶制社会,如1927—1949年现代中国以蒋介石为代表的"民国政府"。作为帝国型国家奴隶制的具体形式,三者在本质上是完全相同的,但在形式上则有明显区别。三者的主要区别有二:一是皇帝的主体不同。在家国型帝国体制中,皇帝是皇族的最大家长;在军国型帝国体制中,皇帝是军阀中最大的军头;在党国型帝国体制中,皇帝是政党中最高的党魁。二是表现形式不同。在家国型帝国体制与军国型帝国体制中,君主专制与帝国性质采取公开的、赤裸裸的形式;在党国型帝国体制中,君主专制与帝国性质采取虚伪与欺骗性的隐蔽形式。

从人类社会总体来看，文明社会形态分为两大基本类型：奴隶社会（东西方奴隶社会）与自由社会（西方资本主义社会）。至于封建社会只是介于二者的中间形态即半奴隶半自由社会，或者说是从奴隶社会向自由社会转变的过渡形态，因而不能成为一种独立的社会形态。人类的奴隶社会分为西方私人奴隶社会与东方国家奴隶社会两种形态。从中国、亚洲与东方社会来看，国家奴隶制社会分为王国奴隶制社会与帝国奴隶制社会两种类型；帝国奴隶制社会分为家国型帝国奴隶社会、军国型帝国奴隶社会与党国型帝国奴隶社会三个亚种。其中，王国奴隶制是国家奴隶制社会的原生形式，家国型的帝国奴隶制社会是国家奴隶制社会的次生形式，军国型的帝国奴隶制社会是国家奴隶制社会的继生形式，党国型的帝国奴隶制社会是国家奴隶制社会的再生形式。夏商周三代的上古社会是中国国家奴隶制社会的形成时期与初级阶段，秦汉至明清的中古社会是中国国家奴隶制的确立时期与发展阶段；清末民初的近代社会是中国国家奴隶制社会的转换时期与过渡阶段；"民国"社会是中国国家奴隶制社会的再生时期与高级阶段。因此，中国自古以来没有什么封建社会、半殖民地半封建社会，只有奴隶社会，并且是国家奴隶制社会。所谓"五种生产方式"理论根本不适合中国及东方社会历史的客观实际。东方社会的历史演变，先是从国家奴隶制社会的初级形式转变为其高级形式，后是从帝国型国家奴隶社会的公开形式转变为其隐蔽形式。

八　本书研究所依据的是马克思主义的立场、观点与方法

从总体上说，本书对东方奴隶社会的研究是运用马克思主义的立场、观点与方法进行分析的，本书所建立的理论是基于马克思东方社会学说的国家奴隶制理论，即"马奴论"。

首先，从立场方面来说，本书是站在马克思主义立场上研究东方社会性质与历史发展的。马克思、恩格斯在《共产党宣言》中明确提出：未来新社会是"自由人联合体"："代替那存在着阶级和阶级对立的资产阶级旧社会的，将是这样一个联合体，在那里，每个人的自由发展是一

第九章 东方社会形态的特殊性质

切人的自由发展的条件。"① 马克思在《资本论》中明确指出：未来社会主义社会是一个以人的自由、全面发展为基本原则的社会形式。个人的自由与全面发展是社会主义社会区别于剥削阶级社会的本质特征。要实现人的自由与全面发展、建立自由人联合体，就必须消灭对人的奴役、消灭奴役制度。马克思、恩格斯指出，在西方人类文明产生以来存在三大奴役形式：奴隶制、农奴制与雇佣劳动制。在东方国家，奴隶制既是第一种奴役形式，也是唯一的一种奴役形式。奴隶的本质特征就是人身被占有、受奴役而不自由的人，奴隶制度的本质特征就在于它存在人身占有关系、强制与不自由的社会制度。正是根据这一标准，本书确认：东方国家存在人身占有关系，而被奴役的依附性个体农民属于奴隶的范畴，东方古代社会制度是属于奴隶制范畴，东方奴隶社会是国家奴隶制社会；以苏联体制为代表的官僚制度在本质上仍然是东方国家奴隶制，在形式上是东方国家奴隶制在新的历史条件下的再生形态，苏联体制中的统治阶级就是现代奴隶社会的统治阶级。

其次，从观点方面来说，本书对东方奴隶制的分析主要是以马克思、恩格斯关于东方社会的科学论述为理论依据的。包括东方国家的特殊的地理环境与低下的文明程度理论，东方国家政府承担灌溉等大型公共工程的职能的理论，东方社会不存在土地私有制、国家是最高地主的理论，村社制度是专制主义的社会基础的理论，以及小农分散性、软弱性与保守性理论，等等。

最后，从方法方面来说，本书运用了马克思主义经济学研究方法：

其一，逻辑与历史相结合的方法。其中，逻辑的方法是指特殊与一般个性与共性相结合的方法。历史的方法，是指从历史发展的客观事实出发，历史进程从哪里开始，思维进程就从哪里开始，以东方国家历史发展的客观事实作为分析和探究东方社会问题的总依据，这既是东方社会研究的根本立足点，也是东方社会理论的现实根基。本书研究的进程是：首先，从概念与现象形态上把东方社会与西方社会区分开来，克服西方中心主义倾向，确认东方社会是一种不同于西方社会的特殊社会形态；其次，从起源与本质上把东方社会与西方社会联系起来，摒弃东方特殊主义倾向，确认东方古代社会是奴隶社会；再次，在根本特征及其

---

① 《马克思恩格斯选集》第 1 卷，人民出版社 1995 年版，第 294 页。

各个主要方面把东方奴隶社会与西方奴隶社会区别开来，克服照抄西方奴隶社会模式的教条主义倾向，确定东方奴隶社会的固有特征；最后，从历史发展的演进路径与社会形态的具体内容上厘清东西方奴隶社会的来龙去脉，梳理东方国家奴隶制度的内容结构，确立关于东方奴隶社会的理论体系。

其二，从具体到抽象，再从抽象到具体的方法。马克思在《〈政治经济学批判〉导言》中，对政治经济学的思维方式与研究方法作了科学的总结，指出存在着相互衔接的"两条道路"："在第一条道路上，完整的表象蒸发为抽象的规定；在第二条道路上，抽象的规定在思维行程中导致具体的再现。"第一条道路上的方法是：抽象、分析、比较、分类和归纳；第二条道路上的方法是：演绎和综合。两条道路转折点上的方法是：类比、模型、直觉、顿悟和假说。具体说来，本书首先从具体上升到抽象，即首先从东方社会混沌的整体的表象出发，由此发现东方社会与西方社会在现象上的主要区别，经过分析与过滤等科学抽象之后，得到关于东方社会的奴隶制性质及国家奴隶制的本质特征这一简单的抽象规定；然后，思维行程又得从那里回过头来，从抽象到具体，经过综合，从东方社会本质特征的抽象规定上升到东方奴隶社会的具体规定，阐明东方奴隶社会的基本特征、主要内容、运动规律与具体形式，从而回到东方奴隶社会的新的"具体"。但是，这个具体已经不是东方社会混沌整体的"具体"，而是一个具有许多规定和关系的丰富的东方国家奴隶制社会的"具体"了。

九　结　论

长期以来，中国政治经济学与历史学一直在分别地做着两件事情：政治经济学"闭门造车"：脱离东方及中国社会历史的客观实际，在"人类社会发展一般规律"的名义下照搬马克思、恩格斯关于欧洲社会发展进程的具体结论、沿袭斯大林"五种生产方式"理论，制造出"五种社会形态依次递进"这个公式并把它神圣化，使之成为毋庸置疑和不容批评的金科玉律。历史学则"削足适履"：拿着显微镜在中国及东方社会历史发展过程中寻找奴隶制与封建制的因素，竭力曲解中国、亚洲及东方

第九章　东方社会形态的特殊性质

社会历史，硬是把它们塞进"五种社会形态"这个教条化、神圣化的公式的框架中来。这些错误做法既妨碍了对马克思唯物史观的创新发展，也阻碍了对亚洲及东方社会形态与历史发展规律的科学研究。因此，要实现马克思唯物史观的科学继承与创新发展，就必须努力发掘马克思、恩格斯关于亚洲及东方社会历史发展规律的科学论断，认真研究亚洲及东方社会发展的历史过程，在此基础上科学地阐明亚洲及东方国家的社会性质与历史发展规律，有效地推进唯物史观的理论创新，全面地确立亚洲及东方国家社会发展规律的创新理论，构建唯物史观的崭新形态——"东方史观"。

本书对东方社会进行研究的目的，旨在回答有关东方社会的三大基本问题：其一，古代东方社会的性质是什么？它是不是奴隶社会？其二，东方奴隶社会是不是"五种生产方式"发展系列中的一个阶段？是不是同西方古代社会完全相同的奴隶社会？其三，东方奴隶社会的本质特征是什么？它的历史地位如何？从总体上，本书研究得出基本结论：东方古代社会虽然不是古希腊、罗马那样的奴隶社会，但它仍然属于奴隶社会的历史范畴，东方古代社会不仅是奴隶社会，而且是人人皆奴、长期为奴的普遍奴隶制社会和永久奴隶制社会。从其实质来看，这种普遍奴隶制与永久奴隶制就是国家奴隶制。因此，自原始社会解体以来东方社会是国家奴隶社会；尽管东方国家奴隶社会采取了多种不同的存在形式，但其国家奴隶制的性质始终未变。具体来说，本书提出了10个主要判断与基本论点，即关于东方社会性质及特征的"十奴论"：

（1）东方社会性质论——东方社会属于奴隶制社会，即"东奴论"。奴隶社会是人类社会发展的必经阶段，是从原始社会进入文明社会后共同的社会形态。与西方社会一样东方古代社会也是奴隶社会，从原始社会进入奴隶社会是人类社会发展的一般规律。

（2）东方奴隶制特征论——东方社会是马克思所说的普遍奴隶制，即"普奴论"。东方奴隶制的一个显著特征在于它不是只有一部分人沦为奴隶，而是"人皆为奴"的普遍奴隶制，东方国家既没有公民或自由民的法律概念，也没有平民与奴隶的区分，广大农民尽管不是欧洲那样的狭义奴隶但也绝不是公民或自由民，没有取得法律上与经济的独立地位，而是处于一种普遍的奴役状态。

（3）东方奴隶制本质论——东方奴隶制是国家奴隶制，即"国奴论"。东方奴隶制不是一部分奴隶对奴隶主个人的依附关系，而是所有的个人对国家的依附关系，即一切臣民对专制君主的依附关系，这是一种特殊的奴隶制——国家奴隶制。东西方奴隶社会的根本区别在于：西方奴隶社会是以私有制为基础、以私人占有奴隶为核心的私人奴隶制社会；东方奴隶社会则是以国家权力为基础、以国家占有奴隶为核心的国家奴隶制社会，东方奴隶社会是国家奴隶社会。

（4）东方社会奴隶主体论——东方奴隶是小农式奴隶，即"农奴论"。东方社会的奴隶阶级主要不是由完全为他人占有、完全不自由的狭义奴隶所构成，而是由隶属于国家而为国家所奴役的依附性小农构成，遭受奴隶制奴役与剥削的农民构成直接生产者和奴隶阶级的主体。

（5）东方奴隶社会组织论——东方是村社奴隶制社会，即"社奴论"。东方国家通过公社等村社组织这个中介环节把土地、财产与生产成果的所有权、控制权与分配权完全操在国家手里，而且把广大农民完全控制在自己手中。从表面上说，农民是公社或村社的附庸；从实质上说，广大农民是国家的奴隶。这充分表明，东方奴隶制是一种村社奴隶制，或者说以村社为中介的间接的国家奴隶制。

（6）东方奴隶制表现形式论——东方奴隶制是温和奴隶制，即"温奴论"。东方奴隶制的一个显著特征是"仁慈的形式和暴虐的实质"。东方专制统治者总是把他们的政权描述为仁慈的政权，极力制造一种"仁慈神话"。这表明东方奴隶制不是赤裸裸的残酷奴役，而是充满温情的柔性奴役，使东方奴隶制成为一种温和的奴隶制。

（7）东方奴隶地位论——东方奴隶类似于古罗马的隶农，即"隶奴论"。东方国家在土地国有制下劳动的农民，是相当于奴隶的农民，其地位类似于古罗马时期的"隶奴"。隶奴制则是东方奴隶制普遍存在的一般形式，是东方奴隶制长期存在的常态形式。

（8）东方奴隶制典型论——东方奴隶制是帝国奴隶制，即"帝奴论"。东方国家奴隶制采取王国奴隶制与帝国奴隶制两种形态，王国奴隶制是东方国家奴隶制的初级形式，帝国奴隶制是东方国家奴隶制社会的成熟形态或典型形态。

（9）东方社会发展规律论——奴隶制社会是东方唯一社会形态，即"一奴论"。

自进入文明社会以来，东方社会自古以来始终没有发生真正的社会变革，没有从奴隶社会进入封建社会与资本主义社会，而是一直停滞于国家奴隶制社会。正如恩格斯所说："奴隶制始终伴随着文明时代。"

（10）东方奴隶制形态论——东方奴隶制包括公开与隐蔽形式，即"两奴论"。

如果说东方古代王国奴隶制与帝国奴隶制是公开的普遍奴隶制，那么东方现代党国奴隶制则是恩格斯所说的"隐蔽的奴隶制"。中国现代以蒋介石为代表的党国奴隶制是一种伪装的、隐蔽的国家奴隶制，隐蔽的奴隶制是东方国家奴隶制的现代形态与高级形式。

第十章　东方社会的发展趋势

马克思在分析东方社会结构时使用了"东方专制主义"这一概念，其内容包括两方面：一是指高度中央集权的"政府的监督劳动和全面干涉"；二是指东方存在着普遍奴隶制的现象，即全体人民其实都是国家统治者的奴隶。从其基本特征来看，土地公有制、农村公社制和中央集权专制的"三位一体"构成了东方社会的特征，这些特征不仅一直存在而且处于不断变化的动态发展中。从历史进程与现实特征来看，东方社会与西方社会的以私有制为主体的社会结构有着迥异的区别。从未来发展趋势来看，东方社会的发展规律与必然趋势与西方社会有着密切的内在联系。

一　"世界历史"与东方社会发展的必然趋势与一般规律

（一）"世界历史"：世界历史条件下东方社会发展趋势的必然性

根据马克思、恩格斯的观察与分析，在人类古代社会东方与西方具有相同的社会形态，它们都属于"第一大社会形态"或"前资本主义时期"，农业自然经济是他们的共同特征，因而在社会性质及其发展程度上基本上是相同的。亚细亚生产方式曾经是东西方文明所共有的一种普遍的生产方式。由于地理、历史等原因，西方社会的生产方式发展为奴隶制、农奴制、封建制等，而东方社会仍然在亚细亚生产方式中延续和演变。于是，东西方文明之间的差异性出现了。随着时间的推移，这种差异日益加大。到了近代，当西方由封建制向资本主义转变时，东方仍然沉浸在浓厚的亚细亚生产方式之中。在资本主义生产方式产生之前，东方社会与西方社会处于彼此隔绝、独立存在与平行发展的状态，整个人类社会历史分割为东方社会历史与西方社会历史。

18—19世纪以来，在资本主义生产方式的推动下，东西方社会密切联系、相互影响，人类社会从分裂的历史走向了统一的、"一体化"的历史——世界历史。世界历史，是指18世纪资产阶级开拓世界市场使世界走向"一体化"以来的人类历史。马克思指出：大工业"首次开创了世界历史，因为它使每个文明国家以及这些国家中的每一个人的需要的满足都依赖于整个世界，因为它消灭了各国以往自然形成的闭关自守的状态"。① 在唯物史观的指导下，马克思、恩格斯在《德意志意识形态》中提出了世界历史理论，并把这一理论运用于他们此后的研究中。无论是19世纪40年代对西方的德国历史命运的考察，还是19世纪50年代对东方的印度、中国社会性质的分析，抑或是19世纪70年代以后对"半东方"的俄国未来发展前途的探讨，马克思、恩格斯始终是站在世界历史的高度，并以其世界历史理论为指导。世界历史理论既是马克思社会发展理论的科学基础，又是马克思社会历史理论的重要内容。世界历史的形成，是生产力迅速发展基础上的各民族普遍交往的结果。它以各个民族、国家紧密联系与普遍交往及其世界性后果为特征，社会化大生产和资本与雇佣劳动关系、世界市场是世界历史形成的经济基础，各民族之间的普遍联系以及这种联系不断采取的新形式是世界历史的基本内容。

马克思、恩格斯在《共产党宣言》中明确地阐述了世界历史思想，马克思恩格斯指出，资本主义生产方式是世界历史形成的根本动力。资产阶级除非对生产工具，从而对生产关系、全部社会关系不断地进行革命，否则就不能生存下去。反之，原封不动地保持旧的生产方式，却是过去的一切工业阶级生存的首要条件。资产阶级使农村屈服于城市的统治。它创立了巨大的城市，使城市人口比农村人口大大增加起来，因而使很大一部分居民脱离了农村生活的愚昧状态。生产的不断变革，一切社会状况不停地动荡，永远不安定和变动，这就是资产阶级时代不同于过去一切时代的地方。不断扩大产品销路的需要，驱使资产阶级奔走于全球各地。它必须到处落户，到处创业，到处建立联系。资本主义生产方式区别于前资本主义生产方式的一个显著特征，就是它"具有国际的性质"，它是一种国际性、全球性的生产方式。资产阶级通过开拓世界市

---

① 《马克思恩格斯选集》第1卷，人民出版社1995年版，第114页。

场创造了以国际分工为基础的商品生产的世界资本主义经济体系,揭开了世界历史的序幕,开启了世界历史的进程。

马克思认为,世界市场是世界历史形成的直接基础。资本主义的生产方式摧毁了各个国家、民族的孤立状态,使世界经济变成一个密切联系的整体,推动了世界市场的形成。资本主义生产方式的兴起开辟了世界交往的新时代,形成了"全面的生产""全面的依存关系"和"世界历史性的共同活动形式"。"历史向世界历史"的转变以世界市场的存在为基础,伴随着资本主义生产方式的确立而形成。生产的社会化、商品化驱使资产阶级奔走全球各地,力图建立世界市场;交通工具的发达,对印度和中国的入侵以及美洲的殖民化等,使世界市场以及"生产的国际关系"得以形成。"资产阶级,由于开拓了世界市场,使一切国家的生产和消费都成为世界性的了。""过去那种地方的和民族的自给自足和闭关自守状态,被各民族的各方面的互相往来和各方面的互相依赖所代替了。"[①]"世界历史"的形成是资本主义生产方式发展与世界市场体系形成的必然产物。

马克思、恩格斯认为,在世界历史条件下东方社会和世界体系具有不可分割的联系,古老的东方社会在西方资本主义生产方式的影响下必然瓦解。各个相互影响的活动范围在这个发展进程中日益扩大,各民族的原始闭关自守状态则由于日益完善的生产方式、交往以及因此自发地发展起来的各民族之间的分工而消灭得越来越彻底,社会历史也就在越来越大的程度上成为全世界的历史。例如,如果在英国发明了一种机器,它夺走了印度和中国的无数的工人的饭碗,并引起这些国家的整个生存形式的改变,那么,这个发明便成为一个世界历史性的事实。马克思说明了世界历史发展不可避免的过程,不仅体现为资本主义在西方的迅速发展,而且体现为西方对东方社会的广泛渗透,东方社会所具有的狭隘性成为被冲决的与世隔绝的最后屏障,迅速走向瓦解。马克思在评述中国社会状况时指出:"与外界完全隔绝曾是保存旧中国的首要条件,而当这种隔绝状态通过英国而为暴力所打破的时候,接踵而来的必然是解体的过程,正如小心保存在密闭棺材里的木乃伊一接触新鲜空气便必然要

---

① 《马克思恩格斯选集》第1卷,人民出版社1995年版,第276页。

解体一样。"①

马克思指出，西方资本主义对东方国家的入侵不自觉地充当了实现东方国家根本革命的工具。马克思在分析"印度公社"灭亡的原因时指出："印度公社"灭亡与其说是不列颠的收税官和兵士的粗暴干涉，还不如说是英国自由贸易的结果。马克思在谴责了资本主义侵略罪行及它所带给东方社会的巨大灾难的同时，充分肯定资本主义的历史作用。"从人的感情上来说，亲眼看到这无数辛勤经营的宗法制的祥和无害的社会组织一个个土崩瓦解，被投入苦海，亲眼看到它们的每个成员既丧失自己的古老形式的文明又丧失祖传的谋生手段，是会感到难过的；但是我们不应该忘记：这些田园风味的农村公社不管看起来怎样祥和无害，却始终是东方专制制度的牢固基础，它们使人的头脑局限在极小的范围内，成为迷信的驯服工具，成为传统规则的奴隶，表现不出任何伟大的作为和历史的首创精神。"② 不管英国在印度所造成的深刻的社会革命是否有极其卑鄙的目的，手段有多么残忍，但如果没有资本主义的冲击，长期陷于停滞的东方社会不会产生社会变革，通过这变革把自己纳入世界历史体系中。"英国在印度要完成双重的使命：一个是破坏性的使命，即消灭旧的亚洲式的社会；另一个是重建的使命，即在亚洲为西方式的社会奠定物质基础"。③ 马克思、恩格斯用世界历史观点分析东方社会，认为落后的东方社会必然转变为以资本主义生产方式为基础的现代社会。然而，在印度、中国这样的古老的东方国家不可能在资本主义生产方式有一定发展的基础上爆发资产阶级革命、实现社会制度的根本变革。英国等资本主义国家对东方原始基础的毁灭性破坏是亚洲历来的仅有的社会革命，它的直接结果是把东方社会强行纳入世界历史体系中，从而使东方社会建立以市场经济为基础的现代经济制度。在西方资本主义生产方式的猛烈冲击与巨大影响下，东方社会必然融入世界历史体系之中，古老的东方社会必将瓦解，从而转变为现代文明社会。

(二)"根本革命"：东方社会发展趋势的一般性

马克思、恩格斯指出，资产阶级由于开拓了世界市场，使一切国家

---

① 《马克思恩格斯选集》第1卷，人民出版社1995年版，第692页。
② 同上书，第765页。
③ 同上书，第768页。

的生产和消费都成为世界性的了。资产阶级挖掉了工业脚下的民族基础，古老的民族工业被消灭了，并且每天都还在被消灭。它们被新的工业排挤掉了，新的工业的建立已经成为一切文明民族的生命攸关的问题；这些工业所加工的，已经不是本地的原料，而是来自极其遥远的地区的原料；它们的产品不仅供本国消费，而且同时供世界各地消费。旧的、靠本国产品来满足的需要，被新的、要靠极其遥远的国家和地区的产品来满足的需要所代替了。过去那种地方的和民族的自给自足和闭关自守状态，被各民族的各方面的互相往来和各方面的互相依赖所代替了。"资产阶级，由于一切生产工具的迅速改进，由于交通的极其便利，把一切民族甚至最野蛮的民族都卷到文明中来了。它的商品的低廉价格，是它用来摧毁一切万里长城、征服野蛮人最顽强的仇外心理的重炮。它迫使一切民族——如果它们不想灭亡的话——采用资产阶级的生产方式。"① 以资本主义生产方式全球化为核心的世界历史时代是人类必经的社会发展阶段，因而一切民族和国家都要相继卷入这个历史时代，一切民族都注定要采用资本主义生产方式。亚细亚生产方式的灭亡与资本主义生产方式的胜利同样是不可避免的。这是因为，在世界历史时代一切民族都注定要受资本主义生产方式的作用、影响，一切民族都注定要被卷入资本主义世界体系，一切民族迟早都要通过不同道路、以不同的形式采用资本主义生产方式。

马克思不仅提出了一切民族都注定要采用资本主义生产方式的论断，而且指出人类社会发展道路是统一性与多样性的统一。西欧的日耳曼民族在征服罗马帝国之后，越过奴隶制，从原始社会直接走向封建社会；北美洲在欧洲移民到来之前仍处于原始社会，但随着欧洲移民的到来北美洲迅速建立起资本主义制度，大洋洲也走着类似的道路；在非洲，有的民族从原始社会，有的从奴隶制社会，直接走上了资本主义道路。马克思在概括资本主义社会产生的途径时指出，在现实的历史上，雇佣劳动是从奴隶制和农奴制的解体中产生的，或者像在东方和斯拉夫各民族中那样是从公有制的崩溃中产生的。马克思在《经济学手稿》中就曾论述了资本主义产生的三种方式：一是从封建社会的"衰亡"中产生，这也是资本主义产生的典型方式；二是从奴隶制中"解体"产生；三是从原始社会公有制的"崩溃"中产生。资本主义多种不同的产生方式，既

---

① 《马克思恩格斯选集》第 1 卷，人民出版社 1995 年版，第 276 页。

体现了人类社会形态发展趋势的统一性或一致性，也体现了人类社会更替方式的差异性和多样性，从而为落后的东方国家走出一条完全有别于西方的资本主义发展道路提供了科学的理论基础。人类社会发展道路的统一性表现在：不同民族、不同国家对于自由、平等、民主、法治与公正等人类文明基本价值的共同选择上是一致的。社会发展道路的多样性表现在：每个国家、每个民族都只有找到体现自由、平等、民主、法治与公正等基本价值的具体民族形式才能成功。东方国家社会发展道路既有一般性又有特殊性。东方国家社会发展道路的一般性，是指东方社会历史必然像西方社会历史那样纳入以资本主义生产方式为基础的世界历史范畴。东方国家社会发展道路的特殊性，是指东方国家不是完全像西方国家那样按照"五种生产方式"依次更替的路线发展，也不是违背世界历史的内在逻辑、另辟蹊径，而是指东方国家要根据自己的特殊国情而选择从传统社会走向现代社会的具体路径，构造符合本国国情、具有本国特征的现代社会生产方式。东方国家从传统社会走向现代社会是东方社会发展的必然趋势，其基本途径是实现生产方式与社会形态的根本革命，即由亚细亚生产方式转变为资本主义生产方式。对此，马克思明确地指出："问题在于，如果亚洲的社会状态没有一个根本的革命，人类能不能实现自己的命运。如果不能，那么，英国不管是干出了多少的罪行，它在造成这个革命毕竟是充当了历史的不自觉的工具。"① 根据马克思的论述，亚洲社会的根本革命是东方国家从传统社会走向现代社会的一般路径。在这个历史过程中，西方资本主义国家对东方国家的侵略尽管在主观上是一种犯罪，但在客观上则是为亚洲地区的社会变革与历史发展扫除障碍、创造条件。

二 "跨越卡夫丁峡谷"：东方社会发展道路的可能性及其特殊性

（一）"跨越卡夫丁峡谷"是东方社会发展道路的假说

自苏联"十月革命"以来，人们一直用马克思"跨越卡夫丁峡谷"

---

① 《马克思恩格斯选集》第 1 卷，人民出版社 1995 年版，第 766 页。

理论来论证东方国家进行社会主义革命、建立社会主义制度的一般规律。实际上，"跨越卡夫丁峡谷"不仅不具有一般性，而且不具有必然性。即使在农村公社存在的俄国，其"跨越卡夫丁峡谷"、直接进入社会主义社会也仅仅是一种可能性，而不具有其历史必然性。这是因为，马克思关于俄国"跨越卡夫丁峡谷"绝不是根据社会发展的客观规律所提出的俄国社会发展的必然趋势，而仅仅是一种基于一系列假定条件而提出的关于俄国社会发展道路的一种设想。换言之，马克思"跨越卡夫丁峡谷"的论述只是一种理论的假说，而不是一个肯定的科学结论。

根据马克思、恩格斯的思想，即使俄国农村公社依然存在从而具有"跨越卡夫丁峡谷"的基础，也只是具有"跨越卡夫丁峡谷"的可能性，而不是具有"跨越卡夫丁峡谷"的必然性。要使这种可能性成为现实，还必须具备一系列的必备条件。马克思在给查苏里奇的正式复信中提出："我深信，这种农村公社是俄国社会新生的支点；可是要使它能发挥这种作用，首先必须肃清从各方面向它袭来的破坏性影响，然后保证它具备自由发展所必需的正常条件。"① 马克思所设想的俄国可以不通过资本主义的"卡夫丁峡谷"需要四个条件：俄国农村公社可能"跨越卡夫丁峡谷"的一系列假定条件是：（1）农村公社不遭到严重破坏，一直到欧洲发达国家取得社会主义革命的共同胜利保持基本完好。（2）爆发俄国革命、推翻专制制度，建立民主制度，避免资本主义发展的灾难。俄国可以通过农民公社选出的代表会议代替乡这一政府机关，消除专制制度这一缺点。"俄国的'农业公社'有一个特征，这个特征造成它软弱性以及同各方面的敌对状态。这就是它的孤立性，公社与公社之间的生活缺乏联系，而保持这种与世隔绝的小天地，并不到处都是这种类型的公社的内在特征，但是，有这一特征的地方，这种与世隔绝的小天地就使一种或多或少的专制制度凌驾于公社之上。……在今天，这个障碍是很容易消除的。也许只要用各公社自己选出的农民代表会议代替乡这一政府机关就行了，这种会议将成为维护它们利益的经济机关和行政机关。"② （3）西方资本主义生产方式的内在矛盾激化，资本主义经济危机与社会危机严重起来。（4）西方无产阶级革命同时发生并取得胜利，建立社会

---

① 《马克思恩格斯全集》第19卷，人民出版社1963年版，第269页。
② 《马克思恩格斯选集》第3卷，人民出版社1995年版，第766页。

第十章 东方社会的发展趋势

主义制度,发挥示范作用,取得西欧无产阶级掌握国家政权后多方面的援助,包括给予落后的俄国以各种资本主义现代化的文明成果,如社会化、工业化、机械化,还要帮助俄国实现民主化、法治化。"毋庸置疑的是,当西欧人民在无产阶级取得胜利和生产资料转归公有之后,那些刚刚踏上资本主义生产道路而仍然保全了氏族制度或氏族制度残余的国家,可以利用这些公社所有制的残余和与之相适应的人民风尚作为强大的手段,来大大缩短自己向社会主义社会发展的过程,并可以避免我们在西欧开辟道路时所不得不经历的大部分苦难和斗争。但这方面的必不可少的条件是:由目前还是资本主义的西方做出榜样和积极支持。只有当资本主义经济在自己故乡和它达到繁荣昌盛的国家里被战胜的时候,只有当落后国家从这个实例中看到'这是怎么回事',看到怎样把现代工业的生产力作为社会财产来为整个社会服务的时候——只有到那个时候,这些落后的国家才能走上这种缩短的发展过剩的道路。然而那时它们的成功才是有保证的。这不仅适用于俄国,而且适用于处在资本主义以前的发展阶段的一切国家"。① 西方社会主义革命的胜利,使他们可以有充分的条件,利用发达的生产力和先进的生产方式帮助俄国公社过渡到社会主义。(5)俄国不经历资本主义而占有或者吸收资本主义的一切积极成果。农村公社利用资本主义文明成果——大机器生产、民主法治。同控制着世界市场的西方生产同时存在,使俄国可以不通过资本主义的"卡夫丁峡谷",而把资本主义制度的一切积极的成果用到公社中来。(6)俄国社会给农民提供从农村公社向社会主义过渡的垫款。长久以来靠农民维持生存的俄国社会,也有义务给予农民必要的垫款,来实现这一过渡。

马克思一方面肯定了俄国农村公社成为"社会新生的支点"的特殊性与合理性,另一方面又指出实现这种结果只是一种可能性而不是必然性。这是因为,马克思看到了俄国农村公社当时所处国内外的险恶环境。马克思逝世后俄国公社迅速土崩瓦解的历史事实,充分证明马克思对俄国避免资本主义前途的设想只是揭示了东方国家社会发展的一种可能性。马克思认为,俄国当时既有超越资本主义发展阶段的可能性,同样也存在着发展资本主义的可能性。对此马克思明确指出:"农业公社的构成形式只可以有两种选择:或者是它所包含的私有制因素战胜集体因素,或

---

① 《马克思恩格斯选集》第4卷,人民出版社1995年版,第443页。

者是后者战胜前者。先验地说,两种结局都是可能的,但是,对于其中任何一种,显然都必须有完全不同的历史环境。一切都取决于它所处的历史环境。"① 马克思在分析了俄国"跨越卡夫丁峡谷"所必需的各种条件的基础上得出了俄国可能超越资本主义社会的初步结论,并强调这个结论是从纯理论分析得出的。因此,马克思的"跨越卡夫丁峡谷"论只是以一系列假定条件为前提而提出的一种理论假说,并不是根据客观规律与客观条件所得出的科学结论;它只是指俄国在特定的历史环境中可能跨越资本主义"卡夫丁峡谷",而不是说俄国必然跨越资本主义"卡夫丁峡谷",更不是说所有东方国家都可以跨越资本主义历史阶段。"在马克思看来,在资本主义世界历史时代,在通往他所科学预见的未来社会的发展过程中,没有也不可能有哪一个民族国家能够摆脱资本主义因素、资本主义生产方式、资本主义道路的作用和影响,至于某个民族国家是否要经历资本主义充分发展阶段,以及某个民族国家内部保存的原始公社形态是毁灭还是能获得新生,则取决于具体的历史环境。"②

(二)"跨越卡夫丁峡谷"是东方社会发展道路的特例

马克思对"跨越卡夫丁峡谷"可能性的分析不是泛指任何东方国家在任何条件下都能够不经过或跨越资本主义社会而直接进入社会主义,而是特指俄国在农村公社保持完好等特定历史条件下可能直接建立社会主义制度。换言之,马克思的"跨越卡夫丁峡谷"是指俄国在农村公社基础上可能对资本主义"卡夫丁峡谷"的跨越,而不是所有东方国家对资本主义生产方式的"跨越"。"跨越卡夫丁峡谷"只是在俄国可能发生的一种特殊现象,而不是在任何东方落后国家都能够发生的普遍现象。否定可能"跨越卡夫丁峡谷"的特殊性而把马克思的"跨越卡夫丁峡谷"理论说成是东方国家发展道路的一般理论,从而论证东方落后国家一定能够跨越资本主义社会、直接进入社会主义的观点是不正确的。

马克思认为,跨越资本主义"卡夫丁峡谷"的可能性只是就当时俄国农村公社的特殊情况而言,不是说所有东方国家都具有这种可能性。因为马克思有关"跨越卡夫丁峡谷"这一问题的全部论述,始终是围绕

---

① 《马克思恩格斯选集》第3卷,人民出版社1995年版,第765页。
② 叶险明:《关于马克思晚年相关思想研究中的误区——兼论"中国资本主义萌芽"所涉及的"五形态论"问题》,《马克思主义研究》2015年第1期。

俄国农村公社本身的特殊情况及其所处的特殊的国际环境展开的。马克思曾经明确表示，已经成为外国征服者的猎获物、成为其殖民地的印度就不具有这种可能性。相反，俄国之所以有这种可能性，完全是因为俄国具有一些特殊条件：从内部条件看，一是俄国农村公社土地公有制构成了集体生产和集体占有的基础，土地公有制使它有可能直接地、逐步地把小地块个体耕作转化为集体耕作。二是由俄国的历史传统与民族文化—心理结构决定了俄国土地的天然地势适合于大规模地使用机器。农民习惯于劳动组合关系，这有助于他们从小地块劳动向合作劳动过渡。三是俄国土地平坦的天然地势又非常有利于机器的使用，它能够以应用机器的大规模的耕作来逐步代替小土地耕作。从外部条件看，俄国农村公社与西方资本主义处于同时代，生存在现代的历史环境中，同资本主义生产所统治的世界市场联系在一起，俄国农村公社可以借助资本主义已有的经济成就，为过渡到社会主义提供物质条件与社会条件。如果没有这些特殊条件，俄国就不存在"跨越卡夫丁峡谷"的基础与可能性。换言之，除了俄国之外的其他东方国家不具有这些特殊条件，因而就不具有"跨越卡夫丁峡谷"的可能性。因此，作为"跨越卡夫丁峡谷"理论的对象，只是当时尚较完整保持农村公社制度的俄国；"跨越卡夫丁峡谷"理论所反映的现象，仅仅是东方国家发展前途的特例，不具有一般意义。在研究东方社会发展道路问题时，我们既不能坚持西方中心论，脱离本国国情而套用西方社会发展规律与发展路径，也不能抛开资本主义文明成果与西方社会主义革命而在东方国家进行自上而下的国家社会主义试验。正确的态度是：一方面"脚踏实地"，从东方社会及其发展历史的客观实际出发；另一方面"脱胎换骨"，扬弃传统的东方社会结构，构建现代社会生产方式。在当代世界，东方国家应当与西方社会变革运动密切互动，接受与利用西方文明成果，纳入人类文明共同大道，构造中国特色的现代文明形式。

三 俄国农村公社的历史命运与东方社会的发展道路

1893年10月17日，恩格斯在给俄国民粹派思想家尼·弗·丹尼尔逊的信中写道:"在俄国,从原始的农业共产主义中发展出更高的社会形态,也象其他地方一样是不可能的,除非这种更高的形态已经存在于其他某个国家并且起着样板作用。……假如西欧在 1860—1870 年间已经成熟到能实行这种变革,假如这种变革当时已经在英法等国实行……但是西方当时却处于停滞状态,不想实行这种变革,而资本主义倒是越来越迅速地发展起来。因而,俄国就只能二者择一:或者把公社发展成这样一种生产形式,这种生产形式和公社相隔许多中间历史阶段,而且实现这种生产形式的条件当时甚至在西方也还没有成熟——这显然是一项不可能完成的任务,或者向资本主义发展。试问,除了这后一条路,它还有什么办法呢?"① 这就是说,由于"跨越卡夫丁峡谷"所需要的各种主客观条件都没有实际形成,俄国农村公社最终瓦解了,资本主义在俄国广泛发展了,"跨越卡夫丁峡谷"的设想落空了,走向资本主义生产方式成为东方国家的不二选择,这一选择成为东方社会发展的必由之路。

(1) 俄国革命没有发生,俄国专制制度没有推翻。由于从 1877 年到 1894 年这十七年间俄国社会状况和革命形势的变化,使俄国公社跨越资本主义"卡夫丁峡谷"的可能减弱以至丧失。马克思提出需要两种革命:一种是俄国革命,因为"当时俄国农村公社已经受到沙皇政府的破坏,处于瓦解过程之中,所以要挽救俄国公社,就必须有俄国革命"。② 另一种是西欧无产阶级革命,"假如俄国革命将成为西方无产阶级革命的信号而双方互相补充的话,那末现今的俄国土地公共所有制便能成为共产主义发展的起点"。③ 这种俄国革命必须是推翻俄国专制制度的革命。恩格斯说:"俄国无疑是处在革命的前夜。财政已经混乱到了极点。捐税额已无法再往上提高,旧国债的利息用新公债来偿付,而每一次新公债都遇到越来越大的困难;只有借口建造铁路还能得到一些钱!行政机构早已腐败透顶,官吏们主要是靠贪污、受贿和敲诈来维持生活,而不是靠薪俸。全部农业生产——这是俄国最主要的生产——都被 1861 年的赎买办法弄得混乱不堪;大地产没有足够的劳动力,农民没有足够的土地,他们遭到捐税压榨,受到高利贷者的洗劫;农业生产一年比一年下降。所

---

① 《马克思恩格斯全集》第 39 卷,人民出版社 1963 年版,第 148 页。
② 《马克思恩格斯全集》第 19 卷,人民出版社 1963 年版,第 441 页。
③ 《马克思恩格斯选集》第 3 卷,人民出版社 1995 年版,第 251 页。

有这一切只是靠东方专制制度在表面上勉强支持着,这种专制制度的专横,我们在西方甚至是无法想象的。这种专制制度不但日益同各个开明阶级的见解,特别是同迅速发展的首都资产阶级的见解发生越来越剧烈的矛盾,而且连它现在的体现者也不知所措:今天向自由主义让步,明天又吓得要命地把这些让步收回,因而越来越失去信用。"① 如果没有革命,俄国将无法避免落入资本主义制度的"卡夫丁峡谷"。马克思指出:"如果俄国继续走它在1861年开始走的道路,那它将会失去当时历史所能提供给一个民族的最好的机会,而遭受资本主义制度所带来的一切灾难性的波折。"② 由于对俄国革命形势的乐观估计和殷切期待,马克思在俄国革命爆发日期上作了超前的预测。恩格斯在1894年即马克思逝世十一年后,在《论俄国的社会问题—跋》一文中对马克思在世时一直盼望的俄国革命是这样说的:"马克思在1877年就是这样写的。那时候俄国有两个政府:沙皇政府和恐怖主义密谋家的秘密的执行委员会的政府。这个秘密的政府权力日益壮大。推翻沙皇制度似乎指日可待;俄国的革命一定会使欧洲的一切反动势力失去它的最有力的支柱,失去它的强大的后备军,从而也一定会给西方的政治运动一个新的有力的推动,并且为它创造无比顺利的斗争条件。"然而,由于俄国历史上长期实行专制制度,人民普遍存在君主观念,严重缺乏民主传统,因而难以发生推翻专制制度的人民革命。因此,马克思所期待的俄国的革命没有发生。沙皇专制制度战胜了恐怖主义,因而也就失去了"跨越卡夫丁峡谷"由可能性变成现实性的必要条件。这样,资本主义就成为俄国社会发展的必然趋势。由于"旧的沙皇制度原封不动地继续存在,在这种情况下,就只有一条出路:尽快地过渡到资本主义工业。"③

(2) 西方无产阶级革命没有发生、俄国社会主义制度的样板没有树立。恩格斯认为,俄国已经不可能超越资本主义,资本主义在俄国不可避免。因为俄国农村公社所有制"已经又向解体迈了一大步","资本主义在俄国迅速前进"。④ 俄国公社本身是保守的,如果没有资本主义文明

---

① 《马克思恩格斯选集》第3卷,人民出版社1995年版,第284页。
② 同上书,第340页。
③ 《马克思恩格斯选集》第4卷,人民出版社1995年版,第447页。
④ 《马克思恩格斯全集》第22卷,人民出版社1965年版,第503—504页。

成果与西方社会主义制度示范，劳动组合无法直接过渡到社会主义社会。俄国农村公社内部不具有直接向社会主义过渡的可能性，"在它内部从来没有出现过要把它自己发展成较高的公有制形式的促进因素"。① 西方资本主义危机"并不能赋予俄国公社一种能够使它把自己发展成这种新的社会形式的力量"。② "对俄国的公社进行这种改造的首创因素只能来自西方的工业无产阶级，而不是来自公社自身。西欧无产阶级对资产阶级的胜利以及与之俱来的从公共管理的生产代替资本主义生产，这就是俄国公社上升到同样的发展阶段必需的先决条件。"③ 西方无产阶级革命没有发生，俄国没有得到西方社会主义思想与物质支持。俄国农村公社"存在了几百年，在它内部从来没有出现过要把它自己发展成较高的公有制形式的促进因素"，在俄国要"从原始的农业共产主义中发展出更高的社会形态，也像任何其他地方一样是不可能的，除非这种更高的形态——凡在历史上它可能存在的地方——是资本主义生产形式及其所造成的社会二元对抗的必然结果，它不可能从农业公社直接发展出来，只有是仿效某处已存在的样板"。④ 西方无产阶级没有发生，西方社会主义制度没有建立，因而也就没有为俄国及东方国家提供社会主义制度的样板。

（3）农村公社走向瓦解，俄国丧失了走向社会主义新社会的支点。马克思认为，自1861年改革以来俄国的农村公社处于更加危险的境地，正濒临着崩溃和灭亡。其灭亡的"历史必然性"并非由于公社内部的私有制因素，而是沙皇政府对它的破坏性政策。按照马克思的观点，当时威胁着俄国农村公社生存的恰好是国家资本主义。某种在国家帮助下靠牺牲农民哺育起来的资本主义是同公社对立的，"威胁着俄国公社生命的不是历史的必然性，不是理论，而是国家的压迫，以及渗入公社内部的、也是由国家靠牺牲农民培养起来的资本家的剥削"。⑤ 国家把农村公社置于不正常的状态之下，并借助集中在它手中的各种社会力量来不断地压迫、掠夺公社，具体表现在：第一，政府对公社的财政掠夺使公社陷于束手无策的境地，成为商人、地主、高利贷者的剥削对象。第二，政府

---

① 《马克思恩格斯全集》第22卷，人民出版社1965年版，第500页。
② 同上书，第500—501页。
③ 同上。
④ 《马克思恩格斯全集》第39卷，人民出版社1974年版，第148页。
⑤ 《马克思恩格斯全集》第19卷，人民出版社1965年版，第446页。

第十章 东方社会的发展趋势

为了依靠新生的资产阶级来巩固自己的统治努力和统治地位，培植了资本主义体系的衍生物——交易所、投机买卖、银行、股份公司、铁路等。它们丝毫无助于发挥农业生产的潜力，却非常有益于那些不从事生产的中间人更迅速地掠夺农产品，国家依赖牺牲公社和农民的利益去帮助那些吸吮着农村公社本来已经涸竭的血液的新资本主义寄生虫去发财致富。第三，政府为了地主的利益，创造出了一个由比较富裕的农民组成的农村中等阶级，把贫苦农民变成普通的雇佣工人，以便保证他们获得廉价的劳动力。公社内部贫富差别日益增大，引起了公社内部各种利益之间的斗争，加速公社的灭亡。这样，公社处于国家勒索、商人的劫掠、地主和资本家的剥削、高利贷者从内部的破坏等各种外来的破坏性因素的包围之中。1861年俄国农奴制废除后农村公社不断遭到破坏的现实状况，他清楚地看到农村公社正处于危险境地，几乎被推向灭亡的边缘，各种社会力量不断地压迫公社，加速了公社内各种瓦解因素的发展。

恩格斯在1894年对19世纪90年代的俄国状况做了这样的评述："随着农民的解放，俄国进入了资本主义时代，从而也进入了土地公有制迅速灭亡的时代。"①"俄国在短短的时间里就奠定了资本主义生产方式的全部基础。但是与此同时也就举起了砍断俄国农民公社的斧头。"②"俄国越来越快地转变为资本主义工业国，很大一部分农民越来越快地无产阶级化，旧的共产主义公社也越来越快地崩溃。"③遵循恩格斯的一贯思想并结合以后历史的发展，对于俄国农业公社是否还能够直接过渡到共产主义的回答，除了否定还能是什么呢？马克思明确表现出对公社前途的忧虑：公社受国家勒索的压制、商人的劫掠、地主的剥削和高利贷从内部的破坏，那它怎么能抵抗得住呢？马克思指出，虽然理论分析俄国可以不通过资本主义社会，但当时现实的农村公社却受到许多破坏性影响，这其中包括：第一，国家对农民的剥夺。"从农民那里夺取他们的农业劳动产品一旦超过一定的限度，那么，你们即使动用宪兵和军队也不能再把他们束缚在他们的土地上"。④"国家使俄国公社处在不正常的经济条件

---

① 《马克思恩格斯选集》第4卷，人民出版社1995年版，第444页。
② 同上书，第448页。
③ 同上书，第450页。
④ 《马克思恩格斯选集》第3卷，人民出版社1995年版，第767页。

之下，国家借助集中在它手中的各种社会力量来不断地压迫公社。由于国家的财政搜刮而被削弱得一筹莫展的公社，成了商业、地产、高利贷随意剥削的任人摆布的对象。这种外来的压迫激发了公社内部原来已经产生的各种利益的冲突，并加速了公社的各种瓦解因素的发展。"① 第二，西方资本主义体系一些部门的剥削。"国家靠牺牲农民培植起来的是西方资本主义制度的这样一些部门，它们丝毫不发展农业生产能力，却特别有助于不从事生产的中间人更容易、更迅速地窃取它的果实。这样，国家就帮助了那些吮吸'农村公社'本来已经涸竭的血液的新资本主义寄生虫去发财致富。"② 马克思最后指出："破坏性影响的这种促进作用，只要不被强大的反作用打破，就必然会导致农村公社的灭亡。"③ 恩格斯进一步指出了俄国农村公社趋于瓦解、俄国走向资本主义生产方式的历史趋势与现实选择："在马克思写了那封信以后的17年间，俄国无论是资本主义的发展，还是农民公社的解体都大有进展。"④ "在既成的条件下没有别的选择可言。"⑤

四 马克思是否要探索"东方道路"

我国学术界有人认为，马克思"跨越卡夫丁峡谷"的思想标志着马克思在晚年着力于探索一条不同于西方的东方社会发展道路。实际上，马克思既没有把"跨越卡夫丁峡谷"作为俄国必然出现的社会发展前途，更没有把"跨越卡夫丁峡谷"视为整个东方社会发展的一般道路。马克思晚年"跨越卡夫丁峡谷"的思想不能作为"东方社会发展道路"说的根据。马克思强调，处于解体过程中的俄国农村公社的主体是否能避免资本主义制度所带来的一切极端不幸的灾难，而成为俄国复兴的因素、成为共产主义的起点，取决于一系列相互联系的主客观条件。从主观上说，农村公社必须基本保持完好而不能遭到严重破坏，因而必须有推翻

---

① 《马克思恩格斯选集》第3卷，人民出版社1995年版，第766页。
② 同上书，第767—768页。
③ 同上书，第768页。
④ 《马克思恩格斯选集》第4卷，人民出版社1995年版，第447页。
⑤ 同上书，第448页。

第十章 东方社会的发展趋势

专制制度的俄国革命。从客观条件来看，俄国革命成为西方无产阶级革命的信号而相互补充，西方社会主义制度建立，为俄国社会主义革命树立样板，提供示范。俄国吸取"资本主义制所取得的一切肯定的结果"，包括资本主义创造的先进技术、装备与先进社会经济组织等物质文明成果和民主、法治等政治文明成果以及思想道德等精神文明成果。在马克思看来，只有具备了这些条件，俄国农村公社才能"跨越资本主义制度的卡夫丁峡谷"而成为"俄国社会新的支点"，俄国才能走出一条不同于西方资本主义的社会发展道路。相反，如果不具备这些条件，俄国以及其他东方国家绝不可能"跨越卡夫丁峡谷"，走出一条"非资本主义"的东方道路来。

马克思晚年"跨越卡夫丁峡谷"思想绝不是要论述东方社会的特殊性，更不是要解决"东方社会发展道路"的问题，而是要探索人类文明社会的历史起源、解决人类社会发展趋势与一般规律等基本问题。就思想动机来看，马克思创立东方社会理论，不仅是为了探索东方社会的特点，解决其历史发展道路问题，更重要的是通过对东方社会和人类社会原生形态的研究，试图解决社会形态更迭过程中私有制的历史地位，即私有制在历史上是如何从公有制演化而来的问题，用以证明私有制的暂时性，最终必然重新被公有制所取代。马克思认为，东方社会的现实似乎提供了这方面的材料，有助于解决这个问题。为了建构和完善唯物史观，特别是给历史依次更迭提供一个科学的起点，在理论上急需弄清人类社会的原生形态。可是，当时史学界对史前原生形态研究得很不够，没有提供这方面的充足材料。于是马克思不得不借助于研究前资本主义各经济形态，特别是从东方社会普遍存在的亚细亚生产方式中得到启发，即从东方社会的土地公有制中找到人类社会原生形态的基本特点。在马克思看来，人类社会原生形态问题可以从现存于东方社会的亚细亚生产方式中找到答案。马克思把东方国家普遍存在的以农村公社为基础的土地公有制形式称为亚细亚生产方式。这种生产方式不仅存在于资本主义之前，而且由于它的公有制性质，还可以设想它存在于整个私有制之前。正是在这个意义上，马克思在《资本论》手稿中已经把亚细亚生产方式当作前资本主义社会的历史形式，并且认为，在其原始形式上，它必然充当了从史前土地公有制向土地私有制过渡的原初形式或中介。① 这就是说，马克思研究东方社会的主要目的不是为东方社会探索一条发展道路，而是另有缘由。"马克思研究东方社会，一方面出于对世界各民族的广泛关注，一方面是出于论争私有制并非永恒的，东方印度社会的公有制无疑为马克思提供了事实论据。为了论证私有制在人类历史上并非永恒存在的，马克思考察了东方社会的印度，并提出了'亚细亚生产方式'这个概念，他认为东方社会不存在土地私有制，但是马克思并没有得出一个结论性的答案，随着新的史料的呈现，马克思在其后期对亚洲东方社会的看法发生了改变，他发现东方社会也存在着土地的私有制。最后马克思明确区分了原始公社和亚细亚形态，认为亚细亚形态不是最落后的社会形态，在亚细亚社会之前还有原始社会，原始社会实行土地的公有制，公有制曾经在人类社会之初普遍地存在。"②

由此可见，马克思"跨越卡夫丁峡谷"思想绝不是对马克思人类社会发展道路理论的发展与创新，而只是对马克思社会发展道路理论的补充与完善。质言之，"跨越卡夫丁峡谷"的思想是马克思从作为整体的资本主义世界历史的内在逻辑出发，根据当时俄国农村公社的实际状况及其外部环境状况而提出的一种关于俄国农村公社未来命运可能性的假说，而不是马克思关于东方社会发展道路的一般原理。那种把马克思"跨越卡夫丁峡谷"的思想"泛化"为东方社会发展的一般道路的观点，既不能解释在19世纪80年代后俄国农村公社走向彻底崩溃、资本主义迅猛发展并逐渐占据统治地位的客观实际，更不能说明当代绝大多数东方国家相继走上资本主义发展道路的客观事实。

从马克思晚年"跨越卡夫丁峡谷"的思想引申出"东方社会发展道路"的做法和观点是站不住脚的。所谓"东方社会发展道路"说的方法论错误就在于：其一，混淆了普遍性与特殊性，把俄国农村公社可能成为新社会支点的特殊性上升为整个俄国乃至整个东方社会跨越资本主义生产方式的一般性；其二，混淆了可能性与必然性，把俄国跨越资本主义制度、进入社会主义社会的可能性归结为东方国家直接实现社会主义的必然性，把马克思在各种假定条件下对俄国在农村公社基础上可能

---

① 参见张奎良《马克思的东方社会理论》，《中国社会科学》1989年第2期。
② 赵志浩：《马克思关于亚细亚生产方式的论述》，《重庆工商大学学报》2010年第1期。

第十章 东方社会的发展趋势

"跨越卡夫丁峡谷"的科学研究误解为他对"东方社会发展道路"一般规律的探索。其三，混淆了整体性与局部性，无视作为整体的资本主义世界历史时代演变发展的一般规律，认为只有西方社会才遵循世界历史时代的发展规律，东方社会完全可以超脱世界历史规律的支配；把资本主义发展道路视为西方社会的发展道路，似乎东方社会可以另辟蹊径。这种观点的要害在于它把在某一特殊环境和各种假定条件下"跨越卡夫丁峡谷"的具体结论泛化为东方社会发展一般道路的一般原理。这种观点既与马克思世界历史理论相左，又与近现代世界历史时代演变发展的历史和逻辑相悖。尽管东西方社会各有其不同的特点，但如果试图从对东西方社会各自的特点的分析中推导出所谓东方社会发展道路或西方社会发展道路的论断，那就是不正确的了。只有在世界历史时代人类社会发展的共同趋势与一般规律的基础上来研究东西方国家各自的特点，才能使东方社会理论研究具有其科学的价值，否则将会偏离世界历史的一般逻辑。[①] "在马克思为俄国农村公社获得新生和整个俄国缩短向社会主义发展历程所预设的'具体的历史环境'中，俄国是没有也不可能摆脱资本主义因素、资本主义生产方式、资本主义道路的作用和影响的，更不可能摆脱资本主义世界历史时代。至于整个俄国是否要经历资本主义充分发展阶段（从而演变成为以资本主义基本制度为基础的国家），是否能缩短向社会主义的发展历程，以及其主体尚未完全解体的农村公社是毁灭还是能获得新生，在马克思看来则取决于他所预设的'具体的历史环境'能否出现。这也说明，把马克思在其晚年关于俄国农村公社乃至整个俄国未来发展的一种可能的分析泛化为'东方社会发展道路'说，在其方法论上是同马克思所尖锐批评的那种把他关于西欧资本主义起源和发展的论述泛化为一般社会发展道路的观点是一样的，都是错误的。"[②]

以上分析表明，马克思晚年"跨越卡夫丁峡谷"的理论所要解决的问题绝非是所谓"东方社会发展道路"的问题。"跨越卡夫丁峡谷"思想是马克思从作为整体的资本主义世界历史出发，根据俄国农村公社自身

[①] 参见叶险明《马克思的世界历史理论与现时代》，清华大学出版社1996年版，第172—173页。

[②] 叶险明：《关于马克思晚年相关思想研究中的误区——兼论"中国资本主义萌芽"所涉及的"五形态论"问题》，《马克思主义研究》2015年第1期。

的实际状况以及俄国农村公社在资本主义世界历史时代的外部环境状况而提出的一种关于俄国农村公社未来命运的可能性设想。那种把马克思晚年"跨越卡夫丁峡谷"思想泛化为东方社会发展的一般道路的观点，既不能解释在19世纪80年代以后迅猛发展并逐渐占据统治地位的俄国资本主义使农村公社走向彻底崩溃的历史局面，也不能说明为什么俄国、中国等经济落后国家在社会主义革命胜利后所经历的严重失误和严重曲折，更不能解释当代绝大多数东方国家相继走上资本主义发展道路这一客观事实。

我国学术界有人认为，马克思晚年研究的重心是着力探索东方社会"非资本主义"发展道路，其论据一是马克思晚年提出"跨越卡夫丁峡谷"思想的"历史背景"是19世纪70年代以后即巴黎公社失败后，西方资本主义国家进入了相对稳定的和平发展时期，这就使得马克思把理论思维的视野由西方转向东方；二是马克思晚年"跨越卡夫丁峡谷"的思想说明马克思在探讨东方社会发展道路问题，是对他以前关于一切民族都注定"要采用资本主义生产方式"论断的否定。这个观点及其论据是经不起推敲、不能成立的。实际上，无论是马克思晚年对俄国农村公社及其命运的考察还是对俄国"跨越卡夫丁峡谷"问题的探讨，都不仅是从属于马克思对作为整体的世界历史时代及其演变发展的总体性研究的，而且是马克思世界历史理论的一个有机组成部分。马克思逝世后，恩格斯基于新的历史环境明确否定了俄国"跨越卡夫丁峡谷"、直接过渡到社会主义的可能性，并认为不仅俄国如此，其他"东方落后国家"莫不如此。因此，所谓"东方社会发展道路理论"是对马克思"跨越卡夫丁峡谷"理论错误理解、随意泛化和任意发挥的产物，是附加在马克思、恩格斯名下的错误观点，因而是一种不能成立的观点。

五 "苏联模式"与"国家社会主义"的试验

鉴于俄国农村公社的瓦解以及以农村公社为基础向社会主义直接过渡的各种条件均未具备的客观事实，恩格斯认为俄国直接走向社会主义的可能性完全消失，资本主义道路成为唯一选择。因此，人们不能主观、人为地进行"社会主义革命"，否则将必然陷入盲目性，误入歧途。恩格

第十章 东方社会的发展趋势

斯明确指出:"当法国建立起第二帝国的时候,当英国的资本主义工业繁荣昌盛的时候,实际上也不能够要求俄国在农民公社的基础上投入自上而下的国家社会主义的试验",否则"人们多半只是半自觉地或者完全机械地行动,而不知道他们做的是什么。"① 东方社会的历史命运,是马克思与恩格斯晚年思考的焦点和探索的中心课题之一。马克思认为,东方社会有可能跨越资本主义"卡夫丁峡谷",前提是吸收资本主义一切肯定成果并且东西方革命互补。恩格斯鉴于资本主义的和平发展和东方社会公有制因素的进一步破坏,断言如果离开了西方发达国家革命成功后的榜样,东方社会主义道路将十分艰难。他告诫东方人民在民主革命胜利后不要"冒失地投入自上而下的国家社会主义的试验"。这对反思社会主义的实际历程,具有重大的理论和实践意义。"在恩格斯晚年的思想中,最值得重视的是他对东方落后民族的暗示和忠告,即东方落后国家不要轻易地搞'自上而下的国家社会主义',如今想来,意味无穷,因为整个二十世纪的社会主义实践,相当一部分,就是在西方革命失败和缺乏榜样的条件下,按照苏联模式,由各人民民主国家自上而下实施国家社会主义的过程,其空想和盲目性的后果,再一次地证明了恩格斯的先见之明。"②

然而,后来俄国不听恩格斯的劝告贸然投入国家社会主义的试验。先是推行"战时共产主义"体制,后来建立"苏联模式",建立了一整套国家社会主义制度。早在20世纪初,在论证俄国革命是否具有合法性的背景下,普列汉诺夫重提马克思的亚细亚生产方式理论。1906年,普列汉诺夫在斯德哥尔摩召开的第四次俄国社会民主工党代表大会上,针对土地革命议题,反对列宁的土地国有化方案。在普列汉诺夫看来,俄国是一个亚细亚形态的专制国家,沙皇专制统治的经济基础就是土地国有制,所以未来俄国革命如果不砸碎土地国有制的"锁链",就有可能像17世纪俄国、18世纪法国资产阶级革命及1848年法国革命后因为土地国有化出现的复辟一样,在俄国重现专制统治,从而导致"亚细亚复辟"。在十月革命前夕,普列汉诺夫坚持认为,俄国的生产力水平太低,经济极端落后,是不可能谈论社会主义变革的。俄国的首要任务不是进行社

---

① 《马克思恩格斯选集》第4卷,人民出版社1995年版,第448页。
② 孙承叔:《恩格斯晚年对东方社会历史命运的反思》,《复旦学报》1994年第4期。

主义革命，而是发展资本主义生产力，为未来的社会主义革命准备条件。工人阶级夺取全部政权是根本不恰当的。为此，他认为列宁提出的推翻资产阶级临时政府、建立无产阶级专政的主张是违背客观规律的，列宁主义的胜利本身又会加速俄国国内经济破产的到来，会使整个俄国遭到不可估量的灾难。俄国无产阶级要与资产阶级共同合作以完成俄国现在面临着发展生产力的伟大任务。十月革命后，他否定十月革命的重要意义，认为俄国无产阶级还没有成熟到掌握政权程度时，把这样的政权强加给它，就意味着把它推上最大的历史灾难的道路，这样的灾难同时也会是整个俄国的最大灾难。他认为，在落后国家搞国家社会主义的试验结果将不是人民当家做主，而是半亚细亚专制主义。普列汉诺夫认为，俄国要进行社会主义革命，必须先进行资产阶级民主革命，经过相当长的资本主义发展后再进行社会革命。列宁不同意普列汉诺夫的这种观点，他认为如果承认俄国经济力量和政治力量不相称，因而就不应该夺取政权，那就犯了不可救药的错误。俄国革命可以割断东方专制的传统，无须经过长期的资本主义发展，就可以在资产阶级革命之后，立即通过无产阶级革命进入社会主义。然而，俄国十月革命后面临土地国有化与计划经济所产生的严重经济与社会危机，列宁取消了"战时共产主义政策"，全面推行以发展多种经济成分、广泛发展商品经济为主要内容的"新经济政策"。面临俄共党内和国家机构内严重的官僚主义弊端，列宁开始研究俄国的"亚细亚"现象。他指出，在俄国"主宰这一片片空旷地带的却是宗法制度、半野蛮状态和十足的野蛮状态。乡村同铁路，即同那联结文明、联结资本主义、联结大工业、联结大城市的物质脉络往往相隔几十俄里，而只有羊肠小道可通，确切些说，是无路可通。到处都是这样。这些地方不也是到处都是宗法制度、奥勃洛摩夫精神和半野蛮状态占优势吗？"[①] 列宁指出这种落后、愚昧的"亚细亚的"图景就是滋生官僚主义的温床和基础。"我们这里官僚主义的经济根源是另外一种：小生产者的分散性和涣散性，他们的贫困、不开化，交通的闭塞，文盲现象的存在，缺乏农工业之间的流转，缺乏两者之间的联系和协作。"[②] 然而，由于普列汉诺夫曾经警告，布尔什维克全面实行土地国有

---

① 《列宁选集》第4卷，人民出版社1995年版，第509页。
② 同上书，第511页。

第十章　东方社会的发展趋势

并推行使"国家官吏成为一切生产管理者"的政策，可能促使"亚细亚复辟"，列宁便逐渐减少了他对"亚细亚""半亚细亚"概念的运用，而将旧俄国改称为"资本主义前期"或"资本主义"社会，也不再论及中国社会的"亚细亚"属性。列宁逝世后，斯大林在经济上废除了新经济政策，全面实行国有化、计划经济；在政治上放弃了克服官僚主义的努力，全面建立了高度集中的政治体制，从而形成了以斯大林理论为指导、以"国家社会主义"为特征的"苏联模式"。"苏联模式"一方面违背科学社会主义基本原则、背离社会主义的本质特征；另一方面脱离本国的实际国情，照搬马克思关于社会主义实现形式的某些设想与具体结论，贸然建立以国家所有制、中央集权制度与强政府统制为基本特征的国家社会主义经济政治制度。从表面上看，这种"国家社会主义"制度似乎是对西方资本主义生产方式的否定与超越，但这实际上则是东方社会历史上亚细亚生产方式的复归。当普列汉诺夫发现，在十月革命后仅半年时间内，布尔什维克党即背弃原来的理想和承诺，开始建立更加强大的国家机器，建立更加严厉的新闻检查制度，并以最严厉的手段对付政治反对派，这时候他绝望了。他从 1918 年的事实中洞悉出了十月革命后新生政权的几乎所有后果。普列汉诺夫担心革命会陷入不能自拔的困境中，担心亚细亚生产方式的复活。三年内战结束后，列宁及布尔什维克党不仅突然面对来自农民、工人甚至士兵的不满和挑战，而且发现新的社会中许多旧的东西复活了。从列宁晚年在《怎样改组工农检察院》《给代表大会的信》等带有政治遗嘱性质的口授文章等言行判断，他为此忧心忡忡。列宁不厌其烦地批评布尔什维克党的机关及苏维埃机关里官僚主义的复活，并一针见血地指出，这种官僚主义的根源不是资本主义的生产关系，而是大量存在的小生产，以及小生产的分散性和涣散性，他们的贫困、不开化、交通的闭塞，文盲现象的存在，缺乏农工业之间的流转，缺乏两者之间的联系和协作。为了反对官僚主义，列宁提议改组工农检察院，增加中央委员的人数并提高中央委员会中出身工人、农民委员的比例。但是，在斯大林执布尔什维克及苏维埃政权牛耳之后，很快背离了列宁新经济政策的理论和实践。在 20 世纪二三十年代建立了独特的苏联模式。苏联模式把列宁担心的东西推向极致，使亚细亚生产方式借助于新的语言、新的符号全面复活了。普列汉诺夫的历史洞察力是基于对马克思主义理论、对十月革命这一历史事件的总体把握，更是基于他对俄国特有的亚细亚社会政治、经济及文化结构的深入考察。普列汉诺夫把握了俄国的特殊性，从而有凭有据地预见到了苏维埃政权70多年后方完全显示出来的后果。[①]

斯大林不仅在实践上复活了亚细亚生产方式，而且在理论上阻止人们对亚细亚生产方式的科学研究。1929年后，苏联当局把"亚细亚生产方式"讨论和托洛茨基主义联系起来。一些主张俄国和东方国家属于"亚细亚生产方式"的学者，受到粗暴批评，要么被打成普列汉诺夫机会主义者，要么被冠为托洛茨基主义者。1931年列宁格勒的"亚细亚生产方式"的讨论会正式将"亚细亚生产方式"定为一种非马克思的学术观点，其论者亦被明确视为托派代言人。1938年，斯大林以"地理环境不可能成为社会发展的决定原因"为由，强制取消了一切"亚细亚"提法，把沙皇俄国硬性地称为封建主义和资本主义社会，斯大林于1926年便已强调中国社会的"封建"性质，以此说明俄国封建主义被资本主义代替，资本主义又被社会主义代替，完全符合"五阶段论"发展规律。于是，"亚细亚"问题被彻底掩盖了。斯大林还发表文章指出所谓东方国家特殊的亚细亚生产方式概念是反马克思主义的，不符合马列主义关于阶级与国家的学说。在斯大林的高压政策下，苏联有关亚细亚生产方式的讨论被无情地压制下去。作为现代亚细亚生产方式，以国有化与高度集权为主要特征的苏联模式不仅在苏联长期延续下来，而且被东欧、亚洲、非洲与拉丁美洲一些国家所复制、照搬，成为东方国家普遍性的生产方式。

第二次世界大战以后，在苏联"非资本主义道路"理论的影响下，不少发展中国家独立后走上了以苏联模式为代表的"国家社会主义"道路，这些国家遍布于亚非拉各大洲，多达数十个，其中以非洲最多。这些国家大多具有强烈的民族主义意识，反对帝国主义、殖民主义。但是，它们都强调它们的社会主义是适应本国宗教和传统的社会主义，它们只是在传统社会形态的基础上照搬苏联模式，把苏联模式"嫁接"在它们的传统社会的主干上。在政治上，它们实行一党制，进行集权统治，在经济上大搞农业集体化，消灭个体小农经济，对外资实行国有化，发展国家资本主义，兴建国营企业，加强国家对经济生活的干预和垄断。严

[①] 参见黄军甫《普列汉诺夫〈政治遗嘱〉的启示——苏联解体的政治文化缘由》，《中国浦东干部学院学报》2013年第1期。

厉打击私人民族商业,限制私人经济发展等。这些制度与政策措施既严重脱离这些国家的实际又阻碍了生产力的发展,导致经济僵化,缺乏活力,效益低下,增长迟缓,甚至停滞,造成经济危机、政治动荡。第三世界"非资本主义道路"的失败,说明东方落后国家还不具备走社会主义道路所必要的主客观条件。

20世纪90年代初,苏联解体、东欧剧变,苏联模式破产,使世界社会主义运动进入低潮,资本主义对发展中国家的吸引力日益加强。原本走非资本主义道路的发展中国家广泛进行政治经济改革,从非资本主义道路上转向资本主义。实践充分证明:东方国家在基本不具备各种必要条件的前提下贸然进行自上而下的国家社会主义试验,其结果只能导致亚细亚生产方式的复归,最终必然招致失败。1992年,以竭力推进"休克疗法"而著称的苏联代总理盖达尔曾在《国家与进步》一书中明确提出并详细地论证了俄罗斯同自己过去的"东方的、亚洲式的生产方式"决裂和加入到西方文明世界的必要性。

六 "委内瑞拉模式"与"国家资本主义"的命运

20世纪90年代初,苏联解体、东欧剧变,以委内瑞拉为代表的第三世界一些"社会主义"国家在经济改革与发展过程中一方面推行市场化的经济转轨,以扶植私营企业与外资企业、国有企业公司化等形式广泛采用资本化的生产方式;另一方面努力维持国有企业垄断地位,利用少数私营大企业和全面政府统制等形式加强国家对国民经济的控制力和在国际市场上的竞争力,从而形成了以市场经济与资本经营为基础、以国家统制为特征的"委内瑞拉模式"——国家资本主义模式。委内瑞拉利用人们普遍对新自由主义的失望和对社会不公正的不满,试图通过强有力的国家干预推动经济发展,维护社会公正。在具体政策措施上,建立大政府,推行国有化,由国家控制自然资源;反对私有化,反对向全球资本高度开放本国经济,抵制美国在西半球推动建立自由贸易区的计划。委内瑞拉国家资本主义的形成有三个主要途径:一是由政府拨款建立的国营企业;二是将原属外国资本的企业收归国有;三是将原属寡头势力侵吞的财产没收充公或将原属私人资本的企业接收过来转为国营企业。目前，委内瑞拉国营企业的产值在国内生产总值和国民收入中均占40%，占国内总投资的50%以上，国民财富总额的75%—80%，政府日常收入的65%。国家控制着几乎全部能源、矿业生产、出口，基础设施和社会服务业。国营企业经营范围包括钢铁、机器制造、炼铝、电力、石油、石化、天然气、航海、航空、贸易等生产性部门和信贷、保险、金融、商业、社会福利事业和旅游等非生产性部门。从形式上看，委内瑞拉在实行社会主义，但从本质上看委内瑞拉的国家是在少数官僚与资本家控制下。委内瑞拉的新老私人财团通过自己的组织——委内瑞拉工商业联合会，或者向政府施加巨大影响，或者直接参与政府的决策，从而使政府的大量开支不断流入它们的腰包。为了保证国家和资产阶级的最大利润，国家片面追求经济增长速度，忽视社会经济效益，加强了对劳动人民的剥削，导致贫富差距过大问题非常严重，人民生活十分贫苦。

国家资本主义的目标在于加强国家对国民经济的控制力和增强国家的国际竞争力，其主要特征是国家对重要资源与重要经济活动实行全面统制，其政策工具主要有四个方面：一是国有油（气）公司。全世界类似的国有石油公司控制全球75%的原油储备。二是国有企业。三是私人拥有但获得国家支持的公司。四是国家主权基金，委内瑞拉社保基金和外汇管理局也日渐变成国家主权基金。委内瑞拉拥有上述4种政策工具，因而成为国家资本主义的典型国家，成为当今世界国家资本主义的领导者。从根源上说，"委内瑞拉模式"是对"苏联模式"的改良和翻版；从其内容与特征来说，"委内瑞拉模式"是"苏联模式"在新的历史条件下的延续与发展，是"苏联模式"的2.0升级版；从其本质来说，"委内瑞拉模式"是由强力政府所创造、以市场经济与资本经营为基础、以国有制为主体、国家起主导作用的"国家资本主义"模式。国家社会主义模式与国家资本主义模式既有相同点又有不同点：二者在本质上是相同的，它们都是亚细亚国家主义生产方式在现代社会的复归与再现；二者在形式上是不同的，前者是在计划经济条件下正统型国家主义生产方式，后者是市场经济条件下革新型国家主义生产方式。在这一模式中政府利用各种国有公司垄断资源、获取利益，利用选定的私有公司来控制特定的经济领域，通过所谓的国家财产基金进行额外投资，以使国家利益最大化。从总体上说，都是国家在利用市场来创造官员们认可的利益，其根本动机出于政治考虑（国家权力最大化，领导层统治稳固化）而非经济考虑（最好的经济发展）。从功能来看，"国家资本主义模式"一方面推动了本国经济的高速增长，另一方面大大增强了国家经济实力和国家竞争力。从后果来说，"国家资本主义模式"一方面在国内损害了广大人民的权利，导致严重的社会不公、政治腐败与贫富分化；另一方面在国际上严重影响到自由市场经济的运行，严重威胁到世界民主政治的发展。我国著名经济学家吴敬琏先生明确提出，中国也应当警惕国家资本主义的影响和危害："在市场经济体制初步建立以后，我国社会始终存在一个走向哪里去的选择问题，或者是确立宪政，限制行政权力，走向法治的市场经济制度；或者是沿着重商主义的道路，走向权贵资本主义，或称官僚资本主义、官家资本主义的穷途。在这种情势下，坚持建立市场经济的人们要求坚定不移地推进改革，建设法治的市场经济；而某些能够从寻租活动中获得利益的既得利益者不愿意继续朝法治市场经济的方向前进。他们采取各种各样的手段来阻碍经济和政治进一步改革，以免自己的寻租权力遭到削弱。"① "中国当前的经济体制，是一种既有市场经济因素，又有大量旧体制残余的过渡性的经济体制。它既可能进一步前进到法治的市场经济，也可能蜕化为国家资本主义乃至权贵资本主义。"②

委内瑞拉模式既不是走资本主义道路，也不是走科学社会主义道路，而是一条以市场经济与资本运营为基础、以国家为主导的国家资本主义道路。从实践上看，尽管国家资本主义模式在当代世界风靡一时甚至独领风骚，但它存在着严重的结构缺陷与内在弊端。历史将证明：像历史上以"苏联模式"为代表的国家社会主义一样，当代以"委内瑞拉模式"为代表的"国家资本主义"仍然难以继续长期存在，更难以持续发展。历史事实充分证明：东方国家"跨越卡夫丁峡谷"在理论上应当科学论证而不能简单化，在实践上应当理性谨慎而不应当盲目行事；探索"东方社会发展道路"不是完成时，而是处于进行时；国家社会主义的试验已经终结，国家资本主义模式也将难以为继。尽管今天委内瑞拉的"国家资本主义模式"与历史上苏联"国家社会主义模式"产生的历史条件、

---

① 吴敬琏：《让历史照亮未来的道路：论中国改革的市场经济方向》，《经济社会体制比较》2009 年第 5 期。
② 吴敬琏：《中国站在新的历史十字路口》，《同舟共进》2012 年第 2 期。

表现形式各不相同,但它们的本质是相同的,其最终的历史命运也将是相同的。东方及中国应当反思"国家社会主义试验"、摒弃"国家资本主义模式",构建以公民为主体、以公民政治权利、财产权利与市场经济为基础的崭新的社会形态——"市场社会主义"模式。为此,我们应当进行生产方式与国家制度全面而深刻的改革,在社会主义方向的引导下实现从集权制度向民主制度的转变,完成东方国家从传统社会向现代社会的历史性转变。实际上,中国和世界现代文明的距离并不遥远。说到底,就是一个拥抱的距离。只要我们分析中国文明的利弊,虚心接受人类文明的成果,就可以顺利融入人类文明体系,赢得世界的尊重和支持。马克思的世界历史与经济全球化理论"对于一个中国人来说,有益的教导在于这一点:假如承认存在着世界历史,那么作为一个民族的中国来说,她的生产关系必然有许多是'转移来的'、'非原生的'。"[1] 只有承认"自由""民主""公平""正义"等全人类普遍承认的"共同价值",[2] "人类文明总是互相传布互相渗透的。重要的问题在于学习——可不能'中学为体,西学为用'。拿这种态度来学习,是什么也学不到手的。"[3] 只有认真学习与切实利用公民权利、民主政治、法治国家与市场经济等人类现代文明的优秀成果,才能从根本上消除东方国家君主专制、官僚政治、人治国家与统制经济的亚细亚生产方式及其历史影响,实现东方与中国生产方式与社会形态的根本变革。只有这样,才能真正实现亚洲及东方社会的根本革命,使东方国家真正融入世界历史进程与经济全球化体系,从而使人类最终完成全面解放的历史使命。

---

[1] 顾准:《生产。生产资料和生产关系。生产关系和交往关系》,载《顾准笔记》,中国青年出版社2002年版,第535页。

[2] 2015年9月28日,习近平在纽约联合国总部出席第七十届联合国大会一般性辩论中发表讲话指出,和平、发展、公平、正义、民主、自由,是全人类的共同价值,也是联合国的崇高目标。目标远未完成,我们仍须努力。我们要继承和弘扬联合国宪章的宗旨和原则,构建以合作共赢为核心的新型国际关系,打造人类命运共同体。在这里,习近平高扬人类文明的旗帜,揭示了全人类的共同价值和奋斗目标。

[3] 顾准:《王夫之的抑末论》,载《顾准笔记》,中国青年出版社2002年版,第236页。

第四篇

亚细亚生产方式与中国基本国情

第十一章 马克思主义者关于中国社会的论述

一 马克思、恩格斯的中国观

马克思、恩格斯的中国观,是通过批判地继承英国古典政治经济学家和德国古典哲学家的中国观,并在此基础上加以科学地发展的产物。马克思、恩格斯根据新的资料作独立的研究,部分地印证并发展了英国古典政治经济学家和德国古典哲学家关于中国的观点。他们通过深入探讨中国古代文明形成的特殊历史途径和由此导致的中国传统社会的基本结构、经济基础和政治形态的特征,揭示中国传统社会频繁改朝换代而社会结构却不发生根本变动的奥秘,得出了封闭乃是保存旧中国的首要条件,而开放则是中国的唯一出路的科学结论。

(一)中国社会结构的特征

马克思、恩格斯指出:中国及东方社会的突出特征就在于封闭保守性。中国及东方社会的封闭保守性既表现为内部封闭性,也表现为外部封闭性。从其内部来看,中国及东方社会一方面完全是由许许多多孤立存在的村社所组成的,除了中央政府和少数大城市以外,全国分为许多村社,这些村社构成完全各自独立的实体,各自成为完全闭关自守的小天地。这种封闭性是农村公社最坏的一个特点。另一方面,中国及东方国家自给自足的自然经济使村社农民完全可以不依靠商品交换、不与外界发生经济联系而生活,这种自给自足的自然经济对大工业具有天然的排斥作用。马克思指出,"在中国和印度,生产方式的广大基础就是小农业和家庭手工业合为一体……在中国农业和手工工场业直接结合,这就大大节省钱财又节省时间,因此就给大工业产品以最顽强的抵抗,因为大工业生产品的价格是包含着这些生产品在流通过程中处处所耗去的不生产的费用。"正是由于这一原因，使英国的商品经济对于东方生产方式革命化的影响，在印度很慢才得到成效，在中国所得到的成效就更小。"从远古的时候起，在印度便产生了一种特殊的社会制度，即所谓村社制度，这种制度使每一个这样的小结合体都成为独立的组织，过着自己独特的生活。"① 封闭的村社环境造成了人在思想上的保守性。村社的封闭性使人的头脑局限在极小的范围内，成为迷信的驯服工具，成为传统规则的奴隶，表现不出任何伟大和任何历史首创精神；使人把注意力集中在一块小得可怜的土地上，只关心自己一身一家的私利，对任何外界的风暴都无动于衷。

从外部来看，中国及东方专制国家对外采取闭关自守的封闭政策。"当这种隔绝状态通过英国而为暴力所打破的时候，接踵而来的必然是解体的过程，正如小心保存在密封棺材内的木乃伊一接触新鲜空气必然要解体一样。"② 马克思所说的"新鲜空气"，就是来自西方的"影响着中国的财政、生活风尚、工业和政治结构的破坏性因素"。③

马克思、恩格斯认为，中国被海洋、高山和沙漠环绕隔绝这一地理事实，同时象征着它在精神上的封闭、孤立、静止。一种亘古不变的腐朽气息化解了一切新鲜事物和创造精神。旧中国恰如一具木乃伊，周身涂着陈腐的香料，描画着象形文字，包裹着丝绸，它体内的血液循环早已停止，犹如冬眠的鳖类，它对一切外来事物都采取敌视、窥测、阻抗的态度，它对外部世界既不了解，也无兴趣，更不喜欢，它的最高旨意就是终日沉浸在自我封闭的漫长黑暗之中。

（二）中国历史发展的规律

从中国社会的历史运动来看，马克思认为中国社会有史以来从未发生过一次真正的革命，在被西方商品经济的重炮轰开国门以前，它一直停滞在"亚细亚生产方式"的阶段。马克思认为，农村公社不仅是中国原始社会末期普遍的社会形式，而且在中国进入阶级社会后农村公社一方面在一定程度上解体，另一方面又在新的历史条件下以新的形式延续

---

① 《马克思恩格斯选集》第 1 卷，人民出版社 1995 年版，第 764 页。
② 同上书，第 692 页。
③ 同上。

下来，这样就使得中国从亚细亚生产方式的原生形态进入亚细亚生产方式的次生形态。因此，中国一直停滞在亚细亚生产方式的历史范畴，始终没有进入西方那样的奴隶社会与封建社会。马克思晚年在其人类学笔记中明确指出，把亚细亚生产方式占统治地位的印度说成是"封建化"的社会是错误的。马克思坚决反对把"封建社会"这一概念用于东方国家。马克思一方面使用"亚细亚生产方式"这一概念来概括中国、印度与俄国等东方国家传统社会的基本性质与主要特征，另一方面使用"亚细亚生产方式"这一概念来说明中国及东方社会历史发展的客观规律。马克思指出，中国传统社会中虽然并没有发生过一次真正的革命，但却经常地出现周期性的社会动乱。但是，这种社会动荡的结果只是实现了改朝换代而没有导致新的社会形态的产生，在每一次社会动荡及新的朝代建立之后社会总是回归到发生动荡之前的状况，从而使中国社会呈现出周期循环与停滞不前的特征。马克思指出，中国及东方国家的农村公社和小农经济具有顽强的再生能力。在每一次巨大的社会震荡之后，"这些自给自足的村社经常以同一形式重新恢复起来，它们被破坏了，又在原处用原有的名称重新产生，它们的生产结构的简单就是以解释亚洲社会的不变性的秘密。亚洲社会的不变性，与亚洲国家之经常被破坏而重新建立，与它们朝代之迅速更换，恰恰相反。……这个社会基本经济成分的结构，并不被政治范围内发生的风暴所惊动"。[①]

（三）中国社会发展的趋势——古老专制帝国必然灭亡

马克思、恩格斯深刻地分析了中华专制帝国必然灭亡的趋势："满族王朝的声威一遇到英国的枪炮就扫地以尽，天朝帝国万世长存的迷信破了产。"[②] 中国专制帝国之所以必然灭亡，其原因首先在于以依靠小农业与家庭手工业相结合为特征的中国社会经济结构。这种社会经济结构只能维持低下的生产力水平，落后的生产方式必然阻碍经济和技术的发展。因此，中国根本没有经济实力和军事实力来抵御西方列强的侵犯。中国专制政权及其基本特征是导致中国战败的直接原因。中国专制政府长期实行闭关锁国政策。马克思指出："与外界完全隔绝，这曾是保存旧中国

[①] 《马克思恩格斯全集》第 46 卷，人民出版社 1998 年版，第 473—474 页。
[②] 《马克思恩格斯选集》第 1 卷，人民出版社 1995 年版，第 691 页。

的首要条件。"① "一个人口几乎占人类三分之一大帝国，不顾时势，安于现状，人为地孤绝于世并因此竭力以天朝尽善尽美幻想自欺。这样一个帝国注定最后要在一场殊死的决斗中被打垮。"② 马克思指出，"隔绝于世"的闭关政策不仅阻碍了经济发展、科技进步和政治变革，而且对中国人的思维方式和文化心理造成了负面影响。陷于封闭、昧于时势、安于现状、耽于幻想甚至甘于自欺的精神状态就是其突出表现。这种封闭政策及其精神状态是近代中国走向衰落的重要原因。中国政治制度腐朽，各级行政机构中腐败现象蔓延。马克思、恩格斯指出：中国是"一个这样的帝国……它很腐败，无论是控制自己的人民，还是抵抗外国的侵略，一概无能为力。"③ "帝国当局、海关人员和所有的官吏都被英国人弄得道德堕落。侵蚀到天朝官僚体系之心脏、摧毁了宗法制度之堡垒的腐败作风，就是同鸦片烟箱一起从停泊在黄埔的英国炮船上被偷偷带进这个帝国的。"④ 马克思和恩格斯认为，既然中国有这样一个腐败无能的政府和这样一支腐化堕落的官员队伍，那么即使这个国家拥有足够的财富积累和军事实力，即使中国军队绝不缺乏勇敢和锐气，也绝不可能改变失败的结局。

马克思引用一位来到中国的英国官员米切尔的话说："中国人的习惯是这样节俭、这样因循守旧，甚至他们穿的衣服都完全是以前他们祖先所穿过的。这就是说，他们除了必不可少的以外，不论卖给他们的东西多么便宜，他们一概不要。"⑤ "福建的农民不单单是一个农民，他既是庄稼汉又是工业生产者。他生产布匹，除原料的成本外，简直不费分文。如前所说，他是在自己家里经自己的妻女和雇工的手而生产这种布匹的；既不要额外的劳力，又不费特别的时间。在他的庄稼正在生长时，在收获完毕以后，以及在无法进行户外劳动的雨天，他就让他家里的人们纺纱织布。总之，一年到头一有可利用的空余时间，这个家庭工业的典型代表就去干他的事，生产一些有用的东西。"⑥ 自然经济的土壤和封闭的

---

① 《马克思恩格斯选集》第 1 卷，人民出版社 1995 年版，第 692 页。
② 同上书，第 716 页。
③ 同上书，第 734 页。
④ 同上书，第 717 页。
⑤ 同上书，第 757 页。
⑥ 同上书，第 758 页。

第十一章 马克思主义者关于中国社会的论述

社会环境形成了以家长制、宗法制和君主集权制为代表的东方专制主义。"正如皇帝通常被尊为全中国的君父一样,皇帝的官吏也都被认为对他们各自的管区维持着这种父权关系。"① 东方专制主义政权利用一切手段打击和扼杀任何足以动摇这种经济基础的因素,极力维护这种以个体小农业和家庭手工业相结合的经济基础。因为以吸取千百万农民和家庭手工业者的血汗来喂养自己的全部东方专制主义上层建筑,只能建立在这种经济基础之上。晚清政权通过税收、贡纳、徭役等手段,集中了庞大的国家财富,这些财富归根结底是千百万小农和手工业者的血汗积累起来的。这一小农和手工业相结合的经济结构和与之相对应的东方专制主义政权,具有内在的稳定性,如果没有外来势力的冲击,可能还要延续一段时间。这是中国古代社会曾经长期稳定不变的主要原因。可是到了晚清时期,外部世界已经发生了根本的变化。这种变化对小农业与家庭手工业相结合的经济结构和专制主义政权产生了巨大的冲击和挑战。19世纪40年代,欧美各主要资本主义国家都已经相继完成了工业革命,资本主义固有的基本矛盾已经逐步暴露出来,生产过剩危机不断发生,无产阶级和资产阶级之间的矛盾和斗争不断激化。为了转嫁国内矛盾,寻找新的原料产地和产品的销售市场,各主要资本主义国家纷纷走上了侵略扩张的殖民主义道路。占领中国的广阔市场是它们的重要目标,鸦片贸易也就产生了。"随着鸦片日益成为中国人的统治者,皇帝及其周围墨守成规的大官们也就日益丧失自己的统治权。"② 恩格斯一方面愤怒地声讨西方列强的残暴行径,满怀深情地支持中国人民的反侵略斗争;另一方面肯定了旧中国必然灭亡的历史趋势,他预言:"有一点是肯定无疑的,那就是旧中国的死亡时刻正在迅速临近。""过不了多少年,我们就会亲眼看到世界上最古老的帝国的垂死挣扎,看到整个亚洲新纪元的曙光。"③

(四) 中国社会发展的前途

1. 毫无建设性的破坏——改朝换代、回归亚细亚社会的常态:均贫富

马克思、恩格斯不仅揭示了古老中国社会走向灭亡的必然趋势,而

---

① 《马克思恩格斯选集》第1卷,人民出版社1995年版,第691页。
② 同上。
③ 马克思、恩格斯:《马克思恩格斯论中国》,人民出版社2015年版,第66页。

且进一步指出了中国社会未来的发展前途。马克思指出，中国社会在新的社会动荡之后面临两种可能性前途：一是实现新的改朝换代，复归以"均贫富"为特征的亚细亚生产方式；二是实现根本革命，走向以自由、平等为主要特征的民主共和制度。

在中国传统社会中，多数王朝在其统治的初期总是由国家来分配土地，实行"均田"，经过一段时间的发展，贫富剧烈地分化了，大批农民的土地被兼并到少数人手中，因而就再一次要求实行"均田"和"均贫富"，使社会复归到亚细亚生产方式的常态。马克思以太平天国为例，揭示了"在中国这块活化石上所发生的革命"的本质。他认为，太平天国运动虽然对动摇专制制度具有重要作用，但就其本质来说太平天国仍是中国社会旧制度的代表，并不是什么特别的东西。马克思指出："在这次中国革命中奇异的只是他的体现者。除了改朝换代以外，他们不知道自己负有什么使命？他们没有任何口号。他们对民众来说比对老统治者们还有可怕。他们的使命，好像仅仅是用丑恶万状、毫无建设性的破坏来与停滞腐朽对立。"[1] "他们吵吵嚷嚷煞有介事地闹了 10 年，结果是破坏了一切，而什么也没有建设起来。"[2] "这种现象本身并不含有什么特殊的东西，因为在东方各国我们总是看到，社会基础停滞不动，而夺得政治上层建筑的人物和种族却不断更迭。"[3] "太平军给人的印象就是中国人想象中的那个凶神恶煞下凡。而这种凶神恶煞只有在中国才可能有。它是停滞的社会生活的产物。"[4]

2. 自由、平等、博爱的"中华人民共和国"

马克思、恩格斯不仅看到了近代中国社会发展重新实现改朝换代、回归亚细亚社会的可悲事实，而且大胆地预测了中国社会发展的光明前途。马克思、恩格斯预言，中国这个世界上最古老和巩固的帝国已经处于社会大变革的前夕，这一变革必将使这个国家由古老的专制文明走向现代民主文明。马克思、恩格斯乐观地预言："如果我们欧洲的反动分子不久的将来会逃奔亚洲，最后到达万里长城，到达最反动最保守的堡垒

---

[1] 《马克思恩格斯论中国》，人民出版社 2015 年版，第 122 页。
[2] 同上书，第 123 页。
[3] 同上书，第 122 页。
[4] 同上书，第 125 页。

的大门，那么他们说不定就会看见这样的字样：中华人民共和国——自由，平等，博爱。"① 马克思、恩格斯认为，要使中国及东方国家告别专制走向民主，必须进行一场社会制度的根本革命。这一根本革命的过程包括两个步骤：（1）破坏——消灭旧的亚细亚生产方式；（2）重建——在中国及东方国家建立西方式的社会形态。要实现这一根本革命，不仅要有中国及东方国家的内部因素，而且还应当有适当的外部因素的作用。马克思明确指出，西方商品经济侵入亚洲瓦解着亚洲社会自然经济的基础。

二 列宁、普列汉诺夫关于中国社会的论述

不仅马克思、恩格斯对东方与中国社会及其历史发展做出了许多评论，而且列宁和普列汉诺夫也对东方与中国社会做出了重要评论，对俄罗斯的东方亚细亚传统抱有深刻的厌恶和警惕。1902年列宁批评了俄国社会民主工党第一部党纲中把俄国说成是"封建制度"的观点，他反对把普鲁士专制主义与俄罗斯专制主义相提并论，因为后者是一种"可诅咒的遗产和可耻的待人方式"，是成吉思汗鞑靼军事专制主义在俄国统治留下的一个"怪物"——欧洲最反动、落后、愚昧和黑暗的"普遍奴隶制"。普列汉诺夫不仅看到了俄国革命的可悲前景："俄国历史的车轮将要有力地、非常有力地向后转"，而且高度关注中国社会与中国革命，形成了关于中国问题较为全面的理论观点。

（一）中国古代国家制度产生的客观条件与基本特征

（1）特定的地理环境是中国古代国家制度产生的客观条件。普列汉诺夫于1890年2月发表了《评列·伊·梅奇尼柯夫的书》一文，表示赞同19世纪俄国著名地理学家和社会学家梅奇尼柯夫（1838—1888）关于尼罗河、底格里斯和幼发拉底河、长江和黄河对古代东方文明的发展有重大影响的观点。梅奇尼柯夫写道：长江的水渠和黄河的堤坝，想必都是比埃及的金字塔和庙宇更加众多的几个世代人民精心组织起来，共同进行劳动的成果。普列汉诺夫引证了这一生动叙述之后，指出："一般说

---

① 《马克思恩格斯全集》第7卷，人民出版社1959年版，第265页。

来，在中国，至少在长江和黄河下游地区，这乃是专制政权经济意义所在。"① 这里他肯定了有利的地理环境对于发展古代中国文明的积极意义和古代中国的君主专制政府在治理水利方面的巨大作用。普列汉诺夫具体论述了中国原始公社制度的解体、"东方社会制度"的产生以及这种东方社会制度国家的特点。他在1890年写的《尼·加·车尔尼雪夫斯基》一文中指出，由于地理环境的不同特点影响了原始公社制在中国和希腊解体后产生的社会制度也具有不同的特征。他在1897年发表的《论唯物主义的历史观》这篇文章中分析中国和埃及产生国家的过程时指出，在中国或埃及之类的国家里，如果没有那些构造极其复杂、规模极其宏大的水利工程来调节大河巨川的洪水、防止泛滥、灌溉耕地的话，文明生活就不可能，国家的兴起在极大的程度上是可以用社会生产过程的需要的直接影响来说明的。他对于像中国这样的东方国家在古代就具有管理水利的社会职能的论述，是符合实际情况的。这一点马克思在《不列颠在印度的统治》等文中早已就论述过，普列汉诺夫在这个问题上也是接受并发挥了马克思的观点的。

（2）中国古代国家制度的主要特点在于君主专制及其官僚制度。普列汉诺夫在一些文章中还论述了中国这种"东方生产方式"在经济制度和政治制度方面的具体的内容和特点。他在1890年评述车尔尼雪夫斯基的文章中，指明：从古代到近代，中国的经济发展方向与进程区别于欧洲，与此相联系，在中国形成的"东方社会制度"也不同于在欧洲先后出现的奴隶制度、封建制度和资本主义制度等经济制度，有其固有的特点。在普列汉诺夫看来，中国古代所形成的东方社会制度的最主要特点就是：由于防止泛滥、灌溉耕地，需要建立庞大的国家机关来组织人力、物力以兴修构造极其复杂、规模极其宏大的水利工程；这种庞大的国家机关产生之后就形成了君主专制制度和官僚集团，它们严厉而残酷地统治农民。不仅中国，而且像埃及、印度、波斯以及俄国的社会制度，都具有这种特点。

（二）中国古代生产方式与西方古代生产方式的区别

普列汉诺夫认为，中国古代的生产方式是不同于西方"古代生产方式"的"东方生产方式"。这是因为，中国历史在氏族组织崩溃之后进入

---

① 《普列汉诺夫全集》第7卷，俄文版，第19—20页。

了一个独特的亚细亚生产方式或"东洋社会",而不像希腊、罗马那样进入"古代社会"——奴隶制社会。[①]"东方生产方式"和西方诸国于氏族社会瓦解后出现的作为奴隶制生产方式的"古代生产方式"并存,这是两个并存的经济发展类型、两种经济制度的类型、两种根本不同的生产关系。即是说,"古代生产方式"这种奴隶制的特点,是不保留氏族社会的土地公有、农村公社等残余,而"东方生产方式"的特点,是较长期地较多地保留了氏族社会的土地公有、农村公社等残余。普列汉诺夫在一些文章中,还论述了中国这种"东方生产方式"在经济制度和政治制度方面的具体的内容和特点。他在1890年评述车尔尼雪夫斯基的文章中指出,从古代到近代,中国的经济发展方向与进程区别于欧洲,与此相联系,在中国形成的"东方社会制度"也不同于在欧洲先后出现的奴隶制度、封建制度和资本主义制度等经济制度,有其固有的特点。普列汉诺夫的这一看法,也是言之成理,持之有据的。普列汉诺夫的新见解给予了我们社会历史的发展不是单线性而是多线性的新启示。[②]

(三) 中国与俄国的关系

(1) 比较中国与俄国的异同。普列汉诺夫不仅对中国古代史的一些问题发表了自己的见解,而且对中国古代生产方式与俄国古代生产方式进行了比较。普列汉诺夫早就指出:俄中两国同属于专制主义统治类型,具有相同的社会制度;俄中两国近代以来不同的历史发展,形成了不同的结局命运。近代的历史发生了不同的变化,俄国走向西方列强那样扩张的道路,而中国则备受西方列强的奴役,它深为遭受帝国主义和专制主义双重压迫的中国人民的命运担心。他在1889年写道:"莫斯科是属于中国的一类,不过这一中国不在亚洲而在欧洲。由此,就有那一重要的差异,就是,正如现在的中国一切的力量都被欧洲所击退,我们的莫斯科的中国还从伊万雷帝的时候就以武器与努力为自己打开一个小窗口。彼得一世成功地解决了这一伟大的任务。他完成了巨大的激变,拯救了俄国免于麻痹。但是彼得皇帝所能做的只是沙皇的权力所能达到的。他建立了常备的、照欧洲样子武装的军队,而且把我们的国家管理的体系

---

① 参见普列汉诺夫《马克思主义的根本问题》,三联书店1950年版,第36—37页。
② 参见高放、高敬增《普列汉诺夫与中国》,《湖北大学学报》1985年第6期。

欧洲化了的。"① 沿着这条道路,俄国后来发展成为军事专制主义。与此同时,中国的清政府已先后在第一次和第二次鸦片战争中被打败,签订了割地、赔款、出卖主权的《南京条约》《望厦条约》《黄埔条约》《伊犁条约》等。担负着反对专制统治者和外国资本主义侵略者双重任务的轰轰烈烈的太平天国革命,也已被清朝政府所镇压。"中国的一切力量都被欧洲所击退"。但中国人民反对专制主义和帝国主义的革命斗争仍然在以各种形式继续着。

(2) 谴责俄国侵略中国的罪行。1900年8月底,普列汉诺夫同列宁等人在瑞士日内瓦郊区商谈在国外编辑、出版《火星报》时,谴责了"俄国人在中国的暴行"。到了9月,八国联军侵占北京后不久,他在为《共产党宣言》俄文译本写的序言——《阶级斗争学说的最初阶段》中,则严厉谴责了包括沙俄在内的各帝国主义国家屠杀中国人民的暴行。他不仅鞭挞沙皇政府占领中国的侵略野心,而且谴责当时在俄国境内发生的迫害中国侨民的暴行。他于1903年5月在第39期《火星报》上发表了《时代在变化》一文,其中写道:"不知道我国读者是否注意到我们的'公开的'报纸所报道的那个事实:正当在基希涅夫市发生了蹂躏犹太人的暴行时,在日米托尔也有四个中国人险遭一群人杀害。这四个中国人是在地方马戏团谋生,出来观看节日游园联欢会的。这群人为什么要杀中国人?很明显,只是为了转移由于生活困苦所引起的动荡的不满情绪,而这种情绪还未受到革命思想的熏陶。当时警察局觉察到,在群众中积聚了大量的这种不满情绪,自然,它竭力使这种不满情绪不致爆发,而使其反对'犹太人'、鞑靼人、亚美尼亚人、中国人,一句话,去反对所遇到的任何外国人。我们应该阻止警察局开这个绿灯。对于'杀死犹太人!'(或其他外国人)的叫嚣,我们的回答应该是:'杀死警察'……这些叫嚣得到了某些人的赞同,我们则要使那些想杀中国人的这群人,很乐意去打击警察。"② 普列汉诺夫号召一切受压迫的俄国人,应该把斗争目标指向沙皇专制制度及其走狗警察,而不应该错误地指向包括中国人在内的侨居在俄国的外国人。普列汉诺夫的这些言论和主张,充满人道主义与国际主义精神。

---

① 《普列汉诺夫哲学著作选集》第1卷,三联书店1974年版,第455页。
② 《普列汉诺夫全集》第12卷,俄文版,第368页。

（四）批评中国古代王安石式的改革

1906年，俄国社会民主工党第四次代表大会上制定党的土地纲领时普列汉诺夫反对列宁的土地国有化主张，他认为这将导致东方专制制度的复辟。他援引王安石变法为例，以此说明由于恢复并且加强了国家对土地的控制而产生了一个官僚阶级。他在1906年发表的《论俄国土地问题》一文和同年在党代表大会上关于土地问题的发言中，详细地论述了他对王安石变法的看法。他明确地反对亚细亚式的复辟，即在国家成为全部土地所有者的基础上进行生产管理的王安石式"改革"，因为王安石式的改革不会给俄国带来任何有益的东西。普列汉诺夫明确提出，俄国无论如何不能倒退到黑暗专制的亚细亚式生产方式中去。

（五）肯定与歌颂近代中国民主革命

1911年10月10日，中国爆发了资产阶级领导的辛亥革命。1912年1月在南京成立了中华民国临时政府，孙中山被推举为临时政府大总统。3月颁布了《中华民国临时约法》。1912年4月20日普列汉诺夫在一次集会上发表的演说中以充满喜悦的心情兴奋地介绍了中国辛亥革命所取得的成就。他说："在60年代初，西欧各族人民还只是开始摆脱1848—1849年暴风雨事件以后所遭受的虚弱。而现在甚至波斯人都要求自由，现在甚至长期蛰伏不动的中国也动起来了。并且宣布成立共和国。"普列汉诺夫当时认为辛亥革命后建立的共和国将促进中国的资本主义经济的发展，加快中国的"欧化"过程。他在1914年出版的《俄国社会思想史》第1卷中指出，像中国这样"最典型的东方国家现在亦转向西方"。他乐观地写道："在这些东方国家当中，有些国家在这个运动过程中似乎有可能超过俄国。在俄国还未确立议会制度的时候，中国已变成了共和国。"[①]

---

① 《普列汉诺夫全集》第20卷，俄文版，第131页。

第十二章 亚细亚生产方式与
中国基本国情

中国共产党在领导中国革命、建设、改革开放与现代化建设的实践中，十分重视弄清中国国情，坚持从中国实际国情出发提出党的理论、纲领、路线。党的十三大明确提出我国现在处于社会主义初级阶段。党的十八大报告明确指出："建设中国特色社会主义，总依据是社会主义初级阶段。"① 这是因为，中国目前的基本国情是我国仍然处于并将长期处于社会主义初级阶段。然而，社会主义初级阶段是怎样的一个历史阶段？中国为什么必然要经历这样一个历史阶段？社会主义初级阶段形成的根本的历史原因是什么？只有在理论与实践上把这些问题解决好，才能从根本上把握中国基本国情，才能走好中国特色社会主义道路、构建与完善中国特色社会主义制度。

一 社会主义初级阶段形成的历史前提

毛泽东同志指出："认清中国社会的性质，就是说，认清中国的国情，乃是认清一切革命问题的基本的根据。"② 历史经验证明，认清基本国情不仅是中国革命的首要问题，而且也是建设中国特色社会主义的首要问题。所谓基本国情，主要是指一个国家的社会性质及其相应的发展阶段。因此，要有效地推进中国特色社会主义建设事业，首先必须科学

---

① 胡锦涛：《坚定不移沿着中国特色社会主义道路前进　为全面建成小康社会而奋斗——在中国共产党第十八次全国代表大会上的报告》，2012年11月8日。
② 《毛泽东选集》第2卷，人民出版社1991年版，第633页。

地认识中国基本国情,正确地把握中国社会的基本性质及其所处的发展阶段。毫无疑问,中国的基本国情是长期处于社会主义初级阶段。然而,究竟什么是社会主义初级阶段——中国特色社会主义是怎样的一种社会主义?它处在怎样的一个历史发展阶段?对此,理论界存在着两种不同的观点:其一,认为社会主义初级阶段这个范畴表明中国已经进入了作为共产主义社会第一阶段的社会主义社会,只是中国的社会主义还处于一般的幼年或不发达的阶段。其二,认为中国的社会主义初级阶段不是社会主义一般的起始阶段或不发达阶段,而是我国在生产力落后、商品经济不发达条件下建设社会主义必然要经历的特殊发展阶段。笔者认为,中国的社会主义不同于马克思所说的作为共产主义第一阶段的一般社会主义,它是一种特殊形态的社会主义;中国的社会主义初级阶段不同于社会主义之一般的起始阶段或不发达阶段,它是一个特殊的历史发展阶段。社会主义初级阶段的特殊性,一是表现为中国社会主义初级阶段形成的历史前提具有特殊性,即它不是在资本主义生产方式高度发展的基础上产生的,而是在中国特殊的前资本主义生产方式的基础上产生的;二是表现为中国社会主义初级阶段承担的历史任务具有特殊性,即它所要完成的历史任务不是社会主义自身所应当完成的为向共产主义高级阶段过渡创造条件这一历史任务,而是要完成本来应当由资本主义来完成,其他许多国家在资本主义条件下已经完成的实现生产社会化、工业化、市场化与现代化的历史任务。因此,社会主义初级阶段是一个在特殊历史前提下形成、承担特殊历史任务的特殊历史阶段。中国的最大国情、基本国情,就是目前处于并将长期处于社会主义初级阶段这一特殊的历史阶段。要科学地阐明我国初级阶段社会主义的基本规定性及其发展的客观规律性,从而解决"什么是初级阶段的社会主义、在初级阶段怎样建设社会主义"这一跨世纪的重大历史课题,就必须对我国社会主义初级阶段生产方式进行认真的研究,科学地揭示社会主义初级阶段的生产方式与初级阶段的社会主义之间的内在必然联系。[①]

那么,社会主义初级阶段是怎样形成的?中国为什么必然要经历社会主义初级阶段这样一个特殊的历史阶段呢?众所周知,历史上中国是

[①] 参见于金富《社会主义初级阶段的生产方式与初级阶段的社会主义》,《经济学动态》2000年第4期。

一个专制社会十分漫长、专制传统较为浓厚的国家。中国专制社会的主要特征是：在所有制方面，实行土地国家所有制与土地私人所有制并存，国家拥有最高所有权；地主土地所有制和自耕农土地所有制并存，地主土地所有制占统治地位。在经营方式方面，国家和地主一般不直接经营农业，而是将土地授给或租给小农分散经营，基本生产结构是以小农经济为主体。在生产形式方面，中国经济的特征是以个体家庭为单位并与家庭手工业相结合的自给自足的自然经济。同西方领主制下的农奴相比，中国的小农具有较多的自由，但仍保留着对国家和地主的人身依附关系。在政治方面，中国社会的主要特征包括君主专制、中央集权制与官僚政治三个方面内容。从上古时代到鸦片战争，中国的专制社会前后延续了四千多年。小农经济与自然经济一方面有利于专制社会的经济发展和社会稳定；另一方面束缚生产力的发展，排斥新的生产方式，残酷地剥削农民，使农民生活处于极度困苦的境地。从1840年鸦片战争开始，虽然商品经济与工业经济开始发展，但由于专制主义的延续，中国最终没有进入以商品经济与工业经济为基本特征的资本主义社会，而是一步步从独立的亚细亚社会沦为半殖民地半亚细亚社会。近代中国是一个经济文化十分落后的半殖民地半亚细亚国家，社会主义初级阶段就脱胎于这种半殖民地半亚细亚社会。近代中国虽然有自己的政府、有形式上的独立性，但实际上政治、经济与社会等各方面都受到外国殖民主义的控制和奴役。在社会经济结构上，近代中国一方面是封建统治和自然经济占主导地位，另一方面商品经济与资本主义经济在不断发展壮大。从经济特征上看，虽然古代的国家所有制受到破坏，但地主剥削制度在中国社会经济生活中占有明显的优势；虽然自然经济开始瓦解，但小农经济仍然广泛存在；虽然民族资本主义经济有了某些发展，但它的力量仍很弱小，没有成为中国社会经济的主要形式。从政治特征上来看，国家制度具有极强的专制性，先是皇帝和贵族的专制政权，然后是军阀的专制统治。专制主义统治者凭借国家政权控制着全国的政治和军事力量，操纵着国家财政和经济命脉，成为阻碍经济发展与社会进步的最大障碍。由于帝国主义和专制主义的双重压迫，中国社会生产力的发展极为缓慢，经济十分落后，现代工业在国民经济总产值中的比重很小，中国人民贫困和不自由的程度是世界上罕见的。20世纪初叶，迫于日益深重的内外危机，清王朝先后实行了一些变法和新政，但其根本目的是维护专制统治和皇

第十二章　亚细亚生产方式与中国基本国情

族的家天下，仅仅是对专制制度的改良。人民大众要获得政治与社会解放，就必须推翻专制统治、打破专制制度。从总体上来看，中国近代社会始终处于旧的生产方式衰败而未灭亡、新的生产方式产生而未壮大的状态。近代中国社会的主要矛盾表现在经济方面就是传统的亚细亚生产方式与近代工业化生产方式的矛盾：清王朝一方面开展"洋务运动"，引进西方近代科技文化，举办军事工业；另一方面仍然维持国有制和官僚管理体制，实质上是中国历史上"官营手工业"的延续和演变。在这种腐朽落后的生产方式下，不可能实现富国强兵，更不可能实现近代化。虽然沿海沿江地区出现了一些近代民营工商业，采用西方生产技术和经营方式，但因其深受专制统治的束缚与压迫而难以正常发展。在广大的内陆地区，则依然保持着传统的小农经济与自然经济，社会经济发展处于十分落后的状态。以土地所有制和小农经济、自然经济相结合为主要特征的传统生产方式严重地阻碍着以工业化、社会化与市场化为基本特征的近代生产方式的发展。

亚细亚生产方式不仅在总体上阻碍中国科学技术的发展，使中国没有实现工业化，而且严重阻碍农业经济的发展，使中国农业长期处于落后状态。从总体上来看，亚细亚土地国有制这个"外壳"十分狭小并成为农业生产方式发展的严重桎梏。具体说来，亚细亚生产方式的内在矛盾主要表现为三个方面。其一，亚细亚土地制度阻碍着农业生产技术创新。在国家拥有土地最高所有权、小农拥有土地占有权与使用权的土地制度下，在农业生产中普遍采取了个体农民生产经营方式，小农经济成为中国几千年来占统治地位的基本生产组织与经营方式。在这种小农生产方式下，劳动者虽然对生产技术不断求精，但不能彻底改进，因而只是逐渐地改良农业生产技术，不能实现农业生产技术条件的革命。从耕地工具来看，由于小农经济既没有必要也没有能力利用先进的农业机械进行生产，从而使中国农业生产技术条件一直处于落后的传统农业生产技术水平。其二，亚细亚土地制度阻碍着农业生产组织创新。中国夏朝时期在土地国有、公社占有的基础上实行社员个体的家庭经营，商周实行井田制，在"公田"上进行集中的协作劳动，在"私田"上从事分散的个体劳动，到战国时期以一夫一妻小家庭为生产单位个体经营的小农经济基本稳定下来，成为几千年来中国农业生产的主要组织形式与经营方式。自秦汉到隋唐时期，国家推行"均田制"，把土地分散地授给许多农民分散耕种；自宋代以来，主要是地主把土地分散、短期地租给许多农民，从而使个体的小农经济相当普遍，成为占据主导地位的农业生产经营组织形式。同佃农一样，自耕农也是以家庭为单位的经济实体，但其拥有少量土地，依靠自家劳动力经营。自耕农本身极不稳定，他们很容易破产而沦为佃农。这是因为，一方面，他们虽然不受地主经济剥削但受到地主超经济强制的剥削，并可能成为地主兼并的对象；另一方面，自耕农必须向作为土地最高所有者的国家缴纳沉重的赋役，这也可能导致自耕农的破产。作为佃农与自耕农，个体农民虽然在生产上具有一定的自由性，但这种小农经济只是国家及地主的附庸，而不是以土地私有制为基础的独立的个体经济。这种以使用权分散为基本特征的土地经营制度只能产生小农生产组织，无法产生大规模、社会化的农场制生产经营方式。其三，亚细亚土地制度阻碍着商品经济的发展。在以小农分散占有与使用土地为基本特征的亚细亚土地制度下，不具备商品生产产生与存在的基本条件：（1）没有生产者的社会分工。传统农业与手工业密切地结合在一起，家庭、生产者个体是自给自足的基本经济单位，生产粮食、牲畜、纱、麻布、衣服等自身所需要的一切，基本上不与外界交换产品。（2）从事农业生产的个体劳动者只有土地的使用权而没有所有权，其剩余产品以地租的形式无偿地交给作为土地所有者的国家或地主。（3）专制政府对商业和主要手工业实施控制和垄断，这也是商品经济始终不能充分发展的重要原因。（4）在亚细亚生产方式下实行专制制度、普遍存在宗法关系，使个人自由与契约关系得不到发展，极大地抑制了商品经济的发展。亚细亚生产方式的内在矛盾充分表明：以国有土地制度为基础的亚细亚生产方式是导致亚洲及东方国家近代以来经济社会发展处于停滞状态的重要原因，是中国等东方国家长期地存在自然经济与小农经济而迟迟不能实现农业现代化的根本原因。[①] "中国历史上长期延续、成为牢固传统的专制主义政体结构，似乎可以被认为'亚细亚'经济结构解体以后的一种不散的阴魂，它在特定的条件下，可以和新生事物的躯壳附在一起，成为一种祸害。从孟轲到董仲舒到师丹、孔光到司马朗，一直到李觏、海瑞，他们一直在替'亚细亚'结构做吹鼓手，自

---

① 参见于金富《亚细亚生产方式与当代中国农业改革的基本方向》，《当代经济研究》2013年第9期。

第十二章 亚细亚生产方式与中国基本国情

己相信、也尽一切力量使别人相信,在中国只有恢复这种'亚细亚'结构,人民才能得救。"①

因此,从其历史前提来看,中国社会主义初级阶段的特殊性就在于它不是产生于资本主义生产方式基础之上,而是产生于落后的、前资本主义的亚细亚生产方式的基础之上。"当前,我国正在建设有中国特色的社会主义,为什么中国只能建立有中国特色的社会主义,而不能建立其它形式的社会主义?回答就在于中国的历史背景不同。中国是在亚细亚生产方式的形态下进入社会主义的,不仅生产力水平低下,各种形式的商品经济都不发达,所以,现在就有必要集中全国的力量搞经济,使我们的生产力水平大大提高起来,各式各样的商品经济(其中包括资本主义的商品经济)都能发展起来。我们在有计划发展我们的社会主义商品经济的同时,仍然要发展市场经济,发展多种商品经济,这就是中国特色的社会主义的特点所在,而这是和原来我们是亚细亚生产方式的国家这一点分不开的。为此,我们有加强研究马克思的关于亚细亚生产方式理论的必要性。"② "中国的事情必须从中国的实际出发,而马克思的亚细亚生产方式理论应该成为我们开创独特社会主义道路的一个理论支点。"③

从对社会主义初级阶段与中国基本国情的已有认识来看,存在着这样一些缺陷与不足:人们大多只局限于把中国基本国情归结为脱胎于"半殖民地半封建社会"的社会主义初级阶段,而没有深入分析中国的"半殖民地半封建社会"是如何形成的。对于中国传统社会的主要矛盾,人们往往过多地集中于地主阶级与农民阶级之间的民间矛盾,而忽视了权力阶级与人民大众的官民矛盾;对于近代中国社会的矛盾,人们大多过于突出中华民族与帝国主义侵略之间的民族矛盾,而忽视基于传统生产方式与近代生产方式之间冲突的阶级矛盾。所有这些,都严重地阻碍了人们对中国国情进行全面、深刻的科学认识,从而使人们始终缺乏对中国社会性质与主要矛盾等基本国情的正确认识。

---

① 赵俪生:《亚细亚生产方式及其在中国历史上的遗存》,《文史哲》1981 年第 5 期。
② 吴大琨:《亚细亚生产方式与有中国特色的社会主义》,《社会科学战线》1993 年第 1 期。
③ 孙承叔:《亚细亚生产方式与中国特色社会主义道路》,《社会科学》1990 年第 8 期。

二　社会主义初级阶段形成的根本原因

根据唯物史观与马克思主义经济学理论,生产方式是社会存在与发展的决定力量。中国"封建社会"之所以长期存在、中国社会之所以长期处于落后状态,其根本原因就在于它的特殊的生产方式。作为社会主义初级阶段形成的历史前提,中国传统的社会生产方式是一种特殊的前资本主义生产方式——亚细亚生产方式。根据马克思、恩格斯的有关论述,亚细亚生产方式既是在原始社会末期以兼有公有制与私有制二重因素为特征、以农村公社为代表的人类从原始社会向阶级社会转变的过渡性生产方式,也是自原始社会解体以来在亚洲乃至东方国家广泛存在并长期延续的一种特殊性的生产方式。作为后者,亚细亚生产方式的主要特征是:(1)政府组织与管理水利灌溉等大型公共工程、控制主要手工业与商业。(2)实行君主专制制度与官僚制度。(3)实行土地国有制,国家是最高的地主。(4)直接生产者主要是隶属于国家的农民,小农经济是普遍的经营方式,作为直接生产者的小农把剩余劳动和剩余生产物以贡赋与税收的形式贡献给国家统治者,实行租税合一。(5)社会生产形式是农业和手工业密切结合的自然经济。其中,亚细亚生产方式的最主要特征是实行土地国有制。"亚细亚生产方式具有一系列的特征,但最基本的特征是农业生产条件下的土地国有制。这一点是把握其他特征的基础。"① 从其生产关系来看,中国古代社会的亚细亚生产方式是在土地国有制与地主所有制并存的基础上,实行国家租税剥削与地主地租剥削相结合的剥削方式。因此,中国古代社会的生产方式具有鲜明的亚细亚生产方式特征。亚细亚生产方式的各方面特征充分地体现在中国古代社会的经济、政治与社会结构之中。从其历史发展过程来看,中国的亚细亚生产方式早在夏商周时代就已经形成,战国、秦汉以后亚细亚生产得以发展、最终确立。前者以国家所有制与授田制为主要特征,是中国亚细亚生产方式的原生形态;后者以地主所有制与租佃制为主要特征,是

---

① 赵一红:《马克思的"亚细亚生产方式"理论与东方社会结构》,《马克思主义研究》2002年第5期。

第十二章 亚细亚生产方式与中国基本国情

中国亚细亚生产方式的次生形态,也是其最具中国特色的形态。

我国著名学者侯外庐先生明显意识到亚细亚生产方式与中国古代社会性质有着密切的关系,反复强调亚细亚生产方式理论对解释这个古代社会性质的重要意义。侯外庐先生指出:"这个问题是关系到中国古代社会的一个至关重要的问题。如果不懂得生产方式,不弄清亚细亚生产方式究竟是什么,就不可能科学地判明中国古代社会的性质。"[1]"亚细亚生产方式问题是在三十年代社会史大论战之前,由苏联学者提出来的,当时在苏联多次进行过讨论,争论得很激烈。在中国、日本历史学界都跟着或多或少地讨论过,但是人们并没有认为它已经解决。我在翻译《资本论》时已经接触到这个问题,因此当它被人们提出来讨论的时候,我就感到它是关系研究中国古代社会的一个至关重要的问题。如果不弄清楚亚细亚生产方式究竟是什么,就不可能科学地判明中国古代社会的性质。基于这一认识,我便开始了这方面的探索。"[2]"古代社会的性质是什么?是否是奴隶社会和封建社会?流行的说法是自从原始社会解体以后,中国就和西方一样通过奴隶社会进入封建社会。那末,西周是奴隶社会还是封建社会?众说纷纭,莫衷一是。乃至还有主张魏晋封建说的。其实,世界历史的发展决不是单线的,而是多线的。我认为,中国虽同世界各国一样,也曾有过原始社会,但从原始社会解体以后,却没有产生过像古希腊罗马那样的奴隶社会,而是进入了马克思所说的亚细亚社会,并一直延续到近代。"[3]

中国历史学、政治经济学一致认为,中国古代社会形态完全与西方一样是奴隶社会与封建社会。然而,历史事实证明,夏商周三代的中国社会虽然是奴隶社会但它不是像古希腊和古罗马奴隶制那样以土地私有制为基础、以奴隶主贵族民主制度为特征的私人奴隶制社会,而是以土地国有制为基础、以君主专制制度为核心的国家奴隶制社会。自秦朝以来的两千多年的中国社会,更不是什么以分封建国和领主农奴制为基本特征的封建社会,而是以君主专制、中央集权和官僚制度为基本特征的

---

[1] 侯外庐:《我对中国社会史的研究》,《历史研究》1984年第3期。
[2] 侯外庐:《韧的追求》,生活·读书·新知三联书店1985年版,第230—231页。
[3] 钱宪民:《中国古代社会结构的亚细亚特征:传统文化的基础》,《探索与争鸣》1992年第6期。

超级国家奴隶制。对于中国古代社会的性质,马克思、恩格斯早有论述,他们明确地否定了中国古代封建社会性质。马克思在晚年之所以拒绝俄国民粹派理论家米海洛夫斯基强加给他的荣誉:把关于西欧资本主义起源的历史概述变成关于人类社会一般发展道路的历史哲学理论,就在于他清醒地看到,按照黑格尔的"普世性"方法建构起来的"一般历史哲学理论"并不是一把万能钥匙,由此可以把握在不同历史环境中所产生的完全不同的结果。对马克思来说,他一生都在致力于揭示人类社会发展的规律性和"世界历史"的普遍意义,力求把历史发展中的每一个要素都放置在它"完全成熟而具有典范形式的发展点上"加以考察,但他并没有因此忽视历史发展的各种特殊性和可能性,对历史规律的逻辑叙述从来都没有被用来当作实际的历史进程。马克思在运用历史和逻辑统一的方法建立起来的社会历史观对史学研究一直有重要的影响。然而,后人在运用他的理论分析和诠释社会历史现象时往往会犯和米海洛夫斯基同样的错误。用马克思的社会形态理论把中国社会在近代以前的漫长时期纳入"封建主义"的框架内,并以此试图证明中国社会发展和西方社会发展的同一性,很可能就是属于这样的错误。因为马克思在任何地方和任何意义上都没有说过东方社会(当然包括中国社会)在历史的演进中经历了封建主义阶段,更没有说过东方社会在资本主义的前夜还在遭受着封建主义梦魇的折磨。相反,马克思明确认为,东方社会在前资本主义阶段根本不存在着"社会形态"意义上的封建主义。[①]

还有学者指出,中国古代社会属于什么经济形态?要正确回答这个问题,还是应该先弄清其基本生产方式。生产方式中的所有制问题比较清楚:夏商至春秋是土地"国有",而"国"的人格化是"天子","普天之下,莫非王土",是氏族公有制传统的延伸。中国商周社会虽使用奴隶而不以奴隶制为社会基本生产方式。这个以血缘关系组织生产的中国商周社会该怎样称呼呢?换句话说,在中国古代公有制瓦解后,氏族贵族以王及王所分封的名义占有土地,以租税合一的形式剥削其各自家庭独立经济的血族成员,以宗法组织控制整个社会,这究竟属于什么生产方式呢?这是值得认真探讨的。马克思在说到东方社会经济形态时,早

---

① 参见荣剑《论中国"封建主义"问题——对中国前现代社会性质和发展的重新认识与评价》,《文史哲》2008年第4期。

第十二章 亚细亚生产方式与中国基本国情

期曾使用过"亚细亚生产方式"的说法，这表明马克思已觉察到东方社会发展具有自身的特殊性。这样看来，是不能否定在所有已知称谓之外另找最合适称谓的可能性的。①"马克思的'亚细亚生产方式'理论，既是历史的理论，也是现实的理论，又是论述中国的理论，因为中国存在于'亚细亚'，'亚细亚生产方式'的诸特点中国社会无不有之。这个理论可启发我们思考：'亚细亚生产方式'如何发生于中国古代社会，又对中国当代社会发展产生怎样的影响。"②"社会主义初级阶段理论是针对中国的特殊国情提出来的，而中国是东方社会的一个典型，它在原生形态上与印度和俄国一样，同属于亚细亚生产方式。自秦汉以来，虽然村社公有制逐渐消逝了，地主经济日益强大起来，因而在次生形态上具有与俄国和印度不同的特点。但是中国作为一个从亚细亚生产方式中脱胎出来的国家，在它的血液中仍然活跃着东方社会固有的因子，历史对亚细亚生产方式的记忆不断地在中国社会激起回响。这种从母体中带来的骚动不仅出现于旧中国，而且在当今中国社会的现实生活中仍然能看到它的胎记。"③"中国国情最核心的问题是我国一直处于一种特殊的生产方式——亚细亚生产方式"。④

从其历史发展过程来看，自秦统一以来中国古代社会基本的经济结构主要是土地国有制与地主所有制基础之上的分散、广泛的小农经济，小农业和家庭手工业紧密结合的自然经济。纵观中国封建社会漫长的历史过程，之所以出现历代王朝盛衰交替、兴亡轮回，伴随着周期性的社会治乱，其根本原因就在于亚细亚生产方式的存在与运动，特别是小农生产方式的广泛存在与长期延续。一方面，小农经济具有稳定性，它是一种落后、封闭的生产方式，它不会使农业生产条件与生产形式发生革命性变革。小农生产规模狭小，不利于生产技术的进步，不利于分工的发展和经济组织的变革，阻碍商品经济的发展和整个社会的进步，使整

---

① 参见余福智《〈盘庚〉篇人际关系分析——对中国古代社会经济形态的初步思考》，《佛山大学学报》1993年第3期。
② 季正矩：《国内外学者关于"亚细亚生产方式"理论研究观点综述》，《当代世界与社会主义》2008年第1期。
③ 张奎良：《马克思的东方社会学说与中国的社会主义初级阶段理论》，《社会科学》1989年第3期。
④ 韩芸：《亚细亚生产方式与中国农业合作化运动》，《山西高等学校社会科学学报》2007年第2期。

个社会处于长期停滞不前的落后状态。另一方面，小农经济不是一种稳固的社会生产方式，而具有脆弱性。小农经济具有不可克服的致命弱点：小农经济力量有限，无力应付各种天灾人祸，极易破产分化；小农生产能力有限，小农一般只能从事简单再生产而无力扩大再生产，专制政府与地主的奴役与剥削以及自然灾害，进一步加剧了小农的破产。因此，建立在这种不稳固的小农经济基础之上的中国专制主义制度，无论如何都是不可能实现长治久安的。在中国传统社会，小农经济的盛衰决定着历代专制王朝的盛衰和整个社会的治乱。虽然历代专制统治者也深深懂得保护小农经济对巩固自己统治的重要意义，并采取各种政策措施来维护小农经济的生存，但其结果都事倍功半，甚至事与愿违。这样，一方面，由于小农经济本身的脆弱性，再加上大地主的不断兼并，必然使小农破产，使专制王朝走向灭亡。另一方面，小农经济的落后性决定了在小农破产与再生、封建王朝兴盛与衰亡的循环轮回中以亚细亚生产方式为基本特征的专制制度却长期延续下来。中国封建社会之所以长期存在，中国之所以迟迟不能进入近代社会，其根源就在于亚细亚生产方式使私有制与商品经济不能正常发展、市民社会与民主法治不能形成。因此，亚细亚生产方式不仅决定了几千年来中国社会的基本性质与主要面貌，而且决定了中国社会总是周期循环、长期停滞不前的运动规律。中国的亚细亚生产方式导致了其古代社会演进的特殊规律。首先，众多家庭经济作为彼此雷同的社会生产细胞，彼此不发生"相干"效应。在这个内循环的封闭体系中，每一朝代的生产力沿着恢复—发展—繁荣—破坏的轨道循环往复，但始终不能突破旧的生产关系。在每个朝代，土地私有制总是沿着"分散—兼并—集中—破坏—重建"的轨道循环。虽有历代王朝的更迭，但其政权性质也没有变化。作为王朝更替动因的农民起义从来也不是先进生产力的要求而常常带有政治色彩、宗教色彩或者来自天灾人祸并常常与民族矛盾相交织。历代王朝为维护自身的生存，往往会对生产关系进行某种调节，如所谓的"均田制""占田课田制"等，从而为生产力的发展开辟某种空间。这种调节多发生在新朝代建立之初，从而引导生产力和生产关系各自的周期性循环。①

---

① 高中健、王健、陈晓红：《市场经济与"亚细亚生产方式"的变革》，《河南师范大学学报》1993年第5期。

第十二章　亚细亚生产方式与中国基本国情

马克思根据对东方社会的研究，揭示了东方社会历史发展的停滞性。马克思形容中国是一个"保存在密闭棺材里的木乃伊"，而"印度社会根本没有历史"。马克思认为，东方社会的停滞性是由其超稳定的社会经济结构所决定的。东方社会的经济结构之所以具有超稳定性特征，其奥秘在于东方社会内部农业和手工业的牢固结合的自给自足的自然经济。"这些自给自足的公社不断地按照同一形式把自己再生产出来，当它们偶然遭到破坏时，会在同一地点以同一名称再建立起来。这种公社的简单的生产机体，为揭示下面这个秘密提供了一把钥匙：亚洲各国不断瓦解、不断重建和经常改朝换代，与此截然相反，亚洲的社会却没有变化。这种社会的基本经济要素的结构，不为政治领域中的风暴所触动。"[①] 通过对东方社会内部结构的科学剖析，马克思发现，土地公有制、农村公社与专制制度三位一体，紧密结合，形成了东方社会特有的生产方式——亚细亚生产方式以及超稳固的社会结构。以土地公有制、农村公社与专制制度为基本特征的亚细亚生产方式及其超稳定的社会结构使得东方社会的资本主义萌芽既难以产生更难以生长。因此，要真正认识与准确把握中国国情、推进中国现代化，就必须研究亚细亚生产方式，把握中国社会的亚细亚性质。我国著名思想家、经济学家、历史学家顾准先生曾经一再强调"亚细亚"问题对认识中国国情的极端重要性。"顾准对中国问题的穿透性认识，源于他对国情的独到理解。他认为，欲知中国问题本质，必先认清中国的'亚细亚'特征。如此，便可万丈深渊探骊得珠。""一贯坚持'亚细亚'基本理论的顾准提醒日后或能侥幸读到他遗墨的同胞，必须下大功夫研究'特殊性'中国，明辨其先天优势与缺陷，发现其潜在动力与危机，是正确规划中国改革的重要前提。众所周知，规划一国的现代化蓝图，必须充分考虑它的历史母斑及相关国情。如何走好中国特色现代化道路的课题，迫使我们不能不回头，重新关注顾准强调的'亚细亚'问题。"[②]

---

① 《马克思恩格斯全集》第 46 卷，人民出版社 1998 年版，第 473 页。
② 高建国：《顾准最大的理论贡献是什么?》，《读书》2005 年第 2 期。

三 中国近代社会发展与"李约瑟之谜"

在鸦片战争以后，中国古老的亚细亚生产方式受到西方资本主义的冲击而开始瓦解，但亚细亚生产方式不仅仍然存在而且严重地阻碍中国社会的发展。清王朝开展"洋务运动"，一方面引进西方先进技术，举办军事工业；另一方面仍维持企业国有制和官僚管理，实质上是"官营手工业"的继续和演变，腐败落后。一方面沿海沿江地区外资企业与民资企业开始发展起来，出现近代民营工商业。另一方面民族工商业仍然深受专制统治的束缚压迫。一方面开始启动了中国的工业化进程；另一方面小农经济仍然是汪洋大海。一方面沿海地区商品经济广泛发展；另一方面广大内陆地区依然保持着传统的自然经济，社会经济十分落后。生产资料国有制和自然经济相结合的亚细亚生产方式严重阻碍中国经济近代化。近代中国社会的主要矛盾是帝国主义与中华民族的矛盾、专制主义与人民大众的矛盾。亚细亚生产方式与经济近代化的矛盾相互交织在一起，形成了中国特有的半近代化半亚细亚社会。近代中国社会的主要矛盾，除了中华民族与帝国主义这个外部矛盾之外，其内部矛盾包括两个方面：一是专制主义与人民大众的矛盾。清王朝迫于日益深重的内外危机，先后搞了一些变法和新政，对中国近代化具有积极意义，但其根本目的是维护专制统治和家天下，仅仅是对亚细亚社会的维新，仍然沉重压迫人民。人民大众要获得解放，就必须推翻专制统治、打破专制主义。二是亚细亚生产方式与经济近代化的矛盾。生产资料国有制和自然经济相结合的亚细亚生产方式严重地阻碍着中国经济近代化。要实现近代化，就必须打破国有制、国家统制与自然经济。"中国在近代历史上，'被动'地承受欧洲资本主义殖民主义'互相作用'的强力影响；同时又在广阔的腹地对外来的资本主义影响设置了重重政治的、经济的、文化观念的障碍。结果，在中国亚细亚社会面临覆没的时代，西方资本主义殖民主义已先后占据了中国大陆海岸的澳门、香港和台湾岛，同时又强力渗透到沿海地区，刺激了这部分地区的商品经济发展，不过内陆地区却仍然继续保持传统的孤立状态。中国社会进入了半亚细亚半殖民地的特殊历史时期。近代中国的商品经济始终没有得到充分发展，自给自足

第十二章 亚细亚生产方式与中国基本国情

的小农经济虽然受到了外来资本主义冲击,但仍然同资本主义商品经济格格不入。宗法的、自给自足的、闭关自守的停滞状态并没有根本改变。"① 作为中国历史上最大的农民起义,太平天国运动不仅没有瓦解中国半殖民地半亚细亚社会制度,而且全面实行专制制度、土地国有制、租税合一与自然经济,成为试图向传统亚细亚社会回归的历史倒退。马克思称东方国家是"普遍奴隶制",而鲁迅则把中国历史分为两个时代:一个是"想做奴隶而不得的时代",另一个是"暂时做稳了奴隶的时代"。农民起义就是在"想做奴隶而不得的时代"爆发的。农民领袖提出的纲领同历代王朝实行的改革并没有本质上的差异,两者的结果一样,就是使中国重新回到亚细亚社会的轨道上来。太平天国的土地纲领《天朝田亩制度》就是一份典型的亚细亚生产方式的蓝图。其核心就是废除土地私有制,实行土地国有制。所谓"天下人人不受私,物物归上主",不但土地属于国家所有,而且手工业也由"百工衙""诸匠营"管理,商业干脆被废除了。国家把土地分为九等,按人口分给农民耕种,"凡当收成时,两司马督伍长,除足其二十五家每人所食可接新谷外,余则归国库,凡麦豆苎麻布帛鸡犬各物及银钱亦然"。在这里,"地租和课税"是"合并在一起"了。"凡二十五家中陶冶木石等匠俱用伍长及伍卒为之,农隙治事"。农业和家庭手工业也结合起来了。太平天国在土地国有制的基础上实行中央集权制。高高在上的是天王,他是"皇上帝"在人间的代表,享有无上的权力,天王下面是由天王任命的从军师到两司马的各级官员,"遵守天条及遵命令尽忠报国者","世其官"。最下层的是所谓农,农的任务是"杀敌捕贼"和"耕田奉上"。②

古中国是典型的亚细亚社会,这种社会在它所能容纳的范围内已经发展到头了,不可能再提供其本质上不具备的动力。没有西方资本主义的冲击,中国仍然保持着亚细亚社会,不可能自然地发展到资本主义社会。1840年鸦片战争后中国的衰败,根本原因是亚细亚生产方式和君主专制的落后。西方强盛的根本正在于实行以个人财产为基础、以市场经济为核心的现代生产方式。中国在仍然保持君主专制和国有制的前提下

---

① 郑德良:《亚细亚形态的中国历史发展与"广东模式"》,《特区经济》1989年第5期。
② 钱宪民:《中国古代社会结构的亚细亚特征:传统文化的基础》,《探索与争鸣》1992年第6期。

吸收一些西方科技文化，即"中学为体、西学为用"，改变不了落后挨打状况。中国的近代化是在西方资本主义扩张冲击下被迫开始的，西方资本主义的入侵"充当了历史的不自觉的工具"。

作为享誉世界的文明古国，中国在科学技术上也曾有过令人自豪的灿烂辉煌。除了世人瞩目的四大发明外，领先于世界的科学发明和发现还有100种之多。美国学者罗伯特·坦普尔在著名的《中国，文明的国度》一书中曾写道："如果诺贝尔奖在中国的古代已经设立，各项奖金的得主，就会毫无争议地全都属于中国人。"然而，从13世纪之后，中国的科学技术与经济社会江河日下，陷入停滞状态。随着欧洲资本主义生产方式的产生和发展，一些西方思想家相继研究了东方及中国问题。亚当·斯密在其《国富论》中认为，中国一向是世界上最富有的国家，土地肥沃，耕作最优，人民最繁多，且最勤勉，"然而，许久以前，它就停滞于静止状态了。"① J.穆勒在其《英属印度史》中，认为亚细亚制度在数千年以前已经完全停止了进步，由于其国家的被征服或改朝换代，这种制度曾经出现表面上的变化，但其自给自足的经济，阻碍着比较复杂的社会劳动分工的发展，并且成了维系东方稳定性的因素。J.穆勒在《政治经济学原理》一书中，把东方国家停滞不前的原因，归咎于那里缺少国家相对而言的个人的权利和安全。西欧之所以出现充满生机的历史进步，是由于存在以公民权利为基础并得到公共舆论支持的、可以同国家相抗衡的独立的社会结构。为此，他进一步区分了欧洲专制政府与亚细亚专制制度，进而认为亚细亚制度没有内部的动力，因而必须依靠外界因素来提供动力。只有依靠外国资本的介入，才能结束这种类似静止的趋势。因为外国资本的介入可以建立积累规律，取代旧制度的循环运转，使经济得到发展。

从公元6世纪到17世纪初，在世界重大科技成果中中国所占的比例一直在54%以上，而到了19世纪，剧降为只占0.4%。中国与西方为什么在科学技术上会大起大落，这就是英国学者李约瑟觉得不可思议，一直不得其解的难题。李约瑟难题的内容是："尽管中国古代对人类科技发展做出了很多重要贡献，但为什么科学和工业革命没有在近代的中国发生？"李约瑟1930年在《中国科学技术史》中研究中国科技史时提出了

---

① [英]亚当·斯密：《国富论》上册，中华书局1949年版，第85页。

第十二章 亚细亚生产方式与中国基本国情

这一问题。1976年，美国经济学家肯尼思·博尔丁称之为李约瑟难题。很多人把李约瑟难题进一步推广，出现"中国近代科学为什么落后""中国为什么在近代落后了"等问题。李约瑟难题是一个两段式的表述：第一段是：为什么在公元前1世纪到公元16世纪之间，古代中国人在科学和技术方面的发达程度远远超过同时期的欧洲？中国的政教分离、选拔制度、私塾教育和诸子百家为何没有在同期的欧洲产生？第二段是：为什么近代科学没有产生在中国，而是在17世纪的西方，特别是文艺复兴之后的欧洲？"李约瑟难题"包括两个层面的内容：第一，为什么近代科学革命在欧洲发生而没有发生在中国？第二，为什么中国古代的科学技术一度领先于当时的世界而后来却落伍了？李约瑟不仅提出了问题，而且花费了多年时间与大量精力，一直努力地试图寻求这个难题的谜底。李约瑟从科学方法的角度得到的答案是：一是中国没有具备宜于科学成长的自然观；二是中国人太讲究实用，很多发现滞留在了经验阶段；三是中国的科举制度扼杀了人们对自然规律探索的兴趣，思想被束缚在古书和名利上，"学而优则仕"成了读书人的第一追求。李约瑟还特别提出了中国人不懂得用数字进行管理，这对中国儒家学术传统只注重道德而不注重定量经济管理是很好的批评。毫无疑问，李约瑟的这些观点是有道理的。然而，李约瑟本人的这些解释又是比较肤浅的，他没有揭示中国近代科学技术以及经济落后的深层原因。笔者认为，如果说中国古代科学技术与经济发展长期领先的根本原因在于以农业文明为基础的亚细亚生产方式，那么，近代中国科学技术与经济落后的根本原因也在于以农业文明为基础的亚细亚生产方式。亚细亚生产方式虽然可以铸就古代农业文明的辉煌，但它无论如何也不能迎来近代工业文明的曙光。由此可见，亚细亚生产方式与工业文明是格格不入的，在亚细亚生产方式下是难以实现近代化与工业化的。对此，我国老一辈学者作了许多颇有价值的科学探索。顾准先生明确指出："专制主义国家是动员一个幅员庞大的国家人民的粗疏、有效的办法。然而因为它窒息创造，所以它产生不出近代文明。"[①] "一般农业文明都必定是专制主义的。""而专制主义不打破，凌驾于资产阶级、手工工人、农民以及一切阶层之上的这个独裁权力，永远吞掉一切，窒死一切，障碍一切，在它下面，也就永远生长

---

① 《顾准笔记》，中国青年出版社2002年版，第146页。

不起来资本主义。"① "不必惋惜'中国从来不是资本主义民族'。历史上没有任何条件使中国生长出资本主义来。"② 孙承叔先生指出："如果说以中央专制王权为特征的亚细亚生产方式,曾经在历史上创造了最灿烂的中国封建文化,那么自人类历史发展到再次生阶段的时候,这种政治经济结构就成为中国社会停滞不前的主要原因。"③

我国青年学者郑晓松专门研究了李约瑟之谜及其产生原因,他认为中国近代科学技术落后的根本原因就在于亚细亚生产方式及其由此产生的思维方式对科学技术发展的阻碍作用。马克思关于亚细亚生产方式的理论是理解东方社会特别是像中国这样的农业大国的历史问题的基石。仔细分析后不难发现,李约瑟是从科技与社会的关系的角度提出这一问题的。因而,李约瑟难题不单纯是科技发展史的问题,而更多的是中国古代社会的政治、经济、历史文化等诸多因素作用于科技发展后所产生的一种独特社会现象。既然如此,马克思关于亚细亚生产方式的理论就是解决李约瑟难题的一把钥匙。从科学产生、发展的内在条件看,科学需要有科学精神和科学理性的推动,而亚细亚生产方式所决定的中国传统思维方式根本就不能为此提供足够的思想资源。从外在方面看,亚细亚生产方式必然导致社会对科学的不重视和科学需求的相对不足。由于亚细亚生产方式,在中国古代,以农业及家庭手工业为基础的自然经济是整个社会经济形态的主要形式,生产和再生产完全是在一个相对封闭独立的状态下完成的,生产和消费处于相对平衡和稳定状态。马克思在研究亚细亚社会时发现:虽然亚洲各国经常改朝换代(以中国最为典型),但其社会结构却没有根本性变化。这种社会结构的超稳定性是以农业和家庭手工业为主的生产的封闭性、孤立性为基础的,它符合中央集权的专制体制的要求。因为如果技术过度发展,以及由此技术与商品、资本结合起来就会打破生产的封闭性和孤立性,进而危及整个社会结构的超稳定状态。因此,统治阶层必然要对技术的发展进行相应的抑制,将整个社会对技术的需求始终限定在一定的范围之内,使技术的发展既可以促进必要的农业生产和社会活动,又不至于破坏亚细亚的生产方式。

---

① 《顾准笔记》,中国青年出版社2002年版,第254页。
② 同上书,第236页。
③ 孙承叔:《亚细亚生产方式与中国特色社会主义道路》,《社会科学》1990年第8期。

所以，技术发展到一定阶段之后最终停滞不前，这是亚细亚生产方式的古代中国的历史必然。① 可见，亚细亚生产方式只是农业时代的生产方式，它只能造就古代农业文明而无法跨入近代与现代的工业文明。"资本主义萌芽的苗长，所说无据。几千年的专制主义已经把一切东西都窒死了，多几张织机，多几万矿工，多几家票号，只会助长专制主义的声势，丝毫也看不出资本主义有什么萌芽。——要知道，资产阶级和资本主义不是同义语，私营工商业和资本主义也不是同义语。"②

四 "张培刚之问"与中国近现代落后的根源

无独有偶，在"李约瑟之谜"问世半个世纪后，中国著名的发展经济学大师张培刚先生提出了类似的问题："谈到解放前的旧中国，长期盘绕在我脑海中的一个问题，至今这个问题仍然困扰着我自己的，就是：为什么在亚洲毗邻的同是封建主义国家，日本在1868年的明治维新宣告成功，自后即使经历了两次世界大战，仍然走上了资本主义经济大国的地位；而中国洪秀全领导的太平天国革命失败于前，康有为、谭嗣同领导的'戊戌政变'失败于后，孙中山领导的资产阶级民主革命，虽然有辛亥革命推翻了清王朝的统治，却一直'革命尚未成功'，未能使中国成为民主而又强盛的资本主义大国。我们不禁要问：历史上，究竟是什么因素阻碍了现代商品经济在中国的发展？阻碍了资本主义和工业化、现代化在中国的发展？阻碍了民主和科学在中国的发展？解放后，这个潜伏的'历史幽灵'是否还在继续阻挠着今天的中国，使我们难以发展现代化的商品经济，走上社会化大生产和民主、科学的道路？"③

张培刚先生这一提问振聋发聩、发人深省。对此，可称之为"张培刚之问"。"张培刚之问"的发问直面中国近代乃至现代经济技术与社会落后的客观现实，"张培刚之问"的矛头直指阻碍中国近现代经济社会发展的"历史幽灵"。笔者认为，"张培刚之问"所说的潜伏的"历史幽

---

① 参见郑晓松《亚细亚生产方式与李约瑟难题》，《兰州学刊》2004年第1期。
② 《顾准笔记》，中国青年出版社2002年第1版，第246页。
③ 张培刚：《发展经济学往何处去》，《经济研究》1989年第6期。

灵"其实就是中国历史上一直存在的亚细亚生产方式。因此，要找到中国近现代经济社会落后的根本原因，不能就事论事，单纯就科学而科学、就技术而技术、就经济而经济，而应当综合分析、历史分析，由此及彼，追根溯源，全面地分析科学技术、经济发展与社会制度之间的关系，深刻揭示科学技术与经济发展落后的社会根源。对此，张培刚先生认为，对于迄今仍未真正实现工业化、现代化，做到经济起飞达到经济高度发展的欠发达的大多数国家或地区（不论是实行市场经济的私有制国家，还是实行计划经济的社会主义公有制国家），必须另辟蹊径，采取全面的、历史的从实际情况出发的综合分析方法，去寻根溯源，探究现有的占世界大多数的发展中国家和地区，特别是那些幅员广阔、人口众多、历史悠久的国家，阻碍经济发展的真实原因究竟在什么地方，怎样清除阻碍发展的因素，起动发展的因素并使其真正发挥作用。因此，他认为要建立新型的发展经济学，首先就必须从现有大多数发展中国家和地区的社会经济发展的历史方面来进行分析研究，探寻阻碍经济发展的最终根源。但是，现在要回答为什么世界上大多数经济落后的发展中国家和地区，特别是像中国、印度这样的大国，至今仍然迟迟未能实现经济稳定起飞和高速协调发展，未能实现工业化和现代化，其阻碍因素何在呢？这就主要地还必须从这些国家和地区的社会经济发展的历史方面去探究根源。就中国来说，要研究商品经济为何迟迟未能发展，工业化和现代化为何迟迟未能起动，就必须从三千年来的专制主义制度，百余年来的殖民地、半殖民地社会地位，以及新中国成立解放后 30 多年来在极"左"思潮影响下的政治体制、经济体制、文化教育体制和思想路线等方面，去寻找根源。[1] 根据张培刚先生的见解，我们可以清楚地看到：中国近代经济文化落后的根源在于中国自古以来的传统社会制度与经济政治体制，在于中国自古以来亚细亚生产方式及其历史延续。

历史事实充分证明，鸦片战争后的中国一方面仍然延续亚细亚生产方式，另一方面逐步沦为西方国家的殖民地。因此，近代中国的社会形态不是真正意义上的近代社会，而是半殖民地半亚细亚社会。这种社会是中国所特有的近代社会形态，是亚细亚社会在中国近代的延续形式。在这种半殖民地半亚细亚社会中，亚细亚生产方式及其社会结构仍然存

---

[1] 参见张培刚《发展经济学往何处去》，《经济研究》1989 年第 6 期。

第十二章 亚细亚生产方式与中国基本国情

在，这是导致中国近现代经济文化落后、政治腐败与社会危机的根源所在。在这种半殖民地半亚细亚社会，社会的主要矛盾是中国人民与帝国主义的矛盾、人民大众与专制主义的矛盾、近代生产方式与亚细亚生产方式的矛盾。帝国主义、专制主义是压在中国人民身上的两座大山，是中国革命的主要对象。半殖民地半亚细亚社会性质决定了中国革命是反对帝国主义、反对专制主义的近代民主革命，革命中的基本任务是中国由亚细亚古代社会向近代社会、现代社会的转变。这一社会条件下，中国人民面临两大革命任务，一是民族革命，即反抗帝国主义侵略，争取民族解放、平等，实现国家独立、统一。二是国内革命。首先在政治上进行民主革命，推翻君主专制及一切专制统治，确立公民权利，建立民主政治，实现民主法治。其次在经济上完成生产方式革命，革除以国家所有制、小农经济和自然经济为基本特征的亚细亚生产方式，确立以公民所有制、工业经济和商品经济为基本特征的现代生产方式。实现这两大革命是中国近现代社会变革与历史发展的主题。

亚细亚生产方式不仅决定了中国古代社会结构与发展规律，而且也影响了中国现代社会发展的道路选择与制度构造，还进一步影响到当代中国经济社会的发展进程。从以往全面推行国有化、排斥商品经济与"割资本主义尾巴"，到近些年来全能政府的延续、小农经营方式的恢复、国进民退的推行和举国体制的推崇等，都无一不是亚细亚生产方式重要影响的结果。改革开放30多年来，我们立足于社会主义初级阶段这一基本国情，积极探索中国特色社会主义道路，努力构建中国特色社会主义制度，取得了许多重要进展与重大成果。但同时也存在着一些不容忽视的重要问题亟待我们从理论与实践上予以很好地解决。例如，在思想观念上一些人仍然把社会主义制度归结为以国家权力为核心、以国家所有制为基础的高度集中的制度结构，把社会主义的优越性归结为"集中力量办大事"的举国体制。在实践中，一些人借"坚持公有制主体地位"的名义来维护国有企业的经营垄断，借"加强国家宏观调控"的名义坚持政府对社会经济活动的行政统制，在"发挥社会主义制度的优越性"的名义下进行大规模政府投资和大力兴办各种大型公共工程。对此，我国著名经济学家吴敬琏在纪念顾准逝世40周年、探索当今"中国问题"与中国前途时明确指出："时代发展到今天，顾准所深恶痛绝的东方专制主义和它的经济基础正在走向土崩瓦解，涤荡历史上积淀起来的污泥积水、实现民族腾飞的条件已经具备，十五年来的改革确实取得了很大的进步，然而'娜拉出走以后怎样'的问题并没有完全解决。旧体制和旧文化像一条百足之虫，死而不僵，它们的代表者仍然步步为营，负隅顽抗。其中有些人借用'弘扬民族文化'的招牌为专制主义招魂。在转轨过程中，也有人打着'改革'的旗号干着掠夺大众的勾当。"① 在政治领域，亚细亚生产方式的"国家至上"与"官本位"观念还严重地影响着民主化、法治化的政治体制改革的推进。所有这些决定了我们难以在社会主义市场经济体制的基础上发挥市场对资源配置的决定性作用，难以在个人财产权的基础上使劳动、资本、技术与管理等生产要素的活力充分发挥，使各种创造财富的源泉充分涌流，也难以在民主法治的基础上实现权利公平与社会公正。② 由此可见，亚细亚生产方式的影响仍然是阻碍中国改革发展与社会进步的极大阻力。对此，我国老一辈学者吴大琨先生早在20世纪80年代就已经明确指出："改革阻力究竟来自何方？我觉得改革受到来自特权方面的阻力，特别大。改革的阻力还来自不敢突破关于亚细亚生产方式理论的禁区。我觉得，历史上的中国社会有亚细亚生产方式的影响。"③ 我国另一位学者指出，亚细亚生产方式的影响是我国当前经济社会问题产生的主要原因，实现经济社会健康发展的根本途径在于深化市场化改革，摆脱亚细亚生产方式的影响。马克思主义创始人多次论及"亚细亚生产方式"对中国经济社会发展的阻碍作用，并分析了"亚细亚生产方式"的特点。遗憾的是，"亚细亚生产方式"仍然是阻碍中国健康发展的主要原因。当前经济社会中存在的问题是改革措施不到位或不彻底所致。最根本的原因有二：一是政企不分，行政性垄断组织大量存在；二是政府对经济干预过多和管理方式的陈旧，向传统方法回归。马克思、恩格斯所说的"亚细亚生产方式"就主要指的这两个东西。亚细亚生产方式的实质，是经济的国家垄断和权力对经济的全面控制与任意操弄。"亚细亚生产方式"的影响是导致我国经济社会问题的主要根源。三十年改革成就的取得，在不同程度上冲击了"亚细亚生

---

① 吴敬琏：《顾准日记》（序言），经济日报出版社1997年版。
② 参见于金富《社会主义初级阶段与亚细亚生产方式的历史影响》，《当代世界与社会主义》2014年第1期。
③ 吴大琨：《改革的阻力来自亚细亚生产方式的残余》，《经济社会体制比较》1987年第3期。

产方式"。同样，中国要取得更大的成就，实现经济社会健康发展，必须彻底摆脱"亚细亚生产方式"。市场化改革，是我们摆脱"亚细亚生产方式"的影响、使中国经济持续健康发展的根本保证。[①]

[①] 参见王顺达《经济社会健康发展，必须摆脱"亚细亚生产方式"》，《经济研究导刊》2009年第36期。

第十三章　从历史进程看中国社会的发展趋势

迄今为止，中华民族已经有五千年的历史。在这五千年漫长的历史长河中，演绎了许多动人的中国故事，创造了许多惊人的中国奇迹，产生了许多伟大的专制君主，开创了许多辉煌的帝国盛世，同时也制造了许多骇人的人间悲剧，酿成了许多深重的社会灾难。起初，地处世界东方的中国，是太阳升起的东方，成为人类文明的发源地之一，给人类带来了文明的曙光；后来，作为古代文明大国，中国在经济文化与科技上遥遥领先，独领风骚，成为世界最大帝国与文明中心；再后来，到了近古社会，作为文明古国，中国停滞不前、风光不再了；到了近代，中国没有实现工业化、现代化，陷入了落后挨打、面临亡国的可悲状态。古往今来，中华文明是如何兴起的？中华帝国怎样繁荣的？古老中国为何在近代处于停滞与落后的状态？现代中国何以自立？路在何方？放眼神州大地，俄狄浦斯安在？"作为东方文明古国，中国曾独步东亚数千载，并且几度'同化'亚洲蛮族。这种神奇的文明化育能力，同样可以在1840年以来欧风美雨俄雪席卷全球的大变局中显出端倪。""对于中国人，开启历史，就是走向未来。越是放怀回溯历史最幽深、最黑暗的通道，越是临近历史的破晓时分。"[①] 这些宏论虽然没有给出明确的具体答案，但却给了我们以宝贵的启示：若要揭开中国几千年历史的神秘面纱，就必须"通古今之变"——洞悉古老中华帝国的奥秘，通晓中国历史发展的规律。

---

① 王康：《走向历史破晓时分》，《东方早报》2013年1月8日。

第十三章 从历史进程看中国社会的发展趋势

一 "五千年之文明"

中国,是有着五千年文明的古国。罗素从世界历史进程指出,中国与其说是一个政治实体,还不如说是一种文明实体,一个唯一幸存至今的文明。孔子以来,埃及、巴比伦、波斯、马其顿,包括罗马帝国,都消亡了。但是中国以持续的进化生存下来了。它受到了外国的影响——最先是佛教,现在是西方的科学。但是佛教没有把中国人变成印度人,西方科学也不会将中国人变成欧洲人。中国不仅是一个国家,一个巨大的经济实体,一支拥有广阔土地和天文数字般的人口和财富的世界力量,中国更是一种文明,是造物主注视和眷顾中的生命共同体。按孔子的思想和办法,任何外来文化,夷狄蛮族也好,西洋文明也好,都能按照儒家的原则而"中国化"。五千年的文明,曾经给中国带来了经济文化的繁荣和国力的强大、疆域的广大与子民的众多,创造了一些国泰民安、普天同庆的帝国盛世。同时,五千年的文明也赋予了国家统治者以至高无上、法力无限的权力,为拥有至高无上的无限权力的统治者提供了广阔无垠、宏伟壮观的大舞台,给特权者提供了举世无双的荣华富贵,给人民带来了无边无尽的大灾难。今天,我们应该怎样看待自己的文明传统?怎样才能找到"中华的位置"?怎样确定中华民族的命运和选择?为此,我们必须重新审视世界文明中的中华文明,找到中西文明的共同归宿,这样我们才能看清中国文明的走向,找到中国的位置,明白自己的责任担当,确定中国社会发展的方向。如果说中国 5000 年社会历史的实质在于它是中华文明史,那么中国 5000 年社会历史发展的根源在于它是东方生产方式发展史。因此,我们必须以中国 5000 年来生产方式的性质与发展规律为基础来研究中国 5000 年文明与中国社会历史的发展。

(一) 中国古代文明的起源与内容

文明指人类在物质、精神和社会结构方面所达到的进步状态。文明的起源,就是原始氏族制度衰落解体,在物质生产和精神生产达到一定水平的基础上进入阶级社会、建立起国家组织这一历史进程。中国文明从黄帝纪元即公元前 2698 年算起,至今已有 5000 年的历史。中国古代文明的直接源头有三个,即黄河文明、长江文明和北方草原文明,中国古代文明是三种区域文明交流、融合的结果,其中产生中国古代文明的最重要因素是黄河文明和长江文明。5000年前,在黄河、长江流域,生活着许多氏族部落。其中最有名的是黄帝与炎帝的部落。炎帝在黄帝的帮助下打败蚩尤,黄帝打败了炎帝,最后两个部落渐渐融合成华夏族。由地理环境所决定,黄河流域早期农业一般主要是种植粟,长江流域农业主要是种植水稻。在黄河流域产生的中国文明是以种植业为基础的农业文明。后来,受到社会变动与自然地理因素的影响,黄河文明不断向长江流域农业文明过渡、发展。长江流域农业文明是黄河流域农业文明的继承和发展。"在人类各民族被自然屏障分隔的漫长时期,中国拥有的特性十分明显,地理、气候、自然和周边环境都足以支持中国发展出独特而成熟的文明。"[①] 这种最早在东方国家形成的以农业文明为基础的生产方式,就是马克思所说的亚细亚生产方式。作为亚细亚生产方式原生形态,这种以原始农村公社为代表的亚细亚生产方式是人类文明的共同起源,是一切文明的起点。黄帝之后先后出现了三个著名的部落首领:尧、舜、禹。大禹治水有功,继位于舜当了中原各部落之共主,建立中国的第一个家国一体的专制王朝,中国历史上最早的国家产生了,标志着中华文明正式形成了。自专制王朝建立就确立了一条神圣的铁律——"普天之下,莫非王土;率土之滨,莫非王臣",历代专制王朝都垄断了全国的土地,国家成为最高的地主,国王成为真正的所有者;历代王朝都奴役、压迫着全国的人民,人民成为国王所属的臣子、子民和群众。从其起源可以看到,从经济上说,中华文明属于农业文明,即传统的小农经济;从政治上说,中华文明属于东方专制主义文明,即君主专制制度;从文化上说,属于倡导"君君臣臣、父父子子"等"三纲五常"观念的儒家文明。农业文明、君主专制与儒家文化,构成了"三位一体"的中华文明体系。这种中华文明的根源在于以君主专制、土地国有与小农经济为基本特征的亚细亚生产方式。从纵向来看,这种亚细亚生产方式是以原始农村公社为代表的亚细亚生产方式原生形态的延续与发展,属于亚细亚生产方式的次生形态;从横向来看,这种亚细亚生产方式是不同于以土地私有与商品经济为主要特征的西方社会生产方式。这种以农业为基础、以土地国有与小农经济为特征、以国家经济垄断与政治专制为

---

① 王康:《走向历史破晓时分》,《东方早报》2013年1月8日。

核心的亚细亚生产方式,是以儒家文化为核心的中华文明形成的根本原因。我国著名学者袁绪程先生指出:"为什么我们不能走出历史的轮回,创造一种与时俱进的新制度呢?答案是明显的。因为中国传统制度的构造太完善和太封闭了,它容不下任何新文明——包括资本主义工业文明在内的新因素在其内生根开花结果;它拒绝任何渐变性的体制改革。由于地理环境的间隔,它无法与其相隔万里之遥的西方多元文明进行碰撞、交流和互动。它的自我封闭性使其具有强大的生命力从而在一次又一次的皇朝战争动乱的灰烬中重生。然而,当它仍沉沦于妄自尊大而又固步自封的千年岁月中自我陶醉时,与它万里之隔的西方国家经历了文艺复兴和产业革命并大踏步地向现代化进发。从16世纪末起至19世纪中叶的200多年间,带有新思想新器物的多少西方传教士和商人的不远万里而来都无法惊醒它的盲目自大,以至在19世纪40年代的某一天,西方文明的战舰夹带着鸦片冲进了中华帝国的港湾,它没有象往常一样幸运地逃过劫难,它与古老的帝国一道开始分崩离析,开始解体,从此以中华民族的屈辱和血与火的抗争为序幕,拉开了中华历史上从没有过的传统制度变迁的悲喜剧。"①

(二) 中国古代文明的制度属性及其典型模式

从技术方面来看,中国古代文明是以农业为基础的文明形态,属于农业文明的范畴;从制度方面来看,中国古代文明的典型特征是东方专制制度,属于专制文明的范畴;从文化方面来看,中国古代文明是以儒家文化为指导的文明形态,属于儒家文明的范畴。从总体上来看,中国古代文明是一种以农业经济为基础、以东方专制制度为核心、以儒家文化为价值归依的东方文明形态。作为东方文明的典型形态,中国古代文明既是农业文明又是儒家文明与专制文明,其本质特征是东方专制文明。从历史发展过程及其基本特征来看,中国专制制度经历了产生、定型、发展等几个大的阶段。其产生阶段从史前三皇五帝、大禹到夏启,夏王朝的建立是中国专制制度产生的标志;其定型阶段从战国变法到秦汉,秦朝统一、汉承秦制是中国专制制度定型的标志;其发展阶段从隋唐、明清到北洋军阀、民国政府,国民党党国体制的建立是中国专制制度进一步发展和走向现代化的标志。在中国专制制度产生发展的这些历史阶

---

① 袁绪程:《中国传统社会制度研究》,《改革与战略》2003年第10期。

段中，形成了五大专制模式：大禹的酋国模式、夏启的王国模式、秦朝的帝国模式、北洋军阀的军国模式和国民党的党国模式。在这些历史阶段及其具体形态中，秦朝帝国专制制度的帝国模式最具代表性。无论是从历史发展进程还是从逻辑发展进程来看，秦朝模式都既是酋国模式、王国模式发展的产物与结果，也是后来军国模式与党国模式所赖以形成的基础与源头。从本质上来说，中国专制制度的典型模式是以皇帝为核心、以中央集权为特征的秦朝专制制度。在秦朝以前，上古夏商周三代以国王为核心、以贵族制度为特征的专制制度是秦朝专制制度得以形成的历史基础；在秦朝以后，两汉、隋唐至明清中古社会以皇帝为核心、以官僚制度为特征的专制制度是秦朝专制制度得以延续的历史结果。先秦专制制度是秦朝模式的孕育与雏形，后秦专制制度是秦朝模式的发展与升级。换言之，先秦专制制度是以秦制为代表的中国专制社会的初级阶段，后秦专制制度是以秦制为代表的中国专制社会的高级阶段。谭嗣同认为，自秦朝建立后中国两千年皆秦制，毛泽东也强调"百代都行秦政制"。笔者赞同这种"中国两千年皆为秦制"的观点，并进一步发展，明确提出"一秦论"的理论观点：东方专制制度是中国5000年来国家制度与社会制度的一条红线，秦朝专制制度既是这条红线的中心也是这条红线上的枢纽点。在秦之前，中国一切专制制度皆为秦而生；在秦之后，中国一切专制制度皆由秦而来。中国5000年社会制度均为秦制社会，秦朝专制制度5000年一以贯之，一脉相承。中国5000年皆为秦制，秦朝模式贯通古今。因此，要通中国之古今之变，就必须抓住秦制这个中心，就必须以秦朝帝国专制模式为典型。

（三）中华文明的长期延续与历史演变

在几千年的历史中，中华文明一方面创造了古代经济文化的辉煌，另一方面在近代大大落后于西方文明的发展；一方面经济、文化与政治发展停滞不前，另一方面旧的社会制度与文化传统长期延续。中国文明的历史可以分成三部分：远古中国文明的形成、中国古代辉煌的文明和近现代由盛转衰的时代。夏、商、西周和春秋战国时代，是中国文明的形成时期。从秦朝建立中国历史上第一个中央集权的大一统封建帝国，两汉王朝古代社会迅速成长的阶段，唐、宋时期经历了古代社会最辉煌的时代。在此期间，出现了两大盛世：西汉的文景之治、武帝盛世；唐朝的贞观之治、开元盛世。至明、清两代，中国文明盛极而衰，并最终

第十三章　从历史进程看中国社会的发展趋势

步入多灾多难的近代社会。清朝的"康乾盛世",只是中国文明的"回光返照"式的辉煌而已。大清盛世的缔造者妄自尊大,故步自封,看不到世界潮流的浩浩荡荡,他们不仅忽视了国内社会的潜在矛盾和问题,而且完全看不到世界发展的大趋势,沉溺于"盛世"之中,最终使盛世成为近代中国落后于世界的肇端。德国哲学家赫尔德在1787年出版的《关于人类历史哲学的思想》中,对当时中国社会的状态表示了如下看法,大清帝国的"体内血液循环已经停止,犹如冬眠的动物一般"。从1662年到1796年这135年的时间里,西方国家经文艺复兴之后持续二三百年的思想解放运动,最终促成了如火如荼的资本主义革命和工业革命,经济、科技和军事踏上了不断加速发展的轨道。当此世界巨变的关键时期,康、雍、乾三朝却进一步强化了闭关锁国政策,使中国社会更加趋向于封闭愚昧、妄自尊大,深陷专制时代的隧道之中,故步自封,停滞不前,从而与西方的发展势差越拉越大。自视为"天朝上国"的大清朝,就在自我陶醉的"盛世"荣华之中,不知不觉地成了世界潮流的落伍者。从根本上来看,无论是中国文明的先进与繁荣,还是中国文明的停滞与落后,其根源都在于中国特有的亚细亚生产方式。在古代的农业经济时代,亚细亚生产方式还能够适应于生产力的发展,因而它推动了经济文化的发展,创造了灿烂的古代文明;在从农业文明向工业文明转变的过程中,以小农经济、自然经济、国家垄断与官僚制度为特征的亚细亚生产方式则成为阻碍生产力发展的落后的生产方式,从而阻碍了经济、科技、文化与政治的发展,导致了中国近代的落后状态。

在5000年的历史过程中,中华文明从来未中断。从夏商周,到元明清,再到近现代,我们从来就只有一个民族、一种文明。这民族在不断壮大,甚至"混血"。这文明在不断发展,甚至"整容"。但既没有代沟,更没有空白。宗法制度、君主专制、小农经济、语言文字、生活习惯与社会心理,从夏朝延续到明清甚至现代,要么始终如一,要么万变不离其宗。中华文明始于夏商,盛于汉唐,在南宋时期获得了短暂的繁荣。到了明清时代,中华文明不仅繁华不再,而且进入了"中国式的黑暗中世纪"。"中国式的黑暗中世纪"的特色是皇权至高无上,国家完全成为统治与压迫人民的机构,文化沦落为愚民的工具。这种局面虽然在清末民初有所改变,但中国始终没有实现真正的文化革命与制度革命,传统中国文明没有伤筋动骨。虽然清朝的皇亲国戚走了,但是蒋介石式的党国利益集团再度凌驾于人民之上，换汤不换药。在几千年的中国历史上，以专制主义文化为核心的中华文明源远流长、连绵不绝，尽管其渡尽劫波，但始终未亡。无论是五胡乱华，还是元军灭宋、清兵入关，都不仅没有消灭中华文明，而且都以新的形式重新实践专制主义的中华文明。崖山之后，仍有中国；"鞑虏"之国，仍为汉政。自古至今，无论汉族还是胡族，无论王朝、皇朝，还是"天国""民国"，一言以蔽之，无论是谁掌握国家政权，都是实行专制主义制度；无论打着什么旗帜、采取什么形式，都是专制主义幽灵的再现。自古以来，中国既不是汉族之中国，也不是胡族之中国，而是皇族之中国；中国不是民主主义之中国，也不是封建主义之中国，而是专制主义之中国。晚清拒不进行变法改革，其理由是"祖宗之法不可变"。这个"祖宗"，绝不是皇太极、顺治与康熙等满族政权的先皇，而是三皇五帝、夏桀王、商纣王、周厉王和秦始皇等君主专制的鼻祖。在亚洲大陆全部历史中，从来找不到自由精神的痕迹，只有规模庞大、耸然而立的专制帝国。君主是唯一的主宰，全体臣民都是他的奴婢，这种普遍绝对的隶属依附关系，构成了东方世界野蛮统治牢不可破的历史基础，构成了亚洲各国始终不断瓦解、不断重建、循环往复周期性地震荡、沉寂的唯一动因。如果说中华文明的最初形成是以亚细亚生产方式为基础的，那么，中华文明的长期延续也是以亚细亚生产方式的持续存在为基础的。几千年来，以小农经济、自然经济、国家垄断与专制制度为特征的亚细亚生产方式在中国始终存在，这从根本上决定了以儒家文化为灵魂、以君主专制为核心的中华文明始终存在，无论是什么革命、什么变法不仅都难以撼动中华文明这棵大树，而且被它所消解、吸收和同化。不仅庞大汉族是它的奴仆，而且强悍胡族也是它的俘虏；不仅贵族阶级是它的追随者，而且平民阶级也是它的归依者。这充分地说明，只要亚细亚生产方式及其影响继续存在，任何"革命"都是无济于事的，任何"改革"都是于事无补的，任何"主义"都是无力回天的。中国古代、近现代的历次"革命"，都是在专制灾难的陷阱里猛烈挣扎、越陷越深的一个个历史悲剧。中国100多年来的凶吉祸福，是非恩怨，在每一个历史阶段，尤其是历史关头，在每一个人物身上，几乎都是悲剧性的。"天国革命"与"辛亥革命"是一场悲剧，"国民革命"仍然是一场悲剧。袁世凯是一个悲剧性人物，蒋介石也是一个悲剧性人物。他们的悲剧在于：他们不仅都彻底背叛了自己所宣称的平等、共和理念，而且既给国家和人民带来了深重的灾难，又落得身败名裂、遗臭万年的可悲下场，最终被牢牢地钉在了历史的耻辱柱上。我国著名学者胡钟达先生对亚细亚生产方式的基本特征与演变规律进行了科学总结，他指出："概括起来说，亚细亚生产方式是以农村公社土地所有制为基础的一种生产方式。但这种公社土地所有制又从属于以专制君主为代表的国家所有制或最高所有权，公社和公社社员只有对土地的共同占有权和使用权。村社的农业生产和手工业密切结合，自给自足，不假外求。产品的主要部分是满足公社本身的直接需要。它的经济职能一方面是维持本身的再生产，一方面是将公社成员的剩余产品和剩余劳动，以租税和徭役的形式，来供养以专制君主为首的统治集团和剥削阶级，它实质上是统治阶级和专制国家剥削和统治广大劳动人民的基层组织。在东方国家，不管改朝换代的政治风云如何变幻，作为社会基本细胞的农村公社却没有变化。在悠长的历史岁月中，它是东方专制制度的牢固基础。直到西方资本主义势力东侵，才为这种古老的制度敲响了丧钟。"[1]

二 "三千年之变局"

1840年英国发动鸦片战争，用坚船利炮打开了古老中国的大门，中国割地赔款，丧权辱国。1872年，晚清洋务派领袖李鸿章洞悉中国与西方之间的巨大差别、西方列强对中国的巨大威胁与中国历史发展的巨大转机，作出了一个明确的判断：中国遇到了数千年未有之强敌，中国处在三千年未有之大变局。从历史进程来看，所谓"三千年"就是指西周开国到晚清李鸿章所处的历史时代。在这三千年中，尽管中国发生了许多激烈的社会动荡，经历了许多改朝换代的轮回更替，遭受了许多异族的入侵蹂躏，但以往中国社会变动都无法和今天这个大变局相比。这种来自西方文化的冲击，决不像过去从蒙古高原洪水般冲决下来的游牧文化一样，泛滥一阵便很快退得无影无踪。这种自海上而来的西方文明是一种新型的文明，古老的华夏农业文明既不能对抗它也不可能同化它了。

---

[1] 胡钟达：《试论亚细亚生产方式兼评五种生产方式说》，《内蒙古大学学报》1982年第2期。

于是，民族危亡和文明危机同时爆发了。李鸿章朦胧而敏锐地感觉到了这个大变局，这就是中国社会正面临着从传统文明向现代文明的巨大转变。1840年英国完成了工业革命以后，现代化的浪潮在以欧洲为中心的西方国家席卷而来，并带动整个世界都在向现代化发展迈步。世界现代化的潮流和西方列强对中国的威胁，对中国这个古老的传统社会产生了巨大的冲击。自此开始，中国从传统社会向现代社会转型的大变局一直在进行之中。"'三千年未有之大变局'（李鸿章）、'四千年大梦之唤醒'（梁启超），无疑是近世中国命运与使命最无奈、最英勇、最悚惕的咒语式警示，也是世界历史从未面临的特异悬案。"①

（一）改朝换代——周期循环

从有文字记载的夏朝开始，我国历史上经历了三皇五帝、夏、商、西周、东周、秦、西汉、新朝、东汉、三国、晋、南北朝、隋、唐、五代十国、北宋、南宋、元、明、清、太平天国、中华帝国、中华民国等二十多个主要朝代，加上各个时期并列的王朝，共有88个王朝，共有573个帝王，包括399个"帝"、162个"王"和6个"总统"。在几千年的中国历史中，自"汤武革命"以来爆发了"贵族革命""农民革命""辛亥革命"和"国民革命"等数十次革命运动，其中大的"农民革命"有30多次。秦末陈胜、吴广农民起义，西汉绿林、赤眉农民起义，东汉黄巾农民起义，两晋杜弢、孙恩、卢循起义，南北朝赵广、盖吴、破六韩拔陵起义，隋瓦岗、窦建德农民起义，唐王仙芝、黄巢起义，宋王小波、李顺、方腊、钟相、杨幺起义，元末农民起义，明末李自成起义，清白莲教起义、太平天国革命、"辛亥革命"和"国民革命"。这些革命，表面上轰轰烈烈，改天换地，实际上君主专制制度、官僚制度与土地制度等社会基本制度始终没有改变，所改变的，只是朝代名称与民族，帝王的姓氏与家族，其他一切如旧。"中国历史上的农民变乱，朝代虽相去一二千年，其性质大抵相同。"② "中国同性质、同形态的农民战争或农民的社会动乱虽然重复了无数次，而每次的结果总是再生产一个同性质、同形态的政治体制完事。"③ 因此，这些革命虽然以亿万人民付出生命为

---

① 王康：《走向历史破晓时分》，《东方早报》2013年1月8日。
② 王亚南：《中国官僚政治研究》，商务印书馆2010年版，第134页。
③ 同上书，第135页。

代价，但到头来终究是改朝换代，人民又沦为新的统治者的奴隶。正可谓："兴，百姓苦；亡，百姓苦。"在这周期性的历史循环之中，所谓"革命"只是改朝换代的工具，而不是什么真正意义上的社会革命。这些"革命"的意义只在于不断地改变国家政权、全国土地与子民的主人，最终仍然只是新皇登基、官僚换人而已。对此，我国著名思想家顾准先生明确指出："说到李自成和洪秀全，何必设想他们如果胜利怎样呢？朱元璋不是一个李自成吗？农民造反，没有知识分子成不了事，而刘基、宋濂、牛金星、李岩这一类人，除四书五经、廿四史而外，还能读到什么？不按照老一套，他们能够建立一个有效的政权吗？萧何是秦吏，西汉的法制全套照搬商鞅、李斯那一套，正因为如此，汉武帝才做了第二秦始皇，拓疆千里。洪秀全已经沾到一点西方味儿了，可是他只搬来了令中国士大夫十分厌恶的'天父天兄'，其他一切都是皇朝旧制。"[1] 传统观点认为，太平天国运动是中国近代史上的第一次以农民为主体的带有资产阶级性质的民主革命运动。它代表着中国人民大众反封建、反外国侵略的政治要求，大方向是进步的，性质是正义的。太平天国的功绩主要有三：其一，极大地冲击了整个封建统治秩序；其二，虽然在形式上没有超出农民起义的框框，却显露出资本主义近代化的趋向；其三，不仅敢于反抗清朝，也敢于反抗船坚炮利的外国侵略者。然而，太平天国运动终究是一场旧式农民革命，它没有也不可能建立新的生产方式与社会制度。从经济上看，太平天国没有代表或建立新的生产关系，没有给农民带来解放，只是换了某种名义，把农民仍旧束缚在专制剥削制度之下。定都南京后决定施行"照旧交粮纳税"的政策，意味着它承认并接受了地主阶级的土地占有制。从政治上看，太平天国没有使农民得到政治上的自由，没有建立起真正的农民政权，却建立了神权与王权相结合的专制统治。当起义初期时候洪秀全就立了15个后宫，到东乡建国就增立36个后宫，到建都天京再增立88个后宫。在建国时，就立他的儿子洪天贵为幼主，继承皇位。在广西永安州时，就决定凡打江山有功的，累代世袭。洪秀全执政，立法无章，大纲紊乱，措置乖戾。从思想文化上看，太平天国以四不像的天主教做招牌推行神权统治，为国民心理所不容。

---

[1] 顾准：《直接民主与"议会清谈馆"》，载《顾准文集》，中国市场出版社2007年版，第252—253页。

因此，在中国及东方国家自古以来只有改朝换代，只有经营方式的变化而没有生产方式的变革，因而从没有发生过真正的社会革命。"在亚细亚环境中，'革命'只是徒有其名，或从这个词的确切词源来说，它当然既包括更新又包括复旧的含义。但它们决不是马克思主义意义上的革命：那些革命不是起因于生产资源和经营制度之间不可解决的矛盾，那只有转为另一种生产方式而由另一个社会阶级来领导，才能加以克服。"①

在几千年的历史过程中，中华文明的长期延续是以专制王朝不断地进行改朝换代的周期性循环的形式而实现的。"按照西方的观点，东方最神秘最反常最可悲的特点，在于它那周而复始的循环史观。无论如何改朝换代，治乱兴亡，东方都以万变不离其宗的超然与孤寂，演绎着一个'停滞社会'的全部符咒。"②"中国社会与其说是稳定的，不如说是静止的。但是那些间发性的'革命'既是那个制度有力量的一面，同时实际上又有强烈的保守影响。万变不离其宗。"③ 专制王朝之所以周期性地改朝换代，其根源在于中国的亚细亚生产方式停滞不前、周期循环。小农经济与自然经济因其保守性、封闭性只能是周而复始地简单循环。小农经济的周期性循环不仅表现为年复一年周而复始的简单再生产，而且表现为一个"兴旺—衰落—破产—再兴旺……"的周期性循环过程。一般来看，凡是在小农经济兴盛时期都是专制王朝走向大治和盛世的兴盛时期，而随着土地兼并、官府压榨的加剧，小农经济走向衰落，专制王朝也随之走下坡路，最后小农经济破产，饿殍遍地，流民遍野，这是农民起义、专制王朝灭亡之际。从中国几千年的历史来看，专制王朝改朝换代的周期循环与小农经济兴衰更替的周期循环不仅有着内在的联系，而且二者高度契合。小农经济与专制王朝之间的关系十分密切，简直就是休戚与共，命运相连。小农经济周期循环是专制王朝周期循环的经济基础，专制王朝周期循环是小农经济周期循环的政治表现。这也是历代专制统治者高度重视保护小农经济，十分重视休养生息、保障民生的根本原因。鸦片战争后，西方列强的炮舰打开中华帝国的大门之后，中国人民探索民族出路的奋斗一直没有间断，其中包含着许多使中国社会摆脱

---

① [意]翁贝托·梅洛蒂：《马克思与第三世界》，商务印书馆1981年版，第121页。
② 王康：《走向历史破晓时分》，《东方早报》2013年1月8日。
③ [意]翁贝托·梅洛蒂：《马克思与第三世界》，商务印书馆1981年版，第120页。

停滞的积极探索。在思想文化方面,狂飙突进式的启蒙运动和"五四"精神对于扫除两千多年的专制礼教,促进人们思想解放起到了重要的作用。在经济、技术方面,洋务运动"求强""求富",造就了一批近代军用和民用工业,民族资本进一步发展。近代中国的政治探索更是波澜壮阔,动人心魄:康梁变法壮志未酬,却影响深远。孙中山倡导共和,辛亥革命推翻帝制,功在千秋。所有这一切都为近代中国"万马齐喑"的局面带来缕缕清新的气息,但是没有也不可能真正成为改革"亚细亚生产方式"的疾风骤雨,没有改变中国社会的巨大惯性。① 因此,在中国亚细亚生产方式的历史环境下,社会只能陷入周期循环的"历史周期律",而不可能产生新的生产方式,不可能建立起新的生产方式与社会制度。"中国的专制主义的官僚政治的经济,无非是(一)均田与兼并的循环;(二)节用、重农;和聚敛、榷酤的循环。你说它是反资本主义的吗?倒也是的,但这是以皇室为中心,皇朝的兴废为转移的。在这种传统中,没有人民,没有生产的地位。"② "由此可以推论出,认为任何国家都必然会产生出资本主义,是荒唐的。特别是中国,这个自大的天朝,鸦片战争和英法联军敲不醒,1884年的中法战争还敲不醒,一直到1894年的中日战争猛敲一下,才略欠一个身,到庚子、辛丑才醒过来的中国,说会自发地产生出资本主义,真是梦吃!"③

(二)"改易维新"——变法自救、改革自强

在几千年的中国历史上,虽然没有社会制度之大的变化,但专制统治者有时也会在其社会制度的具体形式和政策上做一些小的改变。"改易更化"就是中国古代一种重要的政治哲学和治理思想。所谓"改易",就是改变、革新,就是改革、变法。《诗经·大雅·文王》所云"周虽旧邦,其命维新",意指"周虽然是历史长久的邦国,但他的使命是革故鼎新"。这就是说,专制国家要长治久安就必须不断地改革维新。改易更化不仅是中国传统政治文化中的重要经验,而且也成为一种政治哲学。相对于暴力革命和改朝换代,这种理论要求统治者主动做出政策变革与调

---

① 高中健、王健、陈晓红:《市场经济与"亚细亚生产方式"的变革》,《河南师范大学学报》1993年第5期。
② 顾准:《王夫之的主张》,载《顾准笔记》,中国青年出版社2002年版,第233页。
③ 顾准:《资本的原始积累与资本主义发展》,载《顾准文集》,中国市场出版社2007年版,第218页。

整以适应社会形势。这种改革一般发生在形势所迫、不得不改之时，因而多是发生在百废待兴、积贫积弱或者大厦将倾、分崩离析之际，其实质都是专制统治者追求自救、自强的运动。商鞅变法、王安石变法以及张居正变法，都是中国历史中"改易"的典范。中国历代王朝改革的基本目标都是摆脱困境、消除危机，巩固统治，富国强兵，加强君主权力与国家实力。其中，商鞅变法最为典型。商鞅变法不仅使秦国摆脱了生存危机，而且使秦国国王专制权力空前加强，秦国经济军事实力大大增强，建立了强大的专制政权，为扫灭六国实现统一、建立秦帝国奠定了基础。过去，人们一直认为商鞅变法是一大历史进步，是新的生产方式与社会制度取代旧的生产方式与社会制度，是先进的阶级取代落后的阶级。实际上，事情根本不是这样的。就其实质来看，商鞅变法根本不是生产方式与社会制度的革命性变革，而是中国专制制度的自我发展、自我强化与自我完善。以专制君主为代表、以维护与强化专制统治为目的的变法改革绝不可能实现生产方式与社会制度的变革，绝不会实现历史的进步。我国著名思想家顾准先生指出："中国历史，是由封建主义转向中央集权的专制主义，而不是由中央集权的专制主义转向封建主义的。所以，像欧洲那样，封建分裂中的城市与市民，成为资本主义兴起契机的，在中国不可能发生，因而也是无可羡慕的。"[①]

商鞅变法，作为秦国专制统治者自救与自强运动，根本不是社会的变革与历史的进步，恰恰相反它是社会的灾难与历史的倒退。我国著名法学史专家杨师群教授对商鞅变法的动机、内容、实质与后果进行了系统分析。公元前361年，秦孝公即位，面对内忧外患的局面，决心继承父辈的遗志，拓展穆公的宏伟大业，下令召贤聚士、变法图强。综观其变革诏令的内容，其目的无非有二：一是解决内忧，加强君权，稳固统治；二是增强军力，开拓疆域，以成霸业。商鞅就在这个时机来到秦国，在秦孝公的支持下，进行了一系列的改革。商鞅变法基本围绕秦孝公图强诏令的两个目的，在某些方面有相当大的创造性发挥，使秦国的中央集权君主专制的统治模式基本定型，并把国家的政治、经济、文化各方面立体运转完全纳入了军事轨道，接着又在对外战争中取得一些胜利，将

[①] 顾准：《郭沫若论吴起商鞅——吴起商鞅改革的实在性质是什么》，载《顾准笔记》，中国青年出版社2002年版，第97页。

秦国的早期国家军事专制状态推向成熟。综观商鞅变法的目的与各项措施，我们找不到任何要改革旧的生产方式的内容。没有改变奴隶地位的动作，反而增加了一些奴隶制度。秦国本来领主制经济就相当薄弱，所以也谈不上废除什么分封制；事实上，变法后有关军功爵制的封赏反而大量增加，商鞅本人就受封而成为新贵族封君。变法更谈不上代表什么土地私有制经济集团——地主阶级的利益。可以这样下结论：商鞅变法是由极端君主派法家领导下进行的一场旨在加强中央集权君主专制统治，又带有相当军国主义色彩的改革运动。商鞅变法的成功是中国古代社会发展史中的一场悲剧。战国法家所完成的这一整套专制理论及其实践活动，不但在春秋战国的社会变革中产生极坏的后果，而且日后一直萦绕在中华文明的中枢神经中作祟，将社会的丰富性异化为最简单暴决的统治关系，而极难产生新的因素。长期以来，理论界不惜扭曲历史以肯定商鞅变法的做法，造成思想理论的许多混乱，需要我们去深刻反省，重新认识。[1] 从其结果来看，商鞅变法并没有消除奴隶制度、建立封建制度，恰恰相反，它消灭了具有封建性质的分封制，全面建立了以中央集权与实质专制为特征的普遍奴隶制。"这种变革的目的，是打破宗族这个硬核，使之成为'原子式'的个人，直接隶属于专制主义的国家。这种变革，是自上而下的，是在击破先前法权关系下保证在下者的人权财权的目的下实行的。它绝不是自下而上地，目的在于保障原子式的个人的人权财权的那种变革。"[2]

以郭沫若为首的一些人认为商鞅变法实现了从奴隶社会向封建社会的历史性转变，这是一种误解或曲解。商鞅变法不是新兴地主阶级变奴隶制为封建制的社会革新运动，而是没落时期的奴隶主贵族统治者为了振兴奴隶制度"自强""自救"的改革方案。变法后的秦国实行普遍奴隶制度。"郭以不足的根据，判断春秋战国之际是奴隶、封建制的交替时期。其实，春秋战国之际，在政治上最大的事情，就是法家政治的兴起，而法家政治所要改革掉的东西和所改成了的东西，丝毫也不足以证明什

---

[1] 参见杨师群《商鞅变法的性质与作用问题驳论》，《学术月刊》1995年第6期。
[2] 《顾准笔记》，中国青年出版社2002年版，第101页。

么奴隶封建的递嬗,恰恰是封建政治和中央集权的专制主义的递嬗。"①商鞅变法后的秦国的上层建筑,无论其价值观、政治思想、法律制度、文化政策,都是属于奴隶制度性质的,表明其政权的性质属于奴隶主阶级的政权,不属于封建地主阶级的政权。因此,其社会制度仍属于奴隶制范畴,不属于封建制度范畴。②

王安石变法也较为典型。为了挽救北宋的统治危机,振兴国家,王安石建议对国家政事进行全面深入的"改易更革"。作为一种涉及政治、经济、财政、文教、科举多方面的改革方案的新法,王安石变法是一种在专制社会内部社会改良性质的改革。作为专制统治阶级的思想家和政治家,王安石看到了社会危机和统治危机,希望通过变法来调节统治阶级内部的矛盾、缓和国家与农民的日益尖锐的矛盾;希望通过保障民生来达到稳定北宋政权的目的。很明显,所有全部变法措施都是以不越出专制制度的樊篱、不损害统治阶级尤其是赵宋皇家的根本利益为前提而进行的。因此,这场变法完全是在专制社会内部的社会改良运动,是北宋专制统治阶级内部的政治改良运动。

从中国几千年历史来看,中国文明只有改易之小变、渐变,没有变革之大变、质变,这也是中国专制社会长期延续、停滞不前、近代落伍的重要原因。之所以如此,主要是因为中国的亚细亚生产方式发展中具有鲜明的改良性特征。例如,在农业生产技术条件的发展上,中国只有不断改良农业生产工具而没有实现农业生产工具的革命;只有精耕细作技术的不断改良而没有农业生产技术的革命。特别是在秦汉以后的社会历史中,不论是农业生产还是手工业生产都是小生产,不管是佃农经济还是自耕农经济都是一家一户的小生产方式,经济生活主要是自给自足的小农经济,所有这些决定了农业生产技术方式以精耕细作为主要特征,而无须实现生产工具的革命。这样,秦汉时期形成的生产工具完全能够满足当时生产方式的需要。因此,生产工具与生产技术总体上长期处于停滞不前状态。

(三) 托古改制——倒退回归

在专制王朝的末期,改易维新虽然收到了一些积极效果,但却加剧

---

① 顾准:《郭沫若论吴起商鞅——吴起商鞅改革的实在性质是什么》,载《顾准笔记》,中国青年出版社 2002 年版,第 96 页。
② 参见高炳生《论商鞅变法的奴隶制社会属性》,《洛阳大学学报》1999 年第 3 期。

了各种经济与社会矛盾，使专制统治者遭遇新的、更大的危机。面临这种困局，当政的专制统治者一般不会把改革继续推向前进，进行彻底的制度变革，而是会选择拨乱反正、托古改制的"更化"之举。尽管表面上仍然打着改革的旗号，声称要继续推进改革，但实际上改革已经是雷声大雨点小、有名无实，甚至名存实亡了。在实践中，统治阶级实际做的则是否定改革、回到过去，用改革之前的旧的统治方法和政策措施进行统治，即所谓"更化"。"更化"虽然与"改易"并列，但"更化"一词的含义又有微妙的差别，大多用于恢复过去的指导思想和政策制度，颇有"拨乱反正""复古改制"之意。董仲舒在《对贤良策》中说："汉得天下以来，常欲善治而至今不可善治者，失之于当更化而不更化也。"汉武帝时的"更化"，是要恢复孔子及儒家所倡导的礼治和纲常。北宋最著名的"元祐更化"则是以司马光等为代表的反变法势力废除王安石推行的新法，希望恢复到变法以前的治理状态或者措施。元祐更化发生在王安石变法十余年后，是北宋新旧党争全面爆发的一个转折点。元丰八年（1085）春，宋神宗赵顼病死，其子赵煦（宋哲宗）即位，年仅十岁，其母宣仁太后以太皇太后的身份执政。"元祐更化"的实质在于它是以司马光为首的反变法派，在元祐年间（1086—1093）推翻王安石变法的事件。高太后、司马光等首先罢废保甲教练和保马；接着，罢市易，废青苗，停止助役钱；最后，罢免役法，恢复旧地差役法。在一年的时间里，王安石所实行的各项新法几乎全部被罢废了。高太后垂帘后，"以复祖宗法度为先务，尽行仁宗之政"，尽量与民生息。她治下的九年，史称"元祐之治"：经济繁荣，天下小康，政治清明，被认为是宋朝天下最太平、百姓最安乐的时代，堪比唐朝的"贞观之治"，高太后也被称为"女中尧舜"。然而，因人易政的反复变换使得民众与官员无所适从、惶惶不安，对未来毫无希望，这就使各种法律法令和政策措施都难以真正奏效。"元祐更化"致使北宋末年的党争进入不可收拾的地步，进而沦为意气与仇恨之争而非政策讨论，最终导致北宋政权的灭亡。

三　"四千年之梦醒"

19世纪60年代到90年代，日本依靠明治维新、实行西化而建立起资本主义制度，成为东方的资本主义强国。在中国近代，中日甲午战争是规模最大、失败最惨、影响最深的一场战争，这场战争成为两国历史命运的分水岭。战争的结局置换了日本和中国在亚洲的地位，日本靠强索中国的巨额赔偿完成了资本原始积累，进而脱亚入欧，跻身列强，成为东方的资本主义强国，一跃跻身于列强之中。甲午战争，也是一个庞大帝国崩溃的临界点。恩格斯1894年11月深刻指出："在中国进行的战争给了古老的帝国以致命的打击。"《马关条约》签订之后，引起外国殖民者新一轮瓜分中国的高潮，使中国彻底沦为半殖民地国家。甲午战争的失败，无情地证明了此前"洋务运动"的图强求富，不过是暂时延缓了大清帝国的寿命。甲午战争失败后，中华民族开始有了觉醒意识。两次鸦片战争、中法战争的打击使少数先进的中国人意识到了"不如夷"，但朝野上下依然酣睡于天朝旧梦，大有雨过忘雷之意。被东方"岛夷"日本打败所导致的亡国灭种的危机，使中国面临"国无日不可以亡"的空前险境，才彻底打破了中央王国、天朝上国的千年旧梦。甲午战争，也是中华民族觉醒的一个重要转折点。遭此奇耻大辱，国人开始重新认识自己、认识世界。梁启超对此曾有过入木三分的评论："吾国四千年大梦之唤醒，实自甲午战败割台湾、偿二百兆始也。""四万万人齐下泪，天涯何处是神州？"这句话的意思是我们国家做了几千年的天朝大国梦，就在甲午中日战争中被打破，在割了大片的国土后才觉醒。因为甲午中日战争后中华民族危机空前加深，列强由对中国的商品输出侵略转化为资本输出，侵略剥削更加残酷，对民族资本主义危害更大。

（一）中国社会的"三大不足"

在中国人认识到"三千年变局"与"四千年梦醒"之后，开始在从中西对比之中反思中国的不足。梁启超先生1922年在《五十年中国进化概论》中说："近五十年来，中国人渐渐知道自己的不足了。这点子觉悟，一面算是学问进步的原因，一面也算是学问进步的结果。""第一期，先从器物上感觉不足。这种感觉，从鸦片战争后渐渐发动，到同治年间借了外国兵来平内乱，于是曾国藩、李鸿章一班人，很觉得外国的船坚炮利，确是我们所不及，对于这方面的事项，觉得有舍己从人的必要，于是福建船政学堂、上海制造局等等渐次设立起来。""第二期，是从制度上感觉不足。自从和日本打了一个败仗下来，国内有心人，真像睡梦中着一个霹雳，因想道，堂堂中国为什么衰败到这田地，都为的是政制

第十三章 从历史进程看中国社会的发展趋势

不良,所以拿变法维新做一面大旗,在社会上开始运动,那急先锋就是康有为、梁启超一班人。""第三期,便是从文化根本上感觉不足。第二期所经过时间,比较的很长——从甲午战役起到民国六七年间止。这二十年间,都是觉得我们政治、法律等等,远不如人,恨不得把人家的组织形式一件件搬进来,以为但能够这样,万事都有办法了。革命成功将近十年,所希望的件件都落空,渐渐有点废然思返,觉得社会文化是整套的,要拿旧心理运用新制度,决计不可能,渐渐要求全人格的觉悟。无论何种政治,总要有多数人积极的拥护——最少亦要有多数人消极的默认,才能存在。所以国民对于政治上的自觉,实为政治进化的总根源。这五十年来中国具体的政治,诚然可以说只有退化并无进化,但从国民自觉的方面看来,那意识确是一日比一日鲜明,而且一日比一日扩大、自觉。觉些甚么呢?第一,觉得凡不是中国人都没有权来管中国的事。第二,觉得凡是中国人都有权来管中国的事。第一种是民族建国的精神,第二种是民主的精神。这两种精神,从前并不是没有,但那意识常在睡眠状态之中,朦朦胧胧的,到近五十年——实则是近三十年——却很鲜明的表现出来了。"

在实践中,人们逐步认识到:所谓"器物之不足"只是表象,"制度之不足""文化之不足"才是实质。中国要摆脱落后状态,赶上西方先进国家,主要不是实现器物与技术现代化,而是制度现代化;其根本途径不是技术革命与经济发展,而是制度革命与文化革命。由于认识到中国在制度上的不足,便产生了以西方为榜样、以制度变革为内容的戊戌变法;由于认识到文化上的不足,人们便接受西方自由、民主的观念,民主思想便逐步形成。当维新变法运动在全国开展之时,以康、梁为代表的维新派与专制主义的顽固派围绕着实行什么样的政治制度与教育制度展开了一场激烈的论战。在政治上,维新派主张学习和仿效西方国家的民主制度,兴民权、设议院,实行君主立宪;顽固派则坚持"中体西用",极力维护专制制度,反对君主立宪。在文化上,维新派主张学习西方教育体制,改革教育制度;顽固派坚持科举取士制度、反对西学。这场论战既是资产阶级维新思想同专制主义思想的一次激烈交锋,也是新型西方文明与传统中国文明的一次短兵相接的正面冲突。这场论战是以新型文明和政治力量代表的资产阶级,第一次向传统文明和专制制度发起的挑战,开始改变人们的思想观念,为中国文化与政治的发展展示了一条崭新的道路。

（二）中华民族的光明前途

马克思、恩格斯不仅看到了近代中国社会发展重新实现改朝换代、回归亚细亚社会的可悲事实，而且大胆地预测了中国社会发展的光明前途。马克思、恩格斯预言，中国这个世界上最古老和巩固的帝国已经处于社会大变革的前夕，这一变革必将使这个国家由古老的专制文明走向现代民主文明。马克思、恩格斯乐观地预言："如果我们欧洲的反动分子不久的将来会逃奔亚洲，最后到达万里长城，到达最反动最保守的堡垒的大门，那么他们说不定就会看见这样的字样：中华共和国——自由，平等，博爱。"① 笔者认为，马克思的预言尽管看起来有些大胆，也非常超前，但毕竟反映了中国及东方社会变革与历史发展的必然趋势。从世界历史发展的内在逻辑与人类社会发展的客观规律出发，从人的天性与人类的内在要求出发，自由、平等、博爱的原则一定要实现，民主、法治的国家制度一定要建立。民主潮流，浩浩荡荡，顺之者昌，逆之者亡。君不见，早在100多年前中国就建立了亚洲第一个民主共和国，第一次肯定了主权在民的原则，第一次建立了民主法治、分权制衡的国家制度；60多年前，"中国人民站起来了"，成为"国家的主人"；30多年前，人们的思想解放了——广大人民从"四人帮"的专制思想的精神枷锁下解放出来，获得了独立思考的权利。今天，中国社会在民主、法治、市场经济等重大问题上形成了普遍的基本共识，"自由""平等""民主"与"法治"已经成为社会主义核心价值观的主要内容，举国上下凝心聚力地走向自由、民主与法治的明天。放眼未来，自由、民主与法治必将在中国全面实现，经济转轨与制度创新必将最终完成，一个自由、民主与法治的辉煌的人民共和国必将更加巍然地屹立于世界东方，已经获得新生的中华民族一定会成功地自立于世界民族之林、成功地融入人类文明大家庭。回顾历史，资本主义通过暴力和征服，更主要的是通过商品和市场的力量，在人类历史进程中首次开创了"世界历史"时代。在这个时代，各民族国家以往互相隔绝、彼此孤立的状态被彻底打破了，取而代之的是各民族国家的互相往来和互相依赖，普遍的超民族的认同正在摆脱各种不同的民族局限和地域局限而取代民族国家内特殊的民族认同，

---

① 《马克思恩格斯全集》第7卷，人民出版社1959年版，第265页。

第十三章　从历史进程看中国社会的发展趋势

黑格尔在哲学上把握到的世界统一的本质开始在实际的历史进程中显示出来。正是在"世界历史"时代，中国开始并终将完成它的第三次社会转型——向现代性社会的演变。中国以往赖以生存并曾经创造过辉煌于世的文明形态和社会制度，将不可逆转地向现代性社会赖以生存的文明形态和社会制度转变。这对中国和世界都是伟大的历史性的转折。我们有理由期待：中国在新的社会制度中将创造比以往更伟大的文明形态。[①]

为了实现中华民族走向新生的光明愿景，必须根据"世界历史"的逻辑，必须具有历史意识与全球眼光，必须正确地看待中华文明的历史辉煌与历史环境，必须清醒地认识中华文明的历史地位与现实处境，必须正确地认识中华文明的发展趋势与根本出路。1492年，哥伦布远航到达美洲，开启了世界市场逐步形成、全球逐步走向一体化的漫长而无法抗拒的过程。500多年来，世界各国和各地区盛衰沉浮，无不取决于是抗拒还是适应这个进程。这是伴随血与火的惨烈过程，又是文明迅猛提升的过程。20世纪以来，这个进程更表现为文明与野蛮交错纠缠，令人惊心动魄！离开对这个基本态势的体察，不可能对世界和民族、国家的命运作出比较准确的判断。从康德、马克思到梁启超、鲁迅，都公开宣称自己是世界公民或世界人。这些中外哲人安身立命的基点蕴含着时代和历史的大智慧。汲取先哲智慧有助于识别前进路上的陷阱。因此，中国人应当成为具有世界眼光的世界公民，坚持从人类命运的视角来思考自己的命运，在世界历史的纵横交错的坐标上确立自己的位置，用全球普遍的价值来评判自己的国家，根据人类社会发展的一般规律来确定自己的前进方向，遵循世界普遍的游戏规则来约束自己的行为。为此，中国既应当克服"崇洋媚外"、照搬他国经验的盲目倾向，也应当克服"夜郎自大""自我陶醉"的思想状态，摒弃狭隘的民族主义观念和传统的国家主义观念，把吸收他国创造的人类文明成果与继承本国的优秀历史遗产有机结合起来，把自己独自斗争与同外国他者的整合统一起来，探索与创造出实现东西融合与中外合作的合理模式，成功地寻找一种能够确保中国在世界舞台持续生存、健康发展并同其他国家和民族和谐相处、良性互动的可靠模式。把人类文明的普遍原则与中国国情相结合，走自己

---

① 参见荣剑《论中国"封建主义"问题——对中国前现代社会性质和发展的重新认识与评价》，《文史哲》2008年第4期。

的路，构建中国特色的现代生产方式与社会制度，这是我们总结长期历史经验所得出的基本结论。为此，中国应当一方面尊重并融入当今世界主流的普世文明，另一方面保持中国文明的自身主体性；既要把普世文明转化为中国的特殊性，又要把中国的特殊性提升为普世文明的一部分，使中华民族成为一个世界民族，使中国成为一个全球大国，使中华文明对人类做出新的历史贡献。

(三) 中国社会变革的根本路径

从根本上说，中国的"三不足"根源于落后的亚细亚生产方式，无论器物不足、制度不足还是文化之不足，归根结底都源于亚细亚生产方式的弊端。小农经济、自然经济必然导致技术落后；土地国有、君主专制与官僚制度必然导致制度落后、文化落后。因此，中国的真正觉醒还不在于认识到中国器物、制度与文化的不足，而是认识到中国社会生产方式的落后。中国几千年来的生产方式，既不是西方式的奴隶制生产方式，也不是什么"封建制"生产方式，而是东方特有的亚细亚生产方式，这是导致东方社会经济文化落后的根本原因，是产生东方专制主义的根本条件。亚细亚生产方式既是中国古代停滞不前、近代落后挨打的根本原因，也是现代中国社会各种问题的根源所在。如果不变革亚细亚生产方式，中国的技术革命、制度革命与文化革命以及中国的现代化就是无法实现的，中国的落后状态就是无法真正改变的。亚细亚生产方式的长期存在不仅是历史上中国经济文化落后的根源，也是中国现实经济社会问题的症结。所有这些，就决定了我们应当彻底革除亚细亚生产方式、实现生产方式与社会形态的根本变革，完成三千年大局，全面构造现代社会生产方式与社会制度。这是中国未来经济社会发展的必然趋势与根本出路，也是中国人民的福祉所系，是中华民族的希望所在。在全面进行生产方式变革的系统工程中，生产的社会形式与社会关系的变革是起决定作用的关键因素。这是因为，生产的社会形式的变革，既是物质生产方式变革的必然要求，又是实现物质生产方式变革的根本条件。只有实现所有制结构与所有制形式的市场化改革，才有可能奠定社会主义市场经济体制的所有制基础；只有形成市场化的劳动形式，才有可能形成劳动力要素的市场配置机制。因此，中国经济改革绝不仅仅是劳动方式和生产形式等物质生产方式的变革，而且也是生产的社会形式的伟大变革，这是我国社会主义生产方式变革的根本内容与关键环节。我国生产方式变革的根本原因在于生产方式自身的内在矛盾，其主要表现是：我国传统的行政化生产组织不适应技术进步的要求，企业严重缺乏技术创新的内在动力与外部条件；我国传统生产形式不适应劳动方式变革的要求，高度集中的计划经济体制严重阻碍着生产技术的进步与生产组织的创新；我国传统的社会形式不适应物质生产方式变革的要求，传统所有制形式与传统劳动形式既阻碍劳动方式的变革，又阻碍经济体制转轨与体制创新。因此，中国经济改革过程实质上是生产方式变革的过程，中国经济改革所取得的重大成就归根结底是生产方式变革的结果。社会主义经济转轨的根本原因，既不在于市场经济比计划经济更能够实现资源配置效率最大化和社会福利最大化的利益诱导，也不在于政府保证民生、顺应民意的良好愿望，而在于传统社会主义生产方式及其社会经济结构的内在矛盾运动。用提高经济效率和改善民生的需要来说明经济转轨的动因虽然具有其一定的合理性，但却是一种表面性的分析方法。对于转轨绩效的评价，不能采取只强调实现转轨目标而不顾转轨过程中发展绩效的片面分析方法，也不能采取只重视转轨过程中的发展绩效而忽视实现转轨目标的短期分析方法，而是要采取把转轨过程中经济发展的短期绩效与实现转轨、促进发展的长期绩效结合起来进行研究的综合分析方法。对于我国社会主义经济转轨的研究，不仅要从其物质生产方式即生产要素投入、生产技术水平以及生产函数、资源配置效率等生产的物质条件方面的变革的单一视角来研究，而且也要从生产要素所有制形式与劳动形式等社会生产方式及其生产关系变革的新的视角来进行研究。与此相适应，社会主义经济转轨的研究方法不能局限于定量分析的数学方法，也要重视定性分析的科学方法的应用。就其实质而言，社会主义经济转轨绝不是资源配置方式与经济运行机制的转换，而是生产方式的变革，是社会经济结构与政治结构全面而深刻的变革。社会主义经济转轨不仅要实现生产方式与社会经济制度的变革，而且要在上层建筑领域推进以民主法治为中心的政治体制改革，从而实现社会主义的制度创新。根据全面实现经济转轨和建设中国特色社会主义的基本要求，我国经济转轨的趋势不是实现市场机制与传统社会主义制度的机械"对接"，而是全面构造以市场化的生产方式为核心、以民主法治为保障的现代社会主义模式。①

从总体上来说,中国的基本国情在于:自原始社会解体以来五千年的中国社会既不是西方式的奴隶社会,也不是什么"封建社会",而是以亚细亚生产方式为基础、以东方专制制度为核心、以国家奴隶制为特征的东方社会形态,即亚细亚社会或国家奴隶制社会。亚细亚社会不仅在中国古代长期延续,而且在近代导致中国社会全面落后;亚细亚制度不仅与中国现代社会具有密切的内在联系、产生重大的现实影响,而且成为当代中国走向现代化的主要障碍。在当代中国,我们一方面要知道"我是从哪里来的"、过去我们为什么曾经辉煌而后停滞不前、全面落后;另一方面,我们应当知道"今天我是谁""我的主要问题和任务是什么"。亚细亚制度的长期存在与持续影响是中国的基本国情,变革亚细亚制度是中国社会变革与现代化的历史性课题。因此,我们应当尊重中国的历史特点,深刻理解亚细亚生产方式同当今中国社会发展道路与制度模式之间的关系;应当清醒认识亚细亚生产方式对中国社会的负面影响,努力克服亚细亚生产方式对我国现代化事业的阻滞。因此,我们应当高度重视亚细亚生产方式理论的研究,用马克思亚细亚生产方式理论来指导对中国社会及其历史的科学研究。只有这样,才能真正弄清中国的基本国情,才能科学认识中国社会的现实特征,才能正确把握中国社会的发展方向。在当前全面深化改革、进一步推进中国特色社会主义建设事业的新形势下,我们应当以史为鉴,依据中国基本国情,科学总结社会主义建设的历史经验,积极推进经济体制、政治体制与社会体制等各个方面的改革与创新。毫无疑问,全面推进与完成经济转轨是实现生产方式变革、走向现代社会主义模式的根本途径。如果说,印度经济学家阿玛蒂亚·森基于印度实际国情、以"可行能力"为核心提出了"以自由看待发展"的自由发展观,那么本书则基于中国实际国情而提出以"平等权利"为核心"以自由看待转轨"的自由转轨观。笔者主张把转轨置于权利体系中来理解,笔者的转轨理论旨在强调赋予人民以应有的权利,确立人的基本权利与自由,由此寻求完成经济转轨之道。为此,本书立足于经济伦理向人们昭示了一种不同于主流转轨理论的"自由转轨论",

---

① 参见于金富《社会主义经济转轨的马克思主义分析方法》,《经济研究》2006 年第 12 期。

第十三章 从历史进程看中国社会的发展趋势

即基于可用权利而确立的转轨观。为此,应当扬弃传统的实质自由观,创建以可用权利确立为标志的形式自由观,进而构造以实现权利平等为核心的转轨观。这一转轨理论在逻辑上具有前后递进的三层结构:其一,扬弃以经济发展作为转轨目的的"发展转轨观",确立以自由看待转轨、以实现形式自由作为转轨目标的"自由转轨观";其二,摒弃以"经济效率"作为测量转轨实现程度的做法,坚持以"可用权利"作为衡量转轨实现程度的主要指标;其三,摒弃以生活水平提高来评价转轨成功与否的做法,坚持以是否实现权利平等作为评价转轨是否成功的主要标准。就当前而言,这种"以自由看待转轨"的新的转轨理念无疑正好切中中国转轨难题与中国社会困境。如何构建自由社会语境下的转轨理论,如何让所有的人从改革与转轨中真正获得并现实可用的平等权利,这既是转轨理论中的核心问题,也是转轨实践中的关键问题。

(四) 中国社会变革发展的正确方向

马克思关于"中华共和国"的预言指出了中国社会发展的正确方向,即建立自由、平等的国家制度与社会制度。并且,这种自由与平等应当而且只能是以权利公平与机会公平为核心的形式自由、形式平等,而不可能是以能力平等、结果平等为核心的实质自由与实质平等。因此,在中国现阶段要实现自由、平等,即使不走资本主义道路、建立自由、平等、博爱的资产阶级共和国,而是坚持社会主义方向、走社会主义道路,也只能建立与完善以承认"资产阶级法权"为基本特征的社会主义制度,而不可能超越社会主义历史阶段直接进入以消灭三大差别、实现人的全面发展与实质平等为基本特征的共产主义社会。

从社会主义制度的基本特征来看,马克思、恩格斯指出社会主义社会仍然是一种以权利平等为核心的形式上平等、以收入不平等为核心的事实上不平等的"法权社会"。马克思在论述共产主义第一阶段即社会主义按劳分配制度时,对于社会主义劳动者按照同一尺度进行分配、等量劳动获得等量报酬这一体现商品交换原则的平等权利做了科学论述和充分肯定。马克思指出:"至于消费资料在各个生产者中间的分配,那么这里通行的是商品等价物的交换中通行的同一原则,即一种形式的一定量劳动同另一种形式的同量劳动相交换。""在这里平等的权利按照原则仍然是资产阶级权利。""生产者的权利是同他们提供的劳动成比例的;平等就在于以同一尺度——劳动——来计量。"① 马克思指出：从形式上来说按照同一尺度进行分配是一种平等权利，但从内容上来说这种权利则是一种不平等的权利。"这种平等的权利，对不同等的劳动来说是不平等的权利。它不承认任何阶级差别，因为每个人都像其他人一样只是劳动者；但是它默认，劳动者的不同等的个人天赋，从而不同等的工作能力，是天然特权。所以就它的内容来讲，它像一切权利一样是一种不平等的权利。""但是这些弊病，在经过长久阵痛刚刚从资本主义社会产生出来的共产主义社会第一阶段，是不可避免的。权利决不能超出社会的经济结构以及由经济结构制约的社会的文化发展。"② 只有到未来共产主义高级阶段，才能消灭一切阶级差别、实现以能力平等与结果平等为特征的实质平等。"在共产主义社会的高级阶段，在迫使个人奴隶般地服从分工的情形已经消失，从而脑力劳动和体力劳动的对立也随之消失之后；在劳动已经不仅仅是谋生的手段，而且本身成了生活的第一需要之后；……只有在那个时候，才能完全超出资产阶级权利的狭隘眼界，社会才能在自己的旗帜上写上：各尽所能，按需分配！"③ 从总体上说，中国现阶段应当实行并坚持以"形式平等"与"权利平等"为基本特征的经济制度与政治制度。从分配制度方面来说，中国现阶段的分配制度既不应当是按资分配与按权分配，也不应当是按劳分配，而是各种生产要素的所有者按其对生产的贡献进行分配，即"按生产要素贡献分配"。"按生产要素贡献分配"在事实上是不平等的，因为它必然产生基于不同生产要素以及同一生产要素利用效率差别的收入分配上较大差距。然而，"按生产要素贡献分配"在形式上则是平等的，即按照同一尺度——对生产的贡献——进行收入分配，体现了身份平等、权利平等、机会平等与规则平等。如果说，在共产主义高级阶段将实行按需分配，在共产主义第一阶段必然实行按劳分配，那么，我国社会主义初级阶段或中国特色社会主义应当理直气壮地在自己的旗帜上写上：按生产要素分配！唯其如此，才能放手让劳动、知识、技术、管理和资本等各种生产要素的活力竞相迸发，让一切创造社会财富的源泉充分涌流，才能加快现代化建

---

① 《马克思恩格斯选集》第 3 卷，人民出版社 1995 年版，第 304 页。
② 同上书，第 305 页。
③ 同上书，第 305—306 页。

第十三章 从历史进程看中国社会的发展趋势

设进程,早日全面建成小康社会。①

从中国社会的历史特征来看,中国传统社会的突出特点就在于它不是权利平等的法权社会,而是普遍存在着等级制度的特权社会。在这一社会中人生而不平等,君主生来就是人主、国主与最高地主,贵族与官僚也是高高在上的"君子",广大人民生来就是没有任何尊严、任何权利的"小人""庶人""众"。在这种专制的等级社会中毫无平等可言,人们地位不平等、权利不平等、机会不平等;在这种专制的等级社会中毫无社会规则可言,普遍通行着一种弱肉强食的丛林法则。我国传统社会是一种形式不平等、实质更不平等的等级社会。等级身份社会是一种形式不平等的社会。由于这是一种特权,属于社会强者的形式不平等,其结果可想而知:社会强者既凭借着自身的优势又借助法定特权从而能够占据相当多的社会财富,而那些无权的社会弱者则只能长期处在饥寒交迫之中。这是实质上的极端不平等。② 中国古代社会最突出的问题就在于缺乏权利的传统,广大人民缺乏基本的经济权利、政治权利与社会权利。"农民生存上所受的威胁是由于在社会政治上没有取得'平等'、'自由'的结果。"③ "在中国,在皇帝面前,宰相也可以廷杖,等而下之,什么权利也谈不上,所以,马克思讥讽中国是普遍奴隶制。"④ 权利以及法权关系存在与否是中国和西方社会的重大差别。顾准指出,法权上的差别不是微小的差别。正是法权上的差别,决定了欧洲封建贵族的存在虽然阻止资本主义的成长,也在某种程度上有助于资本主义的成长,也决定了中国始终不能进入以权利平等为主要特征的资本主义社会。

从社会主义实践来看,以往以"苏联模式"为代表的国家社会主义制度表面上要消灭基于私有制和个人自由的事实上的不平等,实现人民当家做主和共同富裕,实际上则剥夺了广大人民的财产权利与自由权利,最终导致贫困与压迫,成为一条通往奴役的道路。近些年来,以"委内瑞拉模式"为代表的国家资本主义或权贵资本主义制度,不仅没有消除"苏联模式"的弊端,而且又产生了新的弊端,权力不仅仍旧任性而且与

---

① 参见于金富《中国特色的分配制度是按生产要素分配》,《经济学家》2005 年第 6 期。
② 参见俞德鹏《社会主义平等原则的内涵是机会平等》,《社会主义研究》2001 年第 6 期。
③ 王亚南:《中国官僚政治研究》,商务印书馆 2010 年版,第 134 页。
④ 顾准:《资本的原始积累和资本主义的发展》,载《顾准文集》,中国市场出版社 2007 年版,第 211 页。

资本联姻，二者联手奴役人民、掠夺大众，使广大人民陷入不仅苦于资本主义的发展而且苦于资本主义不发展的双重灾难，整个社会仍然是一个不平等的丛林社会、无规则的无序社会。作为现代社会，中国社会制度应当摒弃"苏联模式"与"委内瑞拉模式"，从国家社会主义与国家资本主义制度走向一种以"形式平等"为基本特征、以权利平等、机会平等与规则平等为主要内容的新型的平等社会。这一新型的平等社会制度一方面在事实上是不平等的——人们在财产占有、收入分配、发展能力与生活水平等各方面都是不平等的；另一方面，它在形式上是平等的——人们的社会地位、人格是平等的，经济、政治与社会权利是平等的，发展机会与分配规则是平等的。

从中外比较来看，实现形式自由或形式平等是中国现阶段社会发展与制度创新的必然选择。20世纪法国思想家雷蒙·阿隆（Raymond Aron，1905—1983）系统地阐述了他的形式自由与实际自由相结合的自由观，对苏联与西方的自由状况进行了比较分析。他在《论自由》一书中对形式自由和实际自由之间的关系作了充分的论述。所谓形式自由，是指人在某种社会规范下可以平等、自由行为的可能性，如法定的各种政治自由权——选举权、言论自由、受教育权等；所谓实际自由，是指人在社会中实际享有的社会资源和实际的生活状态，如收入和劳动状况、实际接受教育的情况等。实际自由是形式自由之目的，形式自由是实际自由之根基，人们不能为形式自由抛弃实际自由，更不能为实际自由而抛弃形式自由。阿隆一方面推崇形式自由，另一方面正视现实贫困所带来的实际问题。他看到以形式自由为宗旨的西方自由民主制度中仍然存在着贫困和不平等，西方的形式自由与实际自由相对立而显得虚伪。阿隆对西方主要发达国家中存在的实际不自由问题进行了揭露，他指出尽管美国社会倾向于平等地分配可支配的财富，但美国和其他国家一样，离这个目标很遥远。阿隆指出西方形式自由所存在的问题其目的不在于批判，而是要提出积极的解决方案去实现其形式自由与实际自由相统一的政治理想。阿隆认为随着形式自由的不断完善，实际自由能够逐步得以实现：不平等的收入状况虽仍然存在，但随着经济的增长这种不平等正在逐渐减小，随着国民生产总值的增长，分配的不平等在减少。累进税制的实行在一定程度上缩减了贫富差距的水平。并且，现有的贫困和不平等现象完全可以通过立法这一改良手段加以解决，而无须借助于自下而上的

第十三章 从历史进程看中国社会的发展趋势

暴力革命，无须改变私有制的现状。如保障最低收入就是可行之策，通过法律，在国家财富允许的情况下，国家能够和必须保证每一个人都能得到使一种体面的生活成为可能的最低收入。贫困人口的问题、黑人和非法移民等人群受到歧视的问题等都可以通过制定相应的法律和制度来加以解决。西方政治制度发展与变迁的历史表明，通过立法或者修改法律就能够解决社会中存在的实际的不平等和不自由的现象。在形式自由不断完善的基础上，实现包括弱势群体摆脱贫困、受教育权利等在内的实际自由是完全可行的，因为形式自由是建立在法律面前人人平等的原则之上的，而公民的政治自由又保证了法律是依据人民的意愿而订立和修改的，这样实际自由将不断得到保障。相反，在苏联模式下，由于过分强调实质自由、否定形式自由，最终结果是适得其反、南辕北辙。由于没有平等的前提，一切实际自由也都得不到有效的保障，最终导致专制独裁和特权腐败。苏联模式，特别是斯大林模式的失败之处，恰恰就在于有人打着实际自由的幌子，剥夺了人们的形式自由，从而使得政治制度成为被少数人操控的工具，少数人的自由取代了公民的普遍自由。阿隆也并没有因强调形式自由而放弃实际自由，在他看来形式自由是实现实际自由的可行之路，也是必由之路，两者的综合才是自由的理想境界。作为发达国家的思想家，阿隆明确地站在维护自由、平等原则的立场上批判苏联等实行集权体制的国家以实现实际自由之名行侵害人民形式自由之实的理论与弊端。基于苏联高速的经济发展并没有带来其民众自由状况改善的事实，阿隆得出结论：实际自由本身并不能必然带来形式的自由，相反，西方自由民主制在保证公民基本形式自由的同时，是可以通过经济的发展与制度的改良来逐渐实现实际自由的。雷蒙·阿隆是一位务实的、公正的思想家。他虽然极力反对苏联模式，但他对以美国为代表的西方自由民主制度的未来也表现出了某种程度的担忧：现状虽依然称得上美好，但马克思所诟病的形式自由与实际自由之间的矛盾仍然难以消除，某些令人忧虑的趋势早已现出端倪，国家权力日益集中、壮大，政治系统对私人自由领域的入侵也更加强悍。[1] 作为发展中国家，中国不仅应当重视能力平等与结果平等等实质自由，而且更应当重视以

---

[1] 罗成翼、肖贵：《雷蒙·阿隆的自由观——〈论自由〉的文本解读》，《湘潭大学学报》2012年第5期。

权利平等为核心的形式自由。因为，只有首先实现形式自由才能真正走向实质自由。在这方面，同为发展中国家的印度为我们提供了较好的参照。印度经济学家阿玛蒂亚·森就是在形式自由的基础上进一步提出了追求实质自由，即增强人们"可行能力"以消灭事实上不平等和贫困的观点。森指出，一个人的"可行能力"（capability）指的是此人有可能实现的、各种可能的功能性活动的组合。它既包括"有足够的营养和不受可以避免的疾病之害"等这些"很初级的要求"，也包括"参与社区生活和拥有自尊"等"非常复杂的活动或者个人的状态"。森指出，应当依据一个人所具有的可行能力，而不应依据所拥有的资源或基本物品，分析社会正义，判断个人处境。森指出，所谓实质自由，也就是"人们去做他们有理由珍视的事情的可行能力，以及去享受他们有理由珍视的生活的自由"。具体说来，"包括免受困苦——诸如饥饿、营养不良、可避免的疾病、过早死亡之类——基本的可行能力，以及能够识字算数、享受政治参与等等的自由。"森确立了一个与能力联系起来，用能力来界定、解说自由的思路。作为诺贝尔经济学奖获得者，森一生的最主要的两个研究课题，一个是饥荒，另一个是民主。而这两个课题却有着共同的基础，那就是森关于自由和正义的认识和理解。森关于这些方面的认识在他的早期著作中都有体现，而《以自由看待发展》则是阿玛蒂亚森的集大成和思想精华之作。该书的主题是发展——基于自由的发展观，即自由是发展的首要目的，自由也是促进发展的不可缺少的重要手段。森的自由评价的信息基础既不是效用，不是基本物品，也不是个人权利，而是一个人选择有理由珍视的生活的实质自由，即可行能力。这是因为，印度的贫困不是因为权利不平等产生的，而是由能力不平等产生的。这是因为，经过20世纪50年代和90年代两次政治改革与经济改革，印度已经全面建立了以形式自由为核心、以权利公平与机会公平为基本特征的民主制度。然而，印度社会各个阶层的人们在发展能力、收入状况与生活水平等方面仍然存在着巨大的差距，贫困现象普遍存在。印度的主要任务是加快经济社会的发展，并且以实现实质自由为核心和目标的经济社会发展。使人们由贫困状态转变为富裕状态，其关键在于增强人们的可行能力。森研究经济学的重要动机，就是帮助他的祖国印度摆脱经济贫困，走向繁荣；他试图解决的问题，是如何根据社会公众的生活状况来评估政府的经济政策是否得当。对比之下，当代中国的贫困和其他重要社会问题主要不是因为能力不平等产生的,而是由权利不平等和机会不平等所产生的。这是因为,改革开放前中国照搬苏联模式,建立了以高度集中、等级制度与行政协调为基本特征的经济体制与政治体制,个人自由、权利受到严重制约;改革开放后由于政治体制改革长期滞后,等级制、官本位与特权制度继续存在,从而导致收入分配不公、财产差距扩大,贪污腐败严重,社会阶层固化。因此,当代中国社会应当解决的主要问题不是民生或民富问题,而是民驻问题;当代中国的主要任务是全面实现经济社会体制的转轨,并且是以实现形式平等为核心和目标的经济社会转轨,由不平等体制转变为平等体制,从等级制度转变为人们权利平等与机会平等。

以习近平为代表的新一届党和国家领导充分肯定、高度重视实现权利平等这一重要问题。党的十八大提出,应当倡导富强、民主、文明、和谐,倡导自由、平等、公正、法治,倡导爱国、敬业、诚信、友善,积极培育和践行社会主义核心价值观,明确地肯定自由、平等、公正、法治是中国特色社会主义的基本价值取向。习近平指出:"中国梦是民族的梦,也是每个中国人的梦。生活在我们伟大祖国和伟大时代的中国人民,共同享有人生出彩的机会,共同享有梦想成真的机会,共同享有同祖国和时代一起成长与进步的机会。有梦想,有机会,有奋斗,一切美好的东西都能够创造出来。"[1] "要把促进社会公平"[2] 正义作为核心价值追求。2013年3月17日,新任国务院总理李克强在记者招待会上指出:"我们要努力使人人享有平等的机会,不论是来自城市还是农村,不论是来自怎样的家庭背景,只要通过自身的努力,就可以取得应有的回报。不论是怎样的财富创造者,是国企、民企还是个体经营者,只要靠诚信公平竞争,都可以获得应有的收获。"2013年11月15日,中共中央十八届三中全会通过的《中共中央关于全面深化改革若干重大问题的决定》指出:要坚持权利平等、机会平等、规则平等,废除对非公有制经济各种形式的不合理规定,消除各种隐性壁垒,制定非公有制企业进入特许经营领域具体办法。实现体制转轨的关键,在于实现与保证人们的"可

---

[1] 引自习近平2013年3月17日在第十二届全国人民代表大会第一次会议闭幕会上的讲话。

[2] 引自习近平2014年1月7日在中央政治工作会议上的讲话。

用权利",使宪法所规定的人民当家做主的政治权利、生产资料所有者的主人权利等得以具体兑现与落实,使每个人拥有行使用独立的财产权、切实的公民权与平等的参与权。当代中国经济学的主要任务,既不是为经济发展提供具体的政策建议和技术支持,也不是批判西方社会"形式自由"的虚伪性、论证中国追求实质自由的合理性,而应当是论证中国实现形式自由的必然性,促进中国摆脱等级制度与社会不平等,走向自由与平等。

因此,在当代中国必须肯定与坚持以形式上平等而事实上不平等为基本特征的平等权利,应当明确提出并充分肯定实现"形式平等"与"权利平等"原则。所谓形式平等,是指平等的形式定义,指"在某方面相同对待"。作为一个规范性概念的平等,形式平等体现形式公平即机会平等、权利平等与规则平等。实质平等是指平等的内容定义,指"在某方面结果相同"。作为一个规范性概念的平等,实质平等体现内容公平即能力平等与结果平等。实现实质平等,即实现人的全面发展、消除三大差别和实现收入均等、全面实现共同富裕是共产主义社会高级阶段才能实现的目标,这一目标在社会主义社会是无法实现的,在我国社会主义初级阶段更是难以实现的。"从人类社会的平等化进程来看,社会主义社会处于形式平等、实质不平等的平权社会阶段。马克思认为,社会主义社会'平等的权利按照原则仍然是资产阶级的法权',机会平等不是资本主义社会的专利,它可以跟社会主义社会结合,并可以充分展示出社会主义制度在平等领域的优越性。"[1] 由我国社会主义初级阶段基本国情和市场经济发展的客观要求所决定,当代中国个人的平等权利还不可能是以能力平等与结果平等为核心的实质平等,而只能是以机会平等或权利平等与规则平等为核心的形式平等。在我国社会主义初级阶段,平等"这一原则支持的首先是形式平等和形式正义,其实质就是按规则办。一个不按照规则治理的社会要么是一个极度混乱的社会,要么是'丛林规则'当道的'强权即真理'的社会。按规则来治理是人类理性的必然要求。"[2] 因此,在我国现阶段,应当消除专制特权、等级制度与官本位的影响,承认与确立个人自由与公民权利、实现在法律面前人人平等,使

---

[1] 俞德鹏:《社会主义平等原则的内涵是机会平等》,《社会主义研究》2001年第6期。
[2] 王元亮:《论形式平等与实质平等》,《科学社会主义》2013年第2期。

全体社会成员在财产占有、生产经营、劳动就业与收益分配等各个方面享有平等的机会和权利,实现起点公平、机会均等与规则平等。只有如此,才能形成人们平等的地位与平等的权利,形成自由竞争的市场机制,真正使市场对资源配置起决定作用。"在当今的市场经济下,应在社会再分配领域中贯彻平等原则,以体现在整个国民经济增长中公平、公正分配,并达到同生存、共富裕的大同境域,而不是让少数人富上加富起来。然而在目前的城市化以及市场经济中,同时使无数农民丧失了生存基地,但在土地增值收益中——无疑这是目前最大的收益,其分配对农民来说存在着不公正和不公平,农民处于被剥夺的地位,这也是毋庸讳言的。这应是政治经济学研究的重要问题。"[1] 中国经历了几千年贡品经济时代和封建专制统治,典型的商品经济和资本主义社会从来就没有在中国的土地上存在过,因此,在中国人的思维甚至潜意识里,从来就没有机会平等、权利平等的概念,而平均主义思想和等级身份观念却在中国人的思维中根深蒂固。从人类社会的平等化进程来看,社会主义社会仍属于形式平等、实质不平等的法权社会。马克思认为,社会主义社会"平等的权利按照原则仍然是资产阶级的法权",也就是说社会主义平等与资本主义平等一样,仍然是机会平等、形式平等。机会平等不是资本主义社会的专利,它可以与社会主义社会结合,并充分体现社会主义制度在平等领域的优越性。实现权利平等,就是实现广大人民的基本权利,就是保障人权。2004 年 3 月 14 日,第十届全国人民代表大会第二次会议通过宪法修正案将"人权"概念引入宪法,明确规定"国家尊重和保障人权"。要实现权利平等,就必须尊重与保障人权;要尊重与保障人权,就必须正确处理国家权力与公民权利之间的关系。公民权利不是来自国家的恩赐,而是国家权力存在的合法性依据。公民权利是国家权力的基础,国家权力应当产生于公民权利、服务于公民权利、受制于公民权利。应当基于公民权利而设立国家权力,而不是由国家权力赋予公民权利。

为了构建以"形式平等"为特征、以社会主义为方向的现代平等社会,我们应当实现理论创新与制度创新。在理论上明确马克思主义关于社会主义平等问题的基本观点,明确机会平等、形式平等是社会主义平等原则的内涵,在当代中国我们应当确立以形式自由为核心的现代马克

---

[1] 张金光、韩仲秋:《独上高楼,望尽天涯路》,《史学月刊》2012 年第 7 期。

思主义自由观，确立以权利平等为核心的中国特色社会主义平等观，高扬社会主义权利平等的旗帜。在理论上，中国学者应当摒弃专门研究资源配置的"西方经济学"，致力于构建专门研究权利配置的"东方经济学"。在向建设社会主义市场经济体制的改革目标迈进的实践中，要实现形式自由、保障广大人民的平等权利，我们应当进一步完善宪法对公民权利的规定，保障宪法的权威，强化宪法的实施，强化宪法对公民权利的保障，建立对违反宪法、侵犯公民权利行为的追究机制。习近平 2012 年 12 月 4 日在纪念中华人民共和国宪法公布实行 30 周年大会上发表讲话指出：宪法与国家前途、人民命运息息相关，保证宪法实施就是保证人民根本利益的实现。习近平强调，宪法的生命在于实施，宪法的权威也在于实施。全面贯彻实施宪法是建设社会主义法治国家的首要任务和基础性工作。宪法是国家的根本法，是治国安邦的总章程，具有最高的法律地位、法律权威、法律效力，具有根本性、全局性、稳定性、长期性，任何组织或者个人都不得有超越宪法和法律的特权，一切违反宪法和法律的行为都必须予以追究。我们要坚持不懈抓好宪法实施工作，只要我们切实尊重和有效实施宪法，人民当家做主就有保证，党和国家就能顺利发展。我们要自觉地恪守宪法原则，弘扬宪法精神，履行宪法使命，构建与完善以宪法为核心的民主政治体制。同时，我们应当适应民主化、法治化的要求，大力推进政治体制改革，逐步实行各级官员的民主选举和民主监督制度。逐步扩大公民对政治生活的参与范围，不断加强社会公众对政府机构的制约与监督，以此保证市场经济中各利益集团表达其意志、维护其利益。同时，大力推进法制建设，加强立法机构的建设，保证全国人民代表大会及其所制定各项法律的民意性和权威性，强化执法机构，真正做到在法律面前人人平等。[①] 并且，要制定完备的经济政策和经济法规，为社会主义市场经济体制奠定完备的法律基础，提供可靠的法律保障。

当代中国学者不仅应当坚持"权利平等"或"形式平等"的基本原

---

① 从历史上说，军事官僚机器，在欧洲，都必等到要建立专制主义的王朝，逐步打烂封建制度时，才开始发展。在中国，则始于商鞅。中国历朝兴废，是这个机器不断腐化更新的历史，而腐化与更新又是原地循环，并无进步。这个传统如是之深，以致成为资本主义发展的障碍物。中国的现代化，又是这个机器的彻底的改革过程。（顾准：《国家机器的完备化，争夺统治权就是争夺国家机器》，载《顾准笔记》，中国青年出版社 2002 年版，第 623 页）

则，而且应当积极推动国家立法、司法全面确认与切实保障公民平等的政治权利与经济权利，健全经济法律法规，为全体公民与整个经济社会运行制定合理统一的"游戏规则"，使全体公民规范行动、经济社会有序运行，有效制约国家机构特别是政府的权力，有力保障公民的权利。[①] 在当代中国既应当消除个人专断、等级特权与官僚制度的弊端，确立人权、自由与平等的观念与制度，也应当克服"不患寡而患不均"的传统观念，克服追求以结果平等为核心、以平均主义为特征的"实质平等"的传统社会主义观念，确立并坚持实现"权利平等""机会平等""规则平等"即"形式平等"这一基本原则，积极倡导与有效构建以自由、平等观念为基础、以民主法治的国家制度为核心的现代社会主义经济制度与政治制度。只有这样，才能真正走好中国特色社会主义道路、科学构建中国特色社会主义制度，才能在社会主义的基础上实现中华民族伟大复兴的中国梦。

[①] 参见于金富《社会主义市场经济与"市场社会主义模式"》，《经济体制改革》1995年第3期。

主要参考文献

一 著作类

《马克思恩格斯选集》第 1—4 卷，人民出版社 1995 年版。

马克思：《资本论》第 1—3 卷，人民出版社 2004 年版。

《列宁选集》第 1—4 卷，人民出版社 1995 年版。

亚当·斯密：《国富论》上册，中华书局 1949 年版。

《顾准文集》，中国市场出版社 2007 年版。

顾准：《从理想主义到经验主义》，光明日报出版社 2013 年版。

《顾准笔记》，中国青年出版社 2002 年版。

［意］翁贝托·梅洛蒂：《马克思与第三世界》，商务印书馆 1981 年版。

侯外庐：《韧的追求》，生活·读书·新知三联书店 1985 年版。

《普列汉诺夫哲学著作选集》第 1 卷，三联书店 1974 年版。

王亚南：《中国官僚政治研究》，商务印书馆 2010 年版。

孙承叔：《打开东方社会秘密的钥匙——亚细亚生产方式与当代社会主义》，东方出版中心 2000 年版。

吴泽：《东方社会经济形态史论》，上海人民出版社 1993 年版。

赵志浩：《亚细亚模式批判——试论传统中国的国家职能》，河南人民出版社 2014 年版。

二 论文类

马家驹、蔺子荣：《生产方式和政治经济学的研究对象》，《中国社会科学》1981 年第 6 期。

侯外庐：《我对中国社会史的研究》，《历史研究》1984 年第 3 期。

侯外庐：《中国封建社会土地所有制形式的问题——中国封建社会发展规律商兑之一》，《历史研究》1954 年第 2 期。

张培刚：《发展经济学往何处去》，《经济研究》1989 年第 6 期。

张培刚、孙鸿敞：《文化传统与中国的工业化及现代化》，《华中科技大学学报》（社会科学版）1991 年第 1 期。

吴大琨：《关于亚细亚生产方式研究的几个问题》，《学术研究》1980 年第 1 期。

吴大琨：《重视"亚细亚生产方式"的研究》，《社会科学》1990 年第 6 期。

吴大琨：《改革的阻力来自亚细亚生产方式的残余》，《经济社会体制比较》1987 年第 6 期。

吴大琨：《与范文澜同志论划分中国奴隶社会与封建社会的标准问题》，《历史研究》1954 年第 12 期。

吴大琨：《怎样从政治经济学的角度上来考察古史分期问题》，《文史哲》1956 年第 10 期。

吴大琨：《亚细亚生产方式与有中国特色的社会主义》，《社会科学战线》1993 年第 1 期。

吴大琨：《亚细亚生产方式与东方社会发展道路》，《中国社会科学》1994 年第 4 期。

赵俪生：《试论我国中古自然经济及其下的田制》，《东岳论丛》1983 年第 4 期。

赵俪生：《亚细亚生产方式及其在中国历史上的遗存》，《文史哲》1981 年第 5 期。

孙承叔：《亚细亚生产方式与中国特色社会主义道路》，《社会科学》1990 年 8 期。

孙承叔：《对亚细亚生产方式的一点思考》，《学术月刊》1991 年第 10 期。

孙承叔：《恩格斯晚年对东方社会历史命运的反思》，《复旦学报》1994 年第 4 期。

张奎良：《关于唯物史观与历史唯物主义的概念辨析》，《哲学研究》2011 年第 2 期。

张奎良：《马克思的东方社会学说与中国的社会主义初级阶段理论》，《社会科学》1989 年第 3 期。

张奎良：《马克思的东方社会理论》，《中国社会科学》1989 年第 2 期。

袁绪程：《关于"经济基础"概念的再认识》，《国内哲学动态》1982 年第 11 期。

袁绪程：《从〈资本论〉研究对象的提法看生产方式的含义》，《中国社会科学》1985 年第 5 期。

袁绪程：《千年变局，百年复兴与 30 年改革》，《中国改革》2008 年第 11 期。

袁绪程：《中国传统社会制度研究》，《改革与战略》2003 年第 10 期。

袁伟时：《近代中国转型之艰》，《学习博览》2011 年第 11 期。

袁伟时：《二十世纪中国历史的启示》，《炎黄春秋》2005 年第 9 期。

张金光：《关于中国古代（周至清）社会形态问题的新思维》，《文史哲》2010 年第 5 期。

张金光：《中国古代社会形态研究的方法论问题》，《史学月刊》2011 年第 3 期。

杨师群：《商鞅变法的性质与作用问题驳论》，《学术月刊》1995 年第 6 期。

杨师群：《战国新兴地主阶级说质疑》，《社会科学战线》1993 年第 4 期。

杨师群：《中国传统社会自耕农产权问题的考察——与西欧中世纪农民的比较研究》，《学术月刊》2003 年第 8 期。

杨善群：《井田制的原生、次生和再次生形态》，《青海师范学院学报》1983 年第 5 期。

杨善群：《商鞅"允许土地买卖"说质疑》，《陕西师范大学学报》1983 年第 1 期。

高放、高敬增：《普列汉诺夫与中国》，《湖北大学学报》1985 年第 6 期。

高放：《普列汉诺夫在历史上的作用》，《江西社会科学》1994 年第 7 期。

吴敬琏：《让历史照亮未来的道路：论中国改革的市场经济方向》，《经济社会体制比较》2009 年第 5 期。

吴敬琏：《中国站在新的历史十字路口》，《同舟共进》2012 年第 2 期。

黄军甫：《斯大林主义的根源及其当代意义》，《俄罗斯研究》2004 年第 2 期。

黄军甫：《普列汉诺夫〈政治遗嘱〉的启示——苏联解体的政治文化缘由》，《中国浦东干部学院学报》2013 年第 1 期。

钱宪民：《中国古代社会结构的亚细亚特征：传统文化的基础》，《探索与争鸣》1992 年第 6 期。

刘永佶：《民主：中华民族现代化的要求与保证》，《社会科学论坛》2013

年第 3 期。

刘永佶：《将土地占有权归还农民实行农业合作制和资本制》，《中国特色社会主义研究》2003 年第 2 期。

孙健：《亚细亚生产方式是古代东方奴隶制》，《经济理论与经济管理》1981 年第 3 期。

孙健：《中国奴隶制经济制度的特征》，《人文杂志》1986 年第 1 期。

叶剑锋：《中国专制主义比较特征论析》，《理论学刊》2007 年第 2 期。

叶剑锋：《专制权力全面支配社会——论帝制时代中国的政治运行机制》，《贵州社会主义学院学报》2006 年第 4 期。

叶文宪：《中华帝国时代专制体制的模式》，《学术月刊》2003 年第 5 期。

叶文宪：《不要专制的"帝国文明"——驳孙皓晖的大秦帝国原生文明论》，《探索与争鸣》2012 年第 9 期。

叶险明：《关于马克思晚年相关思想研究中的误区——兼论"中国资本主义萌芽"所涉及的"五形态论"问题》，《马克思主义研究》2015 年第 1 期。

叶险明：《马克思超越"西方中心论"的历史和逻辑》，《中国社会科学》2014 年第 1 期。

季正矩：《正确认识马克思的社会形态理论》，《理论视野》2009 年第 7 期。

季正矩：《国内外学者关于"亚细亚生产方式"理论研究观点综述》，《当代世界与社会主义》2008 年第 1 期。

邓建鹏：《私有制与所有权？——古代中国土地权利状态的法理分析》，《中外法学》2005 年第 2 期。

邓建鹏：《私人财产之抑制与中国传统法文化》《中西法律传统》2003 年第 11 期。

王治功：《中国古代国家的萌芽、演进及形成》，《汕头大学学报》1985 年第 1 期。

王治功：《关于两种奴隶制的几个问题》，《汕头大学学报》1985 年第 4 期。

赵志浩：《马克思关于亚细亚生产方式的论述》，《重庆工商大学学报》2010 年第 1 期。

赵志浩：《亚细亚生产方式研究概况及其意义》，《兵团教育学院学报》

2010 年第 5 期。

于金富：《生产方式理论：经典范式与现代创新》，《经济学家》2015 年第 10 期。

于金富：《马克思社会形态理论的科学继承与发展创新》，《社会科学战线》2014 年第 3 期。

于金富：《社会主义初级阶段与亚细亚生产方式的历史影响》，《当代世界与社会主义》2014 年第 1 期。

于金富：《亚细亚生产方式与中国古代社会的特殊性质》，《河南大学学报》2013 年第 6 期。

于金富：《亚细亚生产方式与当代中国农业改革的基本方向》，《当代经济研究》2013 年第 9 期。

于金富：《社会主义经济转轨的马克思主义分析方法》，《经济研究》2006 年第 12 期。

于金富：《社会主义市场经济与"市场社会主义模式"》，《经济体制改革》1995 年第 3 期。

郑晓松：《亚细亚生产方式与李约瑟难题》，《兰州学刊》2004 年第 1 期。

何新：《论马克思的历史观点与社会发展的五阶段公式——马克思〈1857—1858 年经济学手稿〉研究》，《晋阳学刊》1981 年第 6 期。

后 记

本书关于亚细亚生产方式与东方社会的研究不仅时间十分久远、空间广阔无垠，而且内容纷繁复杂、形式扑朔迷离。如果没有科学的理论与方法指导，是难以驾驭的。为此，笔者主要以马克思、恩格斯的亚细亚生产方式学说和科学方法为指导。本书运用了马克思的历史方法与逻辑方法。其历史方法表现为"历史从哪里开始，思维就从哪里开始"，根据东方国家从原始社会进入阶级社会时所处的特定历史环境来阐明亚细亚生产方式与东方社会基本性质与主要特征，从其历史发展的路径依赖来阐明它的发展规律，从其历史发展规律阐明它的发展趋势与方向。其逻辑方法，就是运用"从具体到抽象，再从抽象到具体"思维进程两条道路的科学方法，首先，从东方社会混沌的表象出发，由表及里，去伪存真，揭示亚细亚生产方式与东方社会形态的本质特征，将其"完整的表象蒸发为抽象的规定"；在此基础上，科学解释亚细亚生产方式与东方社会的主要特征，揭示东方社会的发展规律，从而在思维的进程中导致具体的再现。这一方法，就是从现象到本质，再从本质到现象的认识方法与思维方法。其次，本书以东西方众多思想家、科学家的相关理论与方法为基础，学习与借鉴中国现代思想家、哲学家、经济学家、历史学家、法学家和政治学家的方法与成果，博采众长，推陈出新，在继承已有成果基础上继续前进，提出新的观点与见解，实现亚细亚生产方式与东方社会理论的重大突破与创新发展。笔者之所以要多方面借鉴当代中国哲学家、经济学家、历史学家、法学家和政治学家的研究方法与理论成果，是由本书研究对象的特殊性与所要解决问题的复杂性所决定的。对此，我国著名发展经济学家张培刚先生明确指出：对于中国、印度等这样一些历史悠久、幅员广阔、人口众多、古代社会曾处于世界领先地位的东方大国，为什么在近代落伍了？为什么现在仍然没有转化为发达的工业化国家？这些问题必须从这些国家和地区的社会经济发展的历史方面去探究根源。就中国来说，要研究商品经济为何迟迟未能充分发展，工业化和现代化进程为何迟迟未能起动，就必须从三千年来的封建主义制度，百余年来的殖民地、半殖民地社会地位，以及新中国成立后30多年来受极"左"思潮影响下的政治体制、经济体制、文化教育体制和思想路线等各个方面，去寻找根源。要从社会经济发展的历史角度探根溯源，就不能只就经济谈经济，而应当联系历史、社会、政治与法律等方面，综合地进行探讨。因此，笔者不仅运用马克思主义政治经济学基本原理、科学方法论和习近平有关尊重民族特殊性、重视历史继承性的科学思维方式，主要运用历史方法及逻辑方法，而且注重运用多学科综合分析的研究方法。本书理论及体系正是从历史、社会、政治与法律等多方面对亚细亚生产方式与东方社会形态进行综合研究的大胆尝试与初步结果。

同时，由于本书研究对象的特殊性以及研究问题的复杂性，如果没有有效的思维方式与表达方式也是难以表现、难以言说的。为此，笔者在研究过程中学习运用中国古代文学家的艺术思维方式对亚细亚生产方式与东方社会进行观察、认识、分析、理解与反映、综合、表述。这些文学大师奇妙的艺术思维方式使笔者受益良多。其中，南北朝时期文论家刘勰的《文心雕龙·神思》有云："夫神思方运，万途竞萌，规矩虚位，刻镂无形，登山则情满于山，观海则意溢于海，我才之多少，将与风云而并驱矣！""文之思也，其神远矣！故寂然凝虑，思接千载；悄然动容，视通万里；吟咏之间，吐纳珠玉之声；眉睫之前，卷舒风云之色；其思理之致乎？故思理为妙，神与物游。"刘勰这一出神入化的"神思论"对笔者具有极大的启迪与帮助。西晋著名文学家陆机《文赋》所阐述的"精骛八极，心游万仞"，"观古今于须臾，抚四海于一瞬"，"笼天地于形内，挫万物于笔端"的艺术思维方式与表现方式对笔者大有裨益。清代文学家李渔在论及文学构思时说："欲代此一人立言，先代此一人立心。若非梦往神游，何谓设身处地。"在开始研究亚细亚生产方式与东方社会之际，的确处于一种"万途竞萌，规矩虚位，刻镂无形"的茫然状态，然而经过一番充满情意的"登山""观海"最终达到了一种"与风云并驱""神与物游"之境界；经过数载日夜之"梦往神游"，渐入"设身处地"之佳境。"要其胸中具有炉锤，不是金银铜铁强令混合也。"正是在"神与物游""设身处地""胸有炉锤"的基础上，方能"寂然凝虑"而"思接千载","悄然动容"而"视通万里";于"吟咏之间"而"吐纳珠玉之声",于"眉睫之前"而"卷舒风云之色",古今历史之风云尽展现于眼前,中外异同之奥妙尽了然于胸中。这也是本书能够探究天人之际,横贯东西之域、纵通古今之变,从而"形笼天地""笔挫万物""代民立言""言成一家",最终可望收到"立心于天地,立命于生民,继绝学于往圣,开太平于万世"之功效的重要条件。

2016 年 4 月 20 日于辽宁大学友园

d